珍藏本
纪念版

汉译世界学术名著丛书

增长的政治经济学

〔美〕保罗·巴兰 著

蔡中兴 杨宇光 译

王广森 校

2017 年 · 北京

Paul A. Baran
THE POLITICAL ECONOMY OF GROWTH
Monthly Review Inc. 1978
U. S. A.
根据美国每月评论出版公司1978年版本译出

汉译世界学术名著丛书
（120 年纪念版·珍藏本）
出 版 说 明

2017 年 2 月 11 日，商务印书馆迎来 120 岁的生日。120 年前，商务印书馆前贤怀揣文化救国的理想，抱持“昌明教育，开启民智”的使命，立足本土，放眼寰宇，以出版为津梁，沟通中西，为中国、为世界提供最富智慧的思想文化成果。无论世事白云苍狗，潮流左右激荡，甚至战火硝烟弥漫，始终践行学术报国之志，无改初心。

迻译世界各国学术名著，即其一端。早在 20 世纪初年便出版《原富》《天演论》等影响至今的代表性著作，1950 年代后更致力于外国哲学和社会科学经典的译介，及至 1980 年代，辑为“汉译世界学术名著丛书”，汇涓为流，蔚为大观。丛书自 1981 年开始出版，历时三十余年，迄今已推出七百种，是我国现代出版史上规模最大、最为重要的学术翻译工程。

丛书所选之书，立场观点不囿于一派，学科领域不限于一门，皆为文明开启以来，各时代、各国家、各民族的思想与文化精粹，代表着人类已经到达过的精神境界。丛书系统译介世界学术经典，引领时代思想，为本土原创学术的发展提供丰富的文化滋养，为推动中国现代学术和现代化进程做出了突出的贡献。

为纪念商务印书馆成立120周年，我们整体推出“汉译世界学术名著丛书”120年纪念版的珍藏本，寄望既利于文化积累，又便于研读查考，同时向长期支持丛书出版的译者、编者和读者致以敬意。

两甲子后的今天，商务印书馆又站在了一个新的历史时间节点上。我们不仅要铭记先辈的身影和足迹，更须让我们的步伐充满新的时代精神。这是商务人代代相传的事业，更是与国家和民族的命运始终紧密相连的事业。我们责无旁贷，必须做好我们这代人的传承与创造，让我们的努力和成果不仅凝聚成民族文化的记忆，还能成为后来人可以接续的事业。唯此，才能不负前贤，无愧来者。

商务印书馆编辑部

2017年10月

中译本序言

蔡中兴

巴兰的《增长的政治经济学》于 1957 年在美国出版，在 1973 年、1976 年、1978 年多次再版，是美国激进学派在经济学领域中的主要代表作，是西方公认的马克思主义的重要著作，具有广泛的社会影响，被译成多种文字在世界传播。现在我们将这个中译本介绍给中国读者，对于我们了解国外的马克思主义研究无疑是非常有益的。

保罗·巴兰出生在黑海沿岸的尼古拉耶夫，祖籍波兰，先后在德国和苏联接受教育；他曾就读于莫斯科的普列汉诺夫经济学院，1939 年移居美国，1941 年获哈佛大学硕士学位。在战时的军事服务之后，他曾在纽约的联邦储备银行工作过一段时间，尔后于 1949 年进入斯坦福大学任教，是斯坦福大学的经济学教授，直到 1964 年去世。

巴兰的著作除本书外，还有与斯威齐合著的《垄断资本》。与本书一样，《垄断资本》也被译为多种文字，广泛传播，具有重要的社会影响。该著作已先于本书被译成中文在我国发行。

《增长的政治经济学》出版于 1957 年，比《垄断资本》早 9 年，这两本著作是姐妹篇。《垄断资本》是巴兰与斯威齐合著的；而《增长的政治经济学》无疑是巴兰的研究成果,其中也包含了斯威齐的见解。据作者自己说:"几乎书中的所有论点,我们都在一起讨论过。我很难说哪部分思想是他的,哪部分是我的。"(第一版序言)应当指出,正是这两位学者的合作,诞生了美国激进派经济学的主要理论。《垄断资本》具体分析战后初期资本主义经济,而《增长的政治经济学》则着重于基本的理论和历史的论证,提出了最根本的理论观点,并作出理论和历史的具体论述,特别是对不发达国家的经济发展作了深入研究。这一著作是美国激进派经济学最重要的理论著作。

《增长的政治经济学》着重研究经济的运行与发展,是西方发展经济学中激进派的一个代表作。与现在流行的结构主义、新古典主义为维护现行资本主义体制作辩护不同,以巴兰为代表的激进学派对现行资本主义持批判态度,论证建立社会主义体制的必要。

巴兰的理论核心是经济剩余理论。这一理论最早是在《增长的政治经济学》一书中提出,并作了具体分析和论证的,现在则得到了广泛运用。关于经济剩余,巴兰提出了3个内容不同但可以比较的概念。第一个是"实际经济剩余"。这是指"社会当前实际劳动产品与社会当前实际消费之间的差额",也就是积累的部分。第二个概念是"潜在经济剩余"。它指的是"在一定的自然条件和技术条件下,利用可获得的生产资源可能产生出来的产品和被认为是必须消费品之间的差额",是对一种比较合乎理性的社会的想象。与实际经济剩余比较,两者的差别表现在4个方面:一是社会的过度消费(主要是高收入阶层);二是社会中由于非生产性工人的存在而损失的产品；三是由于现存的生产机制结构不合理、不节约而失去的产品；四是由于资本主义生产的无政府状态以及有效需求不足而导致失业所未能体现的产品。巴兰通过这种差别的论证说明资本主义的不合理性。第三个概念是“计划经济剩余”。这指的是社会主义制度下的综合经济计划体制时的情况，“是指在一定历史时期的自然和技术条件下，有计划地‘最佳’利用一切可以获得的生产资源所可能得到的社会最佳产值为一方，和所选定的‘最佳’消费值为另一方之间的差额”。巴兰认为，计划经济剩余能充分利用潜在经济剩余，而在资本主义社会中，由于存在大量的非生产性劳动，因而实际经济剩余低于潜在经济剩余。由此，他否定了资本主义制度，从而也论证了社会主义制度的合理性。

巴兰用经济剩余分析考察历史的发展并论证经济剩余的增长。他认为，从封建主义到资本主义的转变是经济剩余的利用方式及规模的根本改变，造成这一改变的根本原因是经济剩余合理的生产性利用。

资本主义的自由竞争会发展到垄断，垄断资本主义是巴兰研究的主要着眼点。他指出，在垄断资本主义条件下，存在着严重的消费不足，而垄断资本不愿意进行新的投资扩大生产，来弥补消费的不足。因此，除非有别的因素发生作用，否则就会有长期的需求不足，造成经济的停滞。巴兰的观点，提示了当前垄断资本主义经济运行中的弊病。此后对这一观点的进一步具体论证就形成了另一部重要著作——《垄断资本》。

巴兰在阐明了垄断资本主义制度重要组成部分的特性之后，开始对不发达国家或地区进行讨论。这是一个更引人注意的部分，其中的分析开拓了研究经济发展的新思路，形成了发展经济学中激进的一派。

巴兰认为，不发达的问题是资本主义发展过程中产生的一种状况。

对于现代不发达国家的形成，巴兰提出了一个不同于以前的分析。他不是简单地归因于前资本主义因素的束缚，而是着眼于经济剩余的积累和转移，提出现代不发达国家是社会发展过程的产物，资本主义发达国家的发展是以牺牲不发达国家为代价的。巴兰作了具体的论证，他尖锐地提出他要研究的问题："为什么落后的资本主义国家没有沿着其他资本主义国家所常见的资本主义发展道路前进，以及为什么它们一直没有进展或进展很慢?"这个问题无疑是战后世界性的突出问题。对此，巴兰认为，在封建制度内部存在着压力，促使它向资本主义转化，这一点在世界各地都在成熟；但对封建体制瓦解起着主要作用的是商业资本的积累和商人地位的上升，而这一条件却是在西欧首先形成的。在那里，商人资本积累特别多，而且高度集中。这一方面是因其地理位置之便而从事海上和沿岸贸易造成的，使其便于向世界其他地区进行商业渗透，掠夺香料等热带产品和珍贵的东方手工艺品等，牟取了暴利；另一方面则来自以暴力掠夺国外的贵金属、宝石，以海盗行为非法抢劫、贩运奴隶，从而使巨大财富迅速集结。当时航海等事业的发展给科学和技术以促进，而造船和制造装备又促使资本主义企业得以发展。但这种发展开始时并未阻止其他地区国家经济的成长，尽管它们和西欧的差距在扩大。西欧的入侵进入北美、澳洲，就像进入了一个社会真空地带；随着移民的大量增加，资本主

义体制移植了进去。这些地方没有封建势力的干扰，阻力只在于外国的统治；所以在移民的力量强大后，他们就推翻外国的统治求得自身的发展。但在其他地区情形就不同了。在印度、中国、东南亚、近东和非洲，西欧来的人在那里从事肆无忌惮的掠夺，榨取尽可能多的实惠，并把掠夺品运回本国。这就形成了财富的单向转移，从而使西欧的可以自由支配的经济剩余成倍增长，并集中在资本家之手而用于投资，促进了西欧的发展；而那些"不情愿的"施舍国的发展则被严重扰乱了。在这些国家里，前资本主义的结构解体了，创造了资本主义发展的条件，然而这些受害国家以前积累和现时生产的剩余的一大部分被掠走，并置于毁灭性的外来竞争中，幼稚的民族工业被窒息，发展离开了正常的轨道，而适应于帝国主义的目的。这些国家的人民处于封建主义和资本主义双重压迫下，摆脱不了最绝望的落后处境。

巴兰把印度和日本作为例证来分析。他认为，印度就是由于被纳入世界资本主义体系，经济剩余的大量转移而不能得到发展；相反，日本则由于其资源的贫乏，未被侵入而能独立于世界资本主义体系而得到发展。他对这两个实例作的具体的考证分析颇为发人深省。巴兰关于不发达国家经济落后根源的分析，即通过经济剩余转移向发达国家，从而造成发达国家与不发达国家经济发展差异的思路，后来出现了很多追随者。他们对他的观点和分析作了更具体、深入的分析论证。

关于不发达国家的表现形态，巴兰从经济剩余的角度上作考察。他认为，在这些国家，经济剩余在绝对值上很小，但在总产出上却占了很大的份额，生产性人口的消费降到了可能的最低水平。

经济剩余绝大部分来自农业，在绝大多数不发达国家，农业是最大的部门，所以农业的境遇如何，对整个经济十分重要。在不发达国家中，农业生产基本上是两种组织形式：小规模的农民生产和大农场的体制；而这两种形式都不利于促使农业投资增长。单纯通过土地改革来解决大农业问题也是幻想。他提出，只有将土地改革同工业的发展和鼓励资本主义工业扩张的国家政策相结合，才能取得成功，使离开农业的劳动为工业所吸收。

四个非农业领域在决定经济总剩余的使用上具有重要性，巴兰对此作了具体分析。首先是商人、放债者和各类中间商。他们规模庞大，处于流通过程，所得的收入很低，但所获的利润总量很大；重要的是其中的游民资产阶级，它消耗了整个阶级所获的经济剩余中的很大部分，而积累起来的资本一般并不转向工业生产，只保留在流通过程或购买土地收取地租。其次是实业家，自然经济瓦解所提供的工业品市场，并未像以前发达资本主义国家那样，成为发展工业的内部市场，却成了西方资本主义市场的附属物，促进了西方工业的增长；而当地的幼稚工业也因没有保护的社会体制而被扼杀。由于缺乏投资机会，标志资本主义的工业难以兴起；由于关税等原因，一些工业企业尽管可以产生，却常为与外国人联合的集团所建立，生产与进口相似的商品，设备、专利等依赖外国，促进国内再投资的刺激并不大。而且，一旦有规模大的企业出现，就会趋向垄断而阻碍市场的扩大，从而出现垄断造成的停滞与腐朽。第三是外国企业，它们大多是生产出口商品的。由于经济剩余的大部分被转移到境外，因此，对发展的作用比本国工业更小。巴兰从投资、企业经营及其影响三方面具体论述其作用。他认为，这些

企业通常以暴力剥夺当地居民或由贿赂以最低价取得自然资源的控制权，所以从发达国家转移来的资本要比估计的低得多；而其设备则依赖于投资国，所以在当地的刺激力不大；其具体业务大多为资源的开采等，随着新技术的发展，雇用工人也减少，所以对当地国内市场的开拓，其作用也有限。

在论述自己的观点时，巴兰非常具体地批评了几种为外国资本利益辩护的流行的说法，诸如"利润外流并非实际损失"、"外国企业提高了国民收入"、"外国投资促进基础设施建设和技术转让"和"扩大了不发达国家的财政收入"等。这些论述无疑给人们以启示，但巴兰所依据的是以前的历史材料，在巴兰著述以来近40年的实践，特别是不发达国家作为一支独立力量而发展，出现了许多新的经验可供进一步的深入研究。

巴兰把国家作为除农业以外经济剩余的第四个索取者，由此来探讨国家的作用。总的来说，国家的税收收入，或是来自经济剩余的转移，或是来自公众削减消费而形成的经济剩余的增加。具体而言，存在着三类不同类型的国家：第一类是帝国主义的殖民地；第二类是由具有买办性质的政权统治的国家；第三类是实行"新政"的国家。他认为，前两种政府实质上并没有什么不同，第三类国家政府虽在形式上得到独立，但还处于发展的初期阶段，要想能利用自身的经济剩余真正独立发展，还存在着很大困难。巴兰提出，把不发达的原因归因于以下一些结论是错误的，"不能把不发达归咎于所谓资本缺少和贸易条件下降，因为潜在经济剩余相当可观；不应把不发达归咎于缺乏企业家精神；不应简单地归咎于人口增长；人口增长并不是像通常所说的那样构成一种威胁。"

巴兰对不发达国家的未来寄希望于社会体制的改变，他期望通过社会革命来建立社会主义体制，并能在抵制帝国主义的斗争中取得胜利。他要求实行计划经济，其中心是要处理好工业和农业的关系，并要处理好生产资料和消费资料的关系，作好资本密集型和劳动密集型企业形式的选择，发展对外经济联系。

但是对社会主义体制的胜利，他主要寄希望于发达的资本主义国家走向社会主义，认为建立在生产力高度发展基础上的社会主义体制才是社会历史发展的趋势。不发达国家包括苏联、东欧国家等，由于生产力的基础较薄弱，为了集中一切力量发展经济，就会出现种种弊端，例如斯大林个人崇拜等问题。但这些问题的出现，并未动摇巴兰对社会主义事业的信心。

巴兰的《增长的政治经济学》是西方马克思主义者的一本经典著作，是他们最重要的发展经济学著作。我们期望这一著作的出版对于当前研究国外马克思主义经济理论，研究马克思主义的发展经济学能起到推动和促进的作用。

目　　录

巴兰从未为《增长的政治经济学》写出各章的标题，所以，这个目录只是一个拟议目录，然而，它可以帮助读者找到理解这一著作之路。

第一版序言 13

本书的手稿是在1955年秋天完成的。从那以后，世界范围内发生的许多事都与这里讨论的一些主题直接有关。由于众所周知的原因，我打消了把一些有关的想法插入毛校样中去的强烈意向，而决定试着在这篇序言中简略总结一下这些情况。

以英、法入侵埃及的军事行动为顶点的中东事件，进一步证明了本书的主要观点之一：当代帝国主义本性未改；以及它对不发达国家经济发展的所有原动力的发自内心的敌视。美国在这场冲突中所扮演的角色，证明了帝国主义国家间的竞争并未减退；而且在美国扩张权力和影响的要求面前，老牌帝国主义国家越来越守不住自己的阵地。伦敦《经济学家》杂志尖刻地指出："我们必须认识到我们已经不是美国的平等伙伴了，也没有能力与美国平起平坐。我们有权说明我们的最低国家利益，并希望美国人尊重我国的利益。不过，这样申诉之后我们仍得接受他们的领导。"(1956年11月17日)

虽然美国在"自由"世界确立了超级地位，意味着英国和法国(更不用说比利时、荷兰和葡萄牙)降低到美帝国主义小伙伴的地位，但这一转变很可能对不发达国家会产生一些有利的后果。这样的转变就好像从一个贫困的单位工作调到一个兴旺的企业去工作一样，殖民地和附属国可能期望它们的新主人少一点掠夺性，多 14

一点慷慨和远见。尽管这一转变是否会对落后地区的经济和社会发展的各种基本问题产生重大影响，还是个很值得怀疑的事情，但是落后地区人们命运的某些改善却不是不可能的。

最近欧洲社会主义国家的发展，与本研究课题中提出的(以及作为依据的)论点更加息息相关。赫鲁晓夫把斯大林统治及与之有关的波兰和匈牙利事件的一些情况捅了出来，再一次有力地把落后国家步入幸福富裕社会之途的险峻公之于众。但是，把苏联在第二次世界大战前和东欧、东南欧所有国家在这之后所犯的过错统统归咎于斯大林、贝利亚及其同伙的邪恶个性，只不过是“个人迷信”走向了它的反面。事情并不是这样简单，而且人们一般都认为：的确应当由“整个制度”对领导者所犯下的过错承担责任，这样的认识也是完全可理解的。然而，由此得出结论说，**社会主义**的整个“制度”必须加以否定，则是荒唐之至。因为，应为斯大林及其傀儡们的行为受到指责的不是**社会主义**，而是那种受到外来侵略威胁又面临内部对抗的落后国家为了拼命地高速发展而形成的**政治体系**。在德国的希特勒篡夺政权之后，苏联所面临的独特环境，以及在令人担惊受怕的冷战时代，东欧、东南欧国家普遍所处的特殊情况下，这样一种政治体系的出现并不能“证明”社会主义天生就是一个恐怖和高压的体系。它的确意味的是——而这是一个头等重要的历史教训——社会主义在落后的和不发达的国家里极有可能成为一种落后的和不发达的社会主义。在苏联和东欧社会主义国家发生的事情证明了马克思主义的基本观点：社会生产资源

15 的成熟程度决定了“社会、政治和文化生活的一般特点”。这对西方的社会主义改造的基本合理性、可取性和潜在可能性没有影响。

事实上，这更突出了它的紧迫性。因为发达国家中的社会主义社会，不会被迫进行向工业化目标的“急行军”；不会被迫从可怜的低收入中拿出原本用于大众消费的一大块；也不会不得不从有限的总产出中拿出可观的份额投入到军事用途中去。这样的一个社会主义社会不但会针锋相对地打击西方的浪费、不合理性、文化和道德上的堕落，而且会致力于帮助解决世界上不发达国家的匮乏、疾病和饥饿的问题。西方的社会主义一旦牢固地建立起来，就会自始至终消除重新出现政治和社会压迫的基础和需要，而政治和社会压迫则是东方社会主义早期阶段的特征。因此，对西方的社会主义者来说，现在比以前任何时候都更需要我们重新致力于探究理性、进步和自由的原因，以加倍的努力推进社会主义事业的发展，因为人类的命运取决于这些努力的最终成功——在东方和西方都是一样。只有这些努力能使经济上发达的国家重新恢复它们在世界上现已丧失的在道德、意识形态和政治方面的领导地位。只有发达国家在社会主义民主大道上的发展和指引，才能终止人类至今所经受的无穷苦难。

1953年秋季学期，我在牛津大学开办了一个讲座课，以最浅显的形式讲授了本书的内容。在重新审阅讲稿以便出版的过程中，我做了许多形式上和具体内容上的修改。写作过程也是学习过程。在我把原来笔记上粗糙的构思变成明白易懂的理论表述的
过程中，很多论点显得越来越清晰了。我并不抱有“面面俱到”的 16
幻想。本书的范围涉及广泛，每走一步都会碰到大量的繁难问题和隐含意义，令人感到困惑。我所能期望的，是勾勒出一个大致的轮廓，并由此而提供一份初步的地图；而它的主要作用，我希望，是

鼓励做更远的旅行和激励更深入的探索。

通过这项研究，我有幸接触到一些对类似问题进行思考的好朋友。我特别感谢查尔斯·皮特海姆、莫里斯·多布、莱欧·霍布曼、迈克尔·卡莱斯基、奥斯卡·兰格和琼·罗宾逊。他们花费时间和精力，热心地讨论与本书主题有关的内容，或阅读了全部或部分的手稿。他们的建议和批评非常宝贵。我也感谢约翰·莱克利夫勇挑重担，润饰文字，将我的风格体现在明白易懂的英文中；哪怕他还留下一小部分工作未完成，就很难想象这本书没有他的帮助将会是什么样子。我感谢伊丽莎白·霍布曼为本书准备了索引；感谢西皮尔·梅和凯瑟琳·温斯顿负责这本书的印刷出版事宜。我最感激的是保罗·M.斯威齐；他与我的深厚友谊已近20年。他的勇气、洞察力和毫不动摇的信念使他的作品成为战后美国思想史上最引人注目的亮点之一，对于我来说始终是取之不尽的激励和鼓舞的源泉。几乎本书中所有的论点，我们都在一起讨论过，我很难说哪部分思想是他的，哪部分思想是我自己的。我还要说，不论是他，还是其他什么人，都不对书中的错误和混淆负责。这完全是我自己的过失，有的时候是由于我的固执己见。

在引用外国作者的观点时，我或者引用英文译本，或者在某些
17 场合下，我是引自原文，但以英文表达。在这种情况下，我自己对相关段落作了翻译。

保罗·巴兰

于加利福尼亚洛斯阿尔托斯

1956年12月

1962年重印本前言 19

为了给本书的法文版和德文版写前言，也为给在美国发行的重印本写前言，我再次审阅了这本书，感到了一种强烈的矛盾心情。我首先想到的是，再一次把这本书原封不动地奉献给读者，也许算不上很不礼貌。无论本书写成以来发生的历史事件，还是此后的反思和研究——有一部分反思和研究是由本书遭到批评而引起的——都没有改变我的看法：**作为一个总体来说**，本书所提出的观点和论据仍旧是完全有效的。但是还有一些考虑使我感到不安，涉及的只是书中的部分内容而不是全书。因为，要是我现在重新撰写本书的话，我会努力克服我所认为的那些弱点，并且更加全面、更加令人信服地陈述本书的几个主题。但是，由于其他并非无关的工作的压力，我不可能完成这样重大的修订任务，我不得不采取“既往不咎”的原则，尝试通过这篇前言，扼要阐述本书中特别需要重新考虑和补充的那些方面，以解决总体和局部之间的矛盾。前言中所谈问题的顺序并不由它们的重要性来排列，而由它们在本书出现的先后来排列。

（一）

尽管我努力澄清对经济理论的一个重要概念的混乱看法，也就是消费者主权的概念，但获得的成功却微乎其微。几乎没有哪
20 个领域像在这个问题上那样，传统经济学家的局限性如此明显而又有害地妨碍深入的观察。坚持把现有经济和社会秩序看作天经地义的事情，并且只从反映资本主义生产关系的范畴来思考问题，即使最能干的学院经济学家也不可避免地会陷入所有资产阶级思想的基本困境：被迫不断地在几个同样有害的办法中作出选择。就像判了死刑的犯人有权在吊死和枪决之间“自由选择”一样，资产阶级经济学永远会受到以下一些问题的困扰：垄断的不合理性是否比竞争的无政府状态好一些？破坏手段的累积是否比失业好一些？导致富人储蓄和投资的收入与财富的不平等是否比公平分配及极大地减少储蓄和投资好些？同样，人们把消费者主权也看作这样一个问题，消费者是否——尽管许多人受到广告和高压推销术的大量冲击——应当享有自由去按自己的意愿支配自己的收入，还是不得不接受按“人民委员”[①]判断最适合于他们的一篮子商品。很容易看到，面对这种二难推理，经济学家的确受到“霍布森选择”的困扰。敬畏地跪在消费者“默示偏好”（revealed preferences）的绝对真理面前，使得经济学家处于令人心烦的地位，即不得不拒绝对由此导致的产出构成作出判断，从而也拒绝对作为

① 人民委员（commissar），苏联对政府各部部长的旧称。——译者

我们社会明显特征的浪费和文化堕落作出判断。另一方面，拒绝把消费者“默示偏好”作为最后手段而赞成政府强加的一套决定也同样令人沮丧，并且意味着废除福利经济学的所有学说；更重要的是，意味着废除经济学家积极争取保持的个人自由的所有准则。

对这种困境有两种不同的保守反应。一种思想流派以否认这
种困境的存在来对待这一问题。这一派认为，通过广告宣传和公 21
司努力进行的高压销售而形成的消费者趣味和偏好是一种假象，因为从长远来说，任何游说和别出心裁的推销术都无法改变“人性”，都不能强迫消费者接受他不想要的东西[①]。而且，这种观点还认为，消费者的默示偏好产生出十分恰当的后果，不需要做任何特别的改进[②]。

另一个保守的思想流派采取了不同的方针。它坦率地承认，消费者的默示偏好和传统的消费者**主权**概念没有共同之处；大公司的权力就是为了公司的利益而塑造消费者的趣味和爱好；所有这些都对我们的经济和社会产生有害的影响。正如卡尔·凯森教授所说：

“公司广泛权力的一个方面……就是公司管理层占据着

① “消费者今天是上帝……公司除了发现他所想要的东西并服务于他的愿望，甚至一时的念头外没有别的选择。”斯图尔特·汉德森·布里特：《花钱的人》第 36 页(纽约、多伦多、伦敦，1960 年版)。还有：“倘若产品不能满足消费者现存的愿望的需要，广告宣传最终就会失败。”罗瑟·里夫斯：《广告宣传的现实》第 141 页(纽约，1961 年版)。

② “我们私人经济中的所谓浪费，恰好就是人们谋生的方式。在这个过程中，我们使所有人都享受到福利。这恰好也是我们获得学校、医院、公路和其他特别引人注目的‘公共’设施的方式。”《华尔街日报》第 16 页，1960 年 10 月 7 日。

> 为我们整个社会确定和倡导时尚的地位。企业对时尚的影响可通过商品设计直接产生，也可通过大众传媒提供的思想和语言的风格间接地、微妙地产生，像是时尚的学校，我们大家每天都去上学……简而言之，这就是大家熟悉的说法：我们处在商业社会里，大公司是我们社会‘最具特色的’（即便不是在统计上具有典型性的）机制……”①

22 然而，尽管这一派作者持有怀疑和现实的态度，他们把最大的重点放在这样一个事实上：这些不合理性和祸患是*产生于*事物秩序中的，而他们所认同的事物的秩序就是垄断资本主义的经济和社会制度。梅森教授说：“要深入地探讨公司就要探讨许多别的问题。”②在我们的时代，探讨“许多别的问题”肯定没有列入经济学家的议程。

这不是所谓自由派的立场。自由派把消费者的默示偏好看作是我们社会不合理配置资源的根源，我们社会令人失望的道德和文化状况的根源。他们对广告的有害影响、欺骗性的产品细分和人为的产品废弃感到不安；他们抨击教育制度、好莱坞、报纸、广播和电视台所传播的文化的质量。在愤怒的驱使下，他们得出了结论：“选择不在于消费者或中央计划人员谁该行使主权，而在于对生产者忽略了一部分消费者的偏好又影响了另一部分人的权力应

① 见“公司：有多大权力？多大范围？”一文，发表于爱德华·S.梅森编《现代社会中的公司》一书第101页（马萨诸塞州，坎布里奇，1959年版）。

② 同上书第2页。

不应该及应该如何加以阻止、修正或以某种方式分享。”[①]为了达到阻止、修正或分享的目的，他们提出了一系列的“补救措施和政策”，涉及的范围从美国食品与药品监督管理局采取的管制措施，政府对歌剧院和戏院的资助，到建立“杰出公民委员会”。这个委员会的任务是在合理选择和良好风尚方面影响公众舆论。

尽管许多人感到失望，但是几乎毫无疑问，在资本主义发展的目前阶段，保守的“现实主义者”常常比自由派的“社会向善论者”更接近真理。正如不触及原因而仅仅探讨战争伤亡数字是毫无意 23
义的一样，不能仅仅就广告提出告诫，而不明确指出产生祸患的**实质**：垄断公司和寡头垄断公司，以及构成它们**一贯伎俩**主要部分的企业非价格竞争手段。既然**实质**部分从未加以探讨，而且事实上严格地处于加尔布雷思、西托夫斯基和其他自由派批评家的批评范围之外；既然在他们心中（或者至少在公开场合所表白的）“深刻探讨”大公司完全在他们的考虑之外，从他们推荐的各种管制委员会，甚至他们有可能任命的“杰出公民委员会”中还能期望些什么呢？人们会想，已有的管制机构的成绩足以雄辩地说明，正是大企业在起管制的作用，而不是相反。关于食品与药品监督管理局、联邦贸易委员会和联邦通信委员会的效率低下难道还需要比现在已收集的材料更多的证据吗？[②] 或者，还有必要详细阐述总统最著

① 参见托宾·西托夫斯基著“论消费者主权原则”一文，载于《美国经济评论》1962 年 5 月号。我感谢西托夫斯基教授让我在这篇论文出版之前阅读了它。

② 参见詹姆斯·库克著《补救和考验》（纽约，1958 年版）一书中各页；以及“联邦通讯委员会的丑闻背后”，载于《每月评论》1958 年 4 月。

名的“国家目标委员会”最近的活动和报告对社会的深刻影响吗?[①] 但是自由派“社会向善论者”忽视了所有这些事情。他们把国家当作一个外在的实体,它主管社会却不构成社会的一部分,它建立社会目标,重新安排社会的产出和收入,却不受现行生产关系的影响,而且不为占支配地位的利益集团所支配。他们求助于幼稚的理性主义,而这种主义孕育着幻想,只能有助于维持**现状**。[②] 与此相比,“有约在先”地声明“我们已经……到达了经济理论和政
24 治理论之间的前沿,我们不再越过界线”——西托夫斯基教授在10年前用这句话结束了他的巨作,[③]倒是表述了一种比较站得住脚的立场。

因为自由派批评家甚至没有触及问题的关键。首先,他们作为忠诚的凯恩斯主义者,在提议干预或阻拦公司的广告和其他销售活动时,无法避免自相矛盾。在这方面,《华尔街日报》和与该报持有同样观点的“现实主义”经济学家肯定更有说服力,因为所有这些“不尽如人意的”商业做法确实促进和增加了销售,确实直接或间接地帮助提高了收入和就业水平。[④] 即使汽车拥堵了城市的交通,污染了城市的环境,其销售量却更多了,军火生产和挖防空洞也如此,所有这些办法是医治日益下降的生产和日益增加的失业的药方,但是没有任何这类活动可以认为促进了人类的进步和

---

① 参见《美国人的目标》,总统国家目标委员会报告(纽约,1960 年版)中各页。

② 关于马克思主义国家理论的清晰论述,参见斯坦利·W.莫尔著《对资本主义民主的批判:马克思、恩格斯和列宁国家理论介绍》(纽约,1957 年版)。

③ 参见《福利与竞争:充分就业经济学》第 450 页(芝加哥,1951 年)。

④ 据我所知,K.W.罗斯查尔德在他的优秀论文“广告札记”(《经济学杂志》1942 年)中第一次提出这个观点。

幸福。[1] 历史进程的辩证法就是这样，在垄断资本主义的框架中，资本主义秩序中最可恶、最有害的特征恰恰就是它继续存在的基础——正如奴隶制中的奴隶是必要条件一样。

在理解消费者主权方面，“现实主义”保守派也比自由派“社会向善论者”稍胜一筹。在告诫防止夸大广告、强制推销术等的影 25
响，以及在论述消费者的偏好和选择的时候，他们是有力的。他们说，消费者只喜欢他们中意的东西，只购买他们愿意花钱购买的东西，显然这种说法是同义反复，但是，即使是同义反复，也没有说错。由此可以肯定，不能像某些企业经济学家喜欢断言的那样，消费者不断受到广告和推销术的骚扰也不会对他想购买的商品构成产生任何影响。但是认为企业这些做法是形成消费者的购买意向的决定因素，也不符合事实。亨利·C.沃利奇在他精明的观察中最接近于道出要害：“认为广告造成的需求是人工合成的，不是消费者的真正需求，这种说法不妥。应当从文明存在的各个方面来论述。”[2]当然，这种说法言过其实了。万能的麦迪逊大街（或由与麦迪逊大街相反的政府调解委员会或促进好风尚杰出公民委员会）所造成的人类需求并不全部是“人工合成”的；这个观点反映了人类无穷无尽的操纵事物的精神，这种精神在“身穿灰色法兰绒服装的人”那里最突出，他们支配着公司的执行部门和政府的重要机

① “现在，如果政府决定经济需要另一次刺激，官员倾向于新一轮的军事订货应优先于大规模公共工程或削减税收。”*Business Week*，1961 年 12 月 9 日。但“官员的倾向”不是“现在”才有。因为“有些顾问喜欢关于防空洞的主意，但要求在经济需要刺激时能推动经济前进”。同上，1961 年 11 月 4 日。因此，建造防空洞不只用来保护人民不受放射性微粒回降的损害，并且用来对付萧条和失业。

② 引自 Steuart Henderson Britt，见上面的著作第 31 页。

构。但是所有的需求也不是来自人类的生物本能或永远不会改变的神秘的“人性”：这个概念公然不顾历史知识和经验，是形而上学的愚昧主义。事实上，人类的需求是一种复杂的历史现象，反映出人类生理需求和现有社会经济秩序之间辩证的相互作用。[①] 有时
26 候为了分析，必须对生理需求加以抽象，因为它们是比较固定的。一旦明确地作出这种抽象，并牢牢记在心头，人类需求的构成就可以（而且必须）被合理地认为是“合成”的，就是说，这种需求是由人类所生活的社会和经济秩序决定的。沃利奇教授显然未能认识到的是，问题**不在于**现有的社会经济秩序是否在形成人们的“价值观念”、意志和爱好方面发挥了突出的作用。对于这一点——鲁滨逊·克鲁索最终抛弃了经济学教科书而走向与世隔绝的地方——认真研究这个问题的学者几乎都同意。问题在于起形成观念等作用的**社会经济秩序的种类**，在社会经济秩序支配下灌输给人民的价值观念、意志和爱好的种类。造成垄断资本主义社会经济秩序如此不合理，如此具有破坏性，对个人的发展和幸福如此有损害的不是它影响、塑造和“合成”了个人，而是它施加给其牺牲者的影响、塑造和“合成”的种类。

弄清楚这一点才可能进一步深入探讨。垄断资本主义不治之症不是它“恰巧”把大量资源挥霍在生产武器上，不是它“恰巧”允许公司做出勉强可以感觉出来的和潜意识的广告，兜售伪劣产品，以及让愚蠢的娱乐、商业化的宗教和堕落的“文化”充满人类生活。

① 关于这方面范围更广的讨论，参见我的《马克思主义和心理分析》（纽约，1960年）。此书收入了一篇关于这个课题的讲稿、批评家的看法和我的答复。

对人类进步造成惊人障碍的资本主义制度的不治之症在于，所有这一切并非资本主义秩序偶然出现的特点的某种聚合，而是它的存在和活力的根基。正因为如此，更大更好的食物与药品管理局、杰出公民委员会的完整网络等只会为现有的一团糟的秩序蒙上一层面纱，而不是彻底改变一团糟的状况。这里再一次利用先前作过的比较：为战争牺牲者建立豪华的公墓和昂贵的纪念碑不会减 27
少死亡的人数。这些看似人道主义的努力所能达到的效果，充其量——或最坏的情况——就是麻痹人民对战争残酷的感觉，减少他们对战争的恐惧。

但是让我们回到论证的出发点，无论是我还是其他我熟悉的马克思主义作者都从未提倡过废除消费者主权，而用人民委员的命令取而代之。把这种倡议归咎于社会主义者，这只是某些权势所热心培育的对马克思主义思想的无知和曲解的一个方面。实际问题完全是另一回事，即是否应当容忍这样的经济和社会秩序：一个人从摇篮时期起就受到塑造、熏陶和“改造”，变成对利润贪得无厌的资本主义企业的牺牲品和资本主义剥削及腐败的容易摆弄的对象。马克思主义的社会主义者毫不怀疑这个问题的答案。他们认为人类已达到的生产力和知识水平有可能超越这个制度，并且用一个更好的制度取而代之；他们相信可以发展这样的社会：个人受到的影响和教育，不是靠利润和市场所决定的经济，也不是靠公司总经理的“价值观念”以及受雇于他们的文人们的作品，而是靠团结、合作和自由所决定和导向的人类关系的大同，靠合理规划生产用途的制度。事实上，只有在这样的社会中，才有每个人的主权——不是“消费者”的主权或“生产者”的主权，这些词汇本身反

映了资本主义制度下人的品性的致命的分裂。只有在这样的社会中，个人才能自由地与别人一起共同决定该完成的工作量，消费的产品构成，休闲活动的性质——不受所有公开的和隐蔽的劝说者的左右，这些人的动机就是维护自己的特权及最大限度地增加利润。

28 对于批评我的人来说，他们怀疑或者"现实地"嘲笑和自视清高地说，这种社会无非是一个乌托邦而已。我的回答是，如果他们说得对，我自己以及批评我的人就全是乌托邦分子。之所以说他们是乌托邦分子，是因为他们认为，他们想维持的社会经济秩序通过纵横捭阖、玩弄权术以及毫不触动该秩序越来越明显的不合理、破坏性和不人道的表面上的改革，就可永久继续下去；之所以说我自己是乌托邦分子，是因为我相信人类——将会有足够的时间完成这项艰巨的任务，成功地建立真正的人类社会——他们现在已经做到把资本主义从地球三分之一的地方消灭掉。如果要在这两种乌托邦间进行选择，我宁愿选第二种，赞同西蒙娜·德·波伏娃绝妙的话："我曾经自问社会主义的欧洲是不是一种乌托邦。但是每一种还没有实现的想法奇妙地都像是乌托邦。如果人们以为除了已经存在的以外什么都不可能做，那么他永远将无所作为。"[①]

（二）

第三章和第四章探讨垄断资本主义，需要阐明论点。必要的

① 《官员》第 193 页（巴黎，1954 年），这段话我已从法文译出。——译者

修改不是广泛的，但是我希望能增加论述的连贯性和说服力。我对垄断资本主义这个大主题的观点已在我和保罗·斯威齐共同承担的大量工作过程中得到了具体化，我们的研究和讨论的结果就写在我们希望即将完成的书中。因此本节只限于谈两点，读者在读本书的有关章节时应当把这两点记在心里。

上面我曾说过，对消费者主权的问题有必要作深入的探讨，而不要只看现成可以观察得到的表面现象。在涉及我认为是理解资本主义一般运行准则的关键——“经济剩余”概念——时，至少同样如此。像尼古拉斯·卡尔多这样杰出的批评家都未能抓住这个 29
概念的含义和重要性，[①]这个事实表明我未能把这个概念充分阐述清楚。

麻烦的根源在于，像所有其他被资本主义经济表面现象迷惑的经济学家一样，卡尔多先生**坚持把经济剩余与统计上可以看得到的利润等同起来**。如果这种等同是合理的，那就不需要引进“经济剩余”这个词，而且，显然更加重要的是，也没有什么正当理由去议论增长中的剩余了。但是事情的症结在于利润与经济剩余不一样，用一个现已用滥了的比喻来说，它仅仅构成冰山上可见的一部分，其余的部分隐藏在肉眼见不到的地方。让我们回忆一下，在政治经济学（和资本主义）发展的早期，它们彼此的关系比现在清楚得多。事实上，为了确认地租（及货币资本的利息）不一定是生产成本，而是经济剩余的组成部分，在理论上曾展开过激烈的斗争。但是在后来的阶段，当资本主义企业家和银行家代替了封建地主

① 参见本书中关于他的观点，《美国经济评论》第 164 页以后各页，1958 年 3 月。

和放贷者时，他们的收益就被洗掉了剩余的“污点”，上升到资源的必要价格或“等待”、“节制”、“承担风险”的必要报酬的地位。其实，“经济剩余”这个概念在约翰·斯图亚特、穆勒的著作中仍很重要，新经济学称它为 *non grat*，声称任何支出总是“必要的”，只要它得到在竞争市场上起作用的消费者默示偏好的认可。

随着垄断的激烈扩展，情况变得更加复杂，有一些经济学家，
30 他们起初追随马歇尔，后来主要受庇古著作的启迪，从竞争的资本主义角度开展调查，认为不可能把垄断利润视为必要的生产成本。[①] 这无疑于向前迈出了重要的一步。但这只是需要了解的开始。因为垄断资本主义不仅产生作为经济剩余的组成部分的利润、租金和利息，而且在成本的名义下隐匿了剩余的重要份额。这是由于**必要的生产工人**的劳动生产率和作为工资自然增加给他们的国民收入份额之间的差距日益扩大。

在这里，简单的数字说明也许是有益的。假定在第一个时期，100 名烤面包工生产出 200 个面包，其中 100 个面包当作他们的工资（每人一个），另 100 个被资本家作为剩余（他的利润和支付租金及利息的来源）。烤面包工的劳动生产率是每人生产 2 个面包，国民收入中剩余所占的份额是 50%，劳动的份额也是 50%。现在来考虑第二个时期，烤面包工的劳动生产率已增加 525%，达到

---

① 熊彼特（最后还有伯尔、加尔布雷思等人追随）声称垄断利润是“生产的必要成本”，努力挽救垄断利润的“声誉”。他指出，技术革新要以革新者获得垄断收益为前提，正是垄断利润才使公司维持了花费巨大的研究实验室等。他就这样来完成挽救工作。于是，静态的缺点变为动态的优点。他们对现状的全面认可冲掉了经济理论最后打算保留一些合理评估资本主义制度功能的最低标准。

12.5 个，他的工资增加 400%，上升为每人 5 个面包。再假定现在
只雇用 80 名工人烤面包，总共生产 1000 个面包，而其余 20 名工
人从事以下工作：5 个人负责继续改变面包的形状；一个人把能加
速面包发酵的化学物质与之拌在一起；4 个人为面包设计新包装；
5 个人编写面包广告，并在大众传媒中传播；一个人负责仔细观察 31
别家面包公司的活动；2 个人密切关注反托拉斯领域法律的进展；
最后 2 个人负责面包公司的公共关系。所有这些人也给每人 5 个
面包的工资。在新的环境下，80 名烤面包工人的总产量是 1000
个面包，该公司 100 名劳动力的总工资是 500 个面包，利润加租金
加利息总共是 500 个面包。[①] 初看起来，第一个时期和第二个时
期之间没有发生什么变化，只是总产量有了增加。国民收入中劳
动力份额仍为 50%，保持不变，给剩余分摊的份额看来也没有变
化。然而，虽然从通常统计数字观察到的上述情况不言自明；但
这样的结论是完全站不住脚的，实际上这仅仅说明那些从统计
中作出的推论是如何使人误入歧途。因为统计中显示的劳动力
和资本份额从第一个时期到第二个时期未曾发生变化这一点与
我们研究的问题不相干。不难发现，实际情况是，在早期资本家
把所有经济剩余作为利润和用于支付地租和利息。现在经济剩余
的份额则一部分用来支持非价格竞争销售方面的成本，换句话说，

① 显然，如果 20 名非生产性工人的工资比每人获得 5 个面包还多——因为这样的假设将是切合实际的——那么烤面包工的实际工资只得低一些，或者利润受到侵占，也可能这两种情况同时存在。在前一种情况下，剩余比较大；万一利润减少，剩余仍然不变；如果生产工人工资和利润都较低，剩余会因工资减少而增加。

就是损耗掉了。[①]

32 因此，显然卡多尔先生和其他批评家的论点，即我承认工资在收入中的份额在几十年中在一定程度上保持不变这个看法有道理，是与我的剩余增加理论不相容的。他们的论点仅仅反映出他们未能理解剩余概念。国民收入中不变的，甚至是增长中的劳动份额，可以与增长中的剩余同时存在，因为剩余的增加体现在浪费的增加上。由于损耗的“产生”涉及劳动力，如果国民产出中损耗的份额在增加，那么劳动力份额也会增加。对生产性（productive）工人和非生产性（unproductive）工人不加区别地一律列为劳动力，并且把利润等同于剩余，显然会掩盖这个非常简单的陈述。

对以上看法有人可能提出好几个反对意见。首先，有人可能（正在）断言，区分生产性工人和非生产性工人或区分社会所需要的产量和损耗是毫无意义的，因为不可能“客观地”和精确地作出这些区分。后一种断言的正确性是理所当然的，但是白兰地和水混合在一个瓶子里无法分开，以及不可能精确证实两种液体的比

① 顺便说一下，从这个非常简单的说明中可以了解到两件其他有趣的事情：第一，通常的统计往往表明面包业人均劳动生产率的提高数比实际低，在第一个时期和第二个时期 100 人受雇于面包业，以及产量从 200 个面包增加到 1000 个面包，劳动生产率看来上升了 400%，而不是按实际情况为 525%。当然，仔细“挑选”用于计算的劳动力分母，即只限于生产性工人，那么这个缺点可加以补救，但是通常提供的统计资料还不可能帮助这种调整实现。第二，一般编纂的统计表明，工资的增长比例完全与劳动生产率的增长比例相同（从一个面包增加到 5 个面包），而实际上生产工人的工资大大落后于他们的劳动生产率的提高。官方统计向人们提供这样歪曲了的看法显然不是偶然的；这是支配统计编制工作的概念有问题所造成的。由于“经济剩余”概念不被官方认可，由于“生产（production）”和“非生产（non-production）”工人之间毫无意义的区别取代生产性和非生产性工人之间的重要差别，现有的统计隐瞒了而不是阐明了资本主义现实中的非常重要的方面。

例，并不改变这样的事实：瓶里装着白兰地和水，两种饮料按确定
的数量装到瓶子里去的。而且，不管瓶子里灌装了多少，可以肯 33
定，缺乏混合物中任何一种，瓶子就不像原来那样满。现在我们不
能完全把小麦从稻草中分出来，就是说，明确地指出社会需要的产
出和经济剩余的范围，这本身就是垄断资本主义经济和社会秩序
的一个重要方面。正如消费者主权问题不是人民委员是否应当审
查消费者的需求，并把好的时尚标准强加于他们，而是如何达到将
导致出现具有不同需求、不同趣味和不同目标的个人的社会经济
秩序一样。这个问题反映出完全误解了对持批评态度的经济学家
的要求，即他希望全面统计出现有非生产性工人的数目及现有的
损耗量和损耗形式。除了这一绝非微不足道的事实即在现有条件
下，没有（也不可能有）这样性质的足够的信息量和知识来编出这
样的目录之外，任何经济学家，不管怎样足智多谋，都不敢扮演沙
皇的角色，擅自决定“筛选”过程的标准。因为只有在社会主义社
会中，人们才不受利润动机的支配，个人不为市场价值观念与准则
所左右，而是从新的社会主义生产关系中产生的觉悟将导致个人
爱好的新结构以及人力资源与物质资源配置的新格局。在这方面
社会科学家所能做的事是像黑格尔的“米纳娃夜枭只在黑夜降临
时开始飞行”那样向世界宣告：一种社会秩序已病入膏肓，奄奄一
息。可以取而代之的具体形式和运行准则以及新社会里变化的具
体情况，经济学家和统计学家不管多么有本领，也只能大致地想 34
象，而不能精确地证实。这有待于利用为实现社会主义秩序而斗
争的人们的社会实践来确定。

另一个反对剩余增长的观点具有不同的性质。它的要点是，

社会需要产量和经济剩余之间的区分是不相干的，即使可以根据要求作出精确的区分。由于满意的收入水平和就业水平取决于总开支是否充足，而不管开支用在什么地方，它就把是否引起有用的产出或损耗，以及把是否雇用生产性或非生产性工人的问题撇在了一边，因为它对“经营条件”，以及对垄断资本主义社会提供“充分”就业的程度没有什么意义。这个推理，尽管有说服力，却和凯恩斯的一切短期分析一样，极其缺乏远见。毫无疑问，对生产设备的投资和对潜水艇的投资，用于购买书本的消费和用于广告的“消费”，外科医生的收入和药品商贩的收入，全都计入有效总需求并有助于维持收入和就业。但是同样清楚的是，由此形成的产出、消费和投资结构不仅对社会质量和社会成员的福利产生影响，而且对社会进一步的成长和发展的可能性产生深刻的影响。更有甚者，虽然几十年前有可能认为，在缺乏合理的就业的情况下，任何就业——例如在地上挖洞这样的不合理工作——总比没有就业好，但在今天，即使这种不理想的工作也找不到了，代替失业的不再是比较清白的挖洞工作，而是无知地堆积毁灭性武器。[1]

35 还有人反对说，虽然上面所说的都是正确的，但不应当忘记，恰恰由于作为垄断资本主义特性的这些不合理性和浪费，才保持了高收入和高就业，吸引了大量合理的投资，达到了某种——即使公认较低的——经济增长率。这个论点很像一份为了烤猪把房屋

① 在摩西·阿布拉莫维兹等人所著的《经济资源配置》（斯坦福，加利福尼亚，1959年）一书中，保罗·巴兰的文章“消费不足的反思”扩大了这种讨论；此文还被收入都留重人编的《资本主义是否已发生了变化？当代资本主义性质国际讨论会论文集》（东京，1961年）。

烧掉的高见。但更糟的是，在“烤猪”的过程中连猪也没有烤熟——把加尔布雷思的话改动一下[①]——在美国垄断资本主义条件下出现的财富增加远远超过了使这个制度的不合理性“无关重要”的程度。肯定不是“无关重要”。在第二次世界大战之后——在赖尔特·米尔斯恰当地称为“伟大美国的欢庆”的日子里——至少有一半年份（1948—1949 年，1953—1954 年，1957—1958 年，1960 年至今），政府报道的失业数在 500 万左右，按照工会提供的资料，失业人数不会少于（也许大于）600 万。

也不能把这样的事实轻蔑地说成是无关紧要：在这个被称为富裕的社会里，大约三分之一的人民生活在绝对贫困的条件下，至少五分之一的美国家庭（而美国非白人家庭是这个比例的两倍）在贫民窟中居住，生活十分悲惨。如果撇开冷冰冰的统计数字，研究具体地区的具体条件，人类面临的悲剧是难以形容的。前哈佛大学校长詹姆斯·布赖恩特·科南特写道，“在我国最大的一个城市的几乎完全由黑人居住的贫民窟里，我们发现了以下的情况：16 到 21 岁的男青年中 59%失学和失业。他们在街头流浪……”[②]

对现在讨论中的反对意见可以提出来的是，资本主义总的发 36
展，特别是它的最后阶段——垄断资本主义——的发展，虽然几乎
没有表现出任何与一个好社会相像的地方，[③]但却产生了出现这

① 《美国资本主义：抵消力量之概念》第 103 页（波士顿，1952 年）。

② 《贫民窟与郊区：评都市区内的学校》第 33 页及以后（纽约，多伦多，伦敦，1961 年）。

③ 这里不是详细阐述和分析垄断资本主义社会质量的地方。关于这个问题，有兴趣的读者可参阅斯威齐的著作以及我即将出版的著作，同时还可参阅 1962 年 7—8 月《每月评论》。我的那本书的某些章节提前在这一刊物上发表。

样一个好社会的客观潜力。在帝国主义时期已经出现的生产力的巨大发展，尽管是战争、剥削和浪费的副产品，事实上为未来真正丰裕的社会打下了基础。但是在寡头统治下，大量的资源为几百家大公司利益服务，一切为了维持现状以便进行控制，这种社会不可能产生。只有当丰富的资源由实现了“每个人的自由发展是全体人的自由发展的前提”的社会来管理时，好社会才会变成现实。

这一点使我转向我对本书有关垄断资本主义章节要作的第二个评论。这个评论涉及垄断资本主义下取得的技术革新和技术进步。尽管我仍相信斯坦德尔的论点基本正确，我赞成他所说的技术革新和进步是投资起了作用而不是相反，但我未曾花足够的篇幅阐明这两个过程相互影响的无可辩驳的辩证关系。不仅大公司研究与开发部门的职员至少在某种程度上都发挥了一定的主动性，并且使发明和技术革新变成一种日常必做的事情，[①]而且也许
37 更重要的是，已经成为垄断资本主义经济中永久和庞大的组成部分的军工企业成为不断推动投资和科技进步的“外部刺激”。如同军方的需求在相当大程度上取代了未来投资者的需求一样，苏联人造卫星连续发射取代了“持续”竞争的某些功能。这个现象并不要求我们倒退到熊彼特的立场上去，熊彼特认为技术进步是天神降世——自发的和不可捉摸的。它也并不意味着技术进步决定了投资，以致未来的知识增长可能经常转化为新增的生产设施。但它表明大公司范围内研究和开发活动的强化，加上军事需求的稳

① 参见前注中都留重人编的《资本主义是否已发生了变化?》一书中 Paul M. Sweezy 的文章，第 83 页以及其后各页。

步增加，就会创造出某些投资机会，虽然在其他条件下投资机会可能很少或没有。需求的军事性质的重要意义以及供应的垄断和寡头垄断性质的重要意义充分表现在挑选可被利用的技术潜力或者使之停留在科学家和工程师档案里。原子能在经济中的应用十分缓慢以及自动化的发展不平衡看来可证实这样的看法：垄断和寡头垄断企业只接受军事所需要的或能大大降低成本而同时又不会过度增加产量的技术进步。

（三）

现在我们来谈谈不发达国家。对第五、六、七章所阐述的我们时代的三大主旋律中的一个（其他两个分别是垄断资本主义在最近衰落期的变化及欧洲和亚洲新生的社会主义社会的前景展望）[1]，即不发达国家问题，我这里想补充一下限定条件和重申我的立场。前者涉及把本书提出的一般理论应用于某些具有马克思 38
称为“亚细亚生产方式”的人口很多的地区——引人注目的印度和巴基斯坦。有几位批评家说过，在不发达世界的这些部分，也许可以比较精确地搞清楚地主、高利贷者和各种商业中介人夺取的经济剩余数量，但是即使社会革命扫除了这些寄生阶层之后，也完全不可能把这些剩余变成生产性投资。这个观点建立在两种考虑的基础上。第一，有人认为，将会采取必要的剥夺措施的革命政府不可能替代被革命所消灭的吸血收租者、放高利贷者和贪婪的商人

---

① 自从本书出版以来，拉丁美洲已加入到创立社会主义的地区中来。

的位置。由于剩余归宿的这种转变在政治上受到排除，国有化和征收措施不会导致革命政府可用于投资的剩余和积累，而会导致剩余落入农民极其匮乏的消费篮子中。第二点是，在一个人数极少的剥削者集团聚敛了越来越多经济剩余的不发达国家（正如具有“经典的”封建制度的国家过去发生的以及由一小撮国内外垄断者控制的国家现在所发生的那样），那里的情况不同于下列社会：数以百万计的富农、放债的村长、小零售商、批发商和经纪人一起占有构成全部国民收入很大份额的剩余，都只向其接受者提供很低的人均收入。在前一种情况下，比较容易“剥夺”剥夺者，剥夺之后他们的命运如何不会成为重大的社会问题，他们人数很少，他们要么找到别的就业门路，要么移居，或者靠一些剩下来的财富退休
39 养老。但是在后一种情况下，剩余接受者人数很多，是重要的社会政治力量；一旦剥夺了他们的收入，就会在社会福利方面构成严重的问题。事实上，通过救济或人为地创造一些职业帮助他们维持最低生活水平可能抵消了大部分从剥夺中获得的好处。

这些问题是严重的，尽管我在写作本书时绝没有忘记这些问题的存在，[1]但它们还是没有得到足够的重视和强调。但我不认为，承认它们的重要性会使处理这里概括到的不发达国家面临的问题的基本方法毛病百出。它无疑意味着，有些国家在走向开放型经济和社会增长之路方面取得突破比其他国家要难，在有些地方需要加以克服的障碍比其他地方大得多。确实，在特别受到刚才说过的结构弊端所困扰的国家，发展战略必定不同于适合于结

① 参见本书边码第 304 页及后和第 418 页及后。

构比较恰当的社会的发展战略。列宁著名的不平衡发展规律显然不仅表明，不同社会的历史进程是不同的，而且在特定时期到达的阶段也各自不同。因此，不存在着一个不管时间和地点所有情况都适用的普遍公式，而且我也从来没有想指出存在着这样一根魔杖。

设想一下一个以工业经济为核心、而农民——不管受富农剥削，还是受封建地主的奴役——极其渴望个人拥有一小片土地的国家吧。在这样的国家里，有可能通过该国的工业部门产生大量的经济剩余。此外，如果这个国家比较小，以致不管从外国得到什么援助都会对其资本积累量产生很大影响，那么该国就能够允许农民“等着瞧”一段时期，通过观察和经历了解合理的现代化农业
生产组织的优越性。这种情况显然是在东欧和东南欧一些社会主 40
义国家里普遍可见的前景。

另一方面，再举一个以农业为本、工业仅是小农经济汪洋大海中一小块绿洲的大国为例。那里工业产生的剩余必然很少，实际得到的外国援助充其量只像发展的需要这只大水桶里的一滴水。如果在这样的国家里，农民对个人拥有土地的渴望由于经济和文化上的原因而不迫切甚至没有，该国的农业经济可以得到转变，走上以合作化农业或国营大型、生产率日益提高的“田间工厂”为基础的新轨道。在这个过程中失去原来身份的贵族、富农、村庄店主和放债者或者纳入到新的农业经济中去，或者在扩大中的工业部门和销售部门找到了职业。他们以往占据的剩余现在可用于经济发展。简括地说，这就是中国的经济发展战略模式。

最后让我们设想一下香蕉或蔗糖共和国的情况——如果人们

认为这种称呼适用于有关的半封建独裁统治的话——那里大部分农产品是种植园生产的，农业人口主要或大部分不由农民构成，而是由农业工人构成。在这种国家里，国内和国外种植园主彻底剥夺了农民的权利，以致个人拥有土地的想法完全从农村无产阶级脑海中消失。大规模分地根本提不上议事日程，种植园国有化立
41 即把以前被外国公司和本国公司占据的剩余收归整个社会处理。这不是说，如此释放的剩余可以全部转化为投资；大部分可能不得不用来立即改善劳动人民悲惨的生活状况。而且在改组经济的过程中的混乱和摩擦，在确保必要物质的新供应来源方面以及为传统出口品寻找新市场方面的困难——基本上都由于国内原统治阶级及其在国外的同伙和庇护者的破坏和阻挠——可能暂时减少总产出，并且相应地减少可获得的剩余。在这种情况下，克服所有这些障碍的可能性取决于国内外各种经济和政治因素，以致几乎找不到可以适用于个别事例的通用原则。可以说明我的意思的突出例子就是古巴在大革命以后的戏剧性经历。①

因此每一个不发达国家的经济、社会、文化和政治形态多姿多彩，要想迫使它们按一个僵化的“统一”模式发展是徒劳的。但是正如不应当思想上满足于寻找广泛适用的准则而忽视具体现实的特殊性一样，也不应当只盯住细节而对只有从概括性思考——即理论性思考——中才能获得的看法不闻不问。这使我要重申我以前对不发达国家面貌的基本问题所阐述过的一些观点，不要让次

① 关于古巴发展的全面评述，请见 Leo Huberman 和 Paul M. Sweezy:《古巴：对革命的剖析》(第二版，纽约，1961 年)，对上面言论的阐述请见我的《对古巴革命的反思》(第二版，纽约 1961 年)一书。

要的或更次要的事情掩盖住的主要观点有两个。

第一个观点是,如果追求的目标是迅速发展经济,全面的经济计划是必不可少的。可以预期,通过反复探索的自发过程,至多会发生微小和逐步的变化。已经在生产的任一产品,通常不用在计划上花很大力气,只要适当提高价格,并且让必要的调整“自行完成”,产量增加几个百分点是能达到的。但是,如果该国总产量的 42
增长要达到每年 8%—10%的水平,如果为了达到这个水平,该国人力和物力的利用方式必须大大改变,放弃若干效益较低的经济活动,兴办回报率较高的生产活动,那么只有精心进行长远的规划才能确保目标的实现。关于这个见解,认真研究经济增长问题的学者中实际上几乎没有分歧。[①] 也许更重要的是,关于这一点在历史记载上是明确无误的。在社会主义国家里,按最保守的估计,人均经济增长率为每年 10%,在资本主义国家里——发达和不发达的都一样——很少超过 3%,除了在战争景气和战后重建这些特殊环境下,才出现例外。

第二个重要观点是,在生产资料掌握在私人利益集团手里时,他们以谋求生产资料所有者的最大利润(或安全等其他私人利益)为目的来进行管理,在这样的社会中,任何名副其实的计划是不可能的。为实现目标而必须采取的资源利用和配置模式**必然**不同于现有条件下的模式,这是经济发展全面计划的实质。但是,由于现行资源利用和配置模式符合于——至少在大体上——统治阶级的

① 这里不是回顾有关文献的地方;只要提一下以下作者的著作就够了:H. B. 钱纳里、E. S. 马森、T. 西托夫斯基和 J. 丁伯根。这些著作的主要任务是要证明,如果要有效地推动不发达(或者发达)国家经济迅速发展,必须使投资协调并同步发展。

43 最大利益，任何认真的计划工作必然会与统治阶级及其国内外的盟友发生尖锐的冲突。这种冲突可通过以下三种办法之中的一种加以解决：以统治利益集团占主导地位的计划委员会——如果资本主义政府设立了这样一个机构——它的活动只能是摆摆样子，它的存在往往在老百姓中造成关于经济发展“正在采取积极措施”的假象。第二种可能性是改革派政府设立的计划委员会，保持着或多或少不受权势集团的影响、压力和贿赂的干扰，其职员是正直的改革派，他们相信独立和资本主义社会中国家的无限权力，并着手对国民经济进行意义深远的改革。在这种情况下，委员会必然受到来自统治集团的顽固阻挠和破坏，以致取得的成就很小，最后遭到挫折和失败，附带还造成极有害的后果，使得在大部分人眼里，关于计划的观点失去了信誉。第三种可能是，计划成为广泛的群众运动的战斗口号，毫不留情地与旧体制的封臣作斗争，并且在社会革命胜利地消灭了原统治阶级生存的生产资料私人所有制之后，变成该国经济的基本组织原则。

有人可能反对说，如果基本前提——迅速发展经济是必须的——成立，所有这些说法才符合实际。但是为什么要着急呢？用新近一位作者论述苏联经济时的话来说，为什么这样“着迷于”经济增长呢？仅仅这些问题的提出就反映出西方观察家在思想上与不发达国家现状和必然忍受现状的人民的心情之间有差距。在我们的时代，不再把不幸、饥饿和疾病看作是不可逃脱的命运；在
44 我们的世纪里，社会主义建设已从理论走向实践。落后地区的各国人民现在**懂得**，只要有愿望、决心和勇气向不发达宣战，只要在面临国内外剥削者毫不留情的抵抗时坚定不移地发动这场斗争，

经济和社会进步是会组织成功的。

（四）

从我们的历史经验来看，十分清楚的是，这场斗争是复杂、艰巨和残酷的。尽管社会主义革命取得了决定性的胜利，但只是“第一回合”的成功。资本主义生产方式和资产阶级统治，凡是已充分确立起来的地方，都是经过几百年天翻地覆的发展的。即使在我们这个迅速变化的时代，也很难期望在短短几十年中充分完成全部最伟大的社会改革——废除生产资料私有制，从而消灭人剥削人的现象。可以理解的是，对许多人来说，登山之路有时候看来惊人地陡峭，攀登绝对困难。既然打算在这里全面分析社会主义建设过程中的障碍和问题是不可能的，我只好限于对不久以前在前进的道路上阻碍特别明显的一些领域作简要评述。

首先且最突出的是国际上的斗争场所，社会革命——不管在什么地方和如何展开——都会遭到今天世界上最强大的反动堡垒——美国统治阶级的极大敌视。不论一个统治多么腐败，不论一个政府多么罪恶地无视人民的根本利益，不论一个独裁政权多么反动和残酷，都不会被这个“自由世界”的第一流强国拒绝给予经济、军事和精神上的支持——只要它证明属于反社会主义的神圣同盟。与此同时，没有一次群众运动，不管其参与人群多么广泛和斗争多么英勇；没有一个社会主义政府，不管如何民主选举和致 45
力于人民的进步，能够指望那些从不倦于虚伪地表示他们致力于社会进步和民主进程的人会采取最起码的不干预态度。侵略成性

的帝国主义国家——不论大小——都在阻碍走上社会主义建设道路的国家的经济和社会进步。[①] 仅仅从经济上看一下这件事，考虑一下始终存在的帝国主义侵略威胁使社会主义国家被迫承担的防备开支，就可以明显看到阶级敌人迫使新生的社会主义社会付出多大的代价。[②]

把大量资源从投资、住房建筑和消费品生产移到维持不可或缺的国防体制所必需的开支上，减缓了社会主义国家经济增长的速度，妨碍了更加迅速地提高人民的生活水平，一再地造成他们经济中的摩擦和瓶颈。但是只要帝国主义威胁还存在，社会主义国家就不得不把这个沉重的负担背下去；除非社会主义经济——尽管身负重担——仍发展得强大到足以大大减少它的相对重量，才会觉得负担逐渐减轻。

46 社会主义国家面临最明显困难的第二个领域是农业生产。那里的麻烦多极了。实现工业化过程以及必定随之而产生的人口从农村流向城市，维持只消耗而不生产的军队，这些都大大增加了对食品和其他农产品的总需求。总的来说，需求的增加都没有伴之以供应的充分增加。这主要是因为，虽然在村庄里失业人数相当多的国家，每个就业者劳动生产率可以提高得比较快，但每英亩土

① 美国帝国主义的“饿死”战略对古巴人民巨大的革命努力的严重损害是非常引人注目的，而且是十分令人沮丧的事例。

② 深受帝国主义欺骗宣传影响而认为美国大量进行军备是因为害怕社会主义国家侵害的人们，必须读一读 D. F. Fleming 教授的不朽著作《关于冷战的争论》（纽约，1961 年），两卷本，以及 J. P. Morray 教授对近年来裁军谈判实际进程的揭露性著述《从雅尔塔到裁军》（纽约，1961 年）。很难相信，愿意承认事实的人不会对这些杰出的著述中无可争辩的论据留下深刻的印象。

地的生产率的增长却极慢。电力、拖拉机和联合收割机等实现了农业中我们称之为机械化的革命，达到了使几百万农民从农业中解放出来，到非农业部门去就业；但这场革命没有导致像许多经济学家——不论马克思主义者还是非马克思主义者——所期望的那样使每英亩土地农产品产量明显增加。每英亩土地生产率的增长显然比预期的更加取决于农业**化学**革命，依靠合成肥料、选种、采用经过改良的饲养牲畜的方法，等等。这必然是一个缓慢的进程：农艺学家认为，每年每英亩增加产量 2%—3% 就算很不错了。这种增长率的取得要以获得必要的供应（肥料、良种、饲养牲畜等）为前提，但是同样要以种植者的技能、勤奋和耐心为前提。[①]

反过来，这也指出了在苏联和其他进行工业化的社会主义国 47
家中已经出现的另一种麻烦。麻烦的根源在于，农业国的工业化，特别是在它的早期阶段，十分自然地涉及工业工作的“魅力”。它正获得大大增强了的声誉和吸引力。新建的大工厂，使整个地区的生活发生革命性变化的巨大电力发展，以及令人激动的技术成就，进入全国和国际关注的中心，成为值得充分自豪的对象，对此进行了大量的宣传，投入了政府在政治上和组织上的极大努力，集中了难得的管理人才和科学人才。相比之下，日复一日进行的单调乏味的农业劳动逐渐在社会中黯然失色。有雄心、有才能、有精力的青年男女不再想留在田里务农，不再愿意囿于“愚昧的农村生

① 这种情况显然在世界上某些地方有所不同，例如在古巴，农业劳动力就业不足却正好与可耕地利用不足相当。在这种情况下，尽管因缺乏农业工具、肥料和牲畜而造成了资料的很大困难，但只要把以前未曾种植的土地利用起来，无论如何在早期阶段，农业总产量就可以增加。

活”，使自己的成长和发展限于即使是最先进的农业社会所能达到的地步。城市的魅力，在城里取得物质和社会进步、教育、参与文化活动和娱乐等机会的诱惑，以及成为工人阶级——最受尊敬的社会阶层——中的一员的愿望势不可当地把年轻一代拉出农村。结果农业越来越被它的最有潜力的劳动者抛弃，留给老年人或那些没有想象力、进取心和进入“广阔大世界”的动力的人去做。[①]

反过来，这又严重地导致农业生产的持续落后。使用技术设备以弥补农业劳动力的弱点也并非轻而易举。在工业中劳动带来
48 了按其自身要求而形成的纪律和操作标准。工业活动的集体性质、流水线及类似安排的结构和时间规定，具体生产活动的相互依存和不可或缺——所有这些都使每个工人应有一定的工作节奏，这种节奏决定了工作的调子、快慢以及其结果。农业中的情况则完全不同，尽管已经实行了农业生产方法现代化，除了某些集体性劳动外，各个工人在很大程度上是单干的。不管是耕田还是饲养牲畜，明显影响农业工人达到的成功程度的是他们的主动性、觉悟和操作。凡是死板的保守主义、不负责任和逃避艰苦工作成为农业劳动特征的地方，农业总产量必然严重地受到影响。

在资本主义条件下，资本积累过程的放慢以及由此引起的城市里就业机会或多或少地经常缺乏，通常对农业劳动力骨干移往城市的倾向起了抑制作用。于是，农业中仍旧人手过多，竞争激烈，人均生产率和实际收入的增加比亩均生产率的增加慢得多。

① 在第二次世界大战以后，特别是苏联的形势由于农业男性人口在很大程度上比经常免服兵役的工业无产阶级死伤得多而严重恶化了。

在社会主义社会，情况必然是另一个样子。大规模集体农业组织废除了没有活力的小农经济，为农业生产长期持续地发展创造了必要条件，并把农民改造成为农业工人。这就使他们避免了资本主义市场的有害影响，不受竞争中对手软硬兼施的折磨，**与此同时又不使他处于作为大规模现代工业企业特性的统一、协调和纪律严格的框架中**。更加令人困扰和经济上问题严重的是：把农民提高到社会主义社会的成熟劳动者的地位，自然就使他有权从社会总产出中获得一个份额，有权获得至少约等于其他生产率较高的 49
人的份额的实际收入。

这实际上把以前的关系扭转过来：农业得到工业的补贴。事实应当如此，除了这些补贴没有导致农业产量的足够增加之外。从长远来说，这个问题可以并无疑将会得到解决。一旦达到了较高的经济发展阶段，城市和农村里的生活和工作条件将会更加接近，并使有技能、有教养、有社会责任心的工人不仅可以从农村移向城市，也可从城市移向农村，双向的流动成为加强从工业和农业生产中获得的多样性、激励和满足的一般手段。但是在达到这一步之前还有很长的路要走。与此同时，不同的社会主义国家采取了不同的过渡的办法。在有些国家，由于城市和农村之间定期交流代替了农业立即社会化，所以农业集体化停止了（甚至逆转了）。另一个社会主义国家——中国，则从相反的方向寻找出路，把农民经济迅速地改造成为社会经营的有纪律的大规模农业企业体系。苏联走的是一条中间路线：使农业劳动重新“具有魅力”，尽可能增加农业投资，并且使价格相对有利于农业，以提高集体农庄员工的积极性。这些做法大部分会增加对工业经济的制约，减少工业工

人的实际工资，并减少可在农业以外投资的剩余量，从而减缓整个经济成长率。即使如此，农业上的困难，虽然不是不可克服的，但
50 严重阻碍了社会主义社会的发展，它只是社会主义社会为其第一次出现于不发达国家所必须付出的巨大的代价的一部分。

正是在这种经济匮乏——农业产量跟不上人民生活水平的提高，工业产量不能满足社会主义国家内外迅速增长的需求——以及国际领域激烈的阶级斗争的背景下，人们必须考虑社会主义阵营内部的**政治**麻烦。在这方面，首先是社会主义政府在发动“登高”的重大努力期间保持群众支持这个最重要的问题。席卷全世界不发达国家的所谓“提高期望的革命”不仅面临谋求用一切方法扼杀它的反动腐败的政权的对抗，而且面临致力于经济发展和社会主义的革命政府的对抗。由于合理的经济发展计划不是要求能立即增加群众消费的注射兴奋剂式的政策，而是要求经过仔细考虑的在10—20年规划期内确保尽可能最大增长率的战略，所以在早期阶段大规模消费只能维持在较低的水平，至多是很缓慢的增长，这不仅是可能，而且必然会如此。只有在打好先进经济的基础以及克服“障碍”之后，社会主义制度才会开始在扩大消费品、住房等供应方面产生成果。

然而刚刚经历过革命、在反对国内外阶级敌人和剥削者的激烈斗争中吃过苦的群众寻求并感到有资格立即享受到城市和农村日常生活的改善。羽翼未丰的社会主义政府无法凭空实现这种改善。为了进行“继续革命”，它只能要求流血流汗，而不能立即提供
51 相应的回报。只有最具阶级觉悟和远见的社会集团才会认识和理解这些大问题。广泛的群众阶层不习惯从经济必要性和长远的观

点思考问题，很容易感到不满，成为利用古老的迷信和无知以惑众的敌人宣传的牺牲品，对革命丧失信心。他们不了解在旧政权下吃的苦是为了国内统治者和帝国主义剥削者的利益而吃的苦，他们在过去忍受的不幸是看不到希望的，而革命中出现的匮乏只是新的美好的社会诞生时的阵痛。他们由于忽视这种根本性差别，常常对革命抱冷淡甚至敌视的态度。这必然引起社会主义和民主之间、人民的长期需要和短期需要之间或多或少尖锐的冲突。在这种情况下，社会主义政府为了毫不动摇和毫不妥协地为整个社会的根本利益承担义务，恪尽职责保护这些利益不受国内外敌人的破坏，也不受机会主义者和社会主义信奉者中间的叛徒的破坏，因而产生了政治上镇压、减少和限制个人自由的需要。只有在至少大体上控制住客观的障碍，至少大体上解决掉最棘手的经济问题以及社会主义政府获得一定程度的稳定和平衡时，上述需要才会削弱，并且最终消失。[1]

困扰社会主义阵营的第二类麻烦，即社会主义国家之间的关系，来自同样的原因，用一个词来表示，就是贫困。社会主义国家之间的关系显然不如社会主义者所希望的那样和谐，但是在给予合理的关注的同时，这个问题就当经过冷静的分析，并从恰当的历史角度上加以研究。尽管我手头上没有足够的信息，从我能了解 52
到的很少情况来看，社会主义国家之间现有的紧张局面与几个相互密切依存的问题有关。

问题之一与社会主义阵营内部经济资源的配置有关。它基本

① 近 10 年苏联的经验对这种演变提供了极好的说明。

上是由各个社会主义国家经济发展程度的差异所造成。简言之，问题在于社会主义阵营中经济最发达的成员——主要是苏联，还有捷克斯洛伐克、德意志民主共和国和波兰——向其他不发达的社会主义国家提供了多少援助？显然，如果所有社会主义国家一样富或一样穷，就不存在这样的问题了。同样清楚的是，现在社会主义阵营中富国和穷国之间即使人均收入大体上的平均化也完全不可能。这种平均会大大降低社会主义世界中富裕国家 2.5 亿人民的生活水平。即使这一步骤会大大增加 7 亿以上人民居住的穷国的发展速度，在政治上和社会上也完全行不通，事实上它将危害比较富裕国家的社会主义。

只要苏联和其他欧洲社会主义国家仍处于从战争造成的经济废墟上进行重建的痛苦之中而且只能向社会主义阵营景况极糟的成员提供象征性的援助，这个问题显然不会摆上议事日程。在 20 世纪 50 年代中期，这个问题变得更加紧迫，当时苏联在经济建设和发展道路上取得了很大的进步，在斯大林死后走上了意义深远的经济和政治自由化的道路。在经济领域，这意味着从早期为了
53 达到最大投资率和增长率而实行节俭和限制当前消费的政策转到向苏联人明显增加供应住房、工业消费品和食品的政策，苏联人在工业化年代已遭受到严重的物资匮乏之苦，在战争破坏年代又被迫作出牺牲。在政治领域，这意味着苏联社会现行总的气氛的巨大变化，废除了政治迫害，冲破了斯大林统治时期影响苏联生活各个方面的僵化的教条主义。就国际关系而言，新的方针包括努力与美国达成某些妥协，以便维护和平，减少军备负担，保障国际紧张局势的缓和，这是苏联和在第二次世界大战后走上社会主义道

路的国家的巩固和进步所必需的。的确,这些社会主义国家的发展和福利的增长显然是世界上社会主义进一步扩展的最重要杠杆之一。在否定或至少重大修订传统的帝国主义理论时,苏联新领导声称向帝国主义让步不是不可能的,因为社会主义集团的实力增长引起了世界力量平衡的变化,帝国主义对殖民地和附属国的控制已逐步瓦解。事实上,向新兴国家的经济和政治援助的扩大,将加速这一进程。

这种新方针的许多方面遭到中国和其他仍在经济发展道路上与巨大的困难作斗争的社会主义国家的怀疑。分歧涉及根据整个社会主义阵营的需要,根据对帝国主义国家"绥靖政策"的估价,根据对反对帝国主义、争取和平与社会主义的斗争的最佳战略的判断,苏联实现自由化计划是否明智。[1]

虽然最近几年分歧越来越明显,但是直到 1961 年秋苏共 22 54
大时,争论才突然变成公认的重大冲突。尽管根本的原因未变,但若干事态已使争论加剧。近两年来,由于一些我们倘若讨论起来可能离题太远的原因,中国的经济发展遭到了严重的挫折。[2] 于

① 在阿尔巴尼亚以及可能还有其他地方,显然还认为苏联给予非社会主义的不发达国家的赠款和信贷仅仅反映出他们幻想可以真正把这些国家的非社会主义政府争取到和平和社会主义事业一边来。在关键时刻,不管他们从苏联和其他社会主义国家得到了什么好处,这些政府都可能背叛恩人,加入帝国主义阵营。因此认为,拨给这种不可靠朋友的全部资源都是浪费的,本当可以有效地用来帮助社会主义国家。这是苏共中央官方理论刊物《共产党人》总编辑 F.康斯坦丁诺夫的一篇文章中所报告的。他的文章篇名是"阿尔巴尼亚领导人的反马克思主义的分裂活动",载于 1961 年 11 月《共产党人》第 48 页。

② 阿尔巴尼亚显然情况更糟,根据某些报告,尽管错误主要在于党的领导在管理方面极其低效。

是中国从苏联得到大规模经济援助的需要大大地增加。与此同时，苏联政策仍坚持继续走进一步自由化之路。这一点是在22大通过的苏联社会主义建设纲领中庄重宣布的。该纲领不仅规定了今后20年苏联国民生产总值要显著增加，而且苏联工人劳动时间要大大减少，苏联人民生活水平要极大改善。苏联的福利目标是否应该像新纲领中说的那样定得那么高，关于整个经济的增长率以及**消费**方面不大雄伟的目标所通过的政策是否不会为向其他社会主义国家提供大规模援助的计划留下更多的余地，这些问题自
55 然就提出来了。换句话说，苏共领导人有没有对整个社会主义阵营的要求采取了太狭隘的“民族主义”的观点，并把注意力集中在苏联人民的经济形势的迅速改善上呢？中国、朝鲜、越南和其他不发达的社会主义国家更迅速的经济发展会不会对整个世界，特别是对非社会主义不发达国家人民产生更大的影响，还是宁愿像新纲领规定的苏联在20年中“达到和超过美国生活水平”，而不采用如果把它更大一部分国民生产总值用于支援其他社会主义国家的发展据说就需要30年时间的做法？

这些问题可换用政治术语来提出。正如先前提到过的苏联抛弃为了迅速发展而节俭和减少消费的政策，快马加鞭进行“非斯大林化”，是同减少和逐步废除基本上由先前节约度日和严密控制的政权进行的政治迫害制度同时展开的。不用说，没有什么比苏联演变为达到高度福利水平和个人享受广泛自由的社会主义民主国家更使社会主义者高兴的了。无论中国人——他们仍旧显著地不受斯大林滥用权力的影响，还是我所知道的其他社会主义者，都不反对清除和大力查禁斯大林及其仆从犯下的过失和罪行。所以争

论的不是“非斯大林化”本身，而是抛弃如此突出地与斯大林联系在一起的“急行军”政策。无论中国还是其他一些社会主义国家都还没有在经济上为“解冻”作好准备，因为经济上没有准备好，他们没有能力自由化，无法放松对消费的约束，以及采取所有那些对现
时苏联来说不仅是可行的而且是构成苏联社会经济、政治和文化 56
发展的重要步骤。在向人民说明他们所采取的迅速工业化、农业集体化和严格限制消费的政策时，中国和其他社会主义国家广泛以苏联为榜样，并且利用斯大林的权威，把斯大林普遍看成是苏联成就的主要缔造者。在斯大林所体现的政策还不能被抛弃的时候，急剧地推倒他的形象无疑对仍旧面临苏联已经克服的种种障碍的社会主义政府形成一种严峻的政治冲击。

同样，在国际关系中，中国和亚洲其他社会主义国家发觉他们的地位与苏联和东欧社会主义国家十分不同。鉴于他们国家的重要部分仍受敌人的控制，政治上受帝国主义国家歧视，军事上受威胁，经济上遭封锁，亚洲的社会主义国家比欧洲社会主义国家不大愿意和能够接受在现状的基础上的缓和。在欧洲，德国问题的解决是唯一阻碍至少暂时性妥协的一个大问题，而在亚洲问题又多又复杂，看来不大可能用在德国问题上可接受的妥协办法那样加以解决。客观形势的差异显然造成中国和苏联对国际局势不同估计的明朗化。

然而，我愿冒一下作预言总归会带有的风险，提出如下的看法：尽管在当前的辩论中双方情绪激动，唇枪舌剑地互相攻击，这场冲突不会对社会主义事业造成不可挽救的损害。从长远来看，
社会主义国家现有生产关系的基本一致将是比他们领导人在短期 57

战略和策略上的暂时分歧更强大的一个因素。正如社会主义生产方式抵住了斯大林的所有令人憎恶的做法而存在下来一样，中国和其他地方的社会主义革命仍是不可逆转的历史事实。摩擦和分歧可能暂时动摇他们的政治上层建筑，但不会改变更不要说废除这样的历史事实了。妥协是可能的，并且也许会实现。但是即使这些国家的社会主义政府未能达成相互可接受的妥协，由此导致的互相疏远既不会阻止各个国家在社会主义道路上继续前进，也不会妨碍他们最终的聚合与团结。

结论：我们时代的主导事实是生产资料私有制——曾经是社会进步的强大发动机——现在与不发达国家人民的经济和社会进步，与发达国家的增长、发展和人民解放发生不可调和的矛盾。这场冲突的存在和性质还没有普遍被认识到，也没有被大多数人民充分理解。这是这场冲突本身最重要的——如果说不是决定性的——一个方面。它反映了一系列从生产资料私有制产生出来的信念、迷信和崇拜对人类思想造成的强大控制，现在这个制度亟须加以推翻。资产阶级思想中现在最著名的论点是，人民“适应”于有害的社会秩序以及他们不能和不愿起来反对这种秩序，证明它充分符合人民的需要。这个论点仅仅证明资产阶级思想对这种秩序问心有愧，它背叛了所有最美好的人道主义和理性的传统。人们会问，如果有人对启蒙时代伟大的哲学家说，许多人相信上帝这个事实足以证明上帝是存在的，他们会作出怎样的反应呢？我们
58 时代的资产阶级思想用无知和“默示偏好”代替真理和理性，满足于发达国家或不发达国家不合理的和落后的种种表现，以证明不可能有更为合理的社会秩序，从而否定了自己，回到了它在光辉的

青年时期着手克服的状态:不可知论和蒙昧主义。因此,它把努力进行思想探索的伟大责任——寻求和阐明真理,指引和支持人类争取美好社会的斗争——换成把不合理的东西合理化。想出为疯狂作辩护的论点、作为既得利益集团意识形态的源泉、把唯一关心维护现状的人的利益说成是人类的真正需要等可鄙的职能。

保罗·巴兰

于美国加州帕洛阿尔托

1962年3月

59

导 言

1.《增长的政治经济学》的现实意义

《增长的政治经济学》初版问世已经14年了，这本书无疑仍然是当代介绍经济增长和发展性质的最佳入门书之一。自从巴兰写作该书迄今，世界人口已增加将近10亿。但是在这些人中很少有人的生活条件可望比起巴兰称之为典型的资本主义制度的贫困状态会有明显的改善，有些人甚至必将生活得更差。在过去14年中已出版了成千上万部关于经济发展的著作。无数高薪经济学家被采访、报道和推荐。联合国已设立了两个专门机构研究贫困国家的经济发展问题。大量被误称之为“援助”的钱输往不发达国家。然而当今世界上的收入分配比巴兰描述时甚至更坏；先进资本主义国家面临的问题越来越多，而贫困国家大多数居民的生活水平实际上每况愈下。

因此，该书所具有持续的现实意义，并不仅仅来自它对传统经济学强有力的抨击以及对社会主义的热爱和说服力，而且还来自它对资本主义制度内一种经济状况的分析，这种资本主义制度的实质并未改变，它只能使其人民中的极少数一部分人保持体面的福利和安全标准。该书还是他和保罗·斯威齐合著,并在他1964年死后问世的、拥有更广泛读者的《垄断资本主义》一书中许多见 60
解的来源。

许多马克思主义者的社会、经济分析存在着以欧洲为中心的毛病。巴兰纠正了这方面的缺陷,但并不忽视居于中心位置的先进资本主义国家,也不陷入大多数传统经济学论述的泥潭,即不发达的问题可以不联系先进国家发生的事态而单独分析。

从第二次世界大战到20世纪50年代中期,传统发展经济学的发展速度大大超过了它所分析的任何一种经济。它的发展,并且仍将继续发展,主要是对发达国家和国际机构提供的经济"援助"的增长作出的反应。换句话说,它是为发达资本主义国家政府(它的销售对象)制定的理论,这些政府对什么理论符合它们的需要是十分挑剔的。它们需要的理论是既不怀疑资本主义体制(据认为经济发展是在这种体制中启动的),也不过分猛烈抨击发展中国家政府的社会政治本质。

援助也为经济学家的制作创造了第二个市场——那些使用援款的受援国政府,它们往往结合某种程度的全面经济计划运用外界的援款。在这一工作中,它们有时也从发展经济学家的第三类辅助性市场,即从国际机构(大多数为联合国机构)得到帮助。

部分地由于这些市场的需要的不同,当前至少有两种呈现明显区别的发展经济学。一种常称为新古典学派,它强调(事实上常着迷于)短期的资源有效分配,而忽视长期增长的经济决定因素,而且根本不注意社会——政治方面。这种理论对于任何一个学过经济学基础课程的人来说都是熟悉的。虽然它也往往提出大量的 61

精巧设想，有时也加上烦琐的数学演算，但它几乎没有什么首创的、不取自近二百年来经济学家陈词滥调的新东西。新古典理论家所得出的政策结论几乎不可避免地是国际贸易自由和国内经济的放任主义。援助国的政府自然大量需要这些经济学家，因为他们为维护现行世界分工和为发展中国家尽可能融合于世界资本主义经济体系提供了理论上的合理性。人们还可补充一点，即他们的政策可导致获得偿还援款的更大可能性。

发展经济学的另一派更加难以说明。它不像新古典学派那样掌握一种只要生搬硬套地用之于新情况的现成理论。其成员意图建立一种能适用于发展中国家的新理论基础。他们在政治上通常采取一种在这些国家中的强烈的民族主义或者民粹主义形式，而完全不考虑走向社会主义的可能途径。一般而言，他们倾向于寻求对世界贸易体制进行改革以有利于不发达国家，对这些国家中的土地占有制度实行一定的改革，推行更多的计划经济，所有这些都置于资本主义的框架内（尽管是经过改革的框架）进行。

但是这一派经济学家在建立一种能说明发展中国家现状和前景的理论方面，从未取得过成功。事实上，看上去似乎是理论的东西，但仔细研究一下，往往只不过是一些诱人的比喻而已。例如，一位训练有素的发展经济学家应该可以看懂下面的句子：

“一个发展中国家堕入了低水平的均衡状态或贫穷的恶性循环之中，在那里回波效应大于扩散效应；但在作出必要限度的努力
62 后经过平衡或不平衡的增长，就能够实现经济的起飞或者冲破经济增长的重重障碍。”

所有这些概念不仅见之于主要发展经济理论家所著的发展中

国家经济分析的文章中，而且还在这些文章中居于重要地位。上面的这些比喻就是从 8 位杰出的研究经济不发达问题的理论家的著作中编纂起来的。

其中关于“起飞”的比喻有着特别重要的地位。它是 W. W. 罗斯托在一本著作中所创立的经济增长五阶段之一。他的那本著作，尽管传授知识的水平极为有限，但也许由于它的突出的反共产主义思想内容，已对西方公众关于经济发展的理解产生了巨大的影响。罗斯托出版这本著作后，对第三世界经济发展的主要贡献是充任美国总统的越南问题顾问。巴兰对他的著作的著名评述（与艾立克·霍布斯鲍恩合写）是对《增长的政治经济学》的重要补充读物（见凯克洛斯，1961）。

在这片荒凉的经济发展理论的旷野中，可以听到有一个声音在不断呼叫——巴兰的《增长的政治经济学》。他在分析发达与不发达问题中有着其他作家在这方面所没有的两大长处。第一，他并没有把自己许愿给任何利益集团。他写的书以及书中所收的他的文章都是作为了解、从而改变这个世界而做的贡献，而不是提供某一国政府作为政策基础或为其政策辩护的；第二，他有着一种从全球观点看待不发达问题，而又能分清先进国家和发展中国家所处不同地位的理论。

大多数发展经济学家怎样抛开世界背景看待发展中国家的一个例子是在研究这些国家制造业出口品问题上通常所持的荒谬态
度。经济学家经常提到发展中国家应利用其廉价劳动力，并设法 63
出口更多制造业产品到发达国家的巨大和不断扩大的市场上去。他们列举中国香港、中国台湾和韩国这几个国家和地区作为可以这样做的例子。但这忽视了三个重要方面，而如果他们读了巴兰的书，对这三个方面就可以一目了然。首先，这样的政策意味着它们之间要展开竞争，而如果大家都采取同样的政策（都不加区别地建议实行），则将对它们全体发生灾难性后果；其次，如果这些国家和地区出口的廉价制成品增长非常快，那么十分清楚的是发达资本主义国家将对这些制成品设置更严重的关税壁垒；第三，这样一种发展政策意味着先进资本主义国家将会一直保持经济繁荣，不会有萧条或严重的经济衰退。巴兰不相信先进资本主义国家能做到这一点，最近的证据也说明他的判断是对的。

在这方面饶有兴趣的是巴兰在论述不发达国家之前，撰写了四章去讨论发达资本主义的性质和前景。这和最近广为阅读的一个新古典主义出口导向的研究方法的例子截然不同。这个研究只能提出轻率的、毫无根据的假设，即“（从大萧条走出来的）发达国家决心永远不让萧条和失业再出现以前那样的深度”，而后又说“战后世界已同 1946 年以前大不相同。发达国家经济已通过减少风险，使更加开放的经济成为值得努力争取实现的制度”（I. M. D. 利特尔、M. F. 斯科特、T. 西托夫斯基《某些发展中国家的工业和贸易》一书的第 32 页及 391 页，伦敦，1970 年）。

新古典学派有着一套他们到处可以应用的以发达经济为基础的理论，而其他经济学家的不发达经济学说则没有理论根源可循。巴兰的研究克服了这两种缺陷。他所引用的基本上是马克思主义经济发展理论。它是为马克思著作中关于资本主义发生、发展和
64 矛盾学说所首创，以后又为列宁和其他人的论述所充实，并且也为凯恩斯论著和当代资本主义的史实所修饰。

你是否为马克思主义的研究方法所折服，这要看你读这本书的认真程度。我写这篇导言的目的是帮助你联系当前情况认真阅读。我在对巴兰的书读者所接受的程度及其影响进行了比较以后对他的论点作了概括；这篇导言不能取代读他的书，而是为了使读者易于在阅读时掌握其论理结构；它对不习惯于经济推理的读者来说也许比较困难一些。其次我论述了一些与巴兰对资本主义分析有关的题目，包括他与凯恩斯的联系，更为重要的是他对社会主义事业的态度。由于巴兰不仅是为发展经济学家，也是为马克思主义者写作该书的，我又尝试说明巴兰在马克思主义思想体系中所占有的地位。最后，因为所有马克思主义著作都最终旨在对建设社会主义做出贡献，我也论述了该书容易引起争论的政治意义。

2. 该书为读者所接受

该书首次出版时，少数几位评论家中的一位曾有洞察力地指出"《增长的政治经济学》是一本当读者赞同该书时，能激发赞美和崇敬的感情，而当读者不赞同它时又会引发高血压和胃溃疡的书"。赞美之声几乎听不大到，虽然尼古拉斯·卡尔多在《美国经济评论》上对该书作了非常认真和重要的评论。现任伦敦经济学院经济学教授的彼得·怀尔斯则表现出会刺激人生胃溃疡的佐证，他写道：

"这是一本不折不扣的斯大林主义宣传书，它的幽默、始创性、新的史实、周密的推理、意识形态倾向或任何兴趣都没有能掩饰其宣传的面目。如果读者认为这是言过其实，那么就请读一页吧：任

65 何一页都行。立刻就会清楚我们置身于一种密闭的思想形态面前，僵硬的教条就像克里姆林宫围墙内的骨灰瓮般牢固。”

《经济学家》杂志的一位匿名评论家竟为此气急败坏，他在对两本现已过时而不再为人阅读的书的一篇很长的评述的末尾写道：“巴兰教授的书是一本可以预想得到的马克思主义正统之作，给人的特别印象是根据某篇对公众的宣传稿经人口授而写成的。”

巴兰，也像当地美国任何一位左翼学者那样，无疑已习惯于那种妄想狂患者的辱骂。无疑他也能想象到会在许多地方遭到冷遇。在我亲自核对过的 12 种专业经济杂志——我所知道的以刊登比较全面的评论为主旨的杂志中，只有 4 种提及该书。

这个问题早在该书出版以前就已存在。其原先的文章“论落后地区政治经济学”在最后被《曼彻斯特学派》所接受之前，已屡次为上述学术杂志所拒绝。一本英国杂志回绝它，因为它也许对拉丁美洲是真实的，但对英属殖民地来说肯定不真实；一本美国杂志拒绝的理由是它也许对非洲和亚洲是真实的，但肯定没有反映拉丁美洲的真实情况！牛津的勃兰克威尔杂志，原先答应出版该书（原为牛津大学授课讲稿），后来改变了主意、提出了许多不能被接受的修改要求。这事是在收到像下面一位读者来信后才发生的。

“该书作者是共产党员。毫无疑问英国和其他殖民国家在治理不发达国家上，过去不是，现在仍然不是完美无缺的。但按照作者的看法，西方国家所做的一切都是为了自身的利益，不发达国家一直被它们剥削……

……如果这本书譬如说为一个缺乏历史知识的非洲学生所阅
66 读，他将会被引入歧途（见哈里·马格多夫评巴兰的文章，载于

1965 年 3 月号《每月评论》)。”

然而,似乎证明社会状况的影响大于学术评论家的影响,该书终于存活下来了,并且产生了非常大的影响。有一段时间,它几乎是单独地向正统的有关经济不发达的著作提出挑战,即使到今天,它有了具有同一趋向的许多新著作的支援(而不是替代)之后,也是这样。与此同时,发展经济学几乎也成了社会科学各组别中单独地向流行见解提出强烈挑战的一员。《增长的政治经济学》之所以能支持并增强所提出的这种挑战有着两个理由:第一是越来越明显的事实,即西方(也指东方,在那里也许更是如此)所教授的正统经济学对世界的阐释不符合现实。而巴兰以及社会科学界越来越多的马克思主义者和其他左翼作家则被视为探索实际问题;第二,知识界的这一变化正为人们(包括对这种变化趋向的支持者和反对者)不断增长的认识所增强,即我们现在正生活于一个革命的时代。由于巴兰的书有助于我们对这个时代的理解,今天要再像 1957 年出版时加以藐视、辱骂就不那么容易了。

3. 论点的概述

《增长的政治经济学》首先以阐释经济学在意识形态上的作用开始(第一章:1):以放任主义为重点的古典经济学的发展怎样成为推动资本主义工业化进程的一部分,随后以分配而不是以经济增长为重点的新古典经济学又如何与资本主义发展时期的结束相吻合;持异见的马克思如何向资本主义挑战,另一位持异见者凯恩斯又如何揭露现代资本主义制度的局限性(虽然在一个新的必然

短暂的充满信心的时期，他的揭露不为人们所重视)。其下一节
67 (第一章:2)讲到社会主义者不断向资本主义制度发起挑战；由于取得有目共睹的社会主义经济成就，而资本主义的反革命活动使用包括经济援助在内的各种新殖民主义手段，力图窒息不发达国家的经济发展，从而推动了非殖民化的发展。各式各样的经济学家和社会学家汇成了这一帝国主义制度的一个组成部分(第一章:3)。第一章以提出经济增长的定义和概述增长的来源作为结束(第一章:4):其来源是:将利用不足的资源投入生产；进行组织体制改革，以提高生产率、资本积累或投资水平(包括以新机械取代旧机械或建设新工厂)。

第二章论述作为巴兰经济思想核心的概念，经济剩余——大致上相当于一个社会所生产和所实际消费之间的差数(实际剩余)或这个社会可能生产和必需消费之间的差数(潜在剩余)(第二章:1)。这一剩余就可用之于形成生产力。在资本主义社会中，潜在剩余大于实际剩余，这有四个原因；读一下经济福利的性质有助于找到第一个原因:过度消费(第二章:2)；其他三个原因是非生产性工人，冗余的组织机构和资源的闲置(见第二章:3)。在社会主义制度下，其相当的概念是计划经济剩余。

第三章将这些分析工具应用于某些史实中。巴兰在阐释了古典经济学家对于竞争资本主义时代经济增长的研究方法后，论述了垄断资本主义时代资源配置和经济增长率的决定因素(第三章:2)。以及随之产生的经济剩余及其使用(第三章:3)。在概括性论述资本主义各个阶段(第三章:4)投资、技术进步和人口增长之间的理论联系后，进而对竞争资本主义体制下(第三章:5)和垄断资

本主义体制下（第三章:6）的投资及剩余的使用进行比较。结论 68
是，资本主义一度是社会进步的动力，现在已成了进步的死敌（第三章:7），主要原因是在垄断资本主义制度下，存在着一种长期的投资不足（相对于可取得的剩余而言）的病症。

第四章通过研究利用剩余（即总需求与总产出保持相等）的各种方式继续分析垄断资本主义的原动力。更多的消费和更多的非生产性工人（第四章:1）是其中的两种，而后是国家所采取的行动（第四章;2），尤其是国家为保持需求水平所作的种种努力（第四章:3）。解决这一矛盾的另一种办法是会导致帝国主义之间发生互相对抗的对外贸易（第四章:4）。但帝国主义的全部意义远远超过它在经济剩余上所具有的影响；它也涉及工人贵族的理论（第四章:5）。总起来说，虽然凯恩斯经济学也许对过度生产提供了一项短期解决办法（第四章:6），但涉及通货膨胀和税收的长期矛盾仍未解决（第四章:7）。垄断资本主义制度就不可避免地危如累卵，并且必然地要走向帝国主义和战争的深渊中去（第四章:8）。

巴兰在阐明了垄断资本主义制度主要组成部分的特性之后，在第五章进而讨论不发达地区的问题。他首先认为不发达的问题是资本主义发展过程中产生的一种状况（第五章:1）。以印度为例，印度之所以没有获得发展是由于它加入了世界资本主义体系（第五章:2），又以日本为例，指出它之所以能成功地发展是由于它独立于那个体系之外（第五章:3）——那个体系现在已严重地阻碍（如果不是堵死）不发达世界其他地区成功地发展资本主义的一切可能性（第五章:4）。

至此，巴兰又回到剩余这个概念，并开始阐述不发达国家广泛具有的特征。

他讨论了经济剩余的绝对规模和相对规模，其中很大部分来
69 自农业，所以农业的境遇如何对整个经济十分重要。自由主义土地改革的成效是虚幻的(第六章:1)。而四个非农业部门(或类别)在决定总剩余的使用上更具重要性。第一是商人和放债者(第六章:2)；第二是实业家，虽然这些国家尚未实现独立的资本主义工业化，但这些人就已存在(第六章:3)。第三是外国资本，在采矿业的势力特别强大。而后他依次谈到外国投资(第六章:4)，涉及外国企业目前经营活动的影响以及它们对当地经济较普遍的冲击。他的大部分论述猛烈抨击了过去用来为外国投资辩护的四个理由。为外国投资辩护的头两个理由(利润外流并非实际损失，外国企业提高了国民收入)主要与外国企业当前的经营活动有关(第六章:5)；第三个理由(促进基础设施建设和技术转让)涉及外国资本造成的更广泛的冲击(第六章:6)，这种冲击通过改变社会体制，限制了工业化的可能性(第六章:7)同时由于发达国家的工业化状况进而加强了这种冲击(第六章:8)。

第七章讨论了外国资本所谓的第四种利益(扩大了不发达国家的财政收入)，同时也探讨了作为非农业部门而左右经济剩余的第四个部门——即国家(第七章:1)。巴兰把不发达国家的状况分为三类，并将外国投资和政府的活动联系起来(第七章:1)；首先是殖民地(第七章:2)，而后是买办政权和新政类型的政府(第七章:3)。根据以上对外国投资的分析，这就得出了三个重要推论。第一个推论是潜在剩余相当可观，从而所谓资本缺少或贸易条件下降应对发生的问题负责的说法是错误的(第七章:4)；第二个推论

是把不发达归罪于缺乏企业家精神也是错误的(第七章:5);第三个推论是人口增长并非像通常所说的那样构成一种威胁(第七章:6)。

在最后一章他对不发达国家经济发展的可能性作了各种估计。第一种主要的、最大的可能性是社会革命,但这不可避免地会 70
遭到帝国主义的极端敌视(第八章:1),帝国主义的战争和反革命政策,把沉重的负担加之于不发达国家人民和社会主义国家头上(第八章:2)。新的政权在革命取得成功以后会面临许多艰巨的经济任务和困难,从而必须转向计划经济剩余的思想(第八章:3)。社会主义建设的中心问题是工业和农业的关系(第八章:4),产值中的生产资料和消费资料构成(第八章:5)、生产中对资本集约方式或劳动集约方式的抉择(第八章:6)和最后一个问题,即对外经济关系(第八章:7)。(这一概述的补充见拟议的目录表。)

4. 有关资本主义的问题

(1)先进国家的经济增长和资本输出

巴兰的经济论述从两个意义上说是一个完整的体系:他把经济看成是不可与社会、政治、意识形态相分割的问题;他把世界看成是包括先进资本主义国家、落后资本主义国家和社会主义国家在内且相互联系的一个整体。该书 1957 年以来的读者也许认为,虽然巴兰关于不发达国家的论述似乎已为事实经验所证实,但关于发达资本主义国家可悲命运的论述则似乎已为空前的高增长所否定。至少在 1959—1965 年是这样的，当时主要资本主义国家的平均实际年增长率达 4%，比 19 世纪伟大的工业化运动期间许多年份达到的水平还要高。几乎所有的发达资本主义国家都保持了很高程度的充分就业，国际贸易已相当自由化。这不像是巴兰所说的那种走向萧条的危机四伏的资本主义。（第三章：7 和第四章）

尼古拉斯·卡尔多在评述《增长的政治经济学》时，也像抨击
71 巴兰的许多评论家一样，对巴兰认为垄断资本主义到了成熟时期就会导致科技进步的减速和公众购买力增长速度的放慢的论点表示怀疑。具有讽刺意味的是当代最负盛名的经济增长理论之一（认为生产力和国民收入的增长在更成熟的经济中会放慢，并有统计数字佐证）正是这位卡尔多所提出的。事实已经表明了，最成熟的工业资本主义国家美国和英国与较年轻的资本主义国家日本、战后西德和意大利等国相比在生产率、国民收入和实际工资的增长速度方面慢得多。

在这些高速增长中，有的是由于迫切需要战后重建其暂时破坏了的战前垄断压制的结果。而其他的促成因素，在正统经济学家中并无共识，其说法比经济学家的人数还多。经济学家用几乎同样的理由（劳动力市场的紧俏，高投资等）既解释某些国家的高增长率，又同时解释其他国家的低增长率。

但到 20 世纪 60 年代晚期，待说明的实际情况开始起了变化。虽然某些国家（尤其是日本）继续保持高增长率，但资本主义的突出成就开始很快烟消云散。

1970 和 1971 年所有先进资本主义国家都致力于摆脱新的问

题。其中之一就是衰退：在美国，生产能力利用率在 1 月份降至 72%；在英国，失业率达到战后最高水平，冗员和企业倒闭日益增多。而所有资本主义国家，包括那些为衰退所困的国家，物价空前上涨，许多国家还面临“工资爆炸”。凯恩斯肤浅的所谓通货膨胀与充分就业并存的说法似乎越来越不适用了。而巴兰认为凯恩斯政策最终将导致无法忍受的通货膨胀（第四章：8）的警告看来并非“无稽之谈”（琼·罗宾逊在《民族》上的评述用语）。 72

在这样的危急关头，资本主义国家之间的竞争，在经历了几年的暂停后，再次爆发出来。巴兰没有预见到这一发展，因为他认为美国“充任着帝国主义阵营中越来越显著的最高主宰的角色”。当然，在一定程度上这种霸权依然保持着。1969 年美国仍然生产着占整个先进资本主义国家总产值的 52.4%。居于其下的两个国家西德和日本则各占 8%略多一点。但在资本主义国家的国际贸易中，美国的领先地位要差得多，1970 年只占 20%还不到。西德的国际贸易份额几乎一样多，而英国、法国和日本则占美国的一半略多点。

在过去几年中，美国在对外投资领域的领先地位几乎已经消失。1969 年，美国是长期资本的净输入国。长期资本最大输出国是西德（约 60 亿美元），日本在这一领域的重要地位也正在迅速上升。

作为资本输出国，西德和美国有着两大非常重要的差异：其一，西德对外投资的绝大部分是间接投资，购置海外企业的证券，而不是像美国那样，其大部分为对该国企业子公司的直接投资；其二，西德并不拥有像美国那样的军事力量，可以为对外投资者的利益进行干预。日本的军事实力比西德还小。美国在当前处于国际软弱地位的情况下，是不乐于保护西德和日本的资本的。其结果几乎肯定会是，西德和日本的政府要获得保护自己资本的实力，这两国军事预算的猛增就是明证。

73 1971 年资本主义危机时，美国经济实力的衰落和先进国家间日益激烈的对抗都鲜明地反映在关于关税和汇率的争吵中。

(2)继续走向垄断

在高速和低速增长的资本主义国家中存在着一种趋势，巴兰称之为成熟资本主义向产业越来越高度的集中和垄断发展（第 175 页）。

最近一项研究材料表明了 1947 年到 1963 年期间美国产业集中程度的明显增长（见表 1）。

表 1　美国产业集中程度

年份	制造业大公司在总增加值（净产值）中的份额（%）		
	50 家最大公司	100 家最大公司	200 家最大公司
1947	17	23	30
1954	23	30	37
1958	23	30	38
1963	25	33	41

资料来源：J.S.贝恩“1954—1966 年美国制造业集中程度的变化。趋势和对 1954 年集中程度的比较”，载于《经济学和统计学评述》，1979 年 11 月。

换言之，占美国制造业 25%的产值（相当于占世界制造业产值的 10%）是由 50 家大企业生产的。在其他国家，垄断程度也在增长。

英国是最突出的例子之一。从1964年到1970年,通过收购和兼并方式吞并其他企业的开支在70亿英镑以上。这几乎是全国工商企业总资本的1/4。

巴兰和其他马克思主义者对于“垄断”含义的理解与正统经济学家并不完全相同,其差别应加以说明。在正统经济学中,垄断仅指某个只有一家企业的产业。对于马克思主义者来说:“垄断资 74
本”既指这种情况,也指正统西方经济学家所称的寡头控制——某些市场为极少数巨人企业所统治。

马克思主义的这一名词,如果忘记了在垄断资本主义中各企业仍彼此竞争,有时非常剧烈,有时又彼此勾结并协议瓜分市场的特点,就会产生混乱。但是这些企业很少在质量和价格上展开竞争,以使最高效的科技成果造福于消费者。它们的竞争往往采取广告战的形式,一种花费掉巴兰所称的经济剩余中一部分的形式,这除了为消费者提供信息(其费用本该十分低廉)之外,几乎是完全没有意义的活动。那些广告费用居最重要地位的产业——石油、洗涤剂和烟草产业——其产品在客观上没有区别,因而其广告宣传对社会毫无益处。任何人都知道洗涤剂、香烟和石油的存在而无须广告提供信息。

(3)收入的世界分布

全球收入分配方面所能搜集到的数据告诉我们一个至少与巴兰1957年所说的同样暗淡的史实(原书第267页)。在下面表2中,我把全球国家分为低收入、中等收入和高收入三类,虽然其分界线与巴兰所采用的有所不同。表中的低收入国家指人均年收入不足 500 美元，中等收入国家指人均收入介于 500 到 1000 美元之间，而高收入国家则人均超过 1000 美元。

从这些相当粗糙的数字中，我们可以得出一些结论。首先，和巴兰引用的数字(原书第 267 页)相比较，表上的数字说明情况趋于恶化。1949 年占世界人口(按国家计)67%的收入最低组，获得
75 全球收入的 15%，而现在则仅获 13%。现在仍像巴兰当初所观察到的那样，收入分配更加不平等。

表 2　1969 年的世界收入分配

	人口(百万)	百分比	收入(百万美元)	百分比	人均收入(美元)
低收入国家(不足 500 美元)	2 347	67.3	299 866	13.0	127
中收入国家(500—1000 美元)	253	7.3	181 370	7.9	771
高收入国家(1000 美元以上)	883	25.4	1 821 356	79.1	2 062
世界合计	3 483	100.0	2 302 592	100.0	650

资料来源:《世界银行图表集》,1970。

但这只是考察收入问题的一个方面。在各个国家内部，收入的分配是不平等的，以国别标准来衡量像这些数字那样，也许低估了存在的不平等程度。在低收入国家内部，也存在着巨大的不平等，最贫瘠的半数人口比平均 127 美元的收入更悲惨得多。现在有许多证据表明，就国际范围而言，贫瘠国家境况比以前更坏，而其中最贫困的人口组别与较富裕的组别相比情况更为恶化。因此，不平等性在国家之间和国家内部都在扩大。例如，1950 年墨

西哥最贫穷的30%的人口只获得国民收入的9.9%;1958年只获得8.31%,到1963年进一步降为7.39%。在罗得西亚(津巴布韦),农业人口的绝大多数不仅在国民收入中所占份额不断下降,而且在过去20年中其收入的绝对值也灾难性地锐减。在印度,地区间的不平等似乎正在扩大,而吹嘘得很厉害的绿色革命加剧了 76
农村的不平等。在巴基斯坦,虽然总体经济一度快速增长,但其实力却为西部地区一部分人所享有,极少能造福于东部地区(现孟加拉国)的更贫困者。因此,这是一个国际之间、阶级之间、人与人之间,地区之间越来越不平等的时代。对于世界人口中比较贫困的一半来说,过去的一个世纪并不像西方国家人们从小信奉的那样是一个经济进步的时代。

但是,西方国家自己也越来越怀疑这一观点,特别是在最发达的资本主义国家美国。20世纪60年代初期,即巴兰的书问世以后不久,美国当局才"发现"或者说需要策略性地承认存在着贫困——长期以来穷人们自己一直深切感受到的现实。美国政府甚至发动了一场"反贫困战争";仿佛贫困暂时占了上风。在政界领袖大谈这个问题之前,巴兰早就对这个问题加以注意了(1962年版前言,第35页)。

关于世界收入分配,我们可以得出的一个结论是,在世界人均年平均收入650美元(四口之家2600美元)的条件下,我们可以达到这样一个阶段,即原则上可以认为世界上没有什么东西阻止每一个人得到足够的收入以满足基本的需要和保持合理的健康水平,虽然不是更多。而现在大多数人与此相差甚远,这不能归之于没有足够的收入可供分配,而只能归罪于世界的社会政治结构。

这并非是空中楼阁,而是由实践所昭示。去过古巴和中国的观察家经常报道,自从这些国家革命以来,已看不见真正的贫困,而这在美国和欧洲的最富有的城市中是不会看不到的。古巴的人均国民收入估计为310美元,而中国才只有90美元。这就论证了巴兰的论点,即一国人均国民生产总值有时是一种极其令人误解的信
77 息(第一章:4)。

在面对国内或国际间不平等时,人们可以采取许多不同的研究方法。巴兰不像许多正统经济学家那样为它们辩护,也不为之悲叹;相反,他力图科学地说明不平等是如何产生的,如何保持下来的(不单从经济上而且联系到社会、政治体制说明),以及如何才能改变它(不仅根据抽象意义的经济上可取性,而且根据政治上的可能性)。用这种方法解释其历史,现状和预测未来,阐明理论和实践,正是马克思主义研究方法的精髓。正是这种研究方法使巴兰对不发达问题的分析比我们在经济学教科书中所见的更为深刻和令人信服。

(4)非殖民化和帝国主义的政治策略

虽然自巴兰写作该书以来,帝国主义的实际情况并无变化,但它的策略已有所改变。例如到1959年,亚洲的非殖民化几乎已经完成,而非洲的非殖民化几乎尚未开始。但继1957年加纳获得独立后,除罗得西亚和葡萄牙、西班牙的殖民地外,整个非洲很快就正式独立了。

但非殖民化和经济"援助"的扩大并未降低世界不发达地区受制于资本家和先进资本主义国家的经济、物质统治的程度。

尼古拉斯·卡尔多在他对《增长的政治经济学》的评论中辩称，美国对不发达国家的反动政策“是一种近视行为，但它是近期的事态发展（我们但愿它是临时性的），而不是资本主义制度所固有的不可避免的产物”。任何仍持这种见解的人需要在许多方面进行解释。除了在阿尔及利亚、南也门、南非的殖民战争外，他必须解释 78
清楚 1956 年以来下列各次对独立国家进行直接军事干涉的事件：

在中东——1956 年对埃及（英法入侵），1957 年对约旦（美国出动舰队保护侯赛因），1958 年对黎巴嫩（美国派出一支 14 000 人的“维持和平”部队），1967 年对埃及（当纳赛尔关闭苏伊士运河时，美英集结舰队威胁）；

在非洲——1964 年对加蓬（法国出动部队镇压反姆巴政变），1964 年对刚果（美国/联合国空运比利时空降部队），1964 年对乌干达、坦桑尼亚（英国部队镇压陆军叛变），1968—1969 年对乍得（法国外籍军团支持坦姆巴尔贝政府），1970 年对几内亚（流产的葡萄牙入侵）；

在拉丁美洲——1961 年对古巴（流产的由美国主谋在猪湾的入侵），1961 年对多米尼加共和国（美国促使的反对胡安·博希的政变），1965 年（美国对多米尼加的入侵），1969 年对安圭拉（英国出动军队），1970 年对特立尼达（发生骚动时美国战舰游弋于海岸）；

在亚洲——1954—1971 年对越南（美国力图以 50 万军队粉碎民族自由运动，1965 年对北越不宣而战），对泰国（至 1967 年驻有35 000美军），1970 年对柬埔寨（美国入侵），1971 年对老挝（南越/美国入侵）；

在欧洲——1967—1971 年对北爱尔兰（英军占领）。

如在北爱尔兰事件中，直接军事占领或入侵通常都是与被占领国统治集团(往往是该国政府)中一部分势力联合起来进行的。政权直接干预作为一种手段使国家权力不为反帝国主义势力所掌握，还由许多间接手段进行补充。其中之一是对不发达国家的军队进行防暴训练。

79 1963 年肯尼迪总统宣布比前三年增加 60%的防止暴乱经费。1964 年开始实行防暴计划，启动经费为 5 亿美元，负责人包括美国司法部长，参谋长联席会议、国防部、中情局、援外署及白宫代表。根据该计划，美国向越南和玻利维亚派出了“绿色贝雷帽”部队，并在巴拿马、冲绳岛和非洲建立训练学校。另一与此相关的重要措施是英国和马来西亚，和阿拉伯湾酋长国以及美国和东南亚国家，和巴西，和阿根廷订立的“防务”协定。

当不发达国家发生不符合宪法的政府更迭(“政变”)时，其成功率会因帝国主义政府承认和给予援助的速度而大受影响；有时候，帝国主义甚至一开始就帮助发动这种政变，其中包括 1962 年在叙利亚，1963 年在越南，1964 年在巴西，1966 年在加纳，1966 年在印尼，1966 年在阿根廷，1968 年在巴拿马，1970 年在柬埔寨和 1971 年在乌干达等的历次政变。

正统的社会科学工作者一直告诫马克思主义者要正视事实。好吧，这些直接和间接的军事、政治干预事例就是事实；要解释清楚所有这些事例的唯一方法是巴兰所采用的马克思主义方法。

(5)帝国主义的经济策略

经济援助常常作为对认为西方国家实行帝国主义政策这种观

点的明白的反证。相反，巴兰很早就认为经济援助事实上是帝国主义控制的另一种武器(原书第121—122页)。确实，这个词似乎成了有贬义的词，因而后来在官方出版物中由委婉的字眼“发展援助”所取代。但两个词都掩盖了其实质。

“发展援助”包括直接和间接的私人资本流动，私人和官方出 80
口信贷；包括不发达国家在资本市场筹措的借款。也包括通常几乎按商业利率筹集的借款(虽然有时享受些补贴)和给予不发达国家政府的赠款。

这些资本流动的总量(包括从真正的援助到隐蔽的商业收买和镇压贫民骚乱的军事援助)自巴兰写作该书以来已增大了很多。1956年净流量(不包括回流的利息和利润)为61亿美元，到1969年增为136亿美元，虽然近年来所增加的数额中极大部分是私人投资(在正常年代，约1/3是石油业投资)。

流往不发达国家的政府资本是外交和经济总政策的一部分。它们的方式有预算援助(通常只见之于法国对非洲国家的援助)，为特定项目提供的贷款或赠款；或者一般性投资和出口信贷。这种资本流动很大一部分是“钉住”的，即必须购买援助国的货物。通过这种方式，不仅满足了援助国的外交政策利益，而且可以资助本国的低效率或衰落产业。美国生产过剩的农业就是要求给予亚洲粮食援助的主要压力集团之一。在英格兰，出口商叫嚷着要求“钉住”更多的援助，而不是更多的一般援助。“钉住”意味着生产商可以获得垄断性市场；意味着不发达国家的购买者需要付出比自由采购更贵的价钱——据联合国计算，他们平均要多付25%。这样，官方的援助数字也夸大了同样的比数。

巴兰指出过(原书第 349 页),这种援助的大部分不是用于对工业、农业的投资,而是投资于基础设施建设——道路、发电设备、港口码头、铁路等,换言之,先进资本主义国家的外国资本希望渗
81 入不发达国家,而这些投资不会与此产生竞争;恰恰相反,外国资本(当然也指国内资本)想要盈利就需要使用这些投资的设施。我们不需要聆听美国总统说些什么,许多话可能都是谎言。但肯尼迪总统 1961 年所说的一段话似乎不可不信,他说:“对外援助是美国在全世界保持影响和控制,并且支持许多本来肯定要垮台或落入共产主义集团的国家的一种方法”;同样,尼克松总统在 1968 年的总统竞选中曾说:“让我们记住,美国援助的主要目的不是为了帮助别的国家,而是为了帮助我们自己。”

援助给予发达国家的政治好处来自好几个方面。例如,在一个不发达国家,援助可以是收入的一种替代,否则这些收入只能来自向富有者征税,从而威胁他们的统治地位;也可以是明目张胆的军事资助;当不发达国家政权迫切需要援助时,也可以作为诱饵或进行敲诈。先进资本主义国家把援助和不发达国家出现的大量债务相联系,似乎就可以对不发达国家的经济、政治政策实行某种长期控制。如果不发达国家承认这些债务,发达国家就可以坚持要它们的经济政策能保证偿还债务。而拒绝承认其债务则可以成为发达国家采取更赤裸裸干预的借口,也许就像 1966 年发生在加纳和印尼的那样,以及 1961 年发生在古巴的未逞阴谋那样。

1920 年不发达国家的未偿还债务总值为 220 亿美元,到 1970 年增为 600 亿美元。这当然意味着每年要支付大量的还本和利息负担。1969 年这些支付总计达 50 亿美元。有些国家已处于十分

危急的困境之中，还债额占了外汇收入的很大一部分。1962 年到 1968 年期间，还债负担年增长率达到 10.4%，而出口年增长率为 7.2%。所以，对大多数国家来说，还债吞蚀出口收入的比率正在
增大。甚至在 20 世纪 60 年代初期，许多国家还债占出口值的比 82
率已达到很高的水平；智利、阿根廷、以色列、墨西哥和巴西 1962—1964 年的平均比率都超过 15%，至少在其他 13 个国家中，其平均数也在 5%以上。

尽管存在许多问题，“发展援助”的实际效果也许在于把某些资源从富国转移给了穷国，虽然随着大多数先进国家援助拨款的下降和不发达国家到期还债款的增加，这种转移似乎只能是短暂的过程。

但是对于私人对外投资问题，巴兰和其他大多数左翼经济学家认为不仅不存在这种资源的实际转移，这种投资扭曲了不发达国家的经济，而且实际上使不发达国家可以利用的经济剩余减少了。对外投资是榨取这些国家经济剩余的一种巧妙方式，表现为支付利润、红利、专利费、管理费、外国技术人员及顾问高薪、虚假的航运公司以及对子公司支付提高了的转移费等——这些支付大大高于原先向不发达国家输出的资本总额。

任何人都不能否认这是实情。否认是愚蠢的，因为在某种程度上这是合乎逻辑的论点。除非预期对外投资能在一合理的时间内获得的利润超出当初的投资，否则就根本不会发生投资。对外投资的利润总额总是大于同期的总的投资额（除非在短暂的投资繁荣时期），正如资本总利润不论在哪儿几乎总是大于相应时期的投资一样。这是资本主义制度的合乎逻辑的规律。那么谴责私人

资本汲取了经济剩余（当把利润输往国外以证明当初的资本支出
83 合理时）是有道理吗？这难道不正是不发达国家为取得它们所缺乏的资本所必须支付的合法代价吗？这就是大多数正统经济学家反对巴兰在这个问题上的论点的理由。

对于这些人的反对，可以作出许多回答。第一，不发达国家的资本实际利润率非常高，而且资本家还可比在发达国家更容易地以转移价格，其他逃税行为或赤裸裸的诈骗来增益其所得（在发达国家，政府更注意防范这些奸诈行为）。但这充其量只有部分真实性；而且不管怎样，事实上只是为加强严密控制提供了理由。第二，正如巴兰所说，人们可以认为资本流动取决于资本主义企业的需要，而不是不发达国家的经济发展需要。投资也许并非是经济发展之所需。甚至可能挤占更必需的投资。结果是为了某种从来不需要之物而付出代价（利润外流）。即使有关活动一直没有发生，该国为了谋取最大的经济发展利益，仍可以合理地寄望于利用本国资源的全部收入。第三，还可以补充的是，反对理由在原则上是否正确取决于你把现状同什么相比较。假设当地从来没有来自国外或国内的投资，那么对现状的改变是可行的，部分证明了反对理由的正确。但由于假设是模拟而无法确定的，因而只有理论意义。如果你把替代看作是保留投资和生产剩余，但是处于不同的所有制之下，则又是另一种见解，他们的反对理由就完全不正确了。这种替代具有实际意义，因为它假设的是一种可能的状况——在剥夺外国资产后将会出现的状况。

因此，说外国投资像一个汲取不发达国家经济剩余的水泵，等
84 于是在抨击世界的财产所有权体制。如果投资的所有权能够移到

不发达国家手里，并且仍保持投资产业的生产(由于帝国主义行使制裁，禁运等手段，这是难于做到的)，那么经济剩余的外流就可制止，其剩余大体上都可用作国内经济发展的资金。

这就提出了国有化问题。自巴兰撰写《增长的政治经济学》以来，不发达国家的主要政治变化是非殖民化运动的延续。在巴兰对不发达国家政权粗略划分的三类中(原书第 346 页)，第一类殖民地国家已全部不存在了。昔日许多殖民地已由买办政权(第二类——其政府完全为宗主国的经济利益所束缚住)牢牢地加以控制。但许多(也许越来越多)不发达国家政府看来已走向巴兰归类的第三类政权——新政体体制——的政策。其政策包括保护政策，国家的产业支出政策，某种程度的经济计划体制，尤其是国有化政策——当特别涉及外国财产时，具有激进的、反帝国主义的外貌。

67

但外貌极少与实际相符合。国有化在资本主义体系的不发达国家中，远非是一种反帝国主义武器，而如同在发达国家那样是一种支持资本主义制度的政策。如果国有化提供足够数目的补偿——通常是很慷慨的——正符合资本家的需要。它可以把他们从无利润的不可预料的资产中解救出来。当补偿过度时，国有化是增加了而不是减少了经济剩余的流出。国有化后订立的管理合同通常对国有化的企业而言非常有利可图。但它总是广受瞩目。部分或全部国有化以及合资企业很快就形成风气而不是成为例外事件，虽然在极少数国家(阿根廷、巴西、埃及)中近来出现某种非国有化趋向。 85

在下列国家的近期国有化事例(所列并非完整无缺)中，极少数是对不发达国家经济真正有利的,尽管它们对统治者会有短期政治利益。社会主义的国有化,包括对资产和经济剩余大量外流的控制,则给予很少的补偿,如果也有一点补偿的话。

阿尔及利亚,1962—1963 年无偿的土地国有化;1966 年对外国酒厂、保险业有偿国有化;1967 年对美国石油公司国有化;1971 对法国石油公司国有化,后两者都给予补偿;

埃及,1963 年对棉花出口业和制药业 345 家工业公司国有化,以政府证券补偿;

突尼斯,1964 年土地国有化;

伊拉克,1964 年对银行、保险公司,32 家工业公司国有化;

南也门,1969 年对银行和大多数外国产业国有化;

利比亚,1969—1970 年对外国银行、石油营销业国有化;

赞比亚,1964 年对伯明翰轻武器公司的矿场权益国有化;1968 年对 81%的大工商企业国有化;1969 年对 51%的制铜工业国有化,1970 年对运输业等国有化;

坦桑尼亚,1967 年对银行、进出口公司、面粉厂国有化;

刚果(金),1968 年对铁路公司和矿冶业国有化;

塞拉利昂,1970 年对矿冶业国有化;

马里,1961 年对银行国有化;

加纳,1960 年对银行、矿产出口、可可采购业国有化;

乌干达,1969 年对银行、1970 年对矿场等国有化;

尼日利亚,1968 年对 50%的哈科特港炼油厂国有化;

缅甸,1962 年对石油库、贸易、木材业、烟草业国有化;1963 年对石油业国有化;1965 年对矿场,尤尼莱佛公司国有化;1967 年对锯木厂、航运业、电影院国有化；

印度,1969 年对银行国有化；

锡兰,1957 年对保险业、石油销售业国有化;1961 年对更多的加油站国有化;在 1965 年引起争论后最终付与补偿金；

秘鲁,1968 年为英特奈兴石油公司无偿国有化;1969 年对制糖业国有化；

玻利维亚,1969 年对海湾石油公司国有化； 86

危地马拉,1969 年对英特亚美利加铁路公司国有化；

智利,1968 年对 57%的美国制铜公司国有化;1970 年对银行国有化；

特立尼达,1970 年对 51%的制糖业国有化。

(6)发达国家和不发达国家之间的经济关系

这里有必要举出一个相当粗略的模式来概括资本主义体系下发达国家与不发达国家间的不同经济关系。这个图示在巴兰和其他关于不发达国家的著作中都曾引用。在图示中,发达国家(图的上部)和不发达国家(图的下部)的运作中各有四个角色。发达国家的第四章需要作一些说明。它表示不发达国家流出的资本存放于发达国家的银行账户;这些账户是不发达国家人民所有;但它们也同样表示着这些国家的资本外流,因为这是为了其主人移居发达国家时使用的。在不发达国家的图示中,也有相同的一类:即发达国家资本主义企业的子公司。虽然它们隶属于发达国家的企业,但它们的实体位于不发达国家内。

现在我们可以看到经济关系并不发生在发达国家和不发达国

87

发达国家

劳动者阶级

劳动

（剥削）

工资

国家

资本

不发达国家公民的资产

赠款
贷款

货物

货物

金钱

货物，新的投资

（资本外流）

对政客的贿赂

（不平等交换）

利息
还款

按高价付款
（限定援助）

金钱

货物

金钱

利润，按转移价支付

国家

资本

发达国家企业的子公司

不发达国家

工资

（剥削）

工资

劳动

劳动者阶级

劳动

（剥削）

资本主义体系中的发达国家和不发达国家

家之间，而是发生在这些国家的某些人和机构之间。经济援助是
一国对另一国的借贷，分期还款和利息支付也以同样方式反馈。
资本主义大公司投资于其子公司，子公司则汇回部分利润给母公
司；贸易是在发达国家和不发达国家的资本主义企业间按世界市
场价格进行的；而有些贸易则是跨国公司不同分支之间按内部转
移价格进行的；更多的贸易往往发生在国与国之间按协定价格结
算。与此同时，发达国家和不发达国家的资本家，不论其国籍，都 88
雇用工资劳动者；这样，虽然在这两类国家的工资劳动者之间并没
有什么直接关系，但间接经济关系还是存在的。

现在我们可以更清楚地看到经济剩余是怎样从不发达地区转移到发达地区的。首先，这种转移可以通过援助关系而发生，即如果归还旧债和支付新债的利息大于整个新的资本流动；不管如何，大量新积累起来的资金就这样流失了。其次是外国投资；除了扭曲不发达国家资源使用外，如果利润的外流大于新投资的流入会直接导致经济剩余的外流；此外还有其他的资金流动，表现为管理合同，专利费，工业生产方法特许费等。第三是贸易，通过不平等交换（发达国家的贸易商比不发达国家的进口商或出口商具有更大的垄断力量）部分地使经济剩余转移出去。这也可以通过伪装成跨国公司内部贸易的方式进行。这些跨国公司可以调整其转移价格，以致不发达国家原拟对之征税的利润，由于跨国的子公司对进口货支付高价，对输往其他伙伴子公司的出口货定低价而私下偷逃出不发达国家。这种情况只有当大企业的分支企业之间有着大量买卖（经济学家称之为纵向一体化公司）时才有可能发生，像大的国际石油公司，尤尼莱佛公司，联合果品公司和某些大采矿公

司等。

援助、投资和贸易相互依存，都要从不发达国家榨取经济剩余。大跨国公司各子公司间的贸易只是这种相互依存的一个例
89 子。还有其他许多例子。如相当多的援助为私人投资铺平了道路。约有60%的援助(包括赠款和贷款)是限定购买援助国的产品的。如果这些产品根据国际标准并非没有竞争力，那么限定购买自然就不必要了。结果是，援款的这种限定购买给了发达国家的生产商(尤其是生产资料生产商)一种更强的垄断地位，从而就长期确立了一种不等价交换的形式。而且由于采购的生产资料决定了以后需要购买的产品和零部件，因而这种不等价交换的影响大大高于第一次限定购买援助所产生的不等价交换。因此，政府与政府之间"援助"反成为"援助国"生产资料生产商得到的补贴。这绝非是对发展的援助，而是某些资本家收入再分配的隐蔽形式而已。

介入所有这些经济关系中人数最多的阶层是资本主义制度中发达地区和不发达地区内的劳动大众。由于他们不直接参与以上经济关系，他们又怎样会在其中有得失关系呢？这两类地区中的劳动大众都受到剥削，即他们所生产的价值大于所获得的工资。这种剥削的比率确实因国而异；明显地表现为世界不同地区工资水平的极不相等。通过不等价交换以及发达国家资本在与不发达国家的经济关系(通过援助、投资和贸易)中获取的其他利益，资本主义制度下一部分地区的工人可以在短期内以其他地区的工人受到损害为代价得到些好处。这一论点正是列宁关于发达国家"工人贵族"理论的基础(《增长的政治经济学》，原书第245页)。上面

的图示表明，虽然发达国家的资本家通过不等价交换和其他有利条件，有能力（有时是长期的）降低对发达国家工人的剥削率，但他 90
们只有在保持其在不发达国家中统治地位的条件下才可能这样做。但显然，这一可能性并未终止对发达国家内工人的剥削（按马克思主义者常用该词的意义），因而并不意味着破坏整个制度在客观上不符合他们的利益。当研究资本主义国家和不发达地区经济关系的政治含义时，这一点需要记住。

在某些方面，认为巴兰没有充分考虑发达国家和不发达国家中的剥削事实与他在该书许多地方论述的援助、贸易和交换之间的联系，是对他的中肯批评。事实上他毕竟没有创立自己的剥削理论，虽然他从未忽略资本主义制度对发达国家中很大部分人民的，更不要说对不发达国家人民的灾难性危害。但依我看来，巴兰未能从阐释经济状况中引申出政治启迪，这是一个不小的理论疏忽。

(7)经济剩余问题

经济剩余的概念在巴兰对资本主义的分析（第二章）中居于中心地位。对于任何一个熟悉正统西方经济学或马克思主义经济学的人来说，这个词也许起初难以捉摸。在某个场合它是个简明有用的概念；但在另一场合，就会引起混乱。简单地说，一国的实际经济剩余是它的产值和消费值之间的差额。用后凯恩斯经济统计学常用的术语来说，也就是相当于与工人、资本家和政府的消费相对立的投资额。正如巴兰（原书第 132 页，脚注 1）所指出的，它的范围比马克思的剩余价值概念要小，后者相当于工人的生产和消

费之差，因而包含了资本家和政府的消费。概念上的差别在于，马
91 克思的“剩余价值”是依据财产所有关系而界定的，而巴兰的“剩余”是更多地依据消费需求而界定的。因此对巴兰来说这是一种存在于一切社会之中的东西。

然而，对巴兰来说，真正重要的概念不是实际经济剩余而是潜在剩余，后者十分接近但不等于马克思的“剩余价值”。两者的差异是，巴兰认为潜在剩余包含国家的消费支出（如军事开支）和一切“不必需”的消费——为工人和资本家所消费——以及非生产性劳动力的工资价值。换句话说，潜在剩余指在不同于现在的社会体制下所有可用于资本积累和经济发展的价值。

为了避免混乱，潜在剩余不应等同于正统经济学中的任何一个概念。事实上它是难以从任何现成的统计数字中计算出来的，曾经作过的一次重要尝试（见巴兰和斯威齐《垄断资本》）似乎也令人极不满意，因为它对广告业的利润重复计算，并把不同类的数据（产生剩余的收入和消耗剩余的支出）加在一起作为剩余的估计值。由于这种统计方法上的不满意性质，《垄断资本》所得出的结论，即无论就绝对意义还是相对意义而言剩余都正在增长的观点是比较难以根据这种计算证明的。

但是巴兰关于在垄断资本主义发展时期（潜在）剩余会有所增长的论断，是以完全可靠的常识为基础的。首先，随着实际人均收入水平的提高，超过必需消费以上的数额显然就会增多。当然，正如巴兰所指出的那样，习惯性的必需消费随着时间的不同而不同。我们还可以说，这种增长不仅是一种习惯，而且有其实际的客观必然性。一个穷人生活在美国事实上要比生活在非洲花费得更多，

因为物价和整个生活方式(决定着能够购买什么)受社会上占统治 92
地位的富人的生活方式的支配。所以从这一点讲我们不能先验地认为剩余的份额就一定会增长,虽然我们假设它会这样。此外,巴兰认为需要越来越多的工人去工作,以使垄断资本主义制度得以保持下去,而这些劳动与实际的客观消费需求根本毫无联系。尤其是广告和促销,资本家需要以此出售产品和其他资本家竞争,但却非社会之所需。

这里需要指出的是,巴兰关于非生产性劳动的定义是“一个合理组织的社会所不会有的”那种劳动(原书第 144 页),这同马克思所下的定义(其概念所包含的人数要比巴兰多得多,例如前者包括知识分子和艺术家)不同,也不同于苏联国民收入统计中的概念(它相当武断地歪曲了马克思的概念,把某些服务性产业的全部工人都包括了进去)。

巴兰的潜在剩余概念中还有一层含义不同于马克思。他认为潜在剩余是潜在产值(如果全部可用的生产要素都加以利用)和必需消费之间的差额。因而未利用生产能力的余裕的增长,部分地证明了经济剩余的增长趋势。

这就是为什么无法从现有统计数字中计算出经济剩余的另一个原因。还有一个原因是按照巴兰的看法,一部分剩余为发表的数字所掩盖起来了,因为某些剩余(如销售支出)当作了生产成本;而且资本家,为了纳税或其他原因,在他们发表的账目中会提出过高的折旧准备金。

至此应该清楚,当巴兰论述经济剩余在绝对意义上和相对意义上都会增长时,他并未指劳动或利润所占国民收入的比例(传统

经济统计中对此予以计算)会向一个方向或相反方向变化。卡尔多在他的评述中提出了一个不恰当的论断,认为在巴兰的书中“分
93 配问题居于核心地位,而他根本没有作出阐释”。巴兰对这一指责予以拒绝是正确的(1962 年印刷本前言,第二节)。

但有一点,卡尔多和巴兰都错了,即关于工资占国民收入的份额历年不变(1962 年版前言,第二节和原书第 172—174 页)。这种假定的不变性事实上只表现在“工资”项目上而不是“雇佣收入”项目(工资加薪金)上。工资和薪金的区别也许曾经和阶级差别有关。但这种差别已不复存在,在发达资本主义国家中,一个挣薪金者仅仅在表面上不同于一个挣工资者。过去 30 年来,在英国低收入的办公室人员和政府机关人员中挣薪金者的队伍极其迅速地扩大。现在没有理由再保持这种区别;虽然雇主们往往仍沿用这种区别以淡化月薪金劳动者的阶级意识。事实上,如果我们细看一下国民收入中工资和薪金所占的份额,我们可以发现,就长期而言,它是增长的;而利润所占份额及利润率都在下降。

所以,国民收入中经济剩余份额的增长(虽然我怀疑是否可作为一种规律或趋势),在原则上并不肯定与其中工资份额的不变(甚至也在增长)相矛盾。它和马克思主义的利润率下降理论也不矛盾,虽然经济剩余份额增长学说经常当作是对此取而代之的新理论(如巴兰和斯威齐)。显然,利润率下降可以——并且常常是——与生产能力未利用率的上升或与广告及其他销售支出的上升相一致的。

(8)巴兰和凯恩斯

资本主义经济稳定性的问题引出了巴兰的分析和凯恩斯的分析是否相关的问题。首先，巴兰赞同凯恩斯的许多分析，不认为它们和他自己的分析有矛盾(第四章:7)。例如他赞同关于政府支出一般会消灭大量失业的分析；他赞同关于“储蓄”和“投资”(巴兰称 94
之为“剩余的创造”和“剩余的吸收”)的实际水平实际上总是相等的分析。在储蓄动机和投资动机不相一致时，就通过改变收入和就业人数来调整。因此，如果剩余的创造(储蓄)大于企业的投资动机时，产值和就业人数就会下降；他同意凯恩斯的看法，即认为这是正常状况。对此，他使用了不同于凯恩斯的语言：他和斯威齐在《垄断资本》中说，无法吸收的剩余也无法创造出来；两者的论点是一样的。巴兰也提出了资本主义经济中的周期观点，这与后凯恩斯经济学家的“资本存量调整原理”(投资同国民收入与现有资本存量的比数相关联)几乎完全一致。这样，虽然巴兰藐视凯恩斯主义者，因为他们把荒谬的浪费性支出政策认为是有益的，但他自己也被布朗芬布伦纳并非完全没有道理地称为“左派凯恩斯主义者”。布朗芬布伦纳在谈到巴兰的观点——在浪费性政府支出和其他浪费性消费支出不增长的情况下，停滞将不可避免——时说，巴兰“把短期的凯恩斯消费功能应用到长期的历史环境中”，情况并非如此。在巴兰把凯恩斯的几乎全部短期的分析称作“可悲的近视”(1962 年版，原书前言及第 34 页)时，他是很重视长期分析的。然而，凯恩斯主义的消费功能并不是立足于任何明确对产业结构及其演变的假设之上。巴兰关于停滞的假设则立足于他自己

的观点，即垄断资本主义发展成一个无所不包的完整体制及垄断对技术进步和发展的影响不断增强。在产值的组成方面，巴兰猛烈地抨击凯恩斯自鸣得意的态度："我没有理由相信现行的制度在利用生产要素时严重失误。……正是在确定实际利用生产要素的数量而不是实际就业的方向时，现行制度瓦解了。"（凯恩斯《就业、
95 利息与货币通论》，第 379 页）。巴兰认为发达资本主义特有的失业并不是属于凯恩斯所说的可以靠高消费水平消除的那一类，而是属于现在一般称为"结构性"的一类（投资不足的结果）和雇用现有劳动力的方式失误的一类。

5. 社会主义建设问题

我将与巴兰对不少问题展开辩论，而主要的是涉及社会主义建设问题。第一个问题是人口增长问题。在这个问题上，大多数马克思主义者的著作（包括巴兰的在内）是十分不正确的。它们非常直接地——依我看来过分直接地沿袭马克思对马尔萨斯主义的态度。马尔萨斯的观点认为粮食资源的增长（呈算术级数或每年增长一个相同的绝对量而不是相对量）跟不上人口呈几何级数的增长。马克思与之相反，认为这只适用于资本主义社会。它不是一个更合理地组织起来的社会的特征，那样的社会是可以与人口增长同步地提高农业生产率的。毫无疑问，马克思有一个很好的论点：人口迅速增长给一个社会造成问题的程度取决于这个社会能否保证农业粮食剩余同样增长的程度。一个能通过限制消费确保高投资率的社会主义社会必然会发现人口增长不足以成为问

题。同时，它能较容易地保持充分就业；而且作出安排不让某些人失业，以及使全体人民能够享受由此带来的闲暇时间，这可以通过缩短法定工作小时来办到。

但这并不是说，在社会主义国家，人口增长就不成为一个问题。这一点现在比马克思批判马尔萨斯学说时更正确。在当时，人口增长的"快速"率只不过意味着每年增加1%不到一点；而现在，由于马尔萨斯和马克思都未预见到的医学进步，人口快速增长
意味着每年增加将近4%左右；所有不发达国家的人口增长率每 96
年平均约2.5%，这对于任何一个社会，资本主义社会或社会主义社会都可能意味着性质不同的问题。人口的快速增长说明人口中有很大的比例不可避免地是受抚养者，因为他们是幼小的儿童。每增加一口人，就增多两只能干活的手，但要等15年至20年才成。社会主义建设问题必然由此而变得严重起来。像巴兰那样引用人口密度来说明问题是没有用的，因为它们是静态比较，而问题基本上是动态的。

这并不是要反驳巴兰对于把控制人口作为解决世界贫穷问题的传统妙策的蔑视。控制人口如果不与改变社会的革命方法相结合，往往会成为保持现有社会制度稳定的掩饰词。正是西方自由主义的天主教徒，而不是拉丁美洲的革命分子，不乐于接受教皇对生育控制的裁定。这不是说罗马教皇作出这一裁定的动机是进步的，并非如此。但在有计划的社会主义社会中，似乎也没有足够的理由说明为什么人口增长率不应该尽可能地与其他经济成分联系起来加以计划控制。事实上，除非能相当准确地预测人口，否则其他经济成分就难以令人满意地进行规划。

在该书的最后部分，巴兰评述了对工业化的需要（虽然不是以牺牲农业为代价），提出了促进社会主义工业化的两项政策，一是强调重工业和生产资料的生产；二是必须使用高度机械化和资本密集型的生产技术，二者均被广泛认为是苏联工业化的主要组成部分。我并不否认工业化必然涉及生产资料生产的大量增加和实际上所有经济活动的更多机械化，但我认为巴兰在这两个方面是
97 过分强调了。这两个方面的问题是紧密联系在一起的，因为所需要的生产资料工业的性质将取决于全部工业（生产资料工业和消费资料工业）所采用的生产技术。

在我看来，有很多理由表明，想实行工业化的落后社会主义国家在采用最机械化和资本密集型生产技术时为什么必须谨慎小心。当然也有基础产业只需一种技术的例子——石油业也许是其中之一。但在其他许多产业中，资本集约程度最高的技术，不一定就是费用最低的生产方法。对资源成本的合理计算表明，实行资本集约极大化会包含过度机械化：制造机械或生产出口品以支付进口机械的费用时（如果这种机械是进口的话）会花去（比使用这些机械所节省下来的）更多的劳动。当然这不仅是一个在现有的资本密集型或劳动密集型生产技术中进行选择的问题，而实际上选择资本密集型程度较低的生产技术是由于它们是在发展中的社会主义经济中发展起来的。国产技术的进步可以使新方法和那些已有的生产技术结合起来，从而也许可以避免无区别地采用最新机械所导致的社会和心理的极端混乱。当然理想的是社会主义工业化能得到较先进社会的技术和经济援助。同样理想的是能在国际和平的条件下进行，不受资本主义国家发动战争的威胁。但直

到现在还没有一个社会主义国家能在那种条件下进行经济发展。在苏联建立庞大的军事工业以与资本主义相竞争的需要中，保护自己，抵抗资本主义国家进攻的需要无疑起着一定作用，这又反过来意味着要极大地强调建设资本密集型产业。

巴兰认为，资本主义国家的敌视使社会主义国家付出了大量
的代价。但他没有提及问题的另一方面。社会主义的发展能够唤 98
起人民建设新社会的责任感和为之努力工作。一种资本密集型的工业化也许本质上不是一个易于动员人民参与的环境。在经济发展过程中，人民也许不能够得到有助于参与的技术教育和转换岗位的平稳过程。而有时以产品质量为代价发展较为劳动密集型的生产技术，则可以成为实现那种参与和动员的条件。苏联工业化的高速度无疑得益于非常高的投资率和所采用的高度机械化。但也有所失，因为苏联领导人在选用这一工业化方法中，奉行了一种注定使工业化的大多数参与者成为牺牲品的政策。换言之，它失去了群众普遍参加建设新经济和新社会的不可估量的好处。它在这方面的损失不仅贯穿工业化的整个过程，而且更为持久。

巴兰对苏联工业化政策这些方面的赞同往往招致人们错误地指责他是斯大林主义者。事实上当他是伟大的经济学家普里奥布拉任斯基的学生时，似乎就已首先接受苏联必须迅速工业化的思想，而普里奥布拉任斯基后来为斯大林所清洗。在 20 世纪 20 年代，普里奥布拉任斯基曾是左翼反对派的一员，关于他，巴兰这样写道：“我的不少教授都是‘反对派’成员，我被他们的主张所吸引。我认为反对派在与共产党斯大林领导层的争论中是正确的，他们要求在这个国家享有更多的自由和民主是正确的……”(1965 年 3

月的《每月评论》,第 31 页)。

斯大林领导层从未把巴兰视为同盟者:它曾经把巴兰驱逐出苏联,并多次拒绝他入境,即使是为了探望他患病的母亲。艾萨克·多伊彻写道:“巴兰对斯大林主义几乎没有什么幻想;但他认为一个马克思主义者在美国有着比反对斯大林主义神话更为迫切
99 和艰巨的任务要做。”(1965 年 3 月的《每月评论》,第 94 页)这就解释了巴兰为什么奇怪地一直拒绝公开发表他对苏联及其领导层的看法。

6. 作为马克思主义者的巴兰

(1)马克思主义理论

巴兰把《增长的政治经济学》主要献给那些受到过关于不发达国家的正统经济学和历史观念影响的读者。但同时,他又不仅限于向那些仍信奉这些观念的人循循善诱地阐明其论点;他是在对马克思主义理论的发展作出贡献。他的特殊贡献是使之更加明确和更加完备。他把凯恩斯对资本主义短期运行的有关见解加入到马克思主义者对垄断资本主义的分析中,同时着重指出这些见解在长期观察中的局限性。

他在帝国主义理论方面做了两件事。第一,他有力地重申列宁的帝国主义论,对于把垄断的增长、世界的分割、资本输出、帝国主义竞争、军国主义和战争联系起来的基本正确性予以肯定。但他又给加上一个更全面的、理论也更完整的关于帝国主义体系在

不发达地区的作用的马克思主义观点。

经济不发达与发达是在相同的土地中扎根的；按照巴兰的见解，它们都是全球资本积累过程的产物（第五章：1）。这一观点一直部分地含蓄在许多讲述资本主义史的马克思主义著作中（马克思、卢森堡和希法亭），但正是巴兰给予它清楚的、符合现代情况的说明，并为以后阐明这个问题的论著奠定了基础。在这方面他补充了两个学说——资本主义发展不平衡学说（可在列宁和托洛茨基著作中找到）和列宁的工人贵族学说（《增长的政治经济学》，原书第 245 页），这个学说认为发达国家中工人阶级的某些部分有时 100
分享了帝国主义的赃物。

巴兰的最后结论是，当资本主义在发达国家中导致停滞或军国主义，或者两者兼而有之时，在不发达国家中则扼杀经济发展的一切努力。资本主义不再能被认为是一种世界进步力量。

在许多方面这表明着重点已同许多以前的马克思主义著作有所不同。它放弃了发达国家经济危机的观点而转到了把重点放在停滞上；对于不发达国家来说，不再预期会重复发生欧洲从前出现过的那种经济和社会发展，而是指出在现代世界上这种发展会怎样起变化。

(2)增长的政治经济学的纲领

对于马克思主义者来说，经济和社会分析的目的应该是对政治行动做出贡献。分析不发达和帝国主义问题的目的必须是去结束它们。《增长的政治经济学》并无明白的政治宣言，但所作分析的政治内涵隐含在全书之中，并在某种意义上是全书最引起争论的部分。巴兰认为改革资本主义制度的机会是极少的;即使它的稳定状态也包含了浪费和军国主义。显然不可能使它对不发达国家的态度有所改变,使剥削性少一些。巴兰肯定把发达国家中要求给予不发达国家更多援助的政治运动视为滑稽可笑。对不发达国家在联合国中无休止地要求获得更多援助和出口优惠等行动也作如是观。然而这正是通常善意的带讽刺性的大量政治活动的基础。

那么他对正在改变的情况是怎样看的呢?毫无疑问他在这个问题上所持的观点存在着矛盾。一方面,他认为发达国家的工人至少在目前为资本主义收买了,他们中的一部分是工人贵族。这
101 一观点在他和斯威齐的《垄断资本》一书中说得更加清楚。他们认为:

“由于好几方面的原因,我们这个时代的阶级斗争已完全国际化了。反对资本主义的革命动力,在马克思的时代属于先进国家的无产阶级,现在已转到了不发达国家的劳苦大众手中,他们正在为从帝国主义统治和剥削中解放出来而斗争。”

在 20 世纪 50 年代和 60 年代早期这无疑是对实际状况的描述。发生在中国和古巴的成功革命以及许多未成功的革命运动,相对于先进国家的被遏制状态是有目共睹的。但作为对不久将来的预测,而不是作为对现状的说明,这些描述就差多了。最近几年发生在法国、美国以及其他先进资本主义国家中引人注目的事件,以及革命的马克思主义思想在西方世界的全面复活,再一次转移了反抗资本主义斗争的动力所在。

对于这种状况,巴兰是会感到高兴的,因为他坚信,要保证每

个人都能享有过得去的生活水平最终有赖于在发达国家推翻资本主义制度(第一版序言,原书第 15 页)。同时他在讲到苏联时说,“社会主义在落后和不发达国家极有可能成为一种落后和不发达的社会主义”(序言,原书第 14 页)。

即使不存在由于帝国主义一直敌视任何社会主义发展而强加给不发达国家的扭曲和其他困难,为经济发展提供足够经济剩余的问题也已经够严峻了。

巴兰含蓄的政治观点中的矛盾在于真正的社会主义应是在发达国家中建立的社会主义;像其他许多社会主义者那样,巴兰却期待着不发达国家中即将发生的政治斗争。我们不必详细讨论这个
矛盾,因为已经发生的事情实际上并没有否定巴兰的社会—经济 102
分析,而只是表明发达国家工人阶级对社会主义的热情并未发展到他所设想的那种程度。巴兰将是第一个乐于看到他的假设被后来发生的事件所超越的人。

103 关于进一步阅读的一些建议

在《增长的政治经济学》中的许多思想，特别是有关美国资本主义的观点，在P.A.巴兰和P.M.斯威齐的《垄断资本》（企鹅图书公司，1968年）里得到了进一步发展。每月评论出版社已经出版了巴兰的一本书名叫作《更长远的观点》的论文集，这本书收入了他对古巴革命的富有洞察力的文章。

关于马克思主义者的帝国主义理论，阅读T.肯普:《帝国主义理论》（巴茨福德，1967年）是有用的，这本书对马克思、列宁、卢森堡、熊彼特等人作出了精彩的回顾和评论。D.K.菲尔德豪斯编了一本《资本帝国主义理论》（朗曼，1967年），虽然尖锐批评了马克思主义理论，但此书精心荟选了很多著名理论家的作品。罗杰·欧文和鲍拔·萨克利夫编的《帝国主义理论研究》（朗曼，1972年）收入了各种不同观点的理论文章。哈里·马格多夫的广为传诵之作《帝国主义时代》（每月评论出版社，1969年）大部分论述了当代美国帝国主义的运作。E.曼德尔的著作《欧洲对抗美国?》（新左翼图书公司，1970年）认为资本主义国家之间的角逐正在增加。

最近一些关于不发达根源的著作补充了《增长的政治经济学》第285页上脚注的内容，它们是:S.阿明的《世界规模的积累》（安思罗普，1970 年版）；A. 伊曼纽尔的。《不平等交换》（麦思匹洛，1969 年版，附有比特尔黑姆的评论）；安德烈·冈德·弗兰克（他深受巴兰的影响）的《资本主义和拉丁美洲的不发达》（每月评论出版社，1969 年第 2 版）以及一本论文集《拉丁美洲：要不发达，还是 104
要革命》（每月评论出版社，1970 年）是两本重要的有影响的著作。

最近已有相当不少关于美国国内贫困的著作，其中有 A. R. 伯德和 J. L. 麦科伊的《农村贫困的美国白人》（美国农业部研究处，1967 年）；M. 哈林顿的《另一个美国》（企鹅，1963 年）；B. B. 塞利格曼的《永久的贫困：一种美国病》（四角图书公司，1968 年）；R. E. 威尔和 H. G. 瓦特（合编）的《富裕中的贫困：美国社会、政治和经济的贫困面》（哈考特·布雷斯和世界公司，1965 年）。

本书序言中关于不发达国家不平等地位越来越恶化的评述是根据以下的著作：G. 迈尔达尔的《亚洲的戏剧性事件》（企鹅，1969 年）；I. M. 德纳瓦雷特的《墨西哥的收入分配：趋势与透视》（论证 1980 年墨西哥的一个侧面 Siglo XXI，1970）；R. B. 萨克利夫的《罗得西亚的停滞和不平等，1946—1968 年》（牛津大学经济和统计学院学报，1971 年 2 月）；K. B. 格里芬的《为巴基斯坦发展计划融资》（巴基斯坦发展评论，1965 年冬季号）。

更多的关于美国在世界上进行军事和政治干涉的评述可从以下著作中读到：哈里·马格多夫的《帝国主义时代》；戴维斯·霍洛威茨的《从雅尔塔到越南》（企鹅，1967 年）；诺姆·乔姆斯基的《美国权力和新官僚》（企鹅，1969 年）；西奥多·德雷珀的《滥用权力》（企鹅，1967 年）；理查德·J. 巴纳特的《干预和革命》（世界公司，1968 年）；加布里埃尔·科尔科的《美国外交政策的根源》（灯塔出版社，1969 年）。

不发达国家中外国资本投资和经济援助的有害影响在下列著作中得到阐述：A. G. 弗兰克的《资本主义和拉丁美洲的不发达》第 2 版第 5 章；K. B. 格里芬的《美洲讲西班牙语国家的不发达》（艾伦和厄温，1969 年）；特雷沙·海特的《援助是帝国主义的手段》（企鹅，1970 年）；M. 基德龙的《外国在印度的投资》（牛津大学出版社，1965 年）。

第一章　总论 107

1. 政治经济学的发展和资本主义危机

为什么社会和经济的发展最近在经济辩论中占据突出的地位——特别是在美国——也许看上去仅仅是认识史上的一个沉闷、难解的问题，而与研究的主题没有多大关系。但事实上并不是这样。正像思想史也表明对历史的看法一样，对造成人们现在突然关心社会和经济变化的环境的研究也对当前辩论的性质和意义，以及问题本身的实质有重要的启发。

需要提醒的是，对经济发展的强烈兴趣绝不是政治经济学领域里前所未有的新鲜事。实际上，经济发展是古典经济学的中心主题。亚当·斯密的划时代著作的书名和内容可以充分说明这一点，而且许多代经济思想家，不管他们为自己的著作取了什么名称，都是关心分析推动经济发展的力量的。他们对经济发展所必需的条件的关注，渊源于他们对自己所生活的社会的敏锐观察和研究，同时导致他们坚信当时的政治、社会和经济制度大大妨碍了 108
生产资源的发展。不管他们谈及重商主义外贸理论的谬误还是行会制的僵化，不管这个问题与国家在经济生活中的职能相关还是与地主阶级的作用相关，古典经济学家都毫无困难地指出，经济发展是有前提的，那就是必须废除过时的政治、社会和经济的体制，创造自由竞争的条件，使私人企业和个人获得充分的机会，不受妨碍地开展经营。

他们并非只囿于批判当时的社会，而不试图积极地提供对上升中的资本主义秩序的运行原则的分析。相反，正是因为他们作出了积极的努力，才使我们有了今天对资本主义制度的功能的许多了解。但这里值得注意的是，他们作出巨大的努力进行科学的、广泛宣扬的分析，其主要动力在于他们强烈地感到，必须说服公众相信摆脱封建和半封建枷锁的紧迫性。在这种意义上，把古典经济学派与资本主义的兴起和发展联系起来，与现代资产阶级的胜利联系起来是完全恰当的。用莱昂内尔·罗宾斯教授的话来说：

“经济自由制度并非只是关于不进行干预的一种孤立的建议。它迫切要求废除被认为是反社会的障碍，并且解放个人自由开拓的积极性的巨大潜力。当然，在现实世界上，正是以上述的精神，该制度的倡导者致力于反对这些障碍的主要形式：反对受控制的那些企业和公司的特权，反对学徒法，反对对迁移的限制，反对对进口的限制。在自由贸易运动中出现的这种讨伐意识在使企业自由发展和解放人的能力的总的运动氛围下是很典型的，毫无疑问，古典经济学家是这场运动的精神上的开路先锋。”①

① 莱昂内尔·罗宾斯：《英国古典政治经济学经济政策理论》第19页(伦敦，1952年)。因此，读到罗宾斯教授这本书上下一页的文字，人们感到奇怪了：“……我觉得很难理解，认真关注这些人的实际工作的人竟会怀疑他们的光明正大以及对公益事业的无私奉献……不是根据逻辑和假设，而是根据所谓的阶级利益，批驳这些人和他们的意

然而，一旦资本主义完全确立，以及资产阶级的社会和经济秩 109
序牢固树立之后，这种秩序就被人们“有意识或无意识地”接受为历史的“终点站”，关于社会和经济变革的讨论完全停止了。波士顿一位夫人在答复她是否旅游过许多地方，她认为她不需要旅游，因为她十分幸运就出生在波士顿，像她一样，新古典经济学家恰好与其前辈古典经济学家形成鲜明对照，不大关心旅游问题，而是要关心如何尽可能好地利用和布置他们所住的房子。当然，他们中的一些人认为这房子不是十分完美的。但是他们都以为房子够舒适的了，也宽敞得可以进行各种改善。但尽管改善看起来是可取的，执行起来都很慢、很谨小慎微，唯恐损坏房屋的基础和支柱。仅仅有限的调整才是切实可行和合乎需要的——别指望经济科学
会赞同采取剧烈和激进的行动。[①] 自然不会飞跃，这显然意味着不 110
考虑采取任何行动，它当然不是经济发展的座右铭。

因为经济发展的含义恰恰与马歇尔在他的《原理》这本书的扉

见，这已成为时尚。由此看来，古典经济学家是企业的发言人，自觉或不自觉地成为统治阶级的辩护人”（加重点号的为引用者所注）。然而“自觉或不自觉地”这个说法恰恰是问题所在。据我所知，任何严肃的作者都未曾断言古典经济学家——至少是伟大和重要的古典经济学家——自觉地充当上升中或处于主宰地位的资产阶级的顺从书记员。要是他们真的充当过，他们的著作就不值得印成书，更不要说一直不断地重印了。问题的关键在于，他们也许是十分不自觉地成为新兴资产阶级的发言人，客观上在为他们的利益服务。罗宾斯教授已经在他的《阶级冲突的经济基础》（伦敦，1939 年）一书第 4 页上清楚地表明了主观意识到阶级利益和客观上涉及之间的差别。一般来说，评估一个集团或一个人在历史进程中的作用时，主观动机（不管自觉还是不自觉）远不如客观业绩重要。如果你不明白，对所有这些事情提出这样的问题，总归是有益的：对谁有利？答案不可能总是结论性的，但绝不是不相干的。

① 因此，边际效用理论——它的突出特点之一是静态性——已成为新古典经济学的核心，这绝不是偶然的。

页上所载的相反。它包含了一个原始的但至关重要的事实——一个经常被忽略的事实——即在历史上经济发展一直意味着对生产、分配和消费的主要体制在经济、社会和政治的结构方面的深远变革。经济发展总是由对新的经济和社会秩序感兴趣的阶级和集团推动，总是受到对维持现状感兴趣的阶级和集团的反对和阻挠，后者从现有的道德准则、风俗和体制中，从现有的社会结构中获得了无穷的好处，形成了自己的思想习惯和立足点。经济发展总是以或多或少的剧烈冲突为特点，在前进中突然起动，遭受挫折和上新台阶——从时间和空间来说经济发展的过程从来不是一帆风顺的。

111 但是这个具有历史意义的概括——也许是迄今为止最好的归纳之一——很快消失在资产阶级经济学中。事实上，资产阶级经济学一开始就鼓吹资本主义，并且逐步发展成为资本主义合理化的最巧妙、也许最有影响的说明，必然会与资产阶级思想的其他分支共命运。只要理由和历史教训明显站在资产阶级反对愚昧的封建主义意识形态和体制一边，人们就会信心十足地请出历史和理性作为这场你死我活的斗争的最高仲裁者。作为新兴资产阶级与理性和历史思潮结成的这个神圣联盟的见证人，18 世纪百科全书派和新兴资产阶级文学中的伟大的现实主义作家显得无比辉煌。

但是，当理性和历史研究开始揭露资本主义秩序的不合理性、局限性和过渡性时，资产阶级意识形态及其资产阶级经济学就开始放弃理性和历史了。不管这种放弃是否披上合理主义外衣，被迫走向自我灭亡并转变为现代实证主义的不可知论，或者老实地以某种存在主义哲学形式出现，傲慢地拒绝寻求和依靠对历史的合理理解，其结果是资产阶级思想（以及作为其组成部分的经济学）进一步变成仔细包装起来的各种意识形态的大杂烩，以满足维持现有社会秩序和发挥这种秩序的作用的需要。

最初，经济学是一种革命性的思索，致力于寻求和建立能充分推动人类事业前进的经济制度的运营原则。后来经济学反对起自己过去的做法，变成只想解释现状，证明现状的合理性，同时谴责和压制所有用理性的标准判断现行经济秩序的努力，以及了解现有环境的根源及其包含的发展潜力的努力，正如马克思所说："经济学家向我们解释了生产怎样在上述关系下进行，但是没有说明这些关系本身是怎样产生的，也就是说，没有说明产生这些关系的历史运动。"①

因此，对经济和社会变革的研究交给经济学和社会科学中"持异端的"学派来完成了。马克思和恩格斯原则上接受古典经济学家所坚持的资本主义对经济发展作出了巨大贡献的说法。然而，他们没有献身于现在占支配地位的资产阶级，也没有"自觉或不自觉地"被迫把资本主义看作社会的"自然"形式和人类理想的最终
实现，却能看到资本主义固有的对进步的制约和障碍。事实上，他 112
们处理问题的方法与资产阶级经济学家有天壤之别。资产阶级经济学家过去（以及现在）对经济发展感兴趣，只是因为它导致资本主义秩序的建立，并且有助于资本主义秩序的稳定，而马克思和恩格斯认为，只有当资本主义秩序不变成经济和社会进一步发展的

① 马克思《哲学的贫困》（见《马克思恩格斯选集》第1卷，第164页，人民出版社1972年版）。——译者

桎梏，资本主义秩序才可以继续存在下去。他们克服了资产阶级思想的局限，认识到资本主义时代仅仅创造了人类的发展远远超过资本主义秩序范围的前提。此外，马克思及其追随者的重大努力产生了非常重要的积极结果。他们撕破了资产阶级经济学用以掩盖资本主义制度真相的和谐面纱，揭露了资本主义秩序的充满冲突和不合理的特性。我们所了解的关于主管生产力发展（和停滞）、主管社会组织兴衰的复杂机制，大部分（即使不是全部）是马克思以及受其启发的人们进行分析之后得出的。

要不是几十年中历史进程已经大大改变了整个社会、政治和思想的面貌，随着经济发展被贬入经济和社会思想的“地狱”，上述局面本可能继续存在下去。事实上，当新古典经济学家忙于进一步修饰静态均衡分析，并且精心阐述更多的论据，证明资本主义制度的活力和内在和谐时，资本主义本身经历了深远的改造。

到19世纪末，西方世界工业化第一阶段接近完成。彻底利用当时能获得的技术（主要以煤和蒸汽为基础）的经济后果，不仅是
113 重工业的大发展、产量的剧增、交通运输和通信手段的革命，而且带来了资本主义经济结构的重大变革。资本的聚集和集中有很大发展，大型企业取代和兼并了小型企业，登上经济舞台的中心。大型企业打破了调节经济制度运行的竞争机制（不管好坏），成为现代资本主义基本特点——垄断和寡头垄断的基础。新古典经济学的世界正在迅速解体。在到处可见不可分性和中断的条件下，在规模效益增加、投资机会缩小的条件下，既无法期望缓慢而稳步的增长，也不可能对利润作出比较没有痛苦的持续调整。预期由于利润动机的促进资本从发达国家向不发达国家和谐地转移，在现

实中采取了争取投资出路、市场和原料来源的激烈斗争的形式。西方对落后和殖民地区的渗透，原以为会把西方文明的福泽洒向全球的每个角落，事实上带来了对被征服国的残酷压迫和剥削。

走向停滞、帝国主义战争和严重的政治危机的强大趋势，早在19世纪中期已被马克思察觉，后来又经霍布森、列宁、希法亭、罗莎·卢森堡等人研究和分析，这个趋势十分明显，所以引起了除了对现状自鸣得意者之外的所有其他人的警惕。大国疯狂扩军备战的竞赛越来越多地消耗本国的产出，成为决定他们的经济活动水平的最重要因素。不久，接二连三地发生了中日战争，美西战争，布尔战争，血腥镇压义和团运动，日俄战争，1905年俄国革命，1911—1912年中国辛亥革命，最后，第一次世界大战迎来了资本

主义发展的新时代——帝国主义、战争及民族和社会革命的 114

时代。[①]

马克思主义理论的挑战已成为明显的现实。稳定、繁荣和对资本主义前途怀有信心的“印度之夏”——在第一次世界大战之后出现——持续存在了十年不到。“有组织的资本主义”之梦，“福特优于马克思”解决所有经济和社会弊端之梦，以及确保工人获得正义和福利的“经济民主”之梦都成为历史记载上昙花一现的乌托

---

① “欧洲主要战争的记录从以下一系列指数中可以看出（把战斗力规模、伤亡数目、参战国家数目、兵力与总人口的比例结合在一起）：

世纪:	12	13	14	15	16	17	18	19	20
指数:	18	24	60	100	180	500	370	120	3080

详细情况参见皮蒂里姆·索洛京:《社会和文化动态》第3卷，1937年版以及昆西·赖特:《战争研究》第1卷第9章及附录，1942年版”；引自哈罗德·D.拉塞尔:《世界政治学面向经济学》第7页（纽约和伦敦，1945年版）。

邦。经济大萧条及其多方面的持久影响使得资本主义制度下经济增长和社会进步的乐观论调越来越难以为继了。一度享有盛名的经济学关于社会主义行不通的“科学”和“客观”的发现被苏联工业化成就驳倒了。

慢慢地和勉强地，经济学开始承认这新的形势。尽管约翰·梅纳德·凯恩斯的“新经济学”是为了对付萧条和失业等目前问题以及主要论述短期问题才搞起来的，但其意义远远超过了它原来的范围。在试图阐明产量、就业和收入水平短期变化的决定因素时，凯恩斯主义经济学发现自己所面对的是完全的不合理性，是作为资本主义秩序特征的生产潜力与生产业绩之间的惊人差距。冒
115 着完全夸大凯恩斯思想成就的风险，也许可以说，凯恩斯在新古典经济学中取得了黑格尔在德国古典哲学中取得的同样成就。凯恩斯用传统的理论工具，不逾越“纯经济学”范围，忠实地避免把整个社会经济过程看作一个整体，他的分析把资产阶级的经济理论推向顶峰，并且探讨了资产阶级经济理论的全部结构。实际上，它等于是传统经济学的“梵蒂冈”正式承认了，不稳定、转向停滞的强烈倾向、人类和物质资源长期不被充分利用，都是资本主义制度固有的弊端。它不言而喻地否定了学院经济学派积极捍卫的经济学“纯洁性”，因为它揭示出为了理解经济发展过程，社会结构、阶级关系、收入分配、国家的作用和其他“外生”因素的极端重要性。

然而，这种无意地恢复探讨“国民财富的性质和原因”的做法与早期生气蓬勃、充满革命热情的追求自由放任的改革运动毫无共同之处。尽管新经济学对理解资本主义经济机制作出了很大的贡献，但它未能提高一步，在理论上充分抓住资本主义总危机的实

质，而仍旧是资产阶级经济思想所作出的卓越的努力，不顾资本主义已呈现出的四分五裂、腐败没落的明显症状，去找出一条拯救资本主义制度的道路。因此："凯恩斯革命"从来没有与迫切要求废除一种过时的、破坏性的社会秩序的强大运动、与经济发展和社会进步联系起来。此外，如同黑格尔哲学一样，用"左派"的话来说，凯恩斯为改革运动提供了思想弹药，这种改革运动再一次想通过改变现行的收入分配、并靠一个慈善的国家作出规定，以使稳步发展经济和提高人民生活水平，来解决资本主义矛盾。但是，事实证 116
明，垄断资本主义的逻辑要比凯恩斯及其激进的门徒所认识到的有力得多。这种逻辑使他们的理论成就服务于与他们的意向十分不同的目的。在凯恩斯经济学的准则和"功能金融"方案指导下的"福利国家"实际上仍停留在纸面上。倒是法西斯德国前所未有地在建立使它能够发动第二次世界大战的经济机器时十分广泛地利用了凯恩斯的观点。

第二次世界大战以及战后繁荣的年代中止了凯恩斯对资本过度积累和有效需求不足的担忧。某些国家医治战争创伤的要求，另一些国家对企业和消费者推迟了的需求的满足，以及把大战期间（每每与战争有关）搞成的技术革新转用于再生产的呼吁，所有这些合在一起为资本主义企业的产品创造了巨大的市场。

在不可辩驳的事实的不可抵挡的压力之下，勉强地"咽下"凯恩斯学说的反资本主义的内涵的经济学家，怀着明显的欣慰心情，又像惯常那样歌颂资本主义的和谐。他们一方面继续"密切关注显著的事实"，一方面欣喜地开始讨论通货膨胀构成资本主义经济持续平衡的主要威胁，并且再次宣称过度储蓄、生产能力过剩和经济萧条都是遥远和落后的往昔的遗迹。在颂扬市场经济的优点及美化垄断和大企业的同时，经济学完全抛弃了由于凯恩斯革命而达到的任何进展，重新回到对“幸福的20年代”的自满状态。

当然，这种倒退也许是短暂的，实际上它甚至没有影响到整个经济学界。不仅在最近一些关于经济增长问题的著作背后，而且甚至在比较深入地讨论最近企业条件和短期经济前景的文章背后，都潜藏着对资本主义前途的一种令人心烦的不确定感，以及对
117 资本主义制度固有的经济进展障碍的痛苦觉察，一旦战后时期非同寻常的温室局面不再存在，那些障碍必然带着新的力量和难度重新出现。

2. 非殖民主义化和社会主义挑战的增大

但是如果美国（和其他高度发达的资本主义国家）的经济倾向引起人们更多的关注和促使人们对经济增长和发展的基本问题的思考，那么整个世界上正在出现的事件进程不会不使这种思考具有极大的迫切性。

因为第二次世界大战以及成为其后果的一些事件如同一场大地震，比第一次世界大战和俄国革命更加猛烈地破坏了资本主义世界的结构。实际上，第一次世界大战“仅仅”导致资本主义体系失去了俄国。但在第二次世界大战之后，不仅发生了中国革命，而且出现了世界上附属国和殖民地广大人民的几乎普遍的觉醒。不发达国家的人民已被他们的社会和经济秩序令人惊讶的不合理和压抑所唤醒，已经受够了外国与本国主子的持续剥削，开始表示越

来越大的决心，要推翻造成他们极端贫穷、悲惨和停滞的社会和政治制度。

声势日益壮大的推翻整座资本主义大厦，结束绝大多数人的落后和被征服状态的运动本身，可能已经使美国和坐在帝国主义金字塔尖端的其他资本主义国家的统治阶级感到十分不安了。但
是使得这种不安变成一种近乎恐慌状态的是世界社会主义阵营的 118
惊人发展对不发达国家的动荡不安所产生的历史性影响。苏联在大战期间的军事业绩以及被战争破坏了的经济的迅速恢复，最终证明了社会主义社会的实力和活力。人们不再怀疑，以全面经济规划为基础的社会主义经济制度可以运行、发展和经受住最难以对付的历史考验——没有私人企业的利益，没有生产资料中的私人所有制。而且，在大战之后许多附属国经历了社会革命，从而走上了经济和社会迅速发展的道路。东欧和东南欧，更重要的是中国，脱离了世界资本主义轨道，成为鼓舞和激励其他一切殖民地和附属国的源泉。

由于这些事态，经济和社会发展总是不仅回到了历史舞台的中心，而且像二三个世纪之前一样，触及两种对立的社会秩序之间广泛而尖锐的斗争的实质。已经变化的也许是戏剧的主要角色，而不是戏剧的性质和情节。如果17和18世纪时争取进步的斗争就是反对过时的封建制度的斗争，那么同样地，为争取无论是发达的还是落后的资本主义国家发展经济所必需的条件的努力，会不断地与资本主义和帝国主义的经济政治秩序发生冲突。因此对美国（同时也对资本主义世界其他国家）的统治阶级来说，全世界争取经济发展的运动必然导致广泛推翻现有的社会秩序和国际统治

体系——这是一场革命运动，如果要维护资本主义制度，必须收买、阻止，如果有可能，粉碎它。

不用说，用这个观点来处理经济发展问题等于是对它的否定。
119 就发达资本主义国家而论，持续的经济发展与资本主义制度的不相容性已为最近一些关于经济增长的著作所凸现出来。论及用现有人力物力所能达到的速度增加产量必须实现的具体条件——多马、哈罗德、科尔姆等以不同的方式阐述——极其明确地指出，这种增长速度在资本主义条件下是不可能的。事实上，在垄断和寡头垄断的条件下对利润极大化的要求相当严厉地束缚了消费和私人投资，资本主义社会中国家职能和社会基础同样严格地决定了政府开支的性质和规模。结果，无论最高产量、在投资和消费之间合理配置，还是事先确定的与减少工作负担相结合的产出水平，都难以指望在资本主义制度下实现。看来更可能的是不断地重复出现战争诱发的产量猛增和萧条诱发的失业洪流之间的可怕困境。

然而，尽管已提出并且实际上已清楚地阐明了这种僵局的可怕和不祥的性质，刚才提到的作者中没有一位说出他们自己调查的不可回避的结论，即社会主义经济规划是唯一合理解决这个问题的办法。肯定有人会认为，不需要明确阐述从严密论证的逻辑必然可以推导出来的东西。但是，即使是不言自明的真理也必须表达出来，以便让本来可能看不到真理的人也会承认真理。正是这种不言自明的真理，即使对研究这个问题的最开明的作者来说也是一种严厉的禁忌，也许没有什么东西比这一点在环绕现在关于经济发展的讨论的思想氛围中更有特色的了。

120 当涉及不发达国家的经济发展时，事情变得更糟。自吹自擂和虚伪做作搅浑了这种讨论，因此需要作出重大努力，穿透掩盖在主要问题上的烟幕。确切无疑的是，不发达国家的经济发展十分不利于发达资本主义国家的主要利益。向工业国供应多种重要原料，向工业国的公司提供大量利润和投资出路，落后的国家总是高度发达的资本主义西方世界的必要内地。因此，美国及其他地方的统治阶级竭力反对所谓“资源国”的工业化，反对殖民地和半殖民地综合加工经济的兴起。这种反对看来不管不发达国家政体的性质，只要这些国家寻求减少外国对其经济的控制，并且制定了独立发展的措施。不管反对外国统治的是委内瑞拉、危地马拉民主选举的政府，还是英属圭亚那土著人的群众运动（如同在肯尼亚、菲律宾或印度支那）或者民族主义政府（如同在伊朗、埃及或阿根廷），外交阴谋、经济压力和政治颠覆等所有手段就都被用来推翻不顺从国家的政府，用愿意为资本主义国家利益服务的政客取而代之。

帝国主义强国对殖民地和附属国经济及社会发展的抵制，当那里的人民争取民族和社会解放的愿望表现为一种革命运动，与国际有联系并受到国际上的支持，扬言要推翻整个资本主义和帝国主义的经济和社会秩序时变得更加激烈。在这种情况下，为了加强抵制，所有帝国主义国家（及其可靠的仆从国）结成了反革命 121
同盟，并且采取了系统地讨伐民族和社会革命的形式。

讨伐的要求对目前在西方世界流行的对不发达国家的发展的态度产生了决定性影响。如同普鲁士贵族地主阶级声称他们庄园继续实行农奴制，是保护基督教不受无神论自由派攻击的必要措施一样，西方统治阶级也把他们维持不发达国家经济、社会和政治现状的运动称为对民主和自由的捍卫。正如普鲁士贵族地主阶级声称他们对粮食实行高关税，仅仅是由于他们深切关心在战争条件下保持德国的粮食供应一样，西方大公司声称，他们渴望保护在国外的投资以及确保原料从落后世界正常输入，是出于为“自由世界”获得必要的战略物资的爱国心。

反对不发达国家独立发展的“联合行动”的武器库就是一整套政治的和思想的策略。首先是广泛传播西方政治家的声明，赞成不发达国家发展经济。的确，现在说得很多的是，发达国家为落后地区的经济进展提供的援助和支持。这种进展被当作慢慢地、逐步地改善当地人民生活水平，以期减少那里人民要求工业化的压力，削弱经济和社会发展运动。

但是，这种“收买”不发达国家人民不要推翻现有制度和不要走上迅速发展经济道路的计谋为一系列难以克服的矛盾所困扰。经济发展的逻辑是不发达国家生活水平缓慢和逐步的改善即便不
122 是完全办不到也是极端困难的。任何在西方投资和救济的帮助下可能取得的国民产出的少量增加，都会被人口的迅速增殖、当地政府的腐败、不发达国家统治阶级的滥用资源以及外国投资者抽回利润所淹没。

因为，如果一个国家打算高速度发展经济，并使经济增长超过人口增长的话，那就必须在经济中进行意义深远的结构改革。凡是提出这样要求的地方，凡是技术的不可分性使得经济增长依赖于大规模投资和长期规划的地方，凡是充满传统的思想和工作格局妨碍着新的生产资料和方法引进的地方，只有广泛改组社会，全面调动它的创造性潜力，才能使经济走出死胡同。正如以前所说，

“发展”和“增长”的想法本身就表明旧的过时了的要向新的过渡。只有通过与保守后退的势力的坚决斗争，通过对落后停滞的社会的政治经济结构的变革，才能实现发展和增长。由于社会组织——不管它多么不适当——从来不会自行消失，由于统治阶级——不管它怎样寄生——从来不会交出权力，除非受到极大的压力被迫这么做，只有在旧制度下被剥夺了政治、社会和经济权利的人民把全部精力和能力投入到反对旧制度的堡垒的斗争中去，发展和进步才有可能取得。

但是，西方列强现在进行的、对民族革命和社会革命的讨伐，依赖于动员一批完全不同的社会阶层的力量。它会把那些必然激烈反对真正的经济和社会进步的社会集团和经济利益集团组成国际联盟，并使关于经济发展的考虑服从于加强这种联盟的目的。这种联盟向不发达国家中明显反对经济发展的政权提供经济和军 123 事援助，并使不然会被争取更合理、更进步的经济和社会秩序的人民运动拉下马的政府保住权力。

这是收买不发达国家人民的同样努力的一部分，即避免采取老式的帝国主义的做法，而于近来给予一些附属国政治独立，以及允许当地政治家晋升到高级职位。用不着强调指出，只要这些国家继续是发达资本主义国家的经济附庸，只要他们的政府依赖博取外国保护人的欢心来获得生存，这种独立和自治就是一种耻辱。

而且在帝国主义条件下，殖民地人民取得的政治独立所产生的结果通常与殖民地人民自己所希望的大相径庭。他们新赢得的政治独立通常仅归结为他们的西方宗主国的改变，比较年轻、更有创业精神、更具活力的帝国主义强国夺取了从老的、现已削弱的帝国主义国家手里失落的控制权。因此,凡是政治上不再可能通过老式的、妥协的殖民地政府来管理和仅仅依靠经济渗透施加控制的地方,美帝国主义主持(或容忍)了殖民地的政治独立,接着成为新"解放"地区具有支配地位的大国。从非洲、东南亚和近东可以看到美国扩大其影响的两种方法。

3. 与帝国主义相结合的经济学

为了向公众"兜售"这种现代的、更加巧妙和不大明显的帝国主义政策,一场颇大规模的思想意识宣传运动正在展开。正如一
124 位敏锐的经济学家最近所说的:"'发展'……(已变成)大国进行国际统治的一种替代'文明'的思想产物。"[①]像往常一样,社会科学为发达资本主义国家的统治阶级有系统的努力预防(或者至少延迟)殖民地和附属国政治上和经济上的解放提供了必要的理由。在种种政府机构和私人基金会的慷慨资助的促进下,西方经济学家、人类学家、社会心理学家和其他社会科学家已把越来越多的注意力放到不发达国家的发展上去。

在经济研究领域,现在大部分精力放到试图证明发达国家本身是通过自发、缓慢的发展——在资本主义循序的框架内,没有重大冲击和革命激变——才达到今天这种发展水平的。据称,事实上正是没有什么政治动荡以及社会制度连续稳定,才为资本主义企业家的出现和兴旺提供了必要的"气候",而这些企业家又反过

① H. G. 约翰逊:《经济杂志》第 303 页(1955 年 6 月)。

来在推动经济进步方面发挥了决定性作用。相应地，大量财力正用于改写资本主义历史的广泛运动。它的目的是恢复“强盗资本家”的名誉以及作为经济与社会进步的主要推动者的英雄的光辉形象。它的有关任务是减少与资本主义企业的开创与发展相联系的挫折和痛苦。

因此经济学界有历史头脑的成员设法证明，依靠自由市场和私人创新等力量，在过去没有作出过分的牺牲就取得了经济发展，而且显然从中可以引出教训，即这个方法至今仍是取得经济进步的最值得赞扬的途径。但是这些历史学家很少提及不发达国家受到的剥削在西方资本主义演进中的作用；也很少关注这样一些事 125
实，即今天的殖民地和附属国无法求助于发达资本主义国家进行原始资本积累那样的来源；而垄断资本主义和帝国主义时代经济发展面临的障碍与二三百年前碰到过的几乎没有共同之处；在某个历史背景下可能发生的事，在另一个历史背景下可能是不切实际的。

理论倾向比较强的经济学家遵循另一种不同的方针。他们详细研究了经济发展的具体方面，发现了一系列妨碍经济和社会变革协调理论形成的不可逾越的困难。他们含义明显地列出了所有各种或多或少与经济发展问题相关但“我们了解得不充分”的事件；他们强调在动态条件下如何合理地配置资源尚缺乏明确的标准；他们阐述了由于不发达国家的劳动力特点、本地管理人才的匮乏、国际收支可能的逆差等原因造成的对工业化的障碍，结果所有花在迅速发展经济上的努力看来好像在没有航线图的海洋上冒险，完全违背了所有公认的经济推理。

含蓄地或明确地贬低不发达国家迅速发展经济的运动，把这场运动说成是愚昧无知的群氓的可悲的急躁情绪和缺乏理智受邪恶的、垂涎权力的政客卑鄙地操纵的表现，所有这些恶意中伤还得到新马尔萨斯主义分子的协助，后者认为落后国家之所以落后，是这些国家人口“过度”增长的必然结果，因此新马尔萨斯主义分子认为只要人口增长不停止，这些地区发展经济的全部打算都是空
126 想。然而，由于人口增长的减少——假定这种减少是必要的——只有在落后社会得到全面发展的基础上才能实现，新马尔萨斯主义的观点使得经济发展变成毫无希望的任务，人类的动物本性使得这个任务无法得以完成。

与不发达国家经济发展问题有关的大多数人类学和准哲学著作对经济发展的观点施加了类似的影响。在这里，质疑经济发展的“绝对合适”性、嘲笑把经济发展与进步同日而语是不科学的、指责西方的经济发展倡导者有种族优越感，批评他们的文化虚伪矫饰以及不尊重比较不开化的人民的习俗和价值观念，凡此种种都成了时髦。这个分支的社会科学为了与当代资产阶级思想中相对主义和不可知论保持一致，否认合理判断殖民地和附属国经济和社会改革的益处（更不用说迫切性）的可能，劝告高度谨慎行事，不要打乱落后社会的持续性。虽然这种做法没有明确地认可关于帝国主义统治的“白人之负担”概念，但它十分接近这个概念，因为它指出落后国家的“文化异质性”，强调价值体系的不相容性，提出殖民地和附属国人民实际上“宁可”维持现状，而不是发展经济和获得民族和社会解放。毫不奇怪，这种学说为理解现在正使人类大部分恢复活力和敢于革命的史无前例的群众运动提供了糟糕的背

景资料；毫不奇怪，它不是向正在为自由而斗争的殖民地和附属国人民，而是向设法维护现状的他们的主子提供援助和安慰。

当前关于经济发展的讨论的政治和思想背景说明了到目前为止已取得的成果的性质是极其不能令人满意的。罗伯特·林德提出了挑战性的问题："这些知识是为了什么？"这个问题不仅对思想 127
探索所要达到的目的是否有益有关，而且必然与思想探索本身的行为和内容有关。因此，对经济发展的研究和著作尽可能避免涉及问题的实质，因为它们念念不忘反革命讨伐的要求，害怕与决心不惜一切代价阻挠殖民地和附属国经济和社会进步的主要利益集团对抗。他们闭口不谈妨碍发达资本主义国家经济发展的垄断资本主义的不合理性，也不注意阻止或扭曲不发达国家经济发展的本国和外国统治的体系。相应地，也很少关注在苏联和世界社会主义阵营其他国家迅速发展经济的独特经验，仿佛这种经验只有军事情报局才感兴趣似的。但是毫无疑问，经济发展的努力可以从充分了解苏联和其他社会主义国家已经出现的经济增长过程中获得无可比拟的好处。

4. 增长的定义和计量

到目前为止，在论述经济发展时，我只限于相当广义地对待这个复杂的名词。现在该是对经济发展过程认真作一些比较具体研究的时候了，也许方便的办法是从确定经济增长的定义开始，我的目的不是在这里提出一个排除其他可能的公式，也不想说其他定义用于其他目的时也不是最恰当的。我打算要做的是用一种我认为简单有用的方法——我计划在以后几章中进一步探讨——处理我的研究课题，这样我可以有条理地分类进行分析。

128 让我们把经济增长（即发展）定义为人均产量随时间推移而增加。[①] 在目前条件下，把产量在时期上进行对比时遇到的困难忽略不计也许是可以允许的，每当有待比较的产量涉及一个以上的产品，因此每当产量的变化会不平衡地影响产品构成，每当某些产品只出现在一个时期的产量中而不出现在另一个时期的产量中，
129 这种困难就存在了。这种熟悉的指数问题，当我们考虑的或多或少是迅速的经济增长，其突出特点不只是产量的深刻变化，而且是产量构成的深刻变化时，变得特别恼人。事实上，当经济和社会组织的变化、城市化的巨大推动、产量的“销售份额”的增加或减少等把有待比较的时期分隔开来时，时期间的比较就有使人误解的危

① 科林·克拉克提出了另一个定义：“经济发展可以界定为经济福利的改善。遵照庇古的说法，经济福利首先可以界定为所有通常换取货币的产品和劳务的丰裕。休闲是经济福利的一个成分，我们可以更确切地把经济发展界定为花最少的力气以及其他匮乏资源（天然的和人造的）获得这些产品和劳务的越来越多的产量。”《经济发展的条件》第1页（伦敦，1940年）。我认为这个定义不能令人满意，理由是（1）把经济发展与福利增加等同起来，就会漏掉总产量中相当可观的与福利无关的份额，不论对福利怎样看待；现时生产的资本货、军火、净出口以及其他类似的产品都属于这一类；（2）把“所有通常换取货币的产品和劳务”产量的增加和“经济福利的改善”等同起来是站不住脚的。经济福利的巨大改善也许因为通常不换取货币的产品和劳务供应的增加（学校、医院、公路或桥梁），另一方面，许多通常换取货币的产品的劳务对人类福利没有什么贡献（专利药品、美容院、麻醉剂和摆阔性商品等）；（3）没有增加任何产量，但经济结构和分配发生变化，也可以改善经济福利；（4）以最少的投入获得确定的产出显然是最理想的，但即使效率低的产出的增加仍然可算经济增长。因此较可取的办法是，把经济增长看作为商品产量的增加，不管它们是否对福利的改善作出贡献，或者是否对生产者的商品储备或军备作出贡献——把决定产出构成的因素和使用它的目的进行相关然而分别的研究。

险。特别麻烦的是服务业部门，它的扩展会造成国民生产总值（按照传统的定义）的增加，从而表明“经济的增长”——尽管在大多数国家里，它被认为是退步，而不是朝着经济发展的方向迈出了一步。[①] 这很容易使我们想起庇古的比喻：一位绅士娶了他的女厨师，因而减少了国民收入。人们同样很容易想象出强制性向妻子支付服务费而造成的国民收入的巨大增加。

但我们假定总产出的增加无论如何是可以衡量的，于是我们会问自己这种增加是如何产生的。它们可能是下列一个事态（或几个事态一起）造成的结果：(1)**组织或**（和）**技术不改变**，但总资源的利用扩大了，就是说，以前未被利用的资源（人力、土地）投入到生产过程中去了；(2)由于**组织上采取了措施**，即把工人从劳动生产率低下或缺乏的岗位调到劳动生产率较高的岗位，延长工作日，

改善营养，加强对工人的激励，生产方法的合理化，以及更节约地 130

利用燃料和原料等，提高了单位资源的生产率；(3)**社会的**“**技术援助**”**更加有力**，即(a)更有效的生产设施取代老化或过时的工厂和设备；(b)添置新的（技术上作了改进或保持不变的）生产设施，充实已有的设备。

前三个扩大产出的措施——(1)、(2)和(3)(a)——典型地与净投资无关。尽管也许不可能把实际上增加的产出恰当地分别计

① 这一点见之于联合国：《战后欧洲经济概况》（1953 年）：“在东欧国家，不与商品的生产和运输直接相关的服务业不被看作为生产性的，因此这些服务业的价值不算进国民收入之中。对一个努力发展工业，并力图减少服务行业中常见的失业现象的穷国来说，马克思主义者关于国民收入的定义较之适用于富裕的工业国而且现在在不发达国家普遍采用的把很多项目都列进国民收入中去的概念具有明显的优点。”（第 25 页）

入这四个措施，但毫无疑问，增加技术知识在经济中的应用和增加对添置生产设备的净投资已经成为经济增长的最重要源泉了。

当然，实际上上列各种情况都需要一些净投资：如果不在设备、土壤改良等方面有所开支，原先没有使用的资源可能仍旧无法使用；组织上的变革也许要以装置传送带或其他类似装置为前提；只有在大规模净投资的条件下，使得改进了的机器得以添置或取代已废旧的设备的技术进步才会到来。

“如果说……技术在很大程度上依赖于科学状况，那么科学状况却在更大的程度上依赖于技术的**状况**和需要。社会一旦有技术上的需要，则这种需要就会比十所大学更能把科学推向前进。整个流体静力学（如托里切利等）是由于16世纪和17世纪调节意大利山洪的需要而产生的。关于它，只是从电在技术可用的性能被发现时起，我们才知道一些合理的东西。”①

131 另一方面，把资产摊提金再投资于——不进行任何**净**投资——**提高技术水平**，就能支持产出的巨大增加。因此，生产过程的资本集约度已经很大的地方，换句话说，凡是折旧费构成生产成本的一个重要部分的地方，就能源源不断地有资金为改进技术融资，而不需要**净**投资。虽然这加重了发达资本主义国家的经济不稳定，即增加了必须通过投资加以处理的新产生的盈余量，但它也使发达国家获得了不发达国家所没有的重要优势；在不发达国家

① F. 恩格斯致海·施塔尔根堡（载《马克思和恩格斯书信选集》第516页，人民出版社1962年版。——译者）。关于经济发展和科学技术进步之间的有趣关系，参看B. 赫森：《牛顿定律的社会经济根源》（悉尼，1946年）以及J. D. 伯纳尔：《历史上的科学》（伦敦，1954年）。

里，每年资产摊提费肯定数目极小。[①]

只有社会总产出超过当时社会消费所需要的以及补偿在该期间使用的生产设施的损耗，才会有净投资。因此，任何特定时间里社会中的净投资的性质和数量取决于当时产生的经济剩余的规模和利用方式。

正如我们以后将会看到的，这两者基本上由社会生产资源被开发的程度以及从中开展生产过程的社会结构决定的。了解支配经济剩余的规模和利用方式的因素是经济发展理论最首要任务之一。“纯”经济学领域是不探讨这种理论的。我们必须在关于成长的政治经济学中寻找它。

① 参见马克思：《剩余价值理论》，《马克思恩格斯全集》第 26 卷 I 第 345 页及以后部分强调了这个观点。

132

第二章　经济剩余概念

1. 实际的和潜在的经济剩余

经济剩余概念毫无疑问是比较复杂的，而为要弄清它并应用它去了解经济发展过程就不能用任何简单的定义或精心策划的尺度来替代缜密分析和作出理性判断。而我们确实有必要舍弃经院经济学中由来已久的华而不实的研究传统。抓住事物本质，尽管不够尽善尽美，总要比精雕细琢地探索枝节问题要好得多。

为了尽可能地便于我们的讨论，我就采用“比较静力学”中的方法：也就是说，将忽略各种经济状态之间的转变过程，只把这种状态视之为既成事实。这样的话，我们就能区分经济剩余的三个不同概念。

实际经济剩余，就是社会当前实际劳动产品与社会当前实际消费之间的差额。[①] 从而与当前节余和积累同义。具体体现在该

---

① 它和马克思剩余价值概念相比明显地只包含总产值的较小部分。大家记得后者包含介于净总产值和实际劳动收入之间的全部差额。上面所称的“实际经济剩余”仅是指积累起来的剩余价值部分，换言之，不包括资产阶级的消费、政府的行政和军事支出等。

时期社会财富所增加的各种资产：生产性工具设备，库存，对外结余和黄金存量。至于是否应把耐用消费品（比如居民住房，汽车等等）作为节余，而不作为消费品，这似乎只是个定义问题，把住房看 133
作一项投资，而把（比如说）大钢琴看作是一种消费，这无疑失之武断。如果把资产的使用寿命作为一种判别标准，那么标准点又在何处？实际上，为了理解经济过程，有必要按所述资产的经济职能，而不是按其自然性质来加以区分，即看它们是否作为最终产品进入消费领域或是作为生产资料为后期生产的增长服务。从而作为享乐用的小汽车应是消费品，而用作出租的同样的小汽车则是一项投资品。[1]

实际经济剩余产生于所有社会经济形态之中，它的规模和结构在不同的发展阶段上虽然大不相同，但是它的存在则见之于几乎所有的史料中。实际经济剩余量——社会节余或是资本构成——至少在理论概念上早已确立，并且为今天极大多数国家的统计部门所定期核算。在计算过程中人们所遇到的困难都是技术性的，都是由于缺乏充分的统计资料所造成的。

潜在经济剩余，指的是在一定自然条件和技术条件下，利用可获得的生产资源所可能生产出来的产品和可认为必需消费品之间的差额。[2] 它的实现必须以或多或少对社会产品的生产和分配进

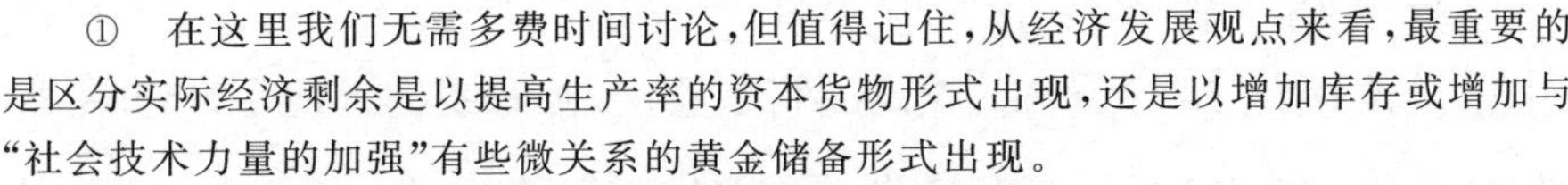

① 在这里我们无需多费时间讨论，但值得记住，从经济发展观点来看，最重要的是区分实际经济剩余是以提高生产率的资本货物形式出现，还是以增加库存或增加与“社会技术力量的加强”有些微关系的黄金储备形式出现。

② 这里所指的生产值也不同于马克思所指的剩余价值。一方面它不包括上述资本家的必要消费以及被认为是必要的政府行政开支等剩余价值部分；另一方面，它包括剩余价值概念所未包含的部分——因生产资源的未充分利用或利用不当所损失的产值。

134 行重大的改组为先决条件，并意味着社会结构的深刻变化。它主要表现在四个方面。第一是社会的过度消费（主要是那些高收入阶层，但是在一些国家，比如说美国，也包含一些中产阶级），第二是社会中由于非生产性工人的存在而损失的产品，第三是由于现存的生产机制结构不合理，不节约而失去的产品，第四是主要由于资本主义生产的无政府状态以及有效需求不足而导致工人失业所未能体现的产品。

要确定和衡量潜在经济剩余的这四个方面，会遇到一些障碍。这些障碍可归结为一个事实，即潜在经济剩余这一类别，自身越出了当时社会秩序的范畴，它不仅涉及某一特定社会经济组织可察觉的活动成就，而且也涉及对一种更合乎理性的社会的不容易感知的想象力。

2. 理性与浪费

先让我们暂且离开正题。实际上，如果从封建主义的观点来看，凡是适合并有助于封建制度的维持和稳定的事物都是必需的，生产性的和合理的。而凡是与当时社会秩序的确保和行使职能相抵触和无关紧要的事物都是非必需的、非生产性和无用的。按照这样的标准，马尔萨斯坚定地为封建贵族的过度消费作辩护，指出这种挥霍浪费有刺激就业的作用。另一方面，处于上升地位的资产阶级的经济学家则无保留地猛烈抨击旧制度
135 中社会经济结构的挥霍浪费，指责许多最受尊重的官员，体制的

寄生性。[①]

然而一俟对前资本主义社会的批判失去了迫切性，经济学就为替获胜的资本主义新秩序进行辩护和将之合理化的说教所统治，关于资本主义社会中各类活动的生产性和必需性问题就避而不提了。资本主义经济学通过把市场提高到作为检验合理化和效率的唯一标准的地位，不再谈论必需消费和非必需消费之间的区别，生产性劳动和非生产性劳动之间的，以及实际剩余与潜在剩余之间的区别。非必需消费被肯定为具有经济所不可或缺的刺激性，非生产性劳动被赞美为能间接地发展生产，经济衰退和工人失业被视为是对社会进步所付出的一种代价，甚至连挥霍浪费也被宽恕为是维护自由的一个必要条件。马克思对此说过：

“随着资本统治的发展，随着那些和创造物质财富没有直接关系的生产领域实际上也日益依附于资本——尤其是在实在科学（自然科学）被用来为物质生产服务的时候——政治经济学上的阿 136
谀奉承的侍臣便认为，对任何一个活动领域都必须加以推崇并给予辩护，说它是同物质财富的生产‘联系着’的，说它是生产物质财富的手段；他们对每一个人都表示敬意，说他是‘第一种’意义的

① “有些社会上等阶级人士的劳动，和家仆的劳动一样，不生产价值……例如，君主以及他的官吏和海陆军，都是不生产的劳动者。他们是公仆，其生计由他人劳动年产物的一部分来维持。……在这一类中包含着各种职业……如牧师、律师、医师、文人……如演员、歌手、舞蹈家。”亚当·斯密：《国民财富的性质和原因的研究》（见商务印书馆1972年版第304页）。——译者

“如果一个国家的年生产量补偿其年消费量而有余，人们就说资本增加了；如果年消费量没有为年生产量所补偿，人们就说资本减少了。因此，资本可以由增加生产或减少非生产性消费而增加。”李嘉图：《政治经济学与赋税原理》（见商务印书馆1962年版第127页）。——译者

'生产劳动者'，即为资本服务的，在这一或那一方面对资本家发财致富有用的劳动者，等等。"[1]

但是：

"资本主义制度产生了一种重要的心理状态，它在摧毁了如此众多的其他制度的道义统治以后，最终又反对它自己：资产阶级惊恐地发现，那些理性主义的批判并不停留在反对君主、教皇的权威上面，而是继续批判着私有财产及整个资产阶级价值体系。"[2]

如果离开资本主义立场而从社会主义立场来看，很多在资产阶级经济和社会思想看来是必需的，生产性的和合理的事物，就成为非必需的，非生产性和挥霍浪费了。一般而言，只有理性上站在当时占统治地位的社会制度之外的立场上，不为价值观念、实用意识及其"天经地义的真理"所迷惑，才能对其社会制度的矛盾和隐患具有深刻的洞察力。要自己批判自己，对于一个统治阶级来说，正如同对个人那样是极为困难的。

显而易见，要判断潜在经济剩余的构成，判断非必需消费、挥霍浪费和非生产性劳动的性质，就涉及资产阶级经济学的最基本问题，尤其要涉及所谓的福利经济学。实际上，这一经济分支理论——也许是最具意识性和守护性的——的目的是使我们的知识
137 对构成人民经济福利条件的认识系统化。自不待言，要使这项工作产生结果，其主要先决条件就是必须对什么是经济福利和什么是区分经济福利好坏的标准有一明确的概念。福利经济学家用个

---

① 马克思：《剩余价值理论》、《马克思恩格斯全集》第26卷I第169—170页。

② J.A.熊彼特：《资本主义、社会主义和民主》第143页(纽约1950年)。

人所享受到的效用或满足来对待这个问题，或者说他们相信是这样对待的。他们把这些个人本身，连同他们各自的习惯、情趣和爱好，视之为既定的。然而这种看待个人的观点显然是形而上学的，事实上忽视了人类历史中最基本的方面，正如马克思在针对边沁的一段文章中所说：

"假如我们想要知道什么东西对狗有用，我们就必须探究狗的本性。这种本性本身是不能从'效用原则'中虚构出来的。如果我们想把这一原则运用到人身上来，想根据效用原则来评价人的一切行为、运动和关系等，就首先要研究人的一般本性，然后要研究在每个时代历史性地发生了变化的人的本性。但是边沁不管这些。他幼稚而乏味地把现代市侩，特别是英国市侩说成是标准的人。凡是对这种标准的人和他的世界有用的东西，本身就是有用的。他还用这种尺度来评价过去、现在和将来。"[1]

的确，在历史过程中一个人的精神需求和物质需求，以及他个人的价值观念和抱负是同他所处的社会同时不断变化的。社会结构的变化改变了个人，而个人的变化也改变了社会。那么我们又如何能把某一特定时间内所给予个人的效用和满足用来作为判断各种经济体制和经济关系提供社会福利的标准呢？如果我们注意的是个人的行为表现时，显然我们就会陷入一种周而复始的循环之中。一个人的行为是他赖以生存和成长的社会制度决定的。正是这一社会制度塑造并确定了该人的性格，他的思维体系，他的希望以及他的忧患。正是社会群体这种能塑造个性的机制并对特定 138

① 马克思：《资本论》第 1 卷，《马克思恩格斯全集》第 23 卷第 669 页及以后。

人类生存形式赋予物质和精神机体的能力，使得社会群体成为一种**社会体制**。

尽管如此，经济学家们仍力图用社会制度自身形成的结果来评价这种制度，赞赏其所谓的高效率和对人类福利的贡献。[1] 譬如说，我们将怎样用吃人社会中的行为规范来判断吃人者对人类的福利奉献呢？我们能做到的充其量是用符不符合他们吃人的**章法**和规定来对吃人的行为作出判断。这种探究方法也许对于为延续和增强吃人社会而出谋划策是有用的，但这样的研究对于人类福利又有什么意义？假定吃人者的生活方式是完全符合他们的社会信念的，他们的首领每年可以取得与他的财富、地位、社会关系相称的许多人来。并且，其他的吃人者也能从自由市场上自由购买并吃掉同他们边际生产率相当的外族人。那么，我们就可以说是最优状态了吗？就可以说吃人者的福利已得到妥善照顾了吗？显而易见，绝非这么回事。我们所论证的只是吃人社会的实践或多或少完全遵循他们社会所形成的思想准则。我们从来没有说过这些思想准则本身的有效性或合理性，也没有说过它们与社会福利有任何联系。

因此，福利经济学极像强制性孵卵一样探讨现行经济组织能满足其自定的游戏规则的程度以及资本主义社会生产机制有效地
139 组织起来（以生产出为其生产结构所确定的产值和产品品种）的程度。此外，它还致力于探讨现行经济组织的资源分配能适应消费

[1] “经济机制的职能是按照社会愿望去组织经济生活……经济组织的有效性……应以它适应社会愿望的程度来判断。”西托夫斯基《福利和竞争》第 5 页（芝加哥，1951 年）。

需要（这种需要为现行经济组织所塑造的财富和收入分配、人民消费爱好和价值观念所确定）的程度。这些探讨都完全没有触及促进社会福利增长的条件，也完全没有触及资本主义经济社会体制和各种经济社会关系增进或损害人民福利的程序。

但是传统福利经济学家的研究到此为止并且质问我们还有什么其他的衡量福利的标准。[1] 如果个人在市场上的实际行为不能认为是检验他获得的福利的尺度，那么还能用怎样的其他检验尺度？

提出这个问题的本身就表明，从古典哲学和古典经济学创始以来我们在朝向非理性和蒙昧主义方面已走得多远。实际上，问题的答案较之我们所设想的要来得简单——既较为简单，也相当麻烦。答案就是可用之于检验某一社会经济组织的性质及其全面开发人类才智的能力之唯一标准是**客观理性**、正是客观理性成了麦西维尔·霍布斯等人批判当时社会的武器，也正是客观理性启发了斯密和李嘉图把当时的封建主、朝臣、教士称之为寄生虫，因为这些人不仅没有对社会进步起任何作用，相反还排除了社会进 140
步的一切可能性。

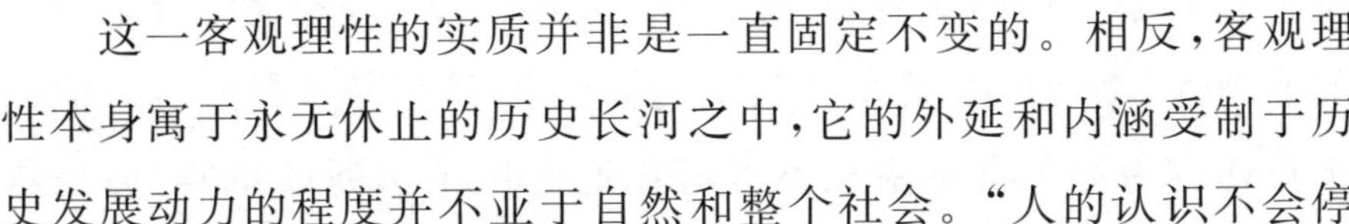

这一客观理性的实质并非是一直固定不变的。相反，客观理性本身寓于永无休止的历史长河之中，它的外延和内涵受制于历史发展动力的程度并不亚于自然和整个社会。“人的认识不会停

① 例如在这一领域最有权威的作家之一的西托夫斯基就认为“如果我们开始怀疑消费者鉴别优劣的能力，那么我们就走上了一条难于停顿下来的道路，并且也许把‘消费者至上’的概念颠倒过来”，见该书第 184 页。事实上，问题并不在“消费者至上”的概念上，而仅在于资产阶级经济学对这一概念的非历史的、辩护性的解释上。

滞不前”，在某一历史阶段为客观理性，在另一阶段则成为非理性和反动。客观理性的这一辩证法与实用主义的相对犬儒哲学或生命飞跃哲学中的各种机会主义不确定论毫无共同之处。它牢固地存在于人们对自然和社会日益加深的认识之中，存在于探求人类进步的自然与社会条件的实际行动之中。

历史上对进步和客观理性的动摇和矛盾态度是自资产阶级置身于反对封建主义和惧怕新兴社会主义的夹缝之中而备受折磨以来的资产阶级思想特征，这就是为什么社会主义者对当前占主导地位的社会经济体制的批判，只要它的矛头对准封建主义残余，就会在资产阶级经济学中有时得到某些共鸣。他们对落后国家地主阶级大量浪费物质财富的攻击，和对比较先进国家在旧体制下的地主阶级的挥霍的攻击同样猛烈，对于按严格意义的资本主义体制的鞭挞也毫不留情。但当资本主义发展到了当前帝国主义阶段，他们认为如再强调落后国家的社会经济结构是阻滞它们发展的主要障碍，就如同强调先进资本主义国家中的帝国主义既妨碍其本国国内经济发展，又使得不发达国家经济停滞的说法同样地可疑。

141 同样，资本主义社会中那些在社会意识和心理上都处于富有竞争心的小资产阶级地位（和阶层）的经济学家，对垄断资本主义的非理性、浪费性及其在文化上的影响具有一定的洞察力。他们不正视自由竞争资本主义不可避免地产生了垄断的事实，但也看到了资本主义垄断阶段所付出的经济、社会和人力方面的某些代价，认识了过度消费、非生产性活动的某些最为明显的表现，“经济保皇主义”的非理性和残酷性。与此同时，那些从早期的枷锁中解脱出来或直接进入“新时期”的学者，在揭露过去的竞争制度——

资本主义竞争时期——的实质时，目光也时常十分敏锐。

在资产阶级思想内部的这股力量至少为恰当地估价潜在经济残余的性质（和量）提供了一定的深刻见解（和信息）的同时，那些在整个资产阶级及其个别成员之间经常隐蔽而不时地爆发的利害冲突，给理解这个问题提供了又一个机会。例如，在战争时期，当夺取胜利成为统治阶级压倒一切的利益时，客观理性的内涵是可以凌驾于个别利益和主观效益之上的，不管是强制服役，战时经济管制，对必需供应物资的征用和没收，客观需要被认为是完全可以确定的，并被赋予远较市场行为所显示的个人爱好更为重要的地位。但一旦紧急状态结束，当对客观理性的认识成为有危险性的社会批判根源时，资产阶级思想便仓促地从已占领的前进阵地上撤出，退回到不可知论和“实用知识”的老路上去。

如果这个问题能受到像测算边际效用那样迫切而重要的问题 142
所受到的注意力的一小部分，那么社会“过度消费”是什么就可以得到澄清了，无论对不发达国家，或者对发达国家，“必要消费”的含义是毫不含糊的。在普遍低收入水平的国家里，人民可以获得的只有很少几种货品，其必要消费可以用卡路里、其他营养品、服装、燃料、住房等的数量来表示。即使在消费水平较高的国家里，有着大量的多种多样的消费品和劳务供给，也是可以对一般认为“体面生活”所必需具备的实际收入水平和结构作出判断。[①]

① 美国劳工部劳工统计局在编制生活指数时也沿用“必要消费”的某些概念。加利福尼亚大学赫勒社会经济研究会应用类似的概念。联合国粮农组织及其他机构已对许多国家的食品、住房和医疗需求作过研究，而这是进一步考察的最重要领域。参看联合国粮农组织《营养研究》第5期《卡路里需要量》（华盛顿，1950年6月）。

如上所述，这就是所有国家在遇到像战争、战后灾难等紧急状态时的所作所为。被维护现状的不可知论辩护士和“消费者至上”论的崇奉者所认为不可逾越的障碍，或应加谴责的武断行为，实际上都是完全可以进行科学探讨和作出理性的判断的。

143 3. 生产性劳动与非生产性劳动

要明确什么是非生产性工人则更为复杂，而且数量上也不容易测定。如前文所述，资产阶级经济学坚决反对区分生产性工人和非生产性工人。资产阶级从早期的经验得知这一区别会成为反对资产阶级社会制度的有力批判武器。为了回避这一区别，资产阶级力图按各种活动能否在市场上体现价格来判断其生产性、必要性和有用性。这样一来，各种类型劳动之间的真实差别就不见了——除了一个差别，即任何一种活动所取得的报酬有大有小。只要一种活动能换得金钱报酬，就确定其具有生产性和有用性。[①]

上述讨论表明，市场定价不能当作评审某一社会经济组织的合适性和有效性的合理标准。事实上正如上面所强调指出的那样，接受这样的标准将会陷入一种循环推论的困境，即把反映社会

① 有趣的是，这种用掩盖生产性与非生产性劳动之间差别、美化资本主义制度的努力严重造成现代经济学的自我削弱。现代经济学拥护者把资本主义社会中所有能赚钱的活动都认为是生产性的那种市场认可和定价标准，在纯资本主义条件下还可能自圆其说，但对研究一个充满封建主义残余的社会却带来更大的困难。在这种情况下遵循市场定价原则就使得经济学家或者陷入必须用米西斯、海克、奈特等一派的非历史的、非现实的观点去批判当时现状的荒谬境地，或者陷入把许多不经过市场的活动都说成有用和必需的（从它们对上市产品的“间接”贡献或从它们对维持和运转资本主义制度的必要性角度），从而不得不扭曲该原则的尴尬处境。

经济组织结构的某种重要机制作为尺度去评判该社会经济结构。144
因此，什么是生产性劳动，什么是非生产性劳动是不能单看资本主义制度中的日常行为来确定的。它必须从历史发展的需要和潜力的角度，根据客观理性来具体确定。

按照这样的思路，资本主义国家中进入市场的、也就是计入国民收入统计中的为数不小的一部分商品和劳务代表非生产性劳动。必须弄清，所有这些产品和劳务在资本主义秩序的框架内都是生产性的和有用的，也似乎确实为资本主义的存在所不可或缺。自不待言，从事这种劳动的个人在大多数情况下也的确是“体面的公民”，为每天的工资而勤奋工作的诚恳的人。因此，把他们列为“非生产性劳动者”既不包含道义上贬低他们也不包含其他任何污辱他们的意思。人们经常可以看到，用心很好的人，如果被局限于他们无法控制其趋向的社会制度下生活和工作的话，很可能不仅达不到他们所努力追求的目标，而且适得其反。

显而易见，把一国整个经济活动中的这部分非生产性劳动划分出来并加以测算，是不能使用简单公式来完成的。最广义地说，它包括为了满足在资本主义特定条件和生产关系下产生的产品和劳务需求而从事的全部劳动，这在合理组织的社会中是不存在的。例如这些非生产性工人中有很多从事于制造军备、各种奢侈品和炫耀品。其他还有政府官员、军事设施人员、教士、律师、逃税专
家、公共关系专家等。再就是广告商、经纪人、商人、投机牟利者等 145
等。熊彼特——一位不守成于“实用知识”水平，而力图从了解历史进程的高度看问题的极少数当代经济学家之一——举出了一个特别好的例子：

> 律师所从事的工作中很可观的一部分是用在处理企业和国家及国家机构之间的矛盾冲突上面……在社会主义社会就不需要，也没有这类法律事务活动的余地。从中所获得的节约是不能用律师的收费多少来正确测算的。这一数字虽则不大，但许多聪明才智被用之于这类非生产性业务上，其社会损失是不小的。考虑到这许多杰出人才是多么珍贵，如将他们转移到其他职位上去，其意义不会是很小。[①]

必须记住的重要一点是，上面所定义的非生产性劳动并不直接介入必要生产过程，而为社会经济剩余中的一部分所供养。但这一特性，也为另一部分未列入我们所说的非生产性劳动的工人所共有。科学家、医生、艺术家、教师这一类别的人也由经济剩余所供养，但他们所从事的劳动，其需求在合理组织的社会中不仅不会消失，相反会以空前的幅度增长。这样，虽然从测算当时社会总剩余的观点来看，把这些劳动者列入由经济剩余所供养一类是完全恰当的，但如果研究的问题是估量可以合理利用的潜在剩余量时，则加以区别对待是可取的。“劳动可能是必要的，但不是生产的。”[②]

146 当不仅研究经济成长，而且研究从资本主义向社会主义过渡问题时，这一区别特别有用，因为上面所说的非生产性劳动在从社会主义向共产主义前进时，必然会逐渐趋于消亡。事实上，当实行计划经济时，某些非生产性工人立即就消失了，其他的则在从资本

---

① J.A.熊彼特《资本主义、社会主义和民主》第198页(纽约，1950年)。

② 马克思：《政治经济学批判》(英文原本为《政治经济学批判大纲》，见《马克思恩格斯全集》第46卷下第26页)。——译者

主义到共产主义过渡的体制中，例如苏联，还会存在相当长的一段时期。可以这样说，我们所说的非生产性劳动消失的程度和诸如军队、教会等组织解体的程度，以及从中解脱出来的人力、物力资源被用来增进人类福利的程度，是衡量社会主义社会向共产主义迈进的最重要的标志。

另一方面，由经济剩余所供养，但不包括在我们所称的非生产性劳动范畴内的部分劳动者则随着社会主义社会的发展而大大扩展。正如马克思所预言的那样，这部分总产值，“用来满足共同需要目的部分，如学校、保健设施等。这一部分将会立即显著增加，并将随着新社会的发展而日益增加……和生产没有关系的一般管理费用，和现代社会比起来，这一部分将会立即极为显著地缩减，并将随着新社会的发展而日益减少。”①

因此，用于供养那些获取经济剩余，但不列入上述非生产性劳动一类人的资源不能被认为是可用于促进经济增长的潜在基金。

再者，不管在寻求正确测算资本主义经济中非生产性劳动量
时会遇到多大困难，这项工作的性质极像处于紧急状态时期需要 147
对非必要消费加以限制（如果不是取消）那样一清二楚。那时非生产性工人征召入伍，而生产性工人则延缓征召。劳动力交换市场力图把人们从非生产性岗位移向生产性岗位。生活品配给当局对不同岗位上的人制发不同的配给卡，其中生产性工人享受着优惠待遇。

① 马克思：《哥达纲领批判》（见《马克思恩格斯选集》第3卷第9—10页，人民出版社1972年版）。——译者

概念上较清楚，虽则也许较难测算的是隐藏于资本主义经济中的第三类潜在经济剩余。列入这一类的生产组织，其浪费和不合理性可见于许多事例，并导致其产值显著少于用同样人力物力投入所应该产生出来的产值。首先是由于过度生产能力的存在，非生产性地吸去了当时投资的很大部分。我们这里所指的并不是经济衰退时期被闲置起来的人力、工厂和设备。这一方面将放在以后讨论。我们这里指的是即使繁荣时期也未加以利用的有形生产能力，这不仅存在于衰落产业，而且也存在于上升产业。[1]

布鲁金斯学会对 1925—1929 年美国的过度生产能力作了一次调查。[2] 他们所规定的一个产业的“生产能力”是该产业在通常开工日小时和班次，以及在通常维修标准（即考虑到必要的为维修
148 而停产等因素）下所能生产的产值。已关门的厂未统计在内，因而未列为过度生产能力。这种（保守地）规定的生产能力较之通常的贸易统计根据技术评估所显示的“评估生产能力”要低。布鲁金斯学会发现“总的来说，从 1925 年到 1929 年期间内，开工工厂的生产能力利用率介于 80%到 83%之间”[3]该调查报告提醒大家，“也许上述数字所显示可能增加的生产能力并不能全部得以实现，因为不同产业部门的潜在生产能力存在着很大的差异，而如果每一产业都开足生产能力，则不要多久，某些产品的大量剩余将必然会

① 顺便提一下，在一种合理的计划经济中，任何时期内都不需要有过度生产能力的存在，即使在衰落产业，即产品面临需求萎缩的产业，也是如此，及时地把这些生产能力移作生产其他产品，可以把这种过度生产能力降到最低限度。

② 《美国生产能力和消费能力》（华盛顿，1934 年）。其概述见 J. 斯坦维尔《美国资本主义的成长和停滞》第 4 页及之后（牛津，1952 年），上文的某些词句引自该书。

③ 引自该书第 31 页。

堆积如山”。[①] 但是，报告的作者也认为，“如果在协调这些产业方面作出新的建设性努力”，则这种比例失调的现象将大为减少，若非完成消灭的话。作者并未计算如果通过上述协调行动所可能生产出来的产值。但是，即使不予计算，“比当时已实现的产值增加19%是完全可能的。所增加的生产力，用货币来表示，可达到150亿美元”，即接近于1929年美国全年国民收入的20%。

战后尚没有对过度生产能力进行过类似规模的调查。但从可以获得的零散数据看，即使在二次大战后的空前繁荣期内，美国产业的过度生产能力似乎也达到很高的比例。一位研究人员的计算表明，在1952年的兴旺年份，只有55%的生产能力得到利用（保守的数字）。[②] 这一数字尚不包括大量的粮食产量，其生产受各种
生产管制办法所制约，或听任产品烂掉或加以毁弃，或移作饲料。149

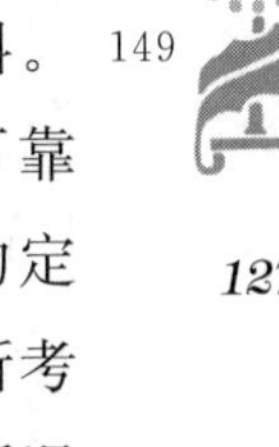

对生产能力（及过度生产能力）的测算值都并不是完全可靠的。除了受制于统计资料不足以外，它们还有赖于生产能力的定义是什么，设定的“正常”利用率是多少，以及确定其为过度时所考虑到的市场需求和利润因素有多大。但是在测算某一事物时所遇到的困难不应该被用来掩盖事物本身的存在；不管怎样，当我们现在不是旨在估价特定时间内任何一国的潜在经济剩余，而是阐释其存在的形式时，这些困难就显得无关紧要。

可以同样清楚地看出的是各种垄断和垄断竞争所造成的资源浪费。这一类潜在经济剩余从未全面地分析过，虽则其组成部分

① 《美国生产能力和消费能力》（华盛顿，1934年）。其概述见J.斯坦维尔《美国资本主义的成长和停滞》第4页及之后（牛津，1952年）。

② 刘易斯·罗布《工业生产能力及其利用》第318—325页，载《科学社会》（1953年秋季刊）。

常在经济文献中提及。最先也许是最主要的浪费是由于不合理的产品细分所造成的规模经济得不到充分利用而损失的产值。据我所知，现在尚没有人计算过，如果大量的只是名目上不同的产品能够实行标准化，并且能够集中在技术上最有效和最经济的工厂中生产所能节约的总量。不管我们考虑汽车或像冰箱、锅炉、电器用具一类耐用消费品也好，或者肥皂、牙膏、纺织品、鞋类、早点等产品也好，毫无疑问，产品标准化和大规模生产能大大降低单位产品成本。可以肯定，即使在那些处于垄断条件下，也能找到技术上按最佳规模生产的工厂，即指在现有技术条件下规模经济已充分利
150 用的工厂的事例。然而，有充分理由可以相信这种规模经济已得到充分利用的工厂是相对极少的，而且商标名目不同的商品在市场上的有限销路以及个别工厂所能获得资本的有限性使得众多工厂的规模比之合理规模要小（经常要小得多）。小规模、低效率和冗余工厂的存在和扩散——不仅在工业，尤其在农业、商业和服务行业——造成的人力、物力资源的浪费是难于充分估计的。①

企业规模不合理地小所引起的设备重叠和资源浪费，在大垄断企业（这些企业受到垄断地位的保护，不必为使成本最小化或效率最优化而担心）也同样存在。在这方面我们必须看一下大企业中庞大的所谓管理费用，高得骇人的开支账目、高级经理人员的高薪，而这些高薪人员对企业的产值没有作出贡献，只是凭借他们的

① 虽则在紧急状态下，只有极小一部分这种潜在生产能力实际上被用上，但有时候它所能取得的成就至少足以说明这个问题涉及的数量有多大。仅从战时大企业的集中和从消除重叠生产、反向运输和低效率中所取得的增产成就来看，在英国、美国和德国为数都十分可观。

金融联系、个人影响力或个性特点特别能适应企业经营的需要而获得其收入。

我们也不应忽视被垄断大企业有计划地掠夺去的，虽无法估量，但也许是最有价值的潜在资产：被庞大企业王国的腐朽、堕落、愚昧机器所消磨掉的人力资源以及普通男女在他们的成长和发展过程中因连续地置身于大企业的产品、宣传和推销活动之中而受到的扭曲和摧残。①

更易被遗忘的是，如果大企业的科学研究和开发不受制于利 151
润导向的企业管理或军备导向的政府管理所可能获得的社会福利。②

这种对科学研究的引导和管理大大影响了它的发展前景、对课题的选择和所采用的研究方法。它挫伤和迷惑了科学家们，销

① 巴比特——美国同名小说中的主人公，在“残酷”的生存竞争中最能适应的实业家，为某些自由主义经济学家和老式商会人士所崇拜——并不比戴维·里斯曼在小说《孤独的一群》，赖特·米尔斯在《白领阶层：美国中产阶级》以及T.K.奎因在《巨人企业》中所描绘的“现代人”更有吸引力，如果只有这两类人供我们选择的话，那么对人类的未来就毫无信心可言了。

② “我们知道在国际卡特尔协定下，专利权经常不是起着刺激投资的作用，相反却成为一种限制生产、建立有限市场区域、阻碍技术发展速度、固定产品价格等的手段。我们知道战前标准石油公司——I.G.法本公司的联合，严重阻碍了美国一种合成橡胶工业的发展。我们知道标准石油公司对法本公司的让步，很大程度上是为了要使合成石油的专利不致流往德国以外的地区。我们知道杜邦公司与帝国化学工业公司的协议造成了世界市场的分占，而不是促使这些市场的竞争得以发展……调查材料表明，当杜邦公司开发了一种既可用于油漆，又可用作纺织品染料的色素时，某下属实验室的主任写道‘有必要进一步在蒙那斯特莱颜料中掺入污染物，使之只能满意地用之于油漆，而不能用之于纺织品’。调查材料还表明罗姆和哈斯所从事的一项研究工作，旨在发现使甲基丙烯酸酯成为一种适用的商业用模压粉，而不能用之作为假牙材料。这项调查也讲到通用电器公司为缩短闪光电池寿命而从事的一项尝试等等。”引自沃尔特·亚当斯：《美国经济评论》第191页（1954年5月）。

蚀了他们对工作的创造热情，阻滞并误导了科学的发展。同时它限定了科学研究成果的应用方式，从而严重遏制了科学进步所能获得的利益。无论是原子能、公用事业、替代材料或各种制造方法，都有大量证据表明技术潜能的生产性应用，常因受制于科研赞助人的利益而受到严重的阻碍。

隐藏在资本主义经济复杂蛛网中的这种大量的或多或少可以
152 识别出来的潜在经济剩余形式，从未受到过系统的研究，更不用说进行统计测定了。并不是经济学家以前没有作过努力去揭露渗透了资本主义制度的浪费和不合理性，但他们把这些只作为可以用适当的改革办法加以克服的一种体制中所存在的不完善和缺陷，作为会在资本主义发展过程中消失的前资本主义社会不良残留物来对待。最近以来，随着人们越来越清楚这种浪费和不合理性不仅不是资本主义的偶然瑕疵，还联系到其本质的病症，又流行起把整个问题的重要性缩小到最低限度，将其说成是对我们富足社会无关紧要的“小事”的趋向。[①]

最后，但绝非是最不重要的是第四类潜伏在资本主义经济内部的经济剩余。这是指部分地由于生产设施的不协调，更主要的是由于缺乏有效需求所造成人力物力资源闲置所失去的社会产值。虽然要分清这两种闲置的成因并划分给每一种以应有的份额是非常困难的，即使不是不可能的话，然而把它们区别对待对于分析问题是十分有用的。前者在经济学中通常称为“摩擦性失业”，

① 这种研究方法原先由熊彼特所提出，后加尔布雷思在《美国资本主义》(波士顿，1952 年)中广为传播。他在书中说：“丰足社会的低效率，随着财富的增长而俱增，导致这种低效率显得无关紧要”(第 103 页)。

这已在上面提及。意指因市场需求结构的改变或因采用各种节省
劳力办法、引起生产设备的置换而发生的劳动力替换。虽则所涉 153
及的人力和设备可转移到有用的岗位上去，从而重新纳入生产过程之中，但是资本主义经济内部的这种转移如果发生，即使在顺利的情况下，也会是姗姗来迟并带来很大的损失。而在合理的计划经济下，这种损失即使不能做到完全避免，也能够大大减轻。

更为重要的是由于有效需求不足所造成的失业，这是除了军备开支是造成潜在经济剩余和实际经济剩余之间长期存在差距的最重要单项原因之外的第二位单项原因。它既影响到可加以充分利用的人力，也影响到可加以充分利用的生产设备，而且它还闲置了很大部分可能获得的人力和物力资源，尽管各个时期闲置的程度不尽相同。这种持续存在的废置生产潜力的影响是不能用估量繁荣时期和衰退时期产值之差的方法正确计算出来的。那种方法首先忽略了即使在所谓充分就业时期也存在着大量失业工人和未加利用的生产设备的事实，其次即使繁荣时期的产值也低于（如果企业界不需要考虑顺年和歉年的因素而调低其生产和投资计划）所可能达到的水平。这样，仅仅按照经济周期不同阶段的产值，进行比较而得出来的计算数字必然低估了由于就业水平的变化而失去的产值。

然而，即使这样保守的计算数字，也足以说明由于大量失业而损失的潜在经济剩余有多大。例如美国劳工部劳动统计局长伊萨德·罗宾在一次国会临时国民经济委员会的听证会上作证时（1938 年 12 月 1 日）说："假定按 1929 年的劳动力规模计算，那么你可以看到，如果把从 1930 年到 1938 年所损失的劳动力加在一

154 起，其总数可达 4343.5 万人年。或者，换句话说，如果 1929 年在业的每个人在上述 9 年里继续在位，那么当时在位的每个人都可以获得一年零二个月的休假而不会使实际国民收入减少。”[①]如以 1929 年价格的国民收入计算，失去的总产值共达 1330 亿美元(1929 年的国民收入共 810 亿美元)。[②] 这种劳动力的闲置还伴随着过剩生产设备能力而并存，后者的总数达到 1929 年生产设备能力最高点的 20%，或者说达到 1938 年听证会时生产设备能力的 1/3 以上。[③]

罗宾的计算是在假定 1928—1938 年劳动力人口一直不变以及其生产率也不变的基础上作出的。事实上，正如他自己所承认的那样，上述期间劳动力人口增加 600 万，每个劳动力的产值也或多或少按照繁荣时期一般增长率上升着。美国农业部皮恩博士在把这方面可利用的劳动力计算进去，并把 30 年代预期会出现的生产率增长数以及 20 年代的实际增长数都考虑在内后，估计 1929 年后这段时间内国民收入的损失为 2930 亿美元。[④]

这些数字都只是计算到 1938 年听证会时为止，但所提到资源的未加利用状况一直持续到二次大战爆发。战时的动员情况，比
155 一切统计数字更令人信服地表明美国经济中所隐藏而未加利用的生产潜力有多大。众所周知，美国在二次大战期间，不仅能建立起

① 国会临时国民经济委员会：《经济实力集中程度的调查听证会》第一部分第 12 页(华盛顿，1939 年)。

② 同上书第 16 页。

③ 同上书第 77 页。

④ 同上书第 159 页。

一支1200万人的军事机器，生产出大量军务，并以大量粮食和其他物资供应盟国，同时还增加对国内人民的消费供应。换言之，这次战争——人类历史上规模和代价都最大的一次——是美国动员了其潜在经济剩余的**一部分**所支援下来的。

毋需说明，来源于失业的这种浪费并不是美国所独有，也不是仅见之于历史。它在今天仍可以清楚地觉察到，并且已成为整个资本主义历史时期随处可见的一大特点。尽管不同国家、不同时期，其数量不尽相同，但它一直使总产值大大低于一个合理地组织起来的社会所可能达到的水平。失业所产生的影响也不是任何一种计算生产量损失的方法所能够充分表示的。没有人能对这样的一种情况作出估计，即如果千百万失业者的力量、工作才能、禀赋能被用之于生产目的的话，给社会能带来多大的福利。

4. 计划经济剩余

如果说潜在经济剩余对于理解资本主义制度的不合理性有着重要的科学意义，并对处于紧急状态下（或迫切需要发展经济情况下）的资本主义社会有着巨大的实际意义的话，那么**计划**经济剩余就只能是社会主义制度下的综合经济计划体制的范畴。它是指介于在一定历史时期的自然和技术条件下，有计划地“最佳”利用一切可以获得的生产资源所可能得到的社会最终产值为一方和所选
定的“最佳”消费值为另一方之间的差额。这里所谓“最佳”的含义 156
与资产阶级经济学所赋予该词的意义有根本性的不同。它们并不反映为个别企业利润所考虑并为资本主义社会收入分布、爱好和

社会势力所决定的那种生产消费结构；它们体现着一种为理性和科学所主导的社会主义的精密决策。因此，就资源利用而言，它意味着社会生产设施的意义深远的合理化（消除低效率的生产单位，最大限度地实现规模经济等），去除冗余的产品差别，消灭非生产性劳动（按以上的定义）和实行科学的保护人力、自然资源政策等等。

这里的“最佳”也并不指一国在任何时候所可能达到的最大产值。它可以是由于考虑到自觉缩短劳动时间，增加受教育时间或有意识取代某些繁重生产方式（如采煤）等因素而小于最高水平的产值。重要的是其产值不是由个别企业家或公司的互不协调的决策所确定的偶然产物，而是由表达全社会在任何特定时间所想达到的生产、消费、积累和投资愿望的合理化计划所确定。①

157 再者，社会主义经济中的资源“最佳”节约，绝不是要将消费减少到最起码的需要程度。它可以明显地高于必需消费标准所表示的一种水平。同时，具有决定性意义的是，消费水平以及实际剩余量都不是由谋求最大利润的机制所确定，而是由反映社会就当前

① M.卡莱斯基最简明地表述了计划经济易于解决资本主义制度中最明显的不合理性——由于需求造成的失业，他说：“考虑一下社会主义制度下减少投资所产生的影响是很有益的。从生产投资品方面解脱出来的劳动者，将可能用于消费品产业。所增产的这些消费品将通过减价而被消费者吸收。由于社会主义产业的利润等于投资，价格将会减低到这样的限度，即所减少的利润将等于投资值的压缩额。换言之，通过把相对于成本的价格下降，可以达到充分就业。但在资本主义制度下，价格——成本关系是确定的，利润下降的数额等于通过产值和就业人员减少所导致的投资和资本家消费的下降额之和，荒谬的是虽则资本主义辩护士认为‘价格机制’是有利于资本主义制度的因素，但价格弹性却只能是社会主义经济的特性。”见《经济动力学理论》第62页及其后（伦敦，1954年）。

消费或以后消费之间作出选择的合乎理性的政策所确定，因而社会主义制度下的经济剩余可小于，也可大于资本主义制度下的实际经济剩余，如果全社会选择不增加净投资的话，它也可以是零。它取决于历史发展进程中所已经达到的阶段，取决于生产资源开发的程度，并取决于人类需要的组成状况和增长状况。

关于基本方法就说到这里。下面让我们将它们用之于分析某些历史资料。

158

第三章　垄断资本主义制度下的停滞与运动(一)

1. 古典经济学家对资本主义增长的看法

如前所述,一个国家在一定时期经济发展的速率和方向,依赖于经济剩余的规模和利用的方式。而这些又取决于(而它们本身也决定着)生产力发展的程度,与之相应的社会经济关系的结构以及那些关系所限定的经济剩余的分配制度。的确,正如马克思指出:“从直接生产者身上榨取无酬劳动的独特经济形式,决定着统治和从属的关系,这种关系是直接从生产本身产生的,而又对生产发生决定性的反作用。……任何时候,我们总是要在生产条件所有者同直接生产者的直接关系——这种关系的任何形式总是自然地同劳动方式和劳动社会生产力的一定发展阶段相适应——当中,为整个社会结构……找出最深的秘密,找出隐蔽的基础。不过,这并不妨碍相同的经济基础……在现象上显示出无穷无尽的变异和程度差别。”①

① 《资本论》第 3 卷(见《马克思恩格斯全集》第 25 卷第 891—892 页)。——译者

探究前资本主义发展时期经济剩余的数量及使用状况的演进是一项十分吸引人的工作。我们可以从现有的人类学和历史学的著作中得到必要的资料，对这些资料进行系统的研究，就会得到我们急需的系统性的原理，会对我们分析经济和社会历史给予极大 159
帮助。不用说，靠现在这篇文章的篇幅，便试图着手这项工作是不可能的。这里只需强调的是，从封建主义到资本主义的转变表明经济剩余的榨取方式、利用方式以及由此而带来的经济剩余的规模等都发生了根本改变[①]。古典经济学家就已经充分意识到了上升时期的资本主义秩序的极为重要的含义。事实上，他们也已看到了能为经济迅速发展作准备的基本原因，不仅仅是由于既定的生产力和产出水平为基础的经济剩余的极大化——毕竟，这个问题在封建主义条件下也在解决——而主要是由于其合理的生产性利用。

从封建主义的衰败中产生的以及古典经济学家们描绘了基本轮廓的经济秩序中，展现了生产设备大规模投资的巨大可能性。奋斗中的私营业主从早期的约束中解脱出来，在不同的社会经济环境中得以全身心地不懈地追求利润，不断进取，不断积累，不断扩大企业规模，从而为扩大总产出提供了极大的动力。企业家之间的竞争将不断迫使他们改进生产方法，促进技术进步，充分利用革新成果，以提高产量，并使产品多样化。由于一切可获得的生产资源都将得到利用，由于降低成本已成为追求利润极大化的资本

① 正如从奴隶制到农奴制的进步——封建秩序的基础——产生于中世纪末一样，在经济与社会发展中构成了一个重要的里程碑。

家最关心的问题，任何浪费及非理性行为都被摒弃于生产过程之外。萨伊法则证明，总产出将面对充分需求，而产生于技术革新和
160 时尚变迁的摩擦性非均衡仅仅是“增长的疾病”，对整个经济形势无足轻重，并不构成很大危险。通过按照社会变化的需要来调节机构，逐步清洗那些落后的，效率低下的企业，这种短期危机将产生积极影响：适者生存，并促进全面发展。

最大产出中的最大份额将构成经济剩余。工人之间的竞争将避免工资上升超过最低生活费，避免吞食利润——经济剩余在资本主义社会表现的典型形式[①]。也不会出现劳动需求危机——资本积累超过劳动供给，人口的增长使得劳动市场维持压力，避免扩大由工资基金吸收的产出份额。

在竞争的资本主义秩序中没有不对资本积累作出贡献的非生产性工人的空间。封建主义时期奴仆成群的奢华生活以及中世纪城镇富人的纵情享乐都不再被允许吞食经济剩余。[②] 对上帝的崇拜也得减少花费：教堂不再豪华修缮；谦卑的牧师主持的简朴的仪
161 式将取代由罗马天主教或东正教的辛勤而富有的主教们举办的奢

① “劳动的自然价格是让劳动者大体上能够生活下去并不增长地延续其后裔所必需的价格”(见李嘉图：《政治经济及赋税原理》第 77 页商务印书馆 1962 年版。——译者)。又及：“如果工资继续不变，制造业者的利润就会维持不变；但如果工资……上涨了……他们的利润就必然会下落。”第 92—93 页。

② “大领主的费用，通常用于供养游惰人们的多，用于供养勤劳人民的少。富商的资本虽只用来雇佣勤劳人民，但像大领主一样，他的收入，也大都用来豢养不生产的人们。”(见亚当·斯密：《国民财富的性质和原因的研究》第 306 页商务印书馆，1972 年版。——译者)有趣的是，对亚当·斯密来说，富商在上升的资本主义秩序中依然是一个封建人物，而不是英雄。这个位置是为工业和农业企业家保留的。对工业和农业企业家来说，生存的内容和意义是积累资本和谋求利润，而不是过度消费。

华的盛会。

同样,巨额销售成本,高昂的广告费,过剩的生产力,法律或公共关系部门,都不曾进入这样一种经济模式,即由相对小的厂商构成,生产或多或少相似的,能互相替代的产品的经济。事实上,一些非生产性工人诸如银行职员、交易员、商人等依然必须存在。但是,一旦集中到了资本主义体系中,他们将会起到与封建社会完全不同的作用。他们不仅有助于经济剩余的产生,而且作为对他们所提供服务的报偿的剩余将被大部分积累起来而不是被消费掉了。事实上,通过侵蚀群众的实际收入,即把他们业务耗费的一部分转移到群众身上,这些非生产性工人将对资本积累作出独到的贡献,而不是使资本积累受损。[①]

然而,更重要的是被认为是最贪婪的经济剩余的要求者之一:一个可追溯到封建时代的散乱的、腐败及低效率的政府网络,如果它没有消失,也将大大地削减。对这一点,古典经济学家是非常坦率和坚持的。

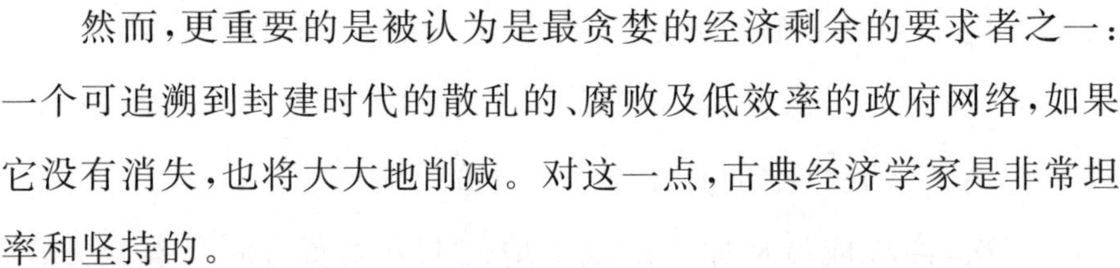

亚当·斯密说过:“王公大臣不自反省,而颁布节俭法令……倡言要监督私人经济,节制铺张浪费,实是最放肆、最专横的行为。他们不知道,他们自己始终无例外地是社会上最浪费的阶级。”[②]

一个社会,要使经济剩余最大化并得以最合理使用,国家所必 162
须做的是避免对资本形成的干预。可通过以下途径:废除征收过

① 在资本主义而不是在封建主义背景中操作,银行家促使资本积累的方法,部分是通过集中的小额储蓄,部分是通过通货膨胀从人口中吸收额外的经济剩余。

② 亚当·斯密前引书,第318页。

多税赋；摒弃干预社会事务及给穷人补贴；显著地减少非生产性工人人数（这些人靠可能形成实际经济剩余的资源维持）。[1] 保护法律和秩序是国家义不容辞的，国家还应保护国外市场，保护资源的供应以及对外投资项目。但是，与政府有关的活动，既不是主要部分，也不涉及主要的开支。

然而，如果经济剩余的极大化将为经济增长提供最大可能性，那么尚需一个条件。这个条件便是节约以及经济剩余的新的接受者——资本主义商人的投资意愿。

极有理由认为这一条件是可以满足的。首先，竞争机制会迫使商人积累，因为只有不断地革新，降低成本，以他们的收入实现再投资，他们才有希望在竞争中立于不败之地。这一类和其他的技术发现不会穷尽被认为是当然的。不仅潜在的科学进步几乎是无尽的，而且对于低成本、新产品以及使用新材料的商业利益完全可以相信会唤起科学的独创性及技术的创造性。

163 其次，商界成员从原来的低下地位上升到富有和具有权力，应归因于他们工作努力，克勤克俭的作风。这或许有其社会学和特征学的根据——他们将保持一种生活方式，这种生活方式使他们获得巨大的成功，并保证他们得到过去从未享有的社会地位。

---

① “济贫法直接产生的明显趋势……与立法机关的善良意图相反，它不能改善贫民的生活状况，而只能使富者和穷者的生活条件恶化。……当现行济贫法继续有效时，维持贫民的基金自然就会愈多，直到把国家的纯收入全部吸尽为止”李嘉图同书第88页。熊彼特强调了古典资产阶级对军国主义以及军事消费的厌恶。见《资本主义、社会主义及民主》第122页（纽约，1950年）。

第三,被韦伯和桑巴特称之为“资本主义精神”的出现——事实上,他们将现代资本主义的产生归因于这种精神[①]——伴随着清教徒伦理的流行,建立了一种社会价值体系,在这个体系中,节俭和积累被认为是至高的荣誉和美德[②]——一方面,新教的崛起和清教主义有着密切的关系;另一方面,资本主义的产生和发展,这种关系不仅表现在主要的意识形态领域内的巨大变化,也表现在大幅度的削减教会所占的经济剩余份额——归功于韦伯的这一 164
发现,马克思早已明确指出。

货币崇拜产生禁欲主义,节欲,自我牺牲——节俭和悭吝,蔑视世俗的、一时的短暂的享受,追求永恒的财富。因此,英国的清教和荷兰的新教都离不开搞钱。[③]

在经济发展前景的晴空上仅有的一片阴云是担心农业上的报

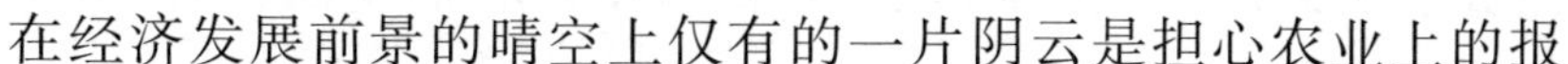

① 韦伯和桑巴特如此强调的要发展理性的统计与会计,早在1847年,马克思就已指出了它在资产阶级文化增长中的重要性,“资产阶级太开明了,太会打算了,它没有封建主那种以奴仆的衣着华丽夸耀于人的偏见,资产阶级的生存条件迫使它锱铢必较。”《雇佣劳动与资本》(见《马克思恩格斯选集》第一卷第733页,人民出版社,1972年版)。——译者

② “这仅仅是一种巧合还是必然的结果,教友派把牧师的崇高精神与世俗往来的精明与机智结合起来?真正的虔敬使商人以其谨慎和深谋远虑的思想作风取得成功,在商场中逐步赢得地位和声誉为不断积累财富创造所必需的条件。”G.A.朗特里:《教友派教义过去与现在》第95页(伦敦,1859年)。或“简言之,如果你希望,通往财富之路与通往市场之路一样平坦,它取决于两个词:勤劳、节俭,即既不浪费时间,也不浪费钱财,而是充分利用这两者。没有它们一事无成,有了它们便拥有一切。他努力做到取得诚实,用的节约(必须消费的除外),这样,他将会富有。”《本杰明·富兰克林选集》第2卷第87页及后(贾雷德·斯帕克斯编,波士顿,1840年)。

③ 马克思:《政治经济学批判》(见《马克思恩格斯全集》第46卷第183页)。——译者

酬递减。食品成本的提高，将使构成劳动者最低生活标准的生活必需品的成本提高，结果，土地所有者阶级的收入稳定增长，与此相应的是给利润这一主要的资本积累的来源带来压力。李嘉图警告说："地主的利益永远是和消费者以及制造业者的利益对立的。"[①]资本家阶级的最高利益是对封建主作斗争。对生产过程无所贡献的土地所有者，将会攫取经济剩余的不断增大的一部分，并将其挥霍于非生产性的用途中。李嘉图便是代表资本家阶级最高利益的杰出代言人之一。

直到李嘉图的原理一书问世一个世纪之后，农业技术的发展及农业资源的海外开发才减缓了对农业生产力增长缓慢的忧虑。直到那时，旧的贵族土地所有者或者因资不抵债而破产，或者转变为资本主义商人，像城市资本家经营工厂企业那样经营他的农场。[②] 此时，上升的资产阶级的反封建的热情仅能唤起一些激进
165 分子——社会改革家和单一税论者——而统治阶级的主体则与当时已大体上变为资本家的土地占有集团紧密结合起来，反对正在崛起的社会主义势力。从那时起，当欧洲有产阶级的"联合行动"血洗巴黎公社之后，国际劳工运动遭到最惨重的挫折，在资本主义秩序的框架中再没有出现过持续和迅速的经济增长的障碍。社会面对的唯一的问题是创造和保卫政治和社会制度，这种制度允许资本主义机制平稳运行而不为外界所干扰。而上帝无形之手将引

---

① 《政治经济学及赋税原理》(第 286 页，商务印书馆 1962 年版)。——译者

② "英国下议院，法国第三等级，欧洲大陆的资产阶级……都是节俭的阶级。而封建贵族的后裔则是奢侈的阶级……因此，前者逐渐地代替了拥有大片土地的后者。"约翰·斯图亚特·穆勒:《政治经济学原理》第 38 页(纽约，1988 年)。

导社会朝着产量增长,福利提高,社会产品分配更为平等的道路前进。

2. 垄断资本主义时期资源的利用

几乎不需要指出,如此仓促绘制的这幅资本主义经济运行的蓝图,至多也只是一种遗憾,且在一些重要方面,对早期资本主义发展的竞争阶段的描述甚至是不正确的。然而,这幅图画对我们来说仍具保存价值,至少它较为简略地描绘出这一机制的基本原则,这个机制确实提供了大规模的生产投资、前所未有的生产力发展、技术的重大进步以及产出和消费的巨大增长等。此外,它还间接地指出了这一过程的实质,在这个过程中产生了大型企业——扩大生产力的主要工具——进而演变为垄断和少数制造商对市场的控制这一当今资本主义经济组织的主要形式。[①] 由此,它成了便于我们理解资本主义发展的高级和垄断阶段的显著特征的出发点——这是本章和下章的主题。

166

实际上,我认为,思考一下在现代垄断主义阶段中,经济成长的"古典条件"在何种程度上得到满足这一问题,颇具启发意义。已经发生的变化是否大到使竞争模式已经过时,导致在先进的

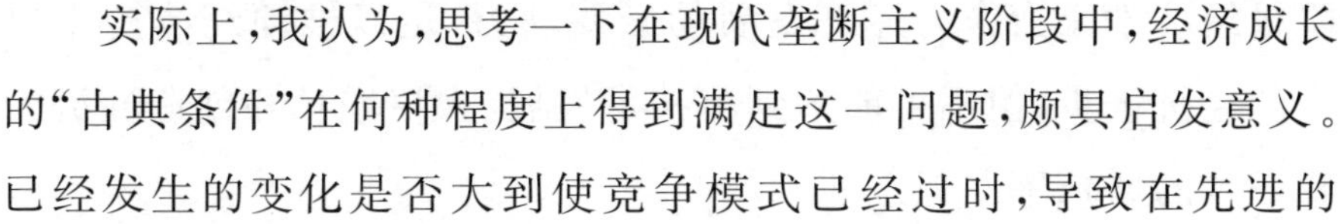

① 这不是说在竞争的黄金时代没有垄断,相反,垄断在资本主义初期便已普遍存在。然而,现代主义的错误常常出现在历史(政治、经济和文化)著作中,不加区别地将早期的制度与现代不同条件下的制度同等对待。17、18 世纪垄断的基础与特征与现时的大相径庭,这要追溯到封建行会的严格制度,它产生于持续而反复发生的资源短缺,通讯及运输的不畅,采取对薄弱的市场的垄断形式,而不是采取能控制市场主要份额的大型企业的形式。

资本主义制度下经济、社会和政治的发展与资本主义竞争初期在诸多方面有显著的不同？垄断资本主义在经济、社会、政治方面的运行是否存在着某些规律性，能通过不同的背景使其更为形象化？

让我们从头开始：我们可以回忆起我们前面列出的与全局有关的四个条件中的第一个，而且是最重要的条件是：一切可得到的生产资源都能充分利用。在竞争支配一切的情况下，实际成本与浪费均保持在最低水平；生产要素的配置能保证最大产出。然而，
167 即使在竞争的资本主义制度下，也从来没有足够的理由预期这种产出的最大化得以实现，甚至最热心的资本主义辩护士也不敢希望在当代资本主义经济中使这种条件得以满足。我们曾在讨论潜在的经济剩余的过程中说过，关于失业，生产力过剩，削减农业生产等等足以显示，除战争年代之外，当今资本主义制度正在生产的产品产量比现有设备、资源和人力——允许人们合理的安排工作与闲暇时间，所可能生产的产品产量要小，而且常常要小得多。追求个人利益、商人之间的竞争、市场机制的运行等因素通常被资产阶级经济学家当作为经济发展的必要动力，足以推动经济产生更大的经济进步，但不可能达到与技术发展、人口增长和创造性潜力相一致的增长率。

现有的统计资料不允许计算各个国家在资本主义历史阶段中实际的与潜在的产出之间存在的巨大差异。因此，就不可能获得精确的数据来表明垄断的资本主义与竞争的资本主义相比，这种差距已经扩大了多少。我们所能够研究的，是实际的经济表现，即某些国家的经济增长率——即使这也会面临极大的困难。我们几

乎没有什么依据来决定,在充分就业和资源有效配置的条件下能取得何种进展。

因此,当我们看到内战前美国的人均产出增长率低于内战后
时[1],可以认为,人口的、经济的以及技术的增长潜力内战前也小 168
于内战后的几十年。由于总产出的一大部分是产生于非资本主义经济部门(如农业、手工业等),所以,实际的和潜在的产出之间的缺口也很可能比战后要狭小得多,因为那时非资本主义经济部门已开始迅速收缩。这种情况的分析不仅适用于美国,甚至更适用于西欧国家,因为那里的非资本主义经济部门在开始时更大一些,但收缩却相对缓慢。

另一方面,专家们都不怀疑,美国南北战争后,经济增长率已显著下降,在这段时期里,先进的或垄断的资本主义有着飞速的发展。美国国民收入的增长从前期的每五年增长 27%下降到后期的 9%。[2] 诚然,增长率下降部分地与出生率下降有关。战后,美国人口增长率从初期的每五年 12%下降到后期的 6.5%;而人均收入增长率则从每五年 13.5%下降到 3%。[3] 正如库茨涅兹指出:人口增长率的变化本身是经济增长率变化的结果。

一种被认为对产出增长率下降具有一定单独影响的因素是当时劳动工人每周工作时数的减少。这一减少,部分地抵销了每人

① 库茨涅兹:《国民收入、一项研究结果的概要》第 33 页(纽约,1949 年)。引证了马丁《美国的国民收入 1799—1938》作为这一论述的资料来源。

② 库茨涅兹同书第 34 页;科林克拉克对其他一些发达国家作了预测。可参考他的《经济进步条件》第三章(第 2 版,伦敦,1951)。

③ 库茨涅兹同书第 54 页。

169 时生产力的增长，导致产出的潜在增长的一部分被以闲暇的增加的方式而实际上取掉。[①]

然而，美国经济增长率下降以及在当代其他一些发达国家增长缓慢的主要原因，还必须进一步找寻。这些主要是作为本时期后期的特征的经济活动和就业的剧烈波动以及资本积累率的极大下降，而这又正好代表着这些波动的原因及作用。[②]

再者，虽然我们还不能满意地对 19 世纪和 20 世纪实际的及潜在的产出之间的巨大差距进行比较，这个差距似乎是在变大。经济活动的起落在竞争时期可能更为频繁，它们的出现与消失极富戏剧性。然而，有许多事例支持这样一种观点。即由失业，生产力非理性利用以及生产削减等导致的实际总产出的损失在可能总产出中所占的比例，本世纪比上世纪大得多。[③] 如果用类似路易斯·比恩博士对美国 30 年代所作的统计来分析垄断资本主义的生命周期，结果对于能够生产什么和实际产出之间的差距所作的预期将是一个天文数字。由此，我们的第一个条件在资本主义发展过程中难以成立。这一预期在竞争阶段未能完成，在高级的垄
170 断阶段也更加难以实现。

① 美国商业部普查局:《美国历史统计资料，1987—1945》(华盛顿，1949 年)。

② 参考库茨涅兹同书第 58、61 页。

③ 当所有这些概指明显存有风险时，我们可以说，如果 19 世纪的经济波动主要采取价格运动形式，那么在 20 世纪，就主要表现在产量水平的变化上，这也与总产量中工业产量的增长密切相关。工业生产对需求变化的反应与农业生产的反应有很大不同。

3. 垄断资本主义制度下的剩余

当我们讨论第二个条件时，情况有所不同，而且变得更为复杂了。我们还记得，它需要一个工资水平(以及与之相关的一个大众消费水平)，以便允许用就业总收入中尽可能大的部分作为经济剩余，使资本积累成为可能。为试图确定这一条件在资本主义发展的不同阶段实现的程度，我们必须继续对我们所作的关于实现第一个条件的要求牢记在心。的确，由于最大总产出仅零星地出现于资本主义发展的过程中，而生产不足在先进的资本主义，而不是竞争的资本主义之中更为严重，经济剩余必然相应地远远低于它在充分就业的条件下所能达到的水平。另外，我们必须清楚“尽可能大”的经济剩余以及“最低限度”的工资(以及大众消费)水平的含义，以便从最大产出中产生最大剩余。在古典经济学的研究领域中，这些问题是不存在的：充分就业被认为是应该的，工资被认为是“最低生活费”，而这是一种固定的底价，意即工资在任一较长时间不得低于这一水平，同时，对经济剩余的可能扩大构成了有效的限制。

然而，历史事实表明，这种最低生活费从来不是一个固定的底价，它只不过是一种持续运动的自动扶梯。毋庸置疑，在任何时期——至少在一些发达资本主义国家，人们所认为的最低生活费，171
其商品与劳务的质量已有所提高。在此场合，资本主义制度下的工资在最低生活费上下波动这一假设对我们没有多大意义。它可以维持在任一工资和消费水平——即使生活水平大幅度提高了，

或者是经济剩余下降了。换句话说，历史的记录对这一假设的正确性既不能证明也不能否定。根据定义，无论哪个时期的工资和大众消费水平都将与那一时期的最低生活费相一致。[①]

对“最低生活费”问题的探讨并没有向我们提供一种简明的关于最大可能的经济剩余或最低限度的工资水平的定义。然而，这并不意味着我们对此不知所措甚至于找不到解决问题的方法。事实上，我们并不需要决定经济剩余的绝对规模以及绝对工资总量（及大众的消费）。[②] 我们的基本目的是，搞清楚收入中进入经济
172 剩余及大众消费的**相关**份额的命题。情况无疑是这样：虽然对这一现象的解释存在相当大的分歧，经济学家们对于工资所占产出量的份额以及构成经济剩余的份额有一定的限度这一问题是非常一致的。然而，这些限度的存在就足以赋予“**最大可能的**”经济剩余以及“最低限度的”工资总量等提法以具体的、历史的含义。

让我们再回到原来的问题：在资本主义历史上，我们的第二个增长条件进展得如何？虽然现有的关于阶级收入分配的统计数据在具体的估计上有些不同，但在信息所及的整个时期内，仍展示出显著的稳定。例如，卡莱斯基搜集的数据展示了1889—1938年英国的劳动力所得的份额异常稳定：据其他学者对这一问题的研究

① 由于这个原因，工资的最低生活费理论不能通过将实际得到的工资与诸如加利福尼亚大学赫勒社会经济研究会等计算的“最低生活费”的比较中得到证明。如果说这一比较，对显示大众过去的生活水平和所得到的经济福利水平相当重要并有启发，它们并不能被用作一种论据来说明工资究竟是低于、高于还是等于最低生活费。例如，看一看赫勒委员会的预算就可以发现，它们所描述的并不是李嘉图想象的最低生活费，也不是一个世纪或50年前英国和美国工人所“享有”的最低生活费。

② 这取决于在一个既定时期，影响经济发展及生产力状况的历史、地理及人口环境。

即使在战后工党政府领导下，这一稳定也没有受到干扰。[①]

在美国，不同的研究者得出的结论不如此一致。他们中的一 173
些人认为，在美国，产品中的劳动份额呈小幅但明显上升的趋势；而其他一些人则认为，劳动份额实际并没有提高或者说有下降的趋势。[②] 根据库茨涅兹的计算，劳动力份额1949年比1939年下降了1/5。[③]《总统对国会的经济报告》(1953年1月)中指出："战后，实际的个人可支配收入的增长相对地小……有趣的是……在整个阶段，与公众的印象相反，因消费者价格变化而调整的制造业中每小时的平均收入的提高，赶不上国家实际生产力的收益，甚至有明显的滞后现象。"(第111页)

当然，这些结论上的差异可能来源于所指时间上的差异。在一些研究中，它是一个长期趋势问题。在另一些研究中，注意力集中在与价格、收入、就业水平的变化有关的短期变化上。值得注意的是，在过去的50年间，无论挣工资的人得到的收入份额的增长多么微不足道，其大部分也不是由工人阶级的地位增强而获得的，而是由于工人队伍因吸收过去独立的小商人、工匠等而壮大所取

---

① 即使像约翰·斯特雷奇这样坚信"福利国家"的可能性的人也说："在过去15年中在国民收入中工薪阶层的份额再次上升，但未能再回到1860年的水平。""马克思主义重游"，载《新政治家与国家》第537页(1953年)。与流行的观点相反，这种发生在战后工党政府的经济政策导致英国的收入再分配对劳动在国民收入中的份额未产生影响。"社会对食品和健康的支出……由于对啤酒、烟草及其他消费品增收税赋而大大抵销了，因此，工薪阶层从这些补贴中未能获得净收益。"克拉克·克尔："工会主义与分配份额"，载《美国经济评论》第291页(1954年5月)。引证于劳德利·韦弗"英国的租税与再分配"，载《经济与统计评论》(1950年5月)，参考A.A.罗戈："工党政府下的租税与'公平份额'"，载《加拿大经济与政治科学杂志》(1955年5月)。

② 科林·克拉克：《经济发展条件》第524页(第2版，伦敦，1951年)。

③ 参考维克托·佩路：《收入革命》第54页(纽约，1954年)。

174 得的。[①] 收入中成为利润的份额依然未变，近期的一项研究对此作了说明：

> ……在过去的 25 年里，在具有不同特点的许多工业里，无论在萧条期还是在繁荣期，工资有了大幅增长，而没有使利润的份额受损……只要生产者可以自由地调整他们的价格、技术及就业以保护他们所拥有的利润，从利润中向外再分配的张力是很小的。[②]

然而，在过去的 50—70 年——垄断资本主义阶段——总收入中劳动的相关份额一般来说是稳定的(或仅在短期内波动)给我们留下了这样的问题：与竞争资本主义相比，是否有什么变化？以我的有限知识这一问题尚无统计的答案，没有哪些研究成果在 18 世纪中后期和 19 世纪前 75 年可与上面提到过的相比。如果猜测是适当的话，我们则可以设想国民收入中的工资份额不会有很大变化。因为从上世纪后 25 年出现的大型企业、垄断和寡头垄断的发展势头有增无减，并极大地影响着整个经济体制。既然过去 50 年到 80 年发生的垄断影响的加深和扩大似乎没有对劳动的相对份额产生明显的挤压，那么我们可以认为，更早出现的垄断企业不会引起劳动力份额的下降。这一论据已得到理论的支持。马克思对此明确阐述：

175 “某些商品的垄断价格，不过是把其他商品生产者的一部分利

① 个体经营的业主在有收入的工人中所占的比例 1880 年为 36.9%，到 1939 年仅占 18.8%，最重要的是独立的商人减少。非农业企业主从 1880 年的 8% 下降至 1939 年的 6%。众议院，小企业委员会：《美国经济集中与垄断》第 96 页(华盛顿，1949 年)。

② 哈罗德·M.莱文森：“集体议价和收入分配”，载《美国经济评论》第 314、316 页(1954 年 5 月)。

润，转移到具有垄断价格的商品上，剩余价值在不同生产部门之间的分配，会间接受到局部的干扰，不会改变这个剩余价值本身的界限。”①

就是说，大型企业和垄断的发展将主要影响资本主义企业间利润的分配，而不是国民收入中总利润的相对份额。卡莱斯基是这样论述的：

“大公司的增长引起的垄断程度的加剧，结果使收入从其他厂商转移到了由这些公司支配的厂商手中。正是以这种方式，收入的重新分配是从小企业转移到大企业。”②

对此，有充分的事实可以证明。

既然有理由认为利润的集中与资产的集中（以及销售和就业的集中）密切相关，因此基本趋势便是无疑的。

“很明显……公司巨头的集中控制呈现出或多或少稳步上升的趋势。因此，200 家最大的非金融公司，其资产所有权从 1909 年的1/3增加到 1929 年的 48%和本世纪 30 年代的 55%。”③

虽然战后还没有类似战前的研究资料，但可以肯定，自二次大 176
战结束以来发生的大规模的兼并运动已大大提高了少数最大的公司企业集团的地位。④ 看一看在利润分配上为数不多的直接资料

① 《资本论》第 3 卷（见《马克思恩格斯全集》第 25 卷第 973 页）。马克思在同页指出，并不是说垄断不会降低作为消费者的工人的收入。如果用于劳动的收入的一部分相当稳定，这一稳定应归功于工会为抵销垄断的压力以及维持工资与价格和利润的关系所作的努力。——译者

② 《经济动态理论》第 18 页（伦敦，1954 年）。

③ 小型战争工厂公司，《经济一体化与第二次世界大战》第 6 页（华盛顿，1946 年）。

④ 联邦贸易委员会：《兼并运动的报告》（华盛顿，1948 年）。

即可得到完全相同的印象。1923 年,在最大的 1026 家公司中——占全部向国内税务局打报告的公司总数的 0.26%——收到了全部公司净收入的 47.9%。迄今所能见到最新资料的 1951 年,1373 家公司(占公司总数的 0.23%)占全部公司净利润的 54%,747 家公司(占总公司数的 0.12%)占全部公司净利润的 46.5%。[1] 事实上,资产及利润的总比率完全不能充分地表述由少数既得利益者控制的总份额。许多独立提报告的公司是和控股公司、普通股票所有者和同时兼任两个公司董事的人,紧密地联系着的。[2]

然而,人们总是相信(源于有明显来源的各种出版物所辛勤培育的一个信条)——在少数厂商手中集中的利润是无足轻重的,因为这些大型厂商本身是由大量的个人拥有的。然而,这一股东民主的构想仅是一个神话。一些调查显示,对拥有最大资产份额以及拥有最大份额利润的极少数公司的控制权,掌握在少数人手里,这些人反过来能够得到大量的分配利润。[3] 这本身能在"联邦储
177 备局"、"密西根研究中心概览"以及哈佛商学研究院的经济学家们对于个人收入分配和储蓄的研究中充分反映出来。维克多·泊洛

① 1923 年,美国财政部国家税务局:《收入统计》第 118 页。1951 年,《收入统计预备报告》第 41 页。

② 战前情况可参见保罗·斯威齐的精彩研究:"美国经济的利益集团",刊于国家资源委员会编的《美国经济结构》一书中的第一部分附录 13,以及同一作者重印的书《现实犹如历史》第 158 页以后(纽约,1953 年)。

③ 参见布鲁津斯协会的著作《美国股份所有权》(华盛顿,1952 年),有将近 650 万美国人拥有股票,平均每个股东拥有 4 股。然而,还有一些消息表明——虽不十分明显——在制造业,2.3%的股东拥有这个行业 57%的公司股票。在公共事业行业,1%的股东拥有 46%的股票,在金融与投资业,3%的股东控制了 53%的股票,在运输业,1.5%的股东拥有 56%的股票。在泰特尔所著《利润、生产活动及新投资》,T.N.E.C.单行本第 12 号(华盛顿,1941 年)一书中,也可找到相同的情况。

得出结论:将未分配利润额和个人储蓄额按比例分配,1%的最高收入者占有个人及公司储蓄总额的50%—55%。[①]

现在让我们简要总结一下增长的第二个古典条件。虽然在垄断资本主义条件下的经济剩余的绝对量比在竞争的资本主义条件下多得多,但它却明显低于可得到的最大剩余,如果后者定义为充分就业的产量与大众生存必需的最低消费水平之间的差额。然而,在垄断资本主义条件下产生的经济剩余从一定概念的意义上是尽可能大的,即考虑到通行的产出水平,在资本主义制度下决定收入分配的市场机制,以及传统的生活水平的稳步提高。[②] 在这
一领域,我们发现的垄断资本主义与竞争资本主义之间的显著差 178
异就是经济剩余在它的攫取者之间的分配。正像从封建主义到竞争资本主义的转换不仅使经济剩余迅速增长,也使它从封建地主手中转移到资本家手中一样从竞争资本主义向垄断资本主义的转变导致了经济剩余绝对数量的极大增长,并完成了对经济剩余的控制从小资本家向大公司巨头的转变。

4. 投资、技术进步和人口增长

随着大型企业、垄断、寡头垄断的繁衍增长,经济剩余的分配比在小竞争企业时代的分配更不均衡。在我们讨论剩下的增长的

① 《收入革命》第58页(纽约,1954年)。

② 在推动提高公众认为的最低生活标准方面,工会起了很大作用,这一组织在促使生产力和总产量提高方面也做了许多工作,通过提高劳动力价格,他们促进了节约劳动力的措施和技术进步的推广。

“古典”条件时，由此产生的资产和利润向一小撮巨型公司的集中便变得相当重要。这些条件是：首先，它们不仅使经济剩余最大化了，而且尽量将其所得到的一部分再用于企业，换句话说，资本家们也厉行节约，不浪费每一个铜板。第二，有利的投资机会大量存在。只需对近期的经济发展略有所知便可看到这才是垄断资本主义与竞争时代的最大区别。

有关第一个问题，事情已经发生了自相矛盾的变化。今天的资本家与清教徒祖先的偶像相去甚远——节俭、勤奋、坚韧、克己等已不被作为今日杰出品格的象征，然而，资本家勤俭的精神，在
179 垄断资本主义条件下仍能得到体现——不过是以一种完全不同的方式。利润分配的严重不均，使经济剩余中只有相对小的一部分进入资本家的消费。在充分就业以及较大的总产出和剩余的条件下，这一部分在剩余中所占之小也变得更加突出。由公司保留并用于投资的经济剩余在繁荣时期不仅数量巨大，而且呈飞速增长之势。[①]

关于第二个问题，情况就更为复杂，不是对经济剩余的数量和对投资机会的需求，而是对资本积累以及有利的投资出路的需求。的确，对这一部分，我们将给予较多的篇幅来阐述。

在一段相当长的时期内，经济学家们几乎很少涉及大型企业、垄断、寡头垄断的发展与投资机会，以及与用以吸收在充分就业条件下产生的经济剩余的投资基金的需求等问题的关系。由于我们的“古典”条件假定是已经存在的，即萨伊法则被认为是有效的，经

① 这是一个被称为消费不足理论的重要原理。下面第 212 页对之作了一个限定。

济剩余的利用就几乎不成为什么问题。理所当然地,这种对于资本主义企业家日渐增长着的剩余,无论是垄断利润或其他,又作为投资转用于企业,推动经济发展。的确,剩余越多,生产力及产出增长越快。当人们认识到剩余过大会因着重于将来的消费而大大削减目前的消费的同时,人们也看到,削减剩余也非良策。减少剩余将会使投资对投资者失去吸引力,并会使投资下降(以及经济增长速度放慢),从而失去了由消费增长所带来的当前利益。终于, 180

一些经济学家所关心的经济剩余太大的问题,他们坚持抑制过量的资本积累以及对消费不足的抱怨等,被认为是对当前估计过高的一种缺乏远见的想法,反映了一种对下层社会人士值得表扬的同情,而缺乏对正确的经济学原则的充分肯定。

经济学家们并不是不关心垄断及垄断利润规模的激增,相反,在 19 世纪最后 25 年和 20 世纪最初的 25 年间,发达资本主义国家的经济学家们对垄断及寡头垄断企业发展的重要性表现出了极大的偏见。然而,学院经济学反映了中产阶级的背景与环境,表达了强迫竞争的、无援地注视着大型垄断企业飙升的小商人的失重和焦虑。学院经济学不能从向前看的历史观点去看大型企业的增长。因此,一切向垄断开火的进攻手段都来源于完全竞争理论的武库——小商人的思想体系——而大型企业的不良影响主要被看作是对自由市场理想的安排的歪曲。把小商人的利益等同于全社会的利益,这种对垄断的谴责,责怪它歪曲了理想的收入分配,虽然问题事实上在于垄断对利润分配产生影响。[①] 由担心和妒忌产

① 参见本森李:《商人、农民及铁路》(剑桥,马萨诸塞,1955 年)。

生的矛盾心理，使垄断的批评家们抨击了降低消费者福利的垄断
181 价格和产出政策，虽然经常出现的问题是大型企业的竞争优势。面对着大型企业社会影响和权力的增长，垄断的敌人对威胁到民主与自由的垄断的政治地位给予诋毁，虽然问题在于它威胁了小企业家在资本主义社会中早期的支配地位。维持现状，紧紧抓住最好世界的幻想，不能从历史的变化和发展来思考问题，资产阶级对大型企业和大商业所抱有的相当程度的敌意使他们不能理性地理解垄断对投资和经济增长过程的影响。①

即使在凯恩斯革命摒弃了萨伊法则并将决定收入与就业水平置于经济讨论的中心之后，投资过程与大型企业、垄断组织的增长作用之间的关系仅仅引起了时多时少的偶尔的注意。按照凯恩斯的脚步，把投资看作一种外在决定的“自动”稳定器，很少考虑它的构成，关于收入和就业的理论探讨忽视了垄断与寡头垄断对投资量及长期投资的影响等问题。另外，经济理论的这一倾向，已进入
182 了早期福利导向的垄断批评的背景，并且为当前对垄断呈全盘接受（如果不是赞美的话）的趋势在思想上扫清了道路。

可以肯定，“新经济学”在对待超额积累的问题上采取反垄断态度，然而那一推理所强调的是在国民收入中消费的份额必须增长而不是投资过程中垄断的作用。在这个意义上，无论是垄断资

① 熊彼特是一个值得注意的例外。他没有掩饰对于垄断问题的“店主”式批判方法的蔑视。在他的著作中，垄断的意义主要在于资本主义的长期发展。然而，熊彼特预见到的研究垄断资本主义经济引起经济学家们的注意用了40年时间。只有在马克思主义的文献中，把垄断的增长看作资本主义全面发展的一个重要方面。希法亭的《金融资本》（1910年）便是古典马克思主义对这一原理的贡献，继而又出版了列宁《帝国主义是资本主义的最高阶段》（1917年）等一些名著。

本家还是竞争商人所占用的经济剩余,之所以都嫌太多,并不是因为它侵犯了目前用于福利的消费,而是因为通过私人投资,还不能被充分利用。用汉森教授的话来说:"我们这一代的最重要问题是投资机会不足。"①

投资机会不足已被大多数现代经济学认为——正如熊彼特会说的,并非产生于经济机制运转的内部原因,而产生于其外部因素的作用。这一理论的代表是汉森教授著作中著名的"投资机会消失论"。当具有这种观点的经济学家们提出在充分就业条件下与经济规模有关的私人投资量增长的不足这一现象时,却不能说他们已经对不足这一问题作出了满意的解释。他们的主要论点如:人口增长下降,新领域消失,科技进步的发展速度和性质的改变,均不能被认为是提供了这种解释。

发生在发达资本主义国家的人口增长率下降这种现象的本身
或许可以被解释为由于投资、就业和收入不足,但是没有理由认 183
为,人口数量的变化是影响投资量的主要原因。就人口变化与有效需求之间的关系,卡莱斯基指出:

"重要的不是人口数量的增长,而是购买力的增长。贫民人数的增长不会拓宽市场。例如,人口的增长并不一定意味着住房需求的扩大,如果购买力不提高,穷人将继续在拥挤的空间内生活。"②

这不是否认人口增长将对总需求产生影响。增长的人口将会

---

① "经济发展及降低的人口增长",载《美国经济评论》(1939 年 3 月),重印于《商业循环理论选集》第 379 页(费城,东京,1944 年)。

② 《经济动态学理论》第 161 页(伦敦,1954 年)。

产生与人口停滞时不同的消费结构,这时,可能会多买牛奶少买威士忌,多买尿布少买领带,多买住房少买汽车,而消费者篮子里的构成不同将对投资的数量及获利程度产生影响。[①] 增长的人口总算起来节约的多或少是一个可讨论的问题,并不十分重要。一种意见认为大家庭开支大会降低个人储蓄。一种意见认为,大家庭的养育考虑多会使储蓄增加,消费减少。既然世界上绝大多数最富的国家的人民基本都不储蓄,不论哪种假设正确与否也就无所谓了。

184 比较更有意义的问题是,制定投资决策的商人会更多地受到人口统计数字的影响。如果的确如此,如果所有的资本家都在人口迅速增长时大量投资,他们将会暂时得到预期利润,不是通过人口增长,而是通过投资总量和由此产生的收入与需求的总量的增长得到的。然而,事实上,仅仅只是少数厂商——主要集中于公共事业及通讯领域——可能会根据人口统计来决定投资计划。即使如此,这些统计也不能全面反映人口变化,只能描述国内人口流动,地区间人口增减等状况。

具有一定重要性的是各种层次的政府机构用于扶贫及对学校、医院、公园等的拨款。这类拨款主要根据社会结构以及人口规模(及其变化)决定。然而,需要着重指出的是,只有当**它们不因削减其他开支而抵销时**,这类拨款才会构成总支出的净增部分,并对整个经济产生一定的影响。如果市政当局真的这样做了,也很可

① “对房产需求的偏离具有促进资本革新同样的作用,是以同样的方式促进投资。”琼·罗宾逊:《利率及其他文选》第109页(伦敦,1952年)。

能是从节约预算或增加地方税来得到这笔款项的。[①] 无论如何，这一有关人口的费用的影响将是微不足道的。

然而，人们通常认为，人口变化对投资的影响主要不在于增加了有效需求而在于对劳动力供应所产生的影响。在这种情况下，人口迅速增长会对工资水平产生压力并导致利润提高，从而促进资本积累，与此同时，投资对资本家更有吸引力。然而这一论据的含义是含混不清的。[②] 首先，这里所指的人口变化，不是指在一定 185
时期人口总量的变化，而是指进入劳动市场的人口数量的变化，[③]然而，这不仅取决于人口总数增长，还取决于从非资本主义经济部分(小农经济、手工业等)向由资本主义企业支配的劳动大军流动的**内部迁徙**的程度。[④]

除非假设资本家对劳动力的需求弹性至少为一——实在并没有充分理由作这样的假设——则由于工人就业的竞争造成的工资降低将会通过减少工人的收入而引起消费总需求下降，这种下降未能由相应的增加投资来予以补偿。事实上，消费者购买力的下降会使投资受到一定影响。另外，廉价劳动力的获得也会削弱引进节约劳动力机械的积极性，而这种积极性本身就代表了一种重

---

①　参见琼·罗宾逊同书第107页。

②　参见卡莱斯基同书第160页。

③　斯威齐在《资本发展理论》第222页上(纽约，1942年)，强调了这非常重要而又常被忽略的一点。

④　这种内部迁徙是由非资本主义经济部门中经济及技术对人力的置换引起的，虽然在许多场合，它是经济之外强制的结果(英国的圈地，德国的农业解放)，其背景则是城市工业的发展。在一些新的人口稀少的国家，诸如美国、加拿大、澳大利亚、新西兰等国。产生工业人力资源的非资本主义部门不仅分布在这些国家的内部，而且遍布旧世界，由此而出现了移民这种形式。

要的投资机会。由此，劳动力供应的增加以及劳动力价格的降低
186 不仅不会使投资与产出增加，而且会使失业率上升。[①] 这种结果正是人口快速增长的发展中国家的经验所昭示的，与此同时，有一个很好的例子可以说明这一观点：美国历史初期，由于劳动力相对缺乏，使得投资大幅上升，科技迅猛发展，生产力因此而得到提高。

187 可以相信，人口增长代表投资和经济增长的一个必不可少的条件——如果没有工农业的技术进步，如果没有新的自然资源得以开采，如果没有农业部门人力的置换。然而，在这种形势下，问题也就不会发生了：投资机会不足将与缺乏投资动力并存。不用说，这种设想与现实毫无相似之处，它太缺乏活力，甚至于不能应用于封建社会。只要那里至少还有一点科技进步，还能开发一点

① 这与人口迅速增长引起的劳动力价格低廉和延缓技术进步有利于资本主义的长期稳定的重要思考并不矛盾：它们阻碍了资本主义的发展因此而推迟了因其成熟而导致的危机的发生。（见保罗·M.斯威齐上引文）正如汉斯奈塞尔所说："经济稳定并不表示人均收入的高水平，甚至也不排除结构性失业；相反，贫穷的经济更可能展示一个稳定的经济而不是富足的经济。"见"晚期资本主义的稳定"，载《社会研究》第 85 页（1954 年春）。通过控制人均资本量，生产力水平和总产出，人口的迅速增长减少了现期产生的经济剩余。另外，依靠少量资本所生产的总产量，资本消费只占很小部分，其总剩余比起资本设备折旧占总产品大部分的情况来要小一些。由于在这种情况下，可用于投资的经济剩余数量很少——在用于资本主义消费之后——能够加入劳动力队伍的工人数量也很少，尽管雇佣一个新工人所需资本的数量很少。因此，即使资本家把一切可投资的剩余投资于生产厂和设备——这并不是理所当然的——结果可能是工业经济部门缓慢增长和充分就业，而非资本主义部门（农业、手工业等）转为衰退，剩余人口则迅速增长，这带来了资本主义秩序中最尖锐的矛盾：工业经济部门中生产力、产量的迅速扩大，导致不稳定、萧条、失业以及对整个社会产生的影响。在广大非工业部门，生产力和产量的少量增长会引起失业、贫困和停滞，不断地摧毁着在落后的海洋中相对先进的工业岛屿。

新的自然资源，还可以使一些农业人口向其他行业转移，投资就会发生，生产力就会进步，而不管人口是增长、停滞还是下降了。我们可以说，投资项目，就像他们推动资金融通一样，引起劳动力的供给以满足他们的需要，这不仅适用于那些在农业、手工业、零售贸易等部门提供有取之不尽的劳动力资源的古老国家；也同样适用于那些新的、人口稀少的国家，在这些国家中，如果资本主义积累对劳动力需求很大，可通过移民来解决。

结论是，人口形势不仅不是投资量的决定因素，而且其本身在经济发展的不同阶段所表现的特点取决于资本积累的程度，取决于技术进步的实质，也取决于社会职业结构变化的速度和广度。

同样地，所谓消失中的边疆具有何种意义并不是很明显的。首先，经济扩大与发展的边疆同地理上的边疆是不一致的：在任一地理位置上，都有可增长的空间。谁也不能否认这一点，例如，比利时较西班牙发展更快一些。第二，在绝大多数最发达的资本主
义国家中还存在很大的不发达地区；在美国南部、经济萧条的英 188
国、法国大部、意大利、斯堪的纳维亚等地区，都还有很多投资机会。另外，在发达国家国界以外的欠发达领地，也可以提供比在国内更多的投资机会。可以看到，当条件有利于投资时，就找到了投资机会；当投资失去吸引力时，在其他场合被认为的最好投资机会也会被放弃。

就技术革新而言，情况也没有很大的不同。在近几十年间，技术革新的强度或特性是否比一个世纪前对资本投资的需求相对减少，是很成问题的。卡莱斯基是正确的，他更为关注那些事实，即对新原料资源开发的重要性在下降，而对在装配线上实行发展科

学组织这些与投资关系不十分密切的事情的重要性在增加。[①] 斯威齐特别强调了19世纪后半期铁路对投资所起的重要作用。[②] 还有一种论断也相当重要，即，在过去100年间，资本货物的相对便宜降低了与物量产出相关的资本需求，尽管物量产出对资本主义投资者来说无关紧要。

另一方面，可以认为——那些对我来说很重要的——以上所讨论的几乎与本问题无关。事实上，他们本末倒置了。在远古时代和中世纪，由于缺乏必要的社会经济条件，许多有创造性的技术手段未被利用。可以举出许多例子说明，要利用多多少少是新近的技术发明，需要大量资本——需要资本量之大在历史上前所未

189 有。在原子能或自动化领域；运输或土地开发领域；消费商品或农业机械领域；住房或食品领域——这些项目同过去的相比，在技术上是同样可行的，经济上也是同样合理的。差别仅仅在于早期的技术革新吸引了大量投资，并已付诸实践，而近期的技术发明较少立即（而且更挑剔地）被资本主义企业采用。因此，技术革新在提供稳定的投资机会方面，同发达资本主义国家内外的欠发达地区与不发达地区是一样的——在任何时期决定其内容在多大程度上得到使用的是其他别的因素。用J.斯坦德的话说，“技术革新仅仅影响净投资所采取的形式……技术革新，像影子一样伴随着投资，而并不是作为一种推动力作用于投资。”[③]

---

① 《经济动态学理论》第159页（伦敦，1984年）。

② 《计量经济学》第532页（1954年10月）。

③ 《美国资本主义的成熟与停滞》第133页及235页（牛津，1952年）。

诚然，上述文字并不意在向“厄运与黑暗的预言家”作出那种我们司空见惯的承诺，即一种“能够”实施并能对人类福利作出贡献的大量的有用的项目的承诺。的确，这一回答完全有它试图反驳的问题的基本错误。虽然经济学家的初级教科书在一开始总是强调资本主义经济的要义不是一般的人类需求，而是有充足的购买力所支持的需求(即有效需求)，但当内容一旦进入高级阶段，甚至最高明的经济学家也试图忘却这一基本原理了。无论他们是把投资机会不足归罪于技术革新不力，还是他们宣称那些投资机会对消费者尚未满足的需求来说实际上是无限的，其论证都是错误的。[①] 争论双方都逃避了中心问题。的确，在充分就业的条件下，190
与经济剩余的数量相较而言私人投资是长期而且日益不足的，此外，大家都可看到，有大量的技术上可能的及社会上急需的事情要做，它们足以吸收所有的甚至于更多的经济剩余。因此，必须解决的问题是发达资本主义国家的结构问题，以及在过去 50 至 80 年内发生的投资过程的变化，使得在这些投资项目中利用经济剩余变得十分困难，如果不是绝无可能。

在试图回答这个问题时，并不是只能考虑内部因素。构成社会经济整体的内部与外部因素之区别在任何场合下都是细微和任意的。正如列宁指出：“在资本主义体系结构中，这些变更是‘纯粹’经济的变更，还是非经济的(例如军事的)变更，却是次要的问

① 或许这种建筑空中楼阁的最好的例子可以见诸 J.K.加尔布雷思的文章：“没有战争秩序，我们能够繁荣”《纽约时报》(纽约，1952 年 6 月 22 日)，及大卫·李林索：《大商业，一个新纪元》第 8 页及后(纽约，1953 年)。

题，丝毫也不能改变对于资本主义最新时代的基本观点。”[①]然而，首要的是在20世纪上半世纪发生的资本主义制度的运行方式的巨大变化是偶然事件还是代表了资本主义发展的自然结果；即资
191 本主义发展内在逻辑的必然产物。把它们归因于是放弃了投资机会消失论或把过去50年资本主义发生的不幸看成是偶发事件，不仅是分析上的偏差（这一点前面已经指出），也是等于含蓄地接受了一种不可知论的观点。这种观点认为矛盾和非理性不是出于资本主义内部的运动规律，而是出于经济的，政治的或其他因素的偶然干扰，如果没有这些干扰，资本主义本来会运行得很和谐的。

5. 竞争资本主义制度下剩余的利用

然而，实际上欲解释在充分就业条件下与经济剩余数量有关的私人投资不足的问题，无须从资本主义经济运作规律的外部因素中去寻求庇护，也不应从政府的失误或未知的命运中去求得答案。它可以从深植于资本主义基本结构的过程中得到充分解释：即大型企业、垄断、寡头垄断的发展，以及它们对资本主义制度所有部门和分支的日益扩大的支配。[②]

这种发展的最显著结果之一我们已经提到过：即利润集中于

① 《帝国主义是资本主义的最高阶段》（见《列宁选集》第2卷第796页人民出版社1972年版）。——译者

② 这是斯坦德在他的《美国资本主义的成熟与停滞》（牛津，1952年）一书中选用的最有趣的方法，使得这本书具有了独特的价值和重要性。在以下文章中我大量引用了斯坦德的论述。

少数资本家手中。就这一点,我们应从歧路中走出来。因为反映在我们"古典"模型中的竞争性世界,没有这样的利润分配的余地。对于过多的不同规模的企业,每个企业在各自的市场中只占很小的份额,总利润必然分散为许许多多,尽管是大小不一的碎片。另外,不仅单个的厂商所占有的利润之间的差异相对较小,而且资本 192
投资的回报率在各行各业之间也趋于相等。这种利润的平均化被认为是至关重要的。它承担着分配资源以及维持竞争机制的责任。对我们所依赖的这一机制可作简单描述。假设在一个均衡状态中,单个厂商的利润率是均等的。在这种状况下,让一些厂商利用一种技术手段降低生产成本,通过降低成本而带来的价格的少量下降,将使厂商销售较多的产品而实现超额利润。这些高于正常的利润不仅可以促进这些敢闯新路的厂商进一步增产,也可以从其他仅获得正常利润的经济部门吸引资本。然而,这些流向技术革新厂商的剩余利润只是昙花一现。其他厂商面临的抉择是要么被低成本的竞争者挤出市场,要么也采用新的生产方法。财力不足者(或其他不灵活性)将没有选择,并将被行业排除。其余则可引进新的生产方法,降低成本与价格,以保留市场份额。这样一来,先行者的超额利润将被消除,重新回到正常利润状态。

需着重指出的是,在这些条件下,向新的、技术改进了的生产方法的转变,对竞争厂商来说不是什么随意的问题,只有处于被消灭的危险,才能不考虑降低成本的问题。因此,除了给予超额利润的胡萝卜外,竞争体制还挥舞破产的大棒来促进和推动投资与技术进步。在这场竞争的竞赛中,"魔鬼抓住了跑在最后的",效益和活力次佳的厂商倒在路边的情况,在市场机制运行中,起着重要作 193

用，那些早期发展的超生产力则趋于消失。[①] 这种状况周而复始，当新的技术再次产生用于吸引追加投资的超额利润时，过多的生产力将使突破新的降低成本的生产方法更为艰难而妨碍行业中新的投资。[②]

因此，这一过程永无休止，一个行业其产品跌价会使所有以这种产品为投入的地方产生出所谓的“金钱的外部经济”，[③]在这种情况下，超额利润会在经济的不同部门产生，投资也会在一个接一个行业中得到推动。用熊彼特最喜爱的话来说：“像一阵持续的风”，不断地推动经济增长。“由此可见，生产方式和生产资料总在不断变更，不断革命化；分工必然要引起更进一步的分工；机器的采用必然要引起机器的更广泛的采用，大规模的生产必然要引起更大规模的生产”。这是一个规律，这个规律一次又一次地把资产阶级的生产甩出原先的轨道，并迫使资本强化劳动生产力，因为它以前就加强过劳动的生产力；这个规律不让资本有片刻的停息，老
194 是在它耳边催促说：“前进！前进！”[④]

然而，要使这种“前进”发生，必须满足上面明确或不明确涉及的许多条件。第一个也是最重要的一个条件是经济中厂商（以及

① 过剩生产力的消除，是采取废弃旧设备的形式，还是由于废弃有一定困难，而将这种旧设备继续留在行业内成为一个痼疾，绝不是不重要的。在美国经济的历史上就有很多这种现象（煤炭、纺织、农业），这就是形成垄断或政府对这些行业进行管制的最重要原因之一。

② 这是斯坦德所强调的，他还提及了从正常的剩余能力中产生的必要的限制条件。

③ J.维纳尔：“成本曲线和供应曲线”《政治经济学杂志》第3卷第1部分第98页（1931）。

④ 马克思：《雇佣劳动与资本》（见《马克思恩格斯选集》第1卷第375页，人民出版社1972年版）。——译者

在每个行业中)的数量必须大,而每个厂商的产出量在他们行业的总产出中所占份额必须小。再则,在一个行业中厂商的产品应具有一定的完全替代性。这样,价格中的一点细小差别才会使市场需求从一个厂商转向另一个厂商。只有在这种场合下,单个厂商才不会因其自身的生产与价格政策而使市场流行的价格受到很大影响。也只有在这种场合下,单个厂商才会作出有关投资、扩大产量等的决定,而不考虑他们的竞争者可能给予的报复。因为既然全部是小厂商,它们中就没有一个厂商能通过其投资增加生产的决定对市场产生巨大影响。同时,由于厂商的数量很大,单个厂商也不可能对同业中的其他厂商所要采取的行动予以准确评估。因此,厂商在提出它自己的投资政策时,将考虑其内部状况:降低成本的可能性,提高资本的能力,实际的和预期的回报率,等等。它既不可能,也不强求考虑其行业内外的其他厂商同时的投资决策对市场产生的预期综合影响。

这便是马克思着重强调的资本主义市场的无政府状态。在资本主义竞争阶段,超额利润的出现、消失、再现,会产生投资变大,
实际上超量的强劲趋势。[①] 结果挥霍了经济剩余,使资本资产在 195
早期遭到毁灭,由于技术发展难以预料的变化以及偶然出现的一些超额利润,引起了投资决定和资本损失。然而,在平衡表的另一方面,资本主义经济的竞争组织被认为能在充分就业条件下提供

① 参见琼·罗宾逊:《竞争的不可能性》,张伯伦编:《垄断、竞争及其管制》(纽约,1955年)是这种竞争的资本主义条件下投资过程的特殊特征,它的剩余性及不合理性说明了19世纪出现经济危机特殊形式的原因:倒闭风波,企业破产的雪球效应所带来的恐慌,个人市场上出现的严重的、但为时较短的供过于求等。

充足的(或接近充足的)渠道以吸收经济剩余——虽然这种投资给社会构成了损失,并反过来使增长率大大低于增长潜力,其损失反映在产出和就业均低于正常水平。这与前面所说的关于在充分就业条件下有充足的渠道以吸收经济剩余并不矛盾。在竞争资本主义条件下的就业不足与我们今天所称的凯恩斯的失业完全不同。它不是由于相对于潜在的经济剩余的投资不足,而是由于相对于谋求工作机会的人的数量的投资不足(数量与结构上)。由于按照通行的技术水平,每个工人配备的最少资本量多多少少是固定了的,而大量资本在竞争过程中被浪费掉了。它安排的就业人数必定低于资本充分合理利用情况下所可能有的就业人数。

196

6. 垄断资本主义制度下的投资和过剩

然而,无论在竞争制度的投资过程中存在什么绝对的错误还是相对的优点,我们只需要适当的思考,便可以认识到在当前资本主义发展的垄断阶段它的一些基本特征已所剩无几了。最大的差异在于进入一个行业的条件。在一个由许多小厂商组成的一些行业中,每个小厂商均代表了行业中几乎同质的产出中的一小部分,这样,一个新的厂商进入某行业便不会产生什么问题。任何一个资本家只要拥有必需数量的资本就能成为企业家并开始一项新的业务。在具有相当单一的市场结构,具有行业中相当同质的产品的情况下,加入这个行业的前提条件不多,需要克服的障碍也相对地小。

很明显,这离行业的垄断和寡头垄断的距离还很远。在这里。行业中厂商的数量很小,典型的厂商规模很大,且它面对的市场复杂,销售的产品即使物理性状差别不大但极易通过商标、激烈的广告被辨认出来。在这种场合下,进入行业的条件便具有了一种全新的特征。且不考虑由于一些现存大型企业拥有诸如专利,政府特许等而造成的法律障碍,仅建立一个新的厂商所需要的资本数量就大得惊人。[1]

不仅以目前的技术标准,建造一座现代化的、科技先进的工厂
不仅十分昂贵,而且对一个新的厂商来说,最初的广告费、促销等 197
活动均需要一大笔投资。另外,最初所要求的“资产”(良好的意愿,市场条件等)的暂驻性,大大增加了新产品的风险。这样一来,对小商人们,甚至商人(公司)集团来说,他们既不拥有必要的资金,也不能从资本市场里获得足够的支持,[2]因此他们是完全不可能进入的。熊彼特书中所写的大胆的冲劲十足的企业家,在现在看来,简直就是一个来自遥远过去的传奇人物——如果不是来自资本主义的神话。[3]

① 这里提及的不是关于货币总量的问题,而是以作为国民收入一部分的工资或以其他实物来衡量的财富的数量。J.S.贝恩对建造一座在技术上规模最合理的新厂房所需资本数量进行过研究,可参见其著作:“规模经济、集中和进入”,载《美国经济评论》(1954 年 3 月)。

② “这样,许多厂商的信用有限,使它们中的任何一个都不能在现行利率下获得超过一定量的资本数量。这是由于人们知道如果不承担巨额市场开支,一个厂商便不能在其特定市场以外增加销售。”P.斯拉法:“竞争条件下的报酬率”《经济学杂志》第550 页(1926 年 12 月)。我们不能忽视,资本市场与那些实力强大的老公司之间密切关系会极大地减少那些新成立的公司以合理的条件获得经济援助的机会。

③ “把美国经济当作是由年轻的充满活力的生命取代年老力衰的生物过程是非常令人愉悦的。但是这只是一种幻觉,事实上,美国目前的一代如果要生存,就需要从供应这些商品的为数不多的厂商那里购买钢材、铜、黄铜制品、汽车轮胎、肥皂、油、早餐食品、咸肉、烟草、威士忌、首饰盒等。几十年以来,供应这些商品的厂商没有什么变化”加尔布雷斯:《美国资本主义》第 39 页(波士顿,1952 年)。

新厂商进入垄断及寡头垄断行业的巨大困难，赋予了已建立的垄断与寡头垄断厂商以“享有特权的庇护所”。然而，这些庇护
198 所里的相对安定和安全的行为规则与那些适用于激烈竞争的企业的规则有很大不同。虽然前面已提及，投资的过程与资本主义基本结构的剧烈变革的关系在经济文献中很少引起人们注意，一些有关的命题还是被认为可以成立。其中最重要的命题可以用最简单的道理来表述。在任何既定情况下，扩大产量都可能与垄断资本主义的利润极大化政策相违背。由于取决于对产品的需求弹性（边际收益曲线的形状由此而得到）产出的增长可能不会提高总利润，甚至会使其降低到增加产出前的水平。用保罗·斯威齐的话说：“……垄断资本主义的投资政策不会受其总利润率或增加投资本身所获利润率的支配。它应受边际利润率的支配，即考虑到增加投资会增加产出，降低价格，从而减少过去的投资的利润。”①

诚然，任一位垄断资本家都要努力降低生产成本，而在降低成本需引进新的、经过革新的机器设备的情况下，它代表新增投资的一次重要机会。然而，降低成本的努力可能被（且经常被）其他因素抵销。首先，保持现有投资价值量的愿望和直到设备折旧完毕才进行新的投资的愿望。② 这似乎与我们熟知的规则不一致。即
199 我们通常认为，若运用新机器生产一单位产品的平均总成本低于使用旧机器生产的单位产品的平均最初成本，旧机器应当被新机

① 《资本主义发展理论》第275页（纽约，1942年）。

② O.兰格：《论社会主义经济理论》第114页（明尼阿波利斯，1938年，1948年第2次印刷）。也可参见：E.D.多马：《投资、损失和垄断》，刊于劳埃德、梅茨勒等编：《收入、就业与公共政策：纪念汉森论文选》第39页（纽约，1948年）。

器所取代。然而,这里的矛盾仅仅是表面的,我们刚接触到此问题时,似乎感到有些含糊不清。首先,按照这个规则,要使以新机器取代旧机器成为合理的,使用新机器所带来的节约必须达到这样的程度,即它不仅能支付新旧机器转换中资本损失的利息,同时也使在相对短的时期内资本损失得到弥补,[①]这意味着只有重大的技术进步才会有“突破”的机会,否则就只有等到现在的机器损耗掉。另一方面,上面提到的规则的运用明显取决于投资者或管理者准确预见新机器使用寿命的能力。新机器的这一使用寿命将决定使用它后所得产出之**平均**总成本。[②] 毋庸讳言,这里重要的不是机器的预期**物质**寿命,而是它不被更好、更有效的技术手段取代的时间长短。因此,在科技迅速发展的年代,情况变得特别复杂,机器 A 将被一台改进过的机器 B 所取代,如果这一替代能够带来明显的节约,如果有理由认为即将出现的机器 C 比机器 B 有更大的改进,那么放弃 A 选用 B 就是错误的——因为机器 B 在它报废以前就将被取代。[③] 因此,尽管技术进步刺激投资,但在垄断和寡头垄断条件下,存在如下强烈倾向:即当技术条件大体不变时,才 200
会购置新设备,或者当现有设备报废后,才会促进技术发展。

并不是只有垄断资本主义才存有这种倾向,竞争性企业的运作就不尽相同。差别仅仅在于——这点差别非常重要——竞争厂商将被迫引进新设备而不考虑资本损失,否则的话就会被那些能

① 这一需求不仅是因为厂商可得的资本有限,而且也考虑到在相当的时期内厂商可能会遇到的风险。

② 参见 G.特博:《动态资产政策》第 2 章(华盛顿,1948 年)。

③ 这明显地适用于新的投资不亚于适用于替代。

生产和销售更为便宜的老的或新的竞争者挤垮，而垄断资本家则没有这种压力，正如汉森教授指出：

“在激烈的价格竞争下，新的降低成本技术被迫引进，即使废弃了虽过时但未贬值的机器使资本遭受损失。但是，在关于废弃的垄断理论支配下，只有当旧机器尚未折旧的价值至少能够被新的技术带来的节约所弥补时，新机器才会被引进。这样，发展速度将减缓，在一个更冷酷的竞争条件下可能存在的形成新资本的出路被切断了。”[①]

然而，这意味着在垄断资本主义条件下，技术改进以及资本损失的费用——资本主义制度下经济剩余的两种重要利用形式——被大大降低了。[②]

201 与前面密切相关的问题是，大量的技术进步以及降低成本的

① “经济进步和人口增长的下降”，载《美国经济评论》(1939 年 3 月)，重印于《商业循环理论文选》(费城，多伦多，1944 年)第 381 页。

② 然而，如熊彼特所说：社会主义计划经济政策，与垄断条件下大企业的经济政策是一样的。《资本主义、社会主义和民主》第 96 页以后(纽约，1950 年)。这种说法是会引起误解的。根据理性的社会资源管理原则，垄断厂商的资本储备政策通常比在竞争条件下产生的过度投资以及资本的毁灭更为可行。然而，正如经常发生在资本主义条件下的事情一样，如果这种垄断条件下的资本储备政策引起投资机会的减少，进而导致产量、收入和就业的减少，那么，这种已取得的进步，从理论上已走向了它的反面。在社会主义计划经济下，情况已完全不同，因为任何推迟投资的决策(取代它或使用新设备)，这不必然表示总投资减少，或者如果需要这种减少，可以伴随以消费的适度增长。既不会使产量下降，又不需增加新的失业。这表示在分配稀缺资源时(无论是新增投资还是替代)，社会主义计划部门将会优先分配给那些其追加投资最符合社会需要的经济机构和企业。换句话说，一些企业或许还会继续用旧设备生产，不是为了保存资本价值，而是因为用于引进新设备的资本用于其他方面会带来更大效益。很明显，这种按照社会需要所进行的资本配置完全不同于垄断资本主义为其资本报酬极大化或其资产价值报酬极大化所采用的方法。

技术革新均以扩大企业规模为基础。“内部经济”或“规模报酬的递增”主要说明了大规模的企业的增长和大批量生产的发展。然而，这种规模报酬递增现象在两个不同的场合进入经济舞台。它先是以消灭工资低、劳动条件差的小工厂，为生产力的发展提供巨大动力，然后通过把少数大型的、技术先进的垄断(及寡头垄断)企业的产量进行集中以破坏竞争——只是为了在后期将技术进步与不合需要的产量的扩大联系起来从而使进一步的技术进步受到阻碍。[1] 比如说，一种能够把产量提高一倍从而降低单位成本的手段将不为垄断资本家(或寡头垄断)所青睐，因为产品将充斥市场而使其利润下降而不是上升，“这样，寡头垄断选择了一种不利于产出增加，而有利于要素节约的革新。”[2] 202

然而，我们可以提出这样的问题：为什么仅仅控制一部分尽管是一大部分产品市场的寡头厂商不应当利用现有的降低单位成本
的技术可能性，通过扩大产出，廉价出卖其产品而占有整个市场(或占有更大一部分市场)。回答这个问题，需考虑许多因素，最关键的一个是在寡头垄断下的价格竞争在商人之间表现出日益丑恶

① 在社会主义计划经济中已出现了三次，它的生产促进作用不再受制于垄断企业的利润极大化政策。

② O.兰格：《论技术革新》，选入《收入分配论文集》(W.费尔纳和B.F.黑利编)第194页(费城、多伦多，1946年)。P.斯拉法：“竞争条件下的报酬率”，载《经济学杂志》第543页(1926年12月)，文中也有类似的论述。降低成本的改善与产量之间的关系已不能解释在英国和西欧许多垄断和寡头垄断企业所经常面临的技术落后的问题。在西欧经济的讨论中经常把这种状况归因于厂商所面对的“狭窄的市场”，这实际上是本末倒置，因为是垄断造成了“市场狭窄”。

的趋势。[①] 一个寡头垄断资本家降低价格以扩大其产品的市场占有率的行为，将会立即遇到其他的寡头垄断资本家相应削减价
203 格——大家都强大到足以承担由此产生的利润损失。[②] 另一方面，寡头垄断巨头之间的价格战如果坚持到底，需要如此大量的资本，并将会导致如此巨大的风险，于是选择了和解而不是破坏性的战争。明文规定的协议缔结了或“价格领导”被建立，其结果是残酷的竞争被消灭了，协议双方都接受“自己活也让别人活”原则，而不是彼此毁灭。这种倾向被下列事实大大加强了：即金融集团的利益与一个行业中一个以上的大企业有关，其影响通常能阻止由于部分垄断厂商的规模过分的扩大所招致的资本损失。[③]

节制价格竞争与坚持“自己活也让别人活”的原则，对寡头垄断行业的结构产生了巨大影响，高成本的厂商没有被市场抛弃，但却能够与生产能力较好，利润较高的企业并存。结果在早期规模

① 下面的报告是关于美国钢铁公司董事会主席本杰明·费尔利斯在参议院委员会上作证的，刊于《纽约时代》1955 年 3 月 22 日。我们的思想已发生了变化——费尔利斯先生同意——价格已不是竞争的唯一形式，我们也通过质量和服务来竞争，“因此，谈论价格竞争在我们新的条件下或许是不现实的?”参议员问。见证人说是真实的，然后，提醒记住为了“利润目标”，美国钢铁公司有时决定并不采用较低的价格。“你感到我们可能错误地看待价格竞争的重要性，它在 50 年前就存在了，期待它的人可能是完全错了?”——“是”，费尔利斯先生回答。通用汽车公司总经理在会前说：“汽车工业正面临激烈竞争，但主要是外形设计和质量领域。”《纽约时报》1955 年 3 月 19 日。

② 参见保罗·斯威齐：“寡头垄断条件下的需求”，载《政治经济学杂志》(1939 年 8 月)。

③ 对这一点，参见希法亭：《金融资本》，注意到大型金融机构习惯性的谨慎和他们不愿从事风险大的投机的做法。

经济中发展起来的或为了满足不稳定的需求而形成的过剩能力最终也不会被挤出行业，它不仅以比正常运行的需要大得多的低成本的厂商的生产潜力的形式存在，也以在寡头垄断行业为防止暴风雨而建立的保护伞下高成本的厂商的形式存在。过剩能力反过来阻碍新的投资，尤其是在厂商数量很少因而熟知它的存在的行业投资。

垄断资本家与寡头垄断资本家在投资决策方面变得更为谨慎和考虑周到了。并且发现，在任何既定情况下将他所获取的利润 204
再投资于他的企业的诱惑很小。他的高利润可能会诱惑那些想要投资的人。然而，局外人的胃口将受到进入垄断及寡头垄断行业的障碍的影响，而且也因他所认识到的进入那个行业的市场必定会对现有的价格水平产生不利影响而受到抑制。换句话说，即将成为寡头垄断者与过去的寡头垄断者一样，必须不根据已有的投资在行业中实际获得的资本回报率来思考，而根据新的投资的预期利润率来作出决策。这个局外人本身可能就是某个寡头垄断行业的成员，我们前面说的关于寡头垄断资本家之间斗争的限制在这里也适用，只要在细节上作必要的修正，一位寡头垄断资本家未经许可进入另一个寡头垄断资本的行业，不仅会受到在自己的市场上遭到入侵行业的某些成员进行报复的风险，而且与此同时也有可能与在许多行业投资的财团的利益发生冲突。

这种侵犯的威胁和困难均在大型企业的政策中起到了重要作用。威胁将对利润的贪欲起到限制作用，并引导它降低价格。满足于较少的回报，而不是追求与产品市场上流行的需要弹性相一致的价格与回报。然而，在更多的情况下它是一种有力的刺激，以

加强一个垄断或寡头垄断厂商在市场中的地位，使得它在广告上增加开支（这样提高了产品的知名度），进行垂直兼并，并发展与扩大它与金融机构的联系等。它建立的这层防卫越成功，他就越不用担心他的利润会招致一个局外人在垄断与寡头垄断资本家的禁区试试运气了。

另一方面，进入垄断和寡头垄断行业的困难也极大地影响了垄断或寡头垄断厂商的投资决策。如果用利润在本厂投资已无利
205 可图，在其他集中程度较高的行业投资也受到阻碍，急于给利润寻找出路的垄断和寡头垄断厂商便寻求将它们用于竞争行业或那些集中程度相对较低的行业，那里没有障碍，没有报复的危险，也不会受到金融制度的限制。一旦进入这样一个行业，垄断和寡头垄断企业就努力按自己的模样来塑造该行业。生产开始集中在少数较大的厂商手里，现代科技手段被引进，价格、利润和投资政策更趋现代化以保持在垄断和寡头垄断市场上正常运转，结果是垄断和寡头垄断从一个经济部门扩展到另一个经济部门，大企业取代了过去占统治地位的小型的竞争性企业，经济作为一个总体日益成为一种垄断和寡头垄断绝对统治领域的体系，其中每一个领域都由少数巨型企业组成。

不用说，有相当大的一部分行业由于技术上的原因，不受大型企业操纵，这样，依然为垄断和寡头垄断厂商的投资所不及。农业便是一个典型的例子，虽然大型企业作为直接生产者或是加工者或是销售者，在这里起着日益重要的作用，还有一些未曾集中的企业——主要是在服务行业。也有许多看起来是独立的商人或手工业者实际上是大公司的高薪雇员。例如一个操纵着联合制鞋机的

鞋匠,一个拥有“通用汽车公司”执照的汽车销售商。①

随着集中程度的日益提高,当一个接一个行业成为“寡头垄断”行业,经济中的竞争部门趋于减少到技术决定的最低点,剩下 206
来的几个也再不会成为垄断和寡头垄断企业剩余利润的投资对象了。②

然而,另外有一种获利的机会在历史上起了重要作用。这就是建立一些新行业,像 19 世纪早期非洲大部分地区一样,尚未被任何大国占用,代表一片对任何人都可自由出入的无主地。正如上面所提到的,这种经济剩余利用的方式,并不受技术可能性的排斥。这种可能性在很大程度上存在,而目前比过去任何时候都更具备这个条件。目前,限制建立新行业的是投资结构,只有大企业才具有筹措为建立一个新行业所必需的资本的能力。这些厂商或者本身经营着垄断或寡头垄断行业,或者与这些行业密切相关——如果他们是金融机构的话。因此,在决定是否要开发一个新的行业时,他们必须首先考虑新建行业是否与他们已建立的企业竞争。很明显,一个寡头垄断行业中的厂商会推动一个新行业的发展,当这个新行业不与本行业的产品竞争,而与第三者的产品

①　参见 C.赖特·米尔斯的有启发的书:《白领:美国的中产阶级》各个篇章,尤其是书中第一、二部分(纽约,1951 年)。

②　可以肯定,人民赖以维持生计的竞争部门依然很大,事实上,它日益由不能进入大型企业的小资本家,由不适合、不愿意或不能加入公司劳动力大军的雇员和工人组成。因此,竞争部分所获利润趋于减少,小型厂商效益趋于低下,价格趋于提高。参见 N.卡尔多:《市场缺陷与过剩能力》。《经济学新系列》(1935 年)。值得注意的是,大公司通过支付大量红利来处理其未用于投资的利润,这种状况将趋于恶化,因为那些追加的红利,特别是流向小资本家的红利有可能恰恰在经济的竞争部门找到投资机会。

竞争。由于前面提到的原因，这种行为在商界和金融界巨头的世
207 界里是受蔑视的，并且只有在极少的场合才这样做。

7. 曾经进步而现已衰退的资本主义

讨论的重点是什么？现在可简要归纳如下：在资本主义发展的垄断阶段，利润率均衡的机制只有在经济体制中强烈压缩的竞争部门才起作用。在那里，利润率很低，可用于投资的利润相对较小。在经济体制中的垄断和寡头垄断的领域内，资本投资的利润率不等，但主要是高，而可用于投资的利润量又大得惊人。这倾向于减少总投资量，因为那些拥有丰厚利润的少数垄断和寡头垄断厂商发现，返回到他们自己的企业已经无利可图，再投资于别处也日益困难。后者的困难更是越来越大，因为越来越多的竞争部门成了寡头垄断部门，而建立不与现有寡头垄断企业竞争的新行业的机会也越来越小。因此，在任何既定情况下，投资量总是小于在充分就业条件下产生的经济剩余量，它最终导致就业不足和停滞，或生产过剩。正如马克思在100年以前所指出：

"普遍生产过剩所以会发生，并不是因为应由工人消费的商品相对地'消费'过少，或者说，不是因为应由资本家消费的商品相对地'消费'过少，而是因为这两种商品生产过多，不是对消费来说过多，而是对保持消费和价值增殖之间的正确比例来说过多；对价值增殖来说过多。"[①]

① 《政治经济学批判》，《马克思恩格斯全集》第46卷上第437页（有重点号处是原有的）。

当我们在许多经济学家的各类著作中都能找到上述所有论据 208
时,通常给以不同的解释。例如,一种解释认为,在资本主义经济中,只有在垄断存在时,技术发展才是可能的。如果一个资本家或一位投资者不能防止外人进入他的商业领域这种初始竞争,他便不会梦想冒风险对一项重要的投资承担义务。另外,只有大型企业才有能力对现代科技需要的大量投资提供资金。最后,也只有大企业才能为保持科技发展提供必不可少的研究设备。然而,根据早期的讨论,这些推理完全忽视了全过程的历史辩证法。几乎不能怀疑,在资本主义的某一发展阶段(50—80 年前),大型企业、垄断和寡头垄断的发展是促进生产力和科学发展的进步现象。事实同样清楚地表明,今天,同样是这种现象,对经济、社会、文化和政治却构成了一种倒退力量,阻碍了进一步发展,并使之趋于恶化。竞争与现代的科技发展的生产不一致这一事实,并不等于说垄断就是生产力发展的理性形式,正如列宁指出:"……即使现在垄断开始延缓发展,这也不能成为维护自由竞争的理由,因为自由竞争在产生垄断以后,就不可能存在了。"①

① 见《列宁选集》第 2 卷第 831—832 页,人民出版社,1972 年版。——译者

209 # 第四章　垄断资本主义制度下的停滞与运动(二)

1. 剩余吸收的可能性;消费和非生产性劳动

到目前为止,我们一直在讨论静态条件下垄断资本主义的投资不足。我们强调,**在任何既定的情况下**,资本主义企业利润的有补偿再投资的机会都是不足的。尽管这种情况导致的“不充分就
180 业均衡”可能是相当有利的,但它几乎不能被认为是一种令人满意的或稳定的状态。首先,对于资本家来说,这种情况令人非常沮丧。这些人的本质就是资本积累,而他们的存在理由不是为剪息票,而是要持续不断地增加他的利润。[1] 更糟糕的是,仅仅是这种“既定情况”的持续并不代表着一种在任何时间段内对资本家阶级

① 企业管理结构的变化,它的“官僚主义化”和“非个人主义化”,在新近的文献中已经谈得很多了;尽管这种谈论兴趣的背景不同,但这种变化很难称得上是对资本主义企业基本目标的重新评价。然而,与以前的处于竞争状态下经营的厂商相比较,在强调垄断与寡头厂商的谨慎与深谋远虑方面,这些变化或许非常重要。在A.G.帕潘德里奥“厂商理论中的几个基本问题”一文中可以找到对有关著作的一些综述。该文收入由B.F.哈利主编的《当代经济学概述》(霍姆伍德,伊利诺伊,1952年版)第二卷。也可参考保罗·M.斯威齐写的精彩论文“经理革命的假象”,收入《科学与社会》(1942年冬季号),并重印于他的著作《作为历史的现实》(纽约,1953年版)。

都是可行的选择。停滞不前的产出必定意味着失业人数的稳步增长。因为无论有没有净投资,仅仅是以新而有效的机器代替原来破旧的设备,都会提高劳动生产率,并且或多或少地逐步替代一定数量的在业工人;而人口的正常增长,却年复一年地增加了待业劳 210
动力。人们曾经估计,即使在缺乏净投资的情况下,仅以现代机器替代陈旧的设备,就会使美国的年生产率增长大约 1.5%。伴随着劳动力每年超过 1%的增长,这就意味着,任何既定产品的简单再生产必定会导致失业以超过劳动力 2.5%的比例年年膨胀。不必说,这种滚雪球般的失业状况将会严重威胁资本主义秩序的社会和政治均势,同时导致这一"既定情况"高度不稳。

然而,在垄断资本主义的条件下,条件的自动发展并没有允许打破"既定状态"的强烈倾向,并能为经济剩余的投资提供额外的刺激。早先,我们曾提及在策略上这类自动出现的两种情况。即在垄断或寡头垄断条件下对竞争性的行业进行投资;[①]以及在不危害现存的(而且有实力的)垄断或寡头垄断利益的前提下发展新的行业。但是,正如过去一样,这些体系的内在的储备正渐次枯竭,所以,逃离"既定状态"的可能性越来越多地依赖于与垄断资本主义的直接市场相联系以外的力量的推动。自动调节与有目的地为经济剩余创造出路之间并没有明显的界线。然而,充分地了解这个区别却是最为重要的——其理由随后会变得清晰起来。

对于从外部对垄断企业提供刺激以及拓宽其产品市场来说,

① 应该注意到垄断和寡头垄断部门内部发展的不平衡,经常引致一个"落后的"垄断或寡头垄断行业处于一种竞争性的地位,即会被另外更先进、更集中的垄断或寡头垄断行业入侵和合并。

211 一个显著而又“简单”的出路应是消费的增加(与总产出相比)。一方面,这将减少构成实际的经济剩余的产出比例;另一方面,会创造由于总需求扩大而造成的投资机会。但是,就单个厂商来说,由利润最大化决定的、在资本与劳动之间进行收入分配的经济体系并不能导致这样一种出路。就如我们早些时候看到的那样:劳动力的收入份额趋于相当的稳定状态;我们没有理由认为在工作中的某种趋势会引起这方面的显著变化。不能期望单个厂商能像圣诞老人那样对待他们的工人和购买者,以增加大量的消费。所以,那些对于整个资本主义体系来说可能完全合理的建议,若被单个资本家采纳的话,则可能会招致损失、甚或破产。

当然,资本家自身个人消费的扩大也能导致总消费的增加。这的确也是实情。这种情况产生的形式值得特别注意。尽管现代资本家的生活与消费水平与他们的祖先相比已有了很大的提高,但是与经济剩余的增长比例相比,他们在消费方面的支出显然不是更多,而可能更少。对于这个问题,有令人信服的理由。首先,利润和红利向少数股东的手里集中,对预期的将花费在消费品上的资金数量产生一种有效的控制。即使当代富翁中最奢侈的人,也不会为个人的目的而花掉他的大部分收入。而且,当谈到资本家的消费的时候,我们所遇到的有关大众消费的自相矛盾的现象就显得更为突出。尽管为了资本主义经济的稳定,他的消费的增加将是完全有利的,但这并不能成为单个资本家生活中的指导原
212 则。资本主义发展的需要有力地超越了清教主义,而清教主义则巧妙地服务于资本主义发展的需要。但在垄断资本主义条件下以及溢出的经济剩余状况下,二者的这种协调一致却被打破。在这

种环境下，单个资本家的利益不再与他的阶级利益或整个资本主义社会的利益一致。在他看来，积累和节俭仍是成功和发展必不可少的途径；而超越他周围人们常规水平的奢侈生活，不仅会破坏他的资本，而且会损毁他的信用和他在社会中的地位。[①]

对于单个资本家的理性行为与整个资本主义社会的要求之间的矛盾，不能由个人自身来解决。这个矛盾，只能通过改变社会经济结构来克服，而这又转而改变决定个人意愿和行为的价值观念。垄断资本主义下非生产性支出的大量增加，正是归因于这种社会的变革。它的原因并不在于单个资本家对其收入的处置习惯及其或大或小的消费倾向，有强烈的迹象表明，这种消费倾向在很长时期内是非常稳定的。其真正的根源则在于资本主义企业结构方面 213
的深远变化和与其紧密相关的分配的转换，以及对经济剩余的使用方式。实际上，垄断或寡头垄断的厂商的支出方式，与较小的竞争性行业相比，是很少具有相似之处的。对公司执行人员支付高额的薪水和津贴，对律师、公共关系和广告方面的专家、市场分析家以及院外活动集团的成员等支付丰厚的费用，在乱七八糟的官僚机构、代理方面的大量支出，以及业务上的花费等等，所有这些，

① 无论如何，有一种重要的综合理性因素使得单个资本家主观上相对节俭。在那阶级斗争激烈和资本主义秩序不稳定的情况下，不适当地炫耀财富和生活放纵都会引起下层人民的怨愤，并认为这种行为比较“粗俗”。因此，表面上的简朴性和有效性就变得非常重要，于是那些处于金字塔顶端的上层资本家的花天酒地、恣意挥霍的生活则是小心地躲开公众的眼睛。这种生活往往是在国外的娱乐中心、专有的乡村别墅或外表看似简朴而内在豪华的城镇住宅区内进行。但在社会紧张局面不太明显的国家和历史阶段，上述行为隐匿的需要也相应地减弱，惹人瞩目的消费重新变得显而易见，结果导致“高品位”标准的下降——那些研究社会比较安定的美国上层阶级行为的欧洲人经常这样叹惜。

在竞争的资本主义年代是闻所未闻的，并且现在仍是发达资本主义经济后院的小的竞争性行业无法企及的。旧时的竞争性商人怎么也不会梦想到巨额的资金会由大公司分配给各种各样的基金会，其或多或少明显的目的是影响公众舆论的制造者以有利于垄断资本。所有这些现在已经成为垄断资本主义经验知识的一个重要组成部分，并且吸收了归大商家所有的巨额经济剩余的一大部分。[①] 在垄断资本主义条件下成长起来的、直接或间接地由社会经济剩余养活的非生产性工人的队伍仍在壮大，但它壮大的程度几乎不曾被充分认识到。有资料显示，“在美国，从事其他行业的人数与从事商品生产人数的比例为：1929 年——74%，1939
214 年——87%，1949 年——106%。”[②]

尽管花费很大，然而，公司非生产性开支并没有由于总需求的扩大而为溢出的经济剩余提供足够的出路，也没有为增加投资提供足够的刺激。因为公司对非生产性工人支付的大部分被认为是

---

① 如同马克思预见的：资本主义社会把它曾经反对过的一切具有封建形式或专制形式的东西，以它自己所特有的形式再生产出来（《马克思恩格斯全集》第 26 卷 I 第 168 页）。这指出了先进的资本主义社会继续面临的一个真正悲剧的两难选择。对经济剩余浪费性利用的缩减，导致了萧条和不充分就业，于是，日益增长且必不可少的，在非生产性目的方面对经济剩余浪费行为的强化，导致了更大量的引人注目的浪费，在这里，以销售其商品为目的的“娱乐工业”迅猛增长强烈地吸引着观众，同时所有文化标准也呈现加速下降。参考拉塞尔·莱恩斯发表于《哈珀的杂志》（1956 年 6 月）上面的“美好时代中什么是非常地美好？”这篇有趣的文章，在这里，他对这个问题进行了很好的陈述，但没有分析。

② 维克托·佩路：《美国帝国主义》第 226 页（纽约，1956 年）。在同一页的注上，他写到，“从事于商品生产”的人们包括受雇于农业、采矿业、建筑业、制造业、交通运输业、通讯业和公用事业的员工，还有农场主。不同来源的数值也显示了同一种趋势。参考：C. 赖特·穆勒斯的《白领：美国的中产阶级》第四章（纽约，1951 年）。

处理大规模业务的“必要开支”,并且被当作必须通过产品价格来弥补(至少从长远来看是这样)的一般管理费用的一部分。[①] 所以,在这种程度上,非生产性工人的生活费用并不来自业务经营的利润,而是被转移到产品的购买者身上。同样重要的是,那些通常受慷慨的企业照顾周到的受益人——“新的中产阶级”——得到的收入的大部分并不用来消费,而是用来储蓄。这部分人的储蓄实际上占了现实发达资本主义国家个人储蓄的大部分。这样,急剧增长的非生产性工人在资本积累和总需求方面的净效果并不能通过他们总的资金收入来显现。由非生产性工人的生活费用引起的总消费的增加,一部分在很大程度上与剩下的人口的消费减少相对应,从而相互抵消。然而,另一部分的消费增加则会引起剩下人 215
口的储蓄的减少,这样也就导致了真正的对经济剩余的吸收。另一方面,以这种方式吸收的一部分经济剩余,或者因为支付给非生产性工人的、不能由他们的雇主进行转嫁、从而实际上从利润中来进行支付的一些收入,重新以非生产性工人个人储蓄的方式又作为经济剩余而表现。

总而言之,尽管垄断资本主义的自动调节机制,毫无疑问地增加了总产品中非生产性的使用份额,但在充分就业的状况下,这种增加并不能大到足以有效地减少可能用于投资的大量的经济剩

① 在经济文献中,作为垄断或独占行业定价的总规则,对符合规格的产品按平均基本费用标出固定价码的原则,已经日益被承认。它们在非生产性花费以及税收债务的转嫁这一问题上的意义是显而易见的。参见埃尔·D. 费根的《关于科学和财政立法的时事讽刺》第 XLVI 卷第四期(1954 年)以及威廉·H. 安德森的《税收与美国经济》第 16 章(纽约,1951 年)。

余，也不能大到能够创造大量的投资机会。所以我们需要更多的、有意的“外部推动”，以使垄断资本主义经济能够从静止的中点移开，去寻找必要的、能使当前产生的经济剩余得以有效利用的激励机制。

2. 垄断资本主义制度下的政府的作用

这些只能由政府来规定。但并不是说，在资本主义经济生活的整个历史过程中，政府没有发挥重要的作用。不管是直接还是间接，无论是像美国和德国那样资助铁路建设，还是像英国和荷兰那样为促进本国资本家在国外的利益提供合适的途径，抑或是像法国和俄国那样制定周密的资金交易和关税政策，总之，在资本主义时代，所有的国家在决定经济发展过程和发展速度方面都发挥了重要的作用。然而，在资本主义起始阶段，政府在经济中的行为则是非常分散的，处理一些具体的经济争端或是对资产阶级总体的一般需要进行满足。用马克思和恩格斯的话说，就是起着“处理
216 整个资产阶级公共事务委员会”的作用，在这里，政府有力而明确地执行它的基本职能，维护资本主义制度。至于它在严格的经济领域内的作用，问题似乎有点复杂。

实际上，由政府代表其利益、作为它的“委员会”进行活动的“整个资产阶级”是一个数量众多的、代表不同群体和利益的商人的混合体。然而，最为重要的是，这些商人是相当小的，他们的力量和活动范围都大致相等，他们的同业公会或区域集团在势力和影响方面也大体相似。在这种情况下，政府可以实现他们的公共

委托,以保护和加强资本主义制度本身不受被剥削阶级的侵袭。但它不能干涉资产阶级单个群体或派别之间的联系,也不能迎合他们中的与另一个进行竞争的任何一个资本家的一些需要。资产阶级的各个组成部分在社会政治天平的分量的平等或至少相当,使得在资产阶级内部易于创造一种力量上的均衡,并且使得政府成为整个阶级的一种工具。于是,当这个基本的社会经济群体的政治观点表现于资产阶级民主的传统机制时,在资产阶级内部竞争中,政府应保持中立的思想准则就是信奉经济自动化即让市场力量自动调节的政府不干预纲领。正如托马斯·杰斐逊扼要陈述的:政府是要保证“人人的平等权利,而不为任何人谋取特权。”显然,只要在竞争中的,竞争者双方的拉力几乎相等,只要没有人能比别的任何人更能对政府施加影响,那么,整个资产阶级都会欣然接受对市场自动调节和政府中立这两者并将之一致地提高到至高无上的社会价值的地位。[①]

然而,随着大规模的企业的发展,这种结构的瓦解就变得明显起来。**所有与此持相反态度而进行斗争**的参与者们,不仅在社会经济力量上变得愈加地不平等,而且上升中的大商家日益削弱资产阶级中其余的人反抗其优势的能力和决心。通过接管经济体系 217

① 这些概念在政治上的有用性被这一事实极大地美化了,而政府在资产阶级不同部分之间所持的公正态度,可以很容易地向人民大众说成是对整个社会的不同阶级之间的公正无私。特殊场合下政府的背离,诸如工厂立法、限制童工等——由于影响它的所有成员,对于整个资产阶级来说都是公正的——看来证实了政府也关心“较低阶层”的观念。那种认为沙皇在地主和他自身之间是公正的仲裁人的俄国农民在深受这个观念的影响上,一点不亚于那些期望政府庇护他们以反对垄断竞争者的美国店主。

中的一个部门又一个部门，它把以前的独立小商人、工匠和农民越来越多地变成大公司的雇员及代理人。尽管使他们经常拥有自己仍然独立的幻觉，但是，垄断企业使得他们的生计和社会地位在越来越大的程度上仰赖于公司的鼻息。[①] 于是，作为资产阶级的正式成员——尽管小但在重要性和力量上聊胜于无——竞争性的商人开始成为大企业的雇员，对大企业在经济、政治和社会上的领导地位不再具有挑战的能力。或许甚至更为不祥的是，他逐渐失去了争夺这种位置的意愿，并使自己与垄断资本主义的封建主们打成一片，敬仰他们像对英雄人物那样，认为他们值得尊敬和效仿。这样，大企业领导下的新的社会自由民就迅速发展成为资产阶级
218 垄断精英们的最重要的捧场者。就如德国农民，尽管他们的利益与容克地主完全相反，但仍忠诚地追随他们的领导一样，垄断资本主义时代的竞争性行业也是服服帖帖地拜倒在经济上保守的实业巨头的石榴裙下。

起初，垄断资本在社会经济中权力的提高，并不意味着它要放弃那些朴实的个人主义、市场自动调节和政府中立化等神圣的原则。相反，垄断行业的巨头们用这些原则做烟幕，大量地敛聚财富，牢牢地控制政府，不遗余力地强化不受牵制的适者生存的思想观念。就如麦克斯·赫尔克海姆敏锐地观察到的那样，整个历史上，“个人的价值总被那些有机会发展自己个性的人们所颂扬，而这恰恰又以牺牲别人的个性为代价”[②]。实际上，大公司达到社会

① “尽管许多小商人保持独立，但在现实上它们却是大商人的代理人，这就是大商人的力量所在。”C. 赖特·米尔斯，《白领：美国的中产阶级》第 26 页（纽约，1951 年）。

② 《黯然失色的理由》第 178 页（纽约，1947 年）。

金字塔顶端以后,不可能发现一个能更好地满足于它的需要的思想准则,即能使个人获得最大机会的无拘无束的自由的思想准则。与那种把对个人活动的干预减少到最低限度的命令相结合,这一原则,不仅支持不平等,特权和剥削,而且使那些由此造成的受害者深深感到:这是不可避免的,甚至认为这是命该如此。在发达的资本主义国家中,不仅工人阶级自身被这种思想意识深深影响,而且竞争性的商人、农场主和其他小资产阶级也根本无法抵抗这种意识。尽管这些人的财产逐渐被大公司吞并,尽管他们的利润和自主权正在失去,他们仍时时处处认为自己是资产阶级的成员,是明显优越于无产阶级的特权阶层。这种在特权和剥削成果方面占有一份的现实或虚幻的想法——即使他的那份在明显地下降——剥夺了小资产阶级的精神和政治独立,使他心甘情愿地成为其新垄断主子手下的工具。 219

对于这种发展,并不是说没有反对观点。但这种反对并不是非常强大,它具有两个区别明显的倾向。一种倾向是民粹派的,它要求政府采取坚决行动,以反对经济中少数人盗用政府的名义而为自己谋取利益的行为。这种倾向的主要支持者是社会上的非资产阶级成分——工人、工匠、一些农民——并且也受一些小竞争性商人的拥护。由于这种思想倾向要求政府对社会上各个阶级都能公正无私,故而非常富有杰斐逊式的民主主义见解,它想当然地认为政府应该抑制垄断行业的滥用权力,像它在对付新生的劳动组织时同样的有力。在美国,这个运动的突出成效,在于反托拉斯立法授权政府——对大企业日益奉迎的政府——来抑制大企业的权力。

另一种同样天真的反对倾向——主要的追随者是竞争性行业团体以及在自由放任经济的传统和资产阶级的民主信条下成长起来的知识分子——叫喊回复到“过去的大好时代”，它坚持诚实一贯地尊重自由放任和不干预主义，在很大程度上，它把谴责所有罪恶的愤怒主要对准政府，而非垄断企业。[①] 既然这种倾向避免严重地攻击大企业，于是，这种“忠实的反对”对于大企业自身来说，就非常具有吸引力。由于这种不满是一种无害的发泄，而且危及不到任何大企业的重要地位，完全符合它自己的表达方式，所以，
220 这种反国家主义和主张自由竞争的意识形态，不仅完全适应垄断资本增长的霸权需要，而且能被很好地用来防止民粹派的反对倾向以及其他所有的社会改革运动。

所有这些思想和政治倾向现在仍然存在，尽管它们的作用和政治色彩随着基本的社会经济形势的变化而有了极大的改变。20世纪30年代的资本主义经济大崩溃，无可挽救地使市场自动调节的观念遭到挫折。面对产出和收入的急剧下降，已经不再可能继续认为只要让市场单独发挥作用，资本主义体系就能为最多的人创造最大的福利。面临着数量众多的男男女女愿意并能够工作、但却找不到工作机会这种局面，也再不能认为市场机制能够给每个“适者”提供前进和成功的机会。所以，让政府采取某种行动，以缓和国内形势中最不能令人容忍的方面，这种需要就变得非常迫切。无论是通过兴建公共工程提供就业机会，还是为失业人员支

① 这种反国家主义是与资产阶级反对封建主义的政治斗争的整个传统相联系的，同时特别接近于那些迁居美国的欧洲移民的思想实质，这些人对于祖国残暴政府的愤恨，是他们意识形态内容的突出特征。

付救济金;不管是通过对农民实行补贴,还是对退伍军人进行施舍,只要能使经济崩溃不导致资本主义制度的瓦解,政府就必须进行干预。传统的支持政府干预的社会力量的能量和那些受自由放任和政府中立的意识形态(在周围现实的冲击下,它很容易会被抛弃)影响极小的非资本家阶层日益上升的绝望,必须得给一个与维护资本主义体系相一致的出路。美国的新政充分发挥了这个作用。采取了代价很低的这样的政策,即:政府承认和保护工会组织,建立有计划的援助农场主的机构和一些社会安全立法、对资金市场进行适量的监督,等等,使得罗斯福总统的首届任期能够防止那种可能动摇资本主义本身基础的政治和社会的大剧变。

由于危机如此严重,由于自由放任和政府不干涉观念破产得 221
如此彻底,结果连垄断企业也不得不重新调整其公共哲学。这显然不是突然发生的,并且即使现在在大企业团体内部仍有相当大的部分,似乎并未受到30年代大地震的影响。然而在大企业的领导集团内部,它的观念确实很快地转变为新的思想主张。令人惊异的是,这种转变,在事实上几乎并不包括一个真正意义上的意识形态的变化。[①]

①　实际上,作为通常用于社会知识的“意识形态”这个术语,在垄断资本主义条件下是否完全适用,是可疑的。当表示对现实的一个不充分的、不公平的并带有倾向性的概念,而这种不充分、不公平以及倾向性,应归因于社会结构以及一个阶级在其中所处的地位时,“意识形态”具有两个重要的特征。它的不充分性、不公平和倾向性,使它成为半真实的同时又使得它具有部分的真实性。换句话说,由于表达了现实的某些观点以及社会中某一阶级或阶层的现实的共同利益,它包含了真相的一个方面。正是由于这一理由,意识形态总是被那些信奉它的人们坚定地信仰,它不是能够被他们随心所欲地抛弃、改变或调整的东西。从某种意义上说,“意识形态”与弗洛伊德的“理性行为”是相似的。只是前者被认为是来自于社会结构,后者则来自于单个人的心理结构

早期的垄断行业颂扬自由放任和政府中立原则，不仅因为它
非常相信这些，而且因为整个资产阶级和基层人民的很大部分都
222 承认并珍惜这些原则。这些原则为大公司对政府不断增长的渗透
提供了便利的屏幕。这种哲学观念现在已经没有用了。但是，当那些仍然依附于老观念的竞争性部门迅速成为可忽略的少数的时候，它真实存在的机能不全变得明显起来，它对公众消费的政治有用性相应地消失了。实际上，恰如其分的政府行为替代了完全的自由放任和政府中立的原则后，由此保证的充分就业纲领则具有它所替代的那些原则的一切优点，而且没有任何明显的缺陷。它摆脱了来自资产阶级经济机能失灵的过失，并把它交给整个社会及它的可取消的政府官员面前；对新近的劳动者工会来说，它提出了一个诱人的思想体系；它满足了农民的需要；为垄断资本取得高额利润指明方向；同时，它还对正在成长的、政治和社会地位方面都很重要的“新的中产阶级”许诺以良好的收入。事实上，看起来可能令人吃惊的，并不是大企业中最有远见的领导欣然把他们的忠诚转向新路线，而是其他许多人在把自身拖向新位置时的比较缓慢。

(但它依次又取决于他所生活的社会)。完全不同的存在是一系列不充分、不完全以及倾向性的概念，这些概念受某个阶级的操纵而被有意地深植于人们的思想中，并且由于它被或多或少地认可，从而为集中实现一定的目的服务。于是，在垄断资本主义时代，在这种信仰下，随着对这个课题的合理研究从社会知识领域移进受操纵的观点研究领域，价值和确信便日益服从于实用主义的侵袭，意识形态也迅速屈服于大规模的适应、调整等。就如恩格斯的光辉预见，“意识形态是由所谓思想家有意识但是以虚假的意识所完成的过程，推动他的真正的动力始终是他所不知道的；否则这就是形态的过程了。”1893 年 7 月 14 日给弗·梅林的信(见《马克思恩格斯书信选集》第 509 页，人民出版社，1962 年版)。——译者

然而，形成这种原因的理由却相当简单。当时间赋予的思想结构不得不服从于历史进程中变化的现实时，不可避免地会出现“文化时滞”。除了这个，还有一个重要的客观理由，即要小心谨慎地接受“新路线”。垄断资本的领导者，比起许多职业的历史学家和社会科学家来更高明一点，他们完全明白，重要的不是新路线理论本身，甚至也不是为贯彻它而产生的政府机构的复杂网络，而是谁将能有效地控制它的执行这个基本问题。[①] 所以，那些由一些经济学家戴着眼罩所观察到的并被认为是第二位的问题的现实，223 
对垄断资本来说，却被敏锐地看作整个问题的核心。于是，当社会经济中最糟糕的局面一结束，在罗斯福的第二任期的早期，享有大公司重托的个人就开始取代那些被 1932 年的民粹派运动卷入办公室的可疑分子，这是大企业力量的最重要的表现，也是罗斯福所要抵制但却又无能为力的。但是，大公司对政府的控制，直到战后和后来的杜鲁门总统和艾森豪威尔总统的任职期内，才完全重建起来。这样，政府甚至在其职员的成分上才又一次成为具有决定性的垄断和寡头垄断行业的“委员会”，而不再是整个资产阶级的“委员会”。

一旦垄断资本的统治在新路线的运行方式上得到毫不含糊地加强，一旦那些试图——特别是徒劳无益地——在充分就业政策幌子下促进社会改革的人们从政府中被剔除，一旦“充分就业”政策的实施掌握在大企业完全能接受的人的手里，这时，垄断阵营中

① 就如熊彼特所清楚地看到的那样：“全体人员以及使一个措施或一系列措施的精神得以实施的方法途径，比包括在任何法令之内的所有东西都要重要得多。”《商业循环论》第Ⅱ卷第 1045 页(纽约，1939 年)。

甚至迟钝的集团也都开始赞同新路线。并且，在这种情况支持下，展开了一个强有力的运动，使其逐步融入群众的意识，成为一种使人们与资本主义制度紧密相连的意识形态；同时也使它得到有力的巩固，就像以前的自由放任和政府中立所享有的一样。正是这个所谓的充分就业政策在很大程度上被垄断资本所接受，连同这个计划能够使目前大多数人民的需要得到满足的能力一起，创造了一种政治舞台上融洽的气氛及一种不受继续存在的一些问题干扰的空气，如仍然没有饭吃，没有衣穿，没有房住以及普遍繁荣的背后几乎不被隐藏的不稳定因素等等。所以，J.K.加尔布雷斯是完全正确的，他观察到："我们的许多争论声音大且激烈，并不是由于论题准确而是刚好相反。愤怒的存在，不是因为争端正在解决，而是解决过了。吵闹却依然留给人们有关问题仍然存在疑问这样
224 的印象。尽管强烈的争论可能意味着一个重大问题正在被决定，

但它更经常地仅仅意味着这是那些没有希望的在数量上远远被超过的少数派表明自己存在所能采取的唯一途径。"①

但是，仅从一种意义上来看，他是正确的。政府实行的以实现充分就业为目的的干预计划，在其为统治阶级中占支配地位的部门、工会的领导阶层以及新的中产阶级和最大多数的农民、知识分子等等所拥护的范围内，许多问题争端确实是已经解决了。事实上，正如加尔布雷斯所正确论述的那样，这种选择，"不管政府（面临着萧条的现实）是否采取凯恩斯主义……其结果都无异于是否作出政治自杀的选择。"②然而，这只是问题的一个方面，而非事实

① 《经济与论战的艺术》第103页（新不伦瑞克，新泽西，1955年）。

② 同上书第100页。

真相的最重要方面。实际上,无论是对不重要的问题的公开争论中惹人瞩目的大吵大闹,或者是对更重要的、关于政府充分就业政策的必要性问题的根本认同,二者都是对充分就业的意义及其实现的途径和措施这些真正重大的问题的混淆。

我们应当清晰地认识到一个事实:垄断资本的动力问题,即获得对政府的控制的动力、集中权力去着手处理政府需要干预的经济事务的动力以及从政府中剔除那些、哪怕是轻微地受改革派对充分就业政策解释的影响的全部成员的动力,等等。这个动力并不是源于垄断资本对于权利的贪欲,也不是源于对公共职责的热望。① 实际上,在不同的条件下,垄断资本更喜欢使自己处于令人 225
瞩目的政治生活中心之外,在幕后操纵其"强大的"的傀儡。只有当政府的举措带有至高的重要性,以及被卷入的事务不能再信托给足智多谋的政治家和二等的代理人的时候,处于领导阶层的垄断集团才愿意公开地走进政治舞台的中心。因为涉及的问题是关系到垄断资本真正存在的最根本的利益问题。

3. 可能维持需求的政府行为

为获得和维持充分就业而实施的政府干预涉及许多不同的、有时又是紧密交织的问题。高度概括地说:如果总需求,即消费

① 当前流行的用人类本性的"权力的贪欲"来对历史事件进行解释是表面的、毫无意义的。这种代表人类特征的"权力的贪欲"是一个需要进行解释的历史性范畴,而不是一种万应的符咒。除了这一事实之外,重要的问题是什么社会政治的力量和经济利益构成了民族、阶级以及具有雄心的个人的权力驱动力的基础。

者、投资者和政府的需求小于在充分就业条件下的总产出，政府将面临五种不同的可能选择（或它们的某种组合）。第一是容许失业任意发展，容许产出与市场上现有的有效需求量相适应。诚如我们以前所见，该方案明显的不合理及其引起的社会的政治的大爆炸，使它不仅对于整个社会来说而且对于资产阶级决策的部分和派别来说都是不可接受的。可是，拒绝这种抉择，就使有关充分就业的含义问题的争论完全展开了。撇开语义学的遁词，争论的中心极为重要且影响深远。充分就业在经济文献里被定义为每一个有能力，而且在现行工资水平下愿意工作的人都能就业的一种状
226 态。这实际上意味着空缺数应稍稍超过寻找工作的人数，劳动力市场通常应是卖方市场。[①]

职业经济学家认为充分就业应像其被定义的那样是资本主义的现实目标，然而垄断企业的领导人对资本主义经济的运行原理则有更深的理解。垄断企业的领导人完全懂得这种充分就业与资本主义制度的正常运转是不相容的。因为在持续不断的劳动力短缺条件下，资本主义企业不得不在严重的压力下经营：边际的、甚至低于边际的工人不得不被保留下来，即使他们对企业产出的贡献相对微小；管理任务更为繁重，费用趋于上升。更严重的是，在劳动力卖方市场上抑制工会要求，使他们对更高的工资、更好的工

---

① 这依然允许摩擦性失业存在，它也许是因为季节性因素，也许是因为人们从一地到另一地的迁移，也许是因为技术或产业结构的变化，等等。这种失业通常被经济学家们认为是不重要和不可避免的，实际上是相当大量的，并且在计划经济中通过为必要的人力再分配和再培训提供便利及预先对技术进步作出适应等途径，使其显著减少。不应犯把充分就业，像上面定义那样的充分就业，等同于合理就业的严重错误，因为前者可以与各种非生产性的活动相配合。

作条件及其他相关利益的要求保持在“合理的”限度内变得更困难了。为了使职工各司其职,为了确保资本主义企业的工作纪律,也为了通过保卫企业家的权利和利润的根本来源而保住他发号施令的地位:即雇佣和开除的能力,产业后备军的持续存在则是必不可少的。[①]

因而,一个由垄断资本控制的政府不会实施它的充分就业政 227
策去维持真正的充分就业。[②] 所以,美国 1946 年的就业法律——普遍被称为蒙格拉·查塔充分就业法——宣布“运用所有可行的手段……为了培育和促进自由竞争企业的目的而保持……最大的就业量”,应是政府永恒的责任。当“自由竞争企业”成了垄断和寡头垄断企业通行而又文雅变通的代名词时,努力达到的就业水平就明显地不会超过“培育和促进自由竞争企业”所要求的就业水平。

然而,重要的不是成文法或者企业或政府发言人的声明。事实胜于雄辩:实际实施的新法案原则的第一个重要实例——1953 年夏失业明显上升——法案所代表的政府和大企业集团对“充分

① “太低的不充分就业使得劳动力缺乏弹性。在失业总数少于 200 万人的任何时候,即使普通劳动力也将缺乏。许多雇主必定倾向于保守技术,并且,工会也理所当然地在工资协商中处于支配地位。于是也就当然需要有更多的工人。但是要有相当大的花费。并且他们可能不是极为需要的技术工人。没有把握反对如同具有大量真正失业那样的通货膨胀。那是一种生硬的顽固的状况,但却是事实。”《商业周刊》,1952 年 5 月 17 日。

② “就好坏年份的平均数(统计上的)而言,失业人数应高于 500 万到 600 万——也许是 700 万到 800 万人。这没有什么可怕的……因为有充足的供应能够提供给失业者。”熊彼特:《资本主义、社会主义和民主》第 383—384 页(纽约,1950 年)。约翰·朱克斯:《计划的考验》第 78 页有相似观点和评价(纽约,1948 年)。

就业”一词的理解极为明朗。他们容许为数大约500万人的失业存在。[①] 这也绝不是对不幸事件或对应付失业上升的手段“缺乏了解”的结果。维持这样一种“相当大的”失业人数是有意采取的
228 政策，甚至透过经济顾问会议提交的《1955年度经济报告》中夸夸其谈的浓雾，这也能被极为明显地看到。报告称，“认识到增长过程可能常常是蹒跚的这一点很必要……就公众来说，应该切实认识到获取总产量、就业和个人收入没有间断地增长是有实际困难的……政治家要求我们努力把我们世代的理想主义用于实现使经济波动最小化这个实际目标。”[②]然而，此时“我们应当主要以1955年的计划为方向(培育长期的经济增长)，而不是企图马上给予总的经济活动以一个向上的推力”(第48页)。而且，“培育长期的经济增长”是在于促进“自由的、竞争性的企业”和“投资者、工人、商人、农民和消费者广泛拥有的……对经济未来充满信心的感觉。”(第2页)

垄断资本接受“充分就业”就如同与死亡接吻。它所包含的并不是指政府政策倾向于获得和保持如同出于善意的经济学家所构想的或如不切实际的社会改革者所梦想的那种充分就业。它的目标是避免1929—1933年的崩溃式的大灾难，它的目的是阻止30年代那样的大萧条。它没有试图消除“正常的”危机或取消“正常的”失业。这些事实上被认为是“有益的调整”，不仅是保持必不可少的产业后备军的需要，而且是垄断和寡头垄断企业攫取利润、吞

① 《经济报告联合委员会的报告》，见1955年1月的《总统经济报告》第95页及其后(华盛顿，1955年)。

② 同上书第65页及其后。

并弱小竞争者、巩固市场地位的良好条件。[1]

可以肯定,失业和收入下降不可能走得太远,以免政治上的强 229
烈反应威胁资本主义制度的稳定。公共工程、救济支付和各种失业救济等必须齐备,以缓解极端的贫困、安抚“再调整”的牺牲者,免得他们对经济制度失去信心,相信它是“既强大又充满人道的制度,能够提供更多的物质财富和更好的生活质量”。[2] 不得不忍受的失业和产量损失的界限不是由自命清高的“个人尊严”或者广泛宣传的对世界不发达国家饥民的强烈关切所决定,那些界限取决于大企业的要求及其是否方便,以及人们对由垄断资本利益决定的经济政策的伪善和不合理性的忍受程度。

另一个可能的手段也许是用工作时数普遍缩短的办法削减产量。很显然,实现总需求和总供给均衡的这个办法——也即削减总产出的同时,维持充分就业——只有在现行的有效需求无力吸收由既定的工作周时数生产的充分就业产量时而表达出来的、人们对于商品和服务的真正饱和感的情况下才是合理的,不论是用于消费或是用于投资。这样一种饱和感尚不存在的事实——即使收入分配均等——不需要多作说明。而且,如果它的确存在,资本主义制度也仅仅在重压下才会容许工作周时作出十分缓慢地普遍缩短。因为,就单个资本主义企业说,工作周时的缩短导致了产量的下降,将意味着利润的减少。作为历史事实,工作时数从早期每天 16 小时减到每天 14 小时,再减到每天 12 小时,直到现在的每

---

① 1953—1954 年的衰退期间席卷美国经济的合并大潮为这个观点提供了极好的例证。

② 经济顾问会议:《1955 年度经济报告》第 3 页。

周 40 小时(在美国),是在对资产阶级进行了严重的对抗才取得的
230 并且反映了劳动强度的增大和一个世纪以来出现的生产率的增长以及不可抗拒的强大的劳工运动的兴起。[①] 毫无疑问,如果现在要进一步通过法律缩短周时,就将会和以前一样与资产阶级利益发生激烈冲突。而且,如果这样一个工作时数的缩短不与生产率的起码相应增长相伴随,而且实际由此导致了总产量的绝对下降(与这个讨论有关的唯一事实),那么,如果不是全部的话,很可能它的大量份额被转嫁到总工资上,换句话说,将不得不由工人阶级来消化。在这种情况下,工作周时的进一步缩短,既不会解决溢出的经济剩余问题,也不会为工人所接受。也就是说仍然有一段很长的路要走,才能使生产率达到一定程度,在这种程度下,合理有序的社会的欲望没有能比闲暇更为迫切的,于是产量的下降将是合适的过程。如果不顾这一事实,在资本主义条件下要通过工作周时的自动缩减来解决——甚至部分解决——持续存在的潜在的过量生产问题是不可能的。就政府而言,强制这种缩减的企图——如果这种企图竟然可能是对被资产阶级支配的政府所期望的——将遇到不仅来自企业方面而且也来自那些负担不起实际工资的削减的工人们的强烈反对。

由于产出的自动缩减既不可能,也不值得期望,政府创造的总
231 需求和总产出(在一个预先决定的就业量水平上的)平衡可以采取

① 即使如此,只有特别善于措辞的政治和经济群体才取得社会改革的大多数胜利。这些一部分是封建分子和正在上升的、由于对资产阶级普遍敌视而巩固起来的劳工运动的临时联盟(就如在大英帝国、俾斯麦的德国,以及欧洲的其他国家),还有一部分是资本主义秩序的重大危机,提供了从那些被削弱、被吓倒的资产阶级那里获得重大妥协的机遇(如本世纪 30 年代的美国)。

政府对个人的和/或公共的特殊消费予以补助的形式。其实,政府给予人们的资金补助,虽不能使他们的消费需求获得满足,但也不可能不增加总的有效需求。这种补助可采取许多形式,而且面向生活在法定收入水平以下的人或特殊群体,像农民、产业工人、退伍军人、大学生或者多(或少)子女的父母等。为了使这种支出导致相对巨大的总收入和就业的增长,唯一的要求是受益者首先应该是具有高边际消费倾向的人,即,应该是民众中的低收入群体。

然而,除了在严重的危机条件下,大规模的、给予个人消费的补贴总是与资本主义精神不一致,并且对统治利益集团最无吸引力。这类补贴对资本主义秩序的正常运转造成了许多极为有害的影响。给予个人的、无偿的政府汇款,不仅会提高工资水平的基础,给工资收入者一个最低的生计标准而不顾职业的差异、相应地改变他对收入和闲暇的相对评价;而且,也许同样重要的是,这种不劳而获的收入和资本主义相联系的道德与价值观念等基本体系是完全不相容的。普通人必须两颊流汗地挣得面包的原则,对于依靠钱的惩罚和钱的奖赏实现其凝聚力并发挥其作用的社会秩序来说,就是水泥和砂浆,天经地义。削弱为谋生而工作的必要性、分配大量免费商品和劳务,将不可避免地破坏资本主义社会的社会纪律,并且使统治集团的金字塔顶上的社会威望和社会控制地位受到削弱。[①]

① 那是因为当给予个人消费的补贴在需要缓解的极端困苦的情形下被接受时,接受它会招致严重的社会蔑视。一百年前伦敦著名的贫民院的悲惨情况恰恰是现代条件下的真实写照,虽然由于经常接受公共救济的人数大大增加,使与之相关联的耻辱对于有关的人来说变得更能忍受。

232 鉴于这些考虑对政府用于公共消费的补助的适用程度较小，在这种目的上的花费被认为是刺激经济发展的更可取的手段。通常包括用于建设的拨款在内，它比贡献于个人消费能更直接地增加对重工业产品的需求，并且在许多状况下产生了有价值的“外部经济”。在适当地区建造新公路明显地具备这样的有益含义，正确地设置邮局、学校、医院和类似的设施可能对企业很有用。无论是免费提供服务（有时这是事实），还是需要付费，这种公共消费设施既无物质上的也无意识形态上的关于个人消费补贴的缺陷。它们既没有对劳动者的工作意愿产生负面效应，也没有对它的价格产生消极影响，而且也没有干涉金钱至高无上的统治。

然而，政府能够用于此项目的金钱却是有限的。首先存在着高收入阶层的严重抵制，他们得以纳税的形式支持自己并不使用的设施的建设。[①] 而且，一些公共消费妨碍了既得利益集团的利
233 益：例如，低成本住宅的建造和贫民窟的清除受到了不动产部门院外活动集团的严重打击。而且，这类计划范围在任何时候都受到建筑业潜力的严重限制。可以肯定，那种潜力可以扩大，但是鉴于各种资源的不流动性和有关项目的临时性，这种扩大在短期内可能是困难的。了解到它们的业务量在几年内可能急剧减少，建筑公司不会轻易地被引诱去承担重大投资。并且，在当代大多数国

① 这也明显地适用于政府给予个人的消费补贴。这些人对于政府支持教育的吵吵嚷嚷的反对意见，就是这种态度的极好例证。十分有趣的是，这种来自那些或多或少地懂得其训练有素的劳动力的价值的大企业集团的反对意见，并不像来自那些很少用诸如“全球性的”术语来考虑问题的小企业那样多。

家,如果不是全部的话,就社会优先的排序来说,公共消费设施的大量扩展无论如何是不合理的。当急需清除贫民窟、建造学校、提供食品和衣服时,没有理由另外建造公路或纪念碑;如果从长期来看需要发展制衣业的话,那么使裁缝转业搞建筑是没有道理的。虽然比起在“修剪树叶”上的花费,即向毫无益处的受雇者发放工资的完全无用的花费来,政府公共消费支出更有意义一些,但它的合理性也许是可疑的。实际上也许更为重要的是,它几乎不能达到足以吸纳大部分经济剩余的规模。

这就使我们面对政府干预的第四个可能手段:投资于生产性的设施,因为如果有计划抑制总产量和当前消费的充足增长都是不可能的,那么扩张性投资就代表着唯一合理的途径,使得对产出的总利用能够增长到充分就业的总供给水平。可是,几乎用不着强调,在各种可以考虑的政府支出途径中,这个途径完全是垄断资本主义制度统治下的禁忌。确实,阻碍垄断企业自身把它的过剩利润转化为投资的所有考虑使它对政府投资更加不能容忍。无论
政府这样的投资是投向那些受有关的厂商利润最大化的政策所限 234
的垄断或寡头垄断产业,还是瞄准新兴产业的发展,在这里,或者其自身对垄断资本有吸引力或者其产量可能与现存的大企业相竞争——对于统治利益集团来说,都是同样不能容忍的。

政府被“允许”投资的地方是至今与所有的商业开发相距甚远以致和大企业利益无关的区域。事实上,在那里,政府承担的探索和试验的费用和风险是受到垄断资本的鼓励的。然而,如果并且当这种投资的最初阶段证明是成功时,它们的进一步发展和由此

带来的利润就必须迅速地被移交给私人企业。[1]

这样，剩下的就是政府行动的第五种方案了：全部的政府支出既不用于个人或公共消费目标，也不用于有效投资，而是用于各类非生产性目的。政府支出的这种途径，确实是最广泛也是在各方面最意味深长的。它使汇聚起来的政府预算的其他所有安排都显
235 得暗淡多了，并且构成了以防止垄断资本主义经济徘徊于“既定状态”的主要“外部刺激”，且能使其经常地引致繁荣和相对高的就业状况。为先进资本主义国家溢出的经济剩余所提供的这种出路，是与它的国际关系相关联的，鉴于它的无比重要性，对之需要作更为详尽的讨论。

4. 对外贸易、投资和帝国主义的竞争

以前，当我们谈及使总需求与总产出相等的可能性时，在经济学术语中通常指的是所假设的“封闭的体系”。然而一旦考虑到先进资本主义国家的国际经济关系时，情形便会有所不同。诚然，只

① “反对在原子能计划中给予自由企业更大自由的人指出，包括这个财政年度在内，有近 130 亿美元被美国纳税人花在原子能领域。他们大声疾呼，把这样的投资移交给私人企业是轻率的……我们不应忘记成十亿的巨额税款花在发展飞机、涡轮机和柴油机上以及其他工业上，后来都移交给了自由企业以求人类福利的改善和发展……由于最初的惊人费用，私人产业也许不能肩负起这个重担，这意味着在试验性阶段政府将不得不承担一部分初始费用。然而，取得必要的知识和经验之后，我们美国自由企业制度的天才将使它能运转得像它在政府参与时一样有效，并且接管这个产业发展规划。”国会原子能联合委员会成员，众议员詹姆斯·E.范·冉德特在美国工业第 18 次代表会议上这样说。该会由全国制造商联合会在 1953 年 12 月 4 日赞助成立(引自《每月评论》1954 年第 5 期)。

有当出口是为了换取货币黄金或者将货币收入投资于国外时,对外贸易才为经济剩余提供了一条渠道。若出口是为了弥补进口,乍一看,国民收入量及其相应的经济剩余量都没有发生任何变化。即使这样仅仅进行进出口交流对许多国家依然很重要。确实,在许多国家,只有存在足够的,但又平衡的对外贸易,才有可能维持"既定局面":只有通过对外贸易,它们才能获得那些为生产、消费和投资结构所必需的商品的"物质种类"。而且,通过开发新型的、更便宜或更优质的原材料、燃料等,即使平衡的对外贸易也能产生新行业、新技术或新产品,它们又可以刺激追加投资。同理,通过扩大个别企业产品的市场,对外贸易可引起在其他条件下不可能发生的收入和投资的增加。[①] 还有,我们把对外贸易作为一个动态因素、作为帮助资本主义经济摆脱"既定局面"的动力源泉,其意义主要在于它为资本出口提供了机制。[②] 236

但是,这只是我们所讲的问题的一部分,甚至还不是关键性的一部分。在资本主义国家中,对外贸易也像其他贸易一样是通过单个厂商进行的,并且,单个厂商并不考虑"全球性"影响,也不关心他们的经营对经济整体的影响。若要理解单个厂商的交易活动对国民收入和就业的影响,那么必须回答的问题是:在不同的历史条件下,这些交易活动的相互作用会产生什么结果?

在竞争性资本主义制度下,商人们急于向国外销售自己的产

---

① 在均衡贸易的条件下,此种在经济上的效果总的说来是更不确定,因为出口工业的扩张能被由进口商品进入其市场所影响的工业收缩所抵销。

② 货币黄金的进口在许多方面不同于资本的出口,它的数量受自然限制,它对单个厂商不构成任何投资活动,相应地也不产生收益,等等。但是,在这里,我们同样把它当作资本出口来对待。

品。若国外市场上的价格比国内更诱人,预期收益更高,竞争性的厂商会想尽一切办法进入市场,以便提高其平均利润水平。同样,如果进口品能在国内或国际市场上出售并能获利时,他们也渴望从国外进口原材料和各种产品。但是在竞争性条件下,有某种自发性机制严重限制着对外贸易活动。这种障碍就是国际收支平衡,如果一个国家的资本家倾向于向另一个国家出口较多的商品而进口较少时,那么人们就会对正在形成中的支付不平衡的状态迅速和自动地做出反应。无论经济活动水平的变化还是赤字国家
237 的黄金流出量的变化都会带来价格水平的下降,并因此限制进口(鼓励出口),或者使货币贬值(还可能引起关税结构的适当变化)也同样能达到此目的。两个国家的单个资本家——盈余国家和赤字国家——通常不处于对这个发展施加影响的地位,但不管愿不愿意,他们都必须把它当作一项事实加以考虑。

同样,发生在竞争性资本主义制度下的资本出口大体上是许多相对小的资本运动的结果。确实,拥有相对少资本的竞争性厂商一般不能从事资本出口,凡是资本出口,都或多或少地与偶然的历史事件有关。因此,19 世纪上半叶,英国的资本出口与英国侨民向帝国的各个角落的迁移紧密相关(在那里,他们借助从国内带来的钱安置下来),并与那些具有冒险性的商人把他们国外的资本当作短期周转资金使用的活动紧密相关。[①] 与此具有相同性质的

① 拉格那·纳克斯的有趣的文章:"从 19 世纪经验的角度看当今的国际投资问题。"《经济学杂志》(1954 年 12 月号),不必说,这儿的讨论不涉及从其他政府或在私人资本市场上得到的政府借贷,而这些借债在很大程度上是出于政治上和军事上的考虑而促成的。

是“有价证券”的投资,建立在一个国家的企业中的股票被另一国家的居民所拥有。所有这些都不占主要份额,也不代表在对外投资中的系统努力。

在垄断资本主义制度下,像其他许多方面一样,在这一点,各种事物呈现出一个完全不同的局面。在成本迅速递减条件下运转的垄断性和寡头垄断性公司比他的竞争性的前辈更急于向国外扩大销售。事实上,即使外国市场上流行的价格比国内的低,它仍发现推进出口,实行价格歧视仍是有利可图的,因为这些歧视性的价 238
格削减并不影响它在国内市场中的地位。同时,从事大批量生产,并作为原材料的大规模买主,它不能仅仅偶然性地对其商业活动必不可少的进口品的供给与价格发生兴趣。它必须寻求和开发外国的供给来源,并在对“来源国”投资的帮助下努力去获得尽可能近于垄断性的地位——由于有大量可供支配的资本,这些投资很容易地提供。

事实上,竞争性的小公司过去所面临的(和仍面临着的)无能为力的情况现在易受大公司的操纵。多少有些自动运作的收支平衡机制,即不计其数的公司的均衡的进出口活动和大量的相对小的资本数量均衡的短期和长期运动,不再成为垄断性或寡头垄断性公司的努力的客观障碍。如果它的出口遇到进口国的国际收支逆差的阻挠,它有能力大量贷款给其买主,或有能力引诱强大的与其相连的金融机构,帮助它提供必要的资金。如果进口国的政府企图采取货币贬值或其他限制进口的措施,公司能施加自己的影响或联合许多大企业共同施加压力来阻止这些不友好的方针。如果它可能必需的原材料在来源国中供应不足或受其他一些出口市

场的吸引，它可能在来源国中进行大量资本投资以获取这些原材料。

垄断资本主义制度下的资本出口并非一帆风顺且能很容易地占据越来越大的份额。相反，不仅阻碍国内投资的某些力量也削减国外的投资，而且在私人资本出口的路途中还有许多障碍。垄
239 断和寡头垄断厂商（及与其相联系的财团）在国外投资的动力必定受到其总的商业政策的限制。他们很少倾向于把资金投放于境外那些仰赖外国市场需求的工厂和设施上。很自然，他们宁可把他们自己的边际成本很低的产品出口到那些市场上去。他们的兴趣也不在于促使外国原材料的开发使其达到最优产出。在这个方面进行的投资量很大程度上取决于投资公司在自己的工厂能使用的原材料的数量或将之用于在本国或其他地方有利可图的用途上。

但是，这意味着，为人熟知的垄断和寡头垄断条件下的利润最大化原则——不“纵容市场”，不与强大对手进行无情的竞争，等等——像对国内投资一样，适用于对国外投资。而且很明显，与此相关的公司的规模越大，它们在国民经济中或在世界经济的任一特定分支中的重要性越大，它们越有能力去评价任一特定市场的结构，它们在其投资决策中也就会更加小心谨慎。

但是，除了这些“正常”的投资障碍，对外国投资来说，还有其他一些同样有效的障碍。即使先进资本主义国家中一家公司的国外投资形势看好，它也必须从与外国投机相联系的政治与社会不确定性的角度对其斟酌。在帝国主义时代，战争时期和国家与社会动乱时期，这些不确定性会明显增加，由此而来的资本出口的风险会使其对可能的投资者的吸引力大大降低。对军事混乱、暴乱、

骚动与革命、国有化措施的恐惧和对其他国家中的外汇和外贸管制的恐惧必然对国外投资数量产生压抑影响。

但具有深远的甚至划时代意义的是垄断和寡头垄断行业不必
被动接受这些对外国市场扩张和资本出口的限制。对于在本行业 240
(甚至本国)的总产出中占有相当大的份额,控制着一大笔财富,而且有广泛的联系与深远的影响的一家大公司来讲,它能独自或与其他类似的康采恩相联合,在政府的对外经济与政治事务中起到与在国内政策决定中一样大的作用。[①] 因而,在国际舞台上,先进资本主义国家的一家大公司在实际操作中,不仅可运用其自己的强大经济实力,而且可仰仗其政府所拥有的大量的资源。

能得到政府这样的支持,大大提高了垄断和寡头垄断厂商应付存在于对外经济活动中的困难的能力。至于国际市场结构所施加的限制,政府的支持大大增强了其竞争力。无论如何,国际市场结构的稳定性一定都会比单个国家的市场结构更弱。自然地,世界经济中寡头垄断厂商的数目比单个国家中的多,普通的金融管制,连锁董事会,等等则更少见。因而,不同国籍的寡头垄断厂商之间的竞争的遏制也更不显著,在世界经济中,寡头垄断厂商避免采取扩张战略的考虑也不像在一国之中那样令人相信。[②] 但是,
在世界市场的竞争性抢夺中,每个巨大的寡头垄断公司都能依赖 241

① 对第一次世界大战前大国的对外政策所受大公司的支配作用所作的精彩的和全面的分析参看 G.W.F.哈勒格登《1914 年的帝国主义战争》(慕尼黑 1951 年 3 月)。

② 一个国家的寡头垄断行业的成员几乎很少在世界市场中相互竞争。在国内会削减其有效竞争的考虑同样会适用于其对外活动。实际上,更为经常的是,一国的寡头垄断者会通过建立辛迪加、购买集团等在世界市场上联合经营,美国的反托拉斯法甚至专门规定了这样的联合。

其本国政府，这进一步削弱了那些在单个国家中造成市场结构稳定性因素的影响。由于能依赖其本国政府的经济、外交和军事力量，寡头垄断厂商在世界市场上的活动总是想要占有更大一份市场或为投资寻求更多的出路。对饱受收支赤字之苦的进口国家的买主实行转让赊卖，这在商业上看来是不合理的，这时垄断企业能使其政府或者提供必要的贷款和补助金，或者承担由进行担保而带来的风险。当消除或削弱来自另一国家中的竞争性厂商的活动所必需的费用非常大时，垄断公司几乎总能够把它们转嫁给本国的国库。或者因为原始勘探成本太高，或因为预期获利能力不足，来源国的原材料开发中的投资不能吸引一家公司或财团时，其本国政府总能被说服来承担全部或其中的一部分财政负担。[1]

政府对大公司在世界经济中竞争的支持不能以另一种方式影响局势。该公司的本国政府对一个弱小国家在政治上、经济上与军事上所施加的压力会排斥来自另一国家的竞争者进入该国市场。垄断厂商的政府给该国的贷款，将以改变竞争平衡使之决定
242 性地有利于垄断厂商为条件。[2]

① 参见我的文章《富裕的更富裕》，载《国家》(1953 年 1 月 17 日)。

② “在世界上的某些地方，美国的公司必须与外国政府坦诚地、公开地做生意，无论美国国务院有无提供帮助。比如说，在委内瑞拉做生意的美国石油公司，在智利做生产的制铜公司，在多米尼加共和国做生意的制糖公司，都直接与这些国家的主管当局打交道。尽管公司运作远不相同，但看起来绝大多数美国公司宁可直接地与外国政府打交道而不愿通过美国大使馆或外交官与其打交道，尽管在某些情况下外交人员会有所帮助。一些较大的公司有关美国外交官员的态度和能力的连续而又详细的报告，这些报告按照它们在推进或保护公司利益方面的可能的有用性来评价它们。”小 A. A. 鲍莱：《二十世纪的资本主义革命》第 131 页及以后各页(纽约，1954 年)。应当说明，鲍莱教授的背景使他的作证特别有力，在 1938 到 1944 年间他是助理国务卿，1945 年到 1946 年间他是美国驻巴西大使。

类似地,在帝国主义政府的帮助下,可以成功地克服外国投资中的障碍,不论这种障碍是来自于政治的不稳定、社会剧变的危险,还是来自附属国的国家政府的任性。一家巨大的公司不仅对于一个弱小的国家常常是其出口商品的主要购买者或其进口品(和/或贷款)的重要来源:它独自或利用本国政府的相应设施就能积极干涉弱小国家的内政,就能收买、任命或废黜其政府,也能成就或毁灭其政治家。[①] 而且如果需要,帝国主义国家的军事潜力还可用来保证垄断企业的活动"自由"。

所以,在世界舞台上,寡头垄断者之间的竞争在更大程度上变成了帝国主义国家之间的力量较量。其结果不仅取决于竞争公司的力量,而且取决于该国的政治和军事潜力。一国中被政府支持的垄断和寡头垄断企业,在对外贸易和对外投资的发展中所受到的限制,来自于别的国家中的被政府支持的垄断和寡头垄断企业的阻挠,来自于非独立国家的民族的抗拒,也来自于国内的社会和政治条件是方便或阻碍了政府对大公司利益的屈从。 243

这必定使单个资本主义国家得自对外贸易与投资上的利益产生相当大程度的流动性。国内政治发展的不平衡与国家力量增长的不平衡(和工业团体与财团的力量的不平衡)决定了世界经济中各国相对地位的连续变化。不稳定的和平和安定时期之后,很快就会出现动乱与摩擦。卡特尔和限额协议条件下的"正常的"共存让位于激烈冲突和公开战争。因此,发达资本主义国家受到的来

① 这样的例子非常普遍,以致我们随意就可举出几个。无论我们观察英国还是美国与一些近东国家,与拉丁美洲或与东南亚国家的交涉,帝国主义操纵弱小国家的政治的模式是不变的,下面我们就要谈这一点。

自其对外关系的刺激的强度不仅在各国之间不相同，而且在各个历史时期也各不相同——一个时期对一国是最显著的，另一个时期则对它的竞争对手来说是最明确的。

5. 对外经济关系，工人贵族和帝国主义的完备意义

通过对外经济关系自动被吸收的经济剩余的数量远远没有给出一个甚至是近似地测量关于它对帝国主义国家经济的重要性的标准。颇为重要的是这些关系对先进资本主义国家的政府活动的范围和性质的影响。确实，如前所述，帝国主义国家中的垄断和寡

244 头垄断企业在世界经济中的竞争性地位很大程度上取决于其政府方面有组织的和全面的支持。在一个世纪或两个世纪前玩弄的把戏在目前已没有用了。外交部偶尔发出的愤怒照会甚至派出战舰相威胁——在过去就常常足以使一个非理智国家与一个强国的商人的关系“正常化”——今天都不再是描述必要的政府干预的范围。现在所要求的是，在经济上给有关国家以大量的政府贷款、赠款和“技术援助性”拨款，在政治上尽可能多地在世界各地建立军事基地，以保证当地能有政治和社会的安定、顺从的政府和适当的经济与社会政策。但是，在任何给定时间下，以此方式得到的平衡是高度不稳定的。小的和大的战争表明世界局势对竞争性力量的变化着的潜力的重新调整——这只会导致新的不稳定平衡。

垄断资本主义制度下的社会经济组合迫使公众、相关官员、议员和知识分子领袖执行帝国主义政策。50 多年前霍布森的著述

已给了一些与此相关的机制的知识。[①] 然而，尽管他的见解给人
印象深刻，但它并没有完全看透这个问题的复杂性。在推进垄断 245
性行业使先进资本主义国家本身心甘情愿地充当其对外利益工具的辉煌成就中，最具关键意义的是这些政策不仅而且基本上不是建立在群众的头脑模糊、政府官员的腐败与政治家的背信弃义的基础上。列宁已清楚地认识到，在帝国主义国家中，帝国主义政策可能实际会使普通公民得益。他注意到“工人贵族”分享垄断公司超额利润的事实。[②] 恩格斯在给马克思的一封信中(1858 年 10 月 7 日)更全面地勾画了这一点，他预言性地写道：

“英国的无产阶级实际上日益资产阶级化了。因而这一所有民族中最资产阶级化的民族除了资产阶级，似乎最后还要有资本主义化的贵族和资产阶级化的无产阶级。自然，对一个剥削全世界的民族，这在某种程度上是合理的。”[③]

确实，帝国主义政策的果实并没有全部为先进资本主义国家的富豪顶层及其直接附属和随从所占有，而且还大大影响垄断资本主义制度下的整个社会的生存。

---

① “整个过程的控制性与领导性的代理人……是迫于金融与产业动机方面的压力，其运作是为一国中的小型的、有能力的和组织良好的集团谋取直接的、近期的物质利益。这些集团或通过在业务计划中与其直接联系的方式，或通过唤起支配阶级成员的保守本能的方式来获得掌握‘政党’权力的政治家与政治集团的积极合作。通过将政治能量的潮流从国内转移到国外的方式，这些集团的既得权益与阶级统治得到了最好的保存。有时通过号召文明的使命的方式，主要是通过利用人类的原始本能的方式，在对其自身利益密切相关的政策的制定过程中来获得一国主体的许可，甚至是积极的热情的支持。”J.A.霍布森，《帝国主义》第 212 页(伦敦，1902 年)。

② 列宁：《帝国主义是资本主义的最高阶段》(见《列宁选集》第 2 卷第 825 页，人民出版社 1972 年版)。——译者

③ 《马克思和恩格斯书信选集》第 108—109 页，人民出版社 1962 年。——译者

在这里,重要的不是帝国主义国家从对外贸易和投资中获得的收入与就业量的多少,即使它们对与此相关的单个公司或团体极为重要,它们也不必太大。[1] 实际上,只要推行帝国主义政策的“主要”考虑是与对外经济活动直接相关的利益,那么他们的政治
246 基础及其意识形态的合理性就不可避免地有些不可靠。除了在极短的时间内,仅仅通过纯欺诈和行贿受贿的方式来操纵一个发达国家是不可能的。白人负担哲学和种族优越信条也不能长久在帝国主义可怕的人力与物资消耗与一小撮大企业的丰厚利润的惊人差别面前站得住脚——这个差别只能使帝国主义制度的代言人丢脸,推翻了他们伪善的、欺骗性的谎言,将二者限制在帝国主义政治与“文化”的侵略主义的边缘。

在不仅考虑帝国主义政策对发达资本主义社会的利益的影响,而且考虑其全盘影响时,对这个问题的看法便会完全不同。对所谓友好属国的政府的贷款和补贴,为“保护”海外领土或推行某种海外政策所必须的军事机构设置方面的开支,以及为在它所支配的地区和在其他一些竞争性或“不确定”的资本主义国家中进行宣传、颠覆和进行间谍活动而设置的庞大机构方面的支出——所有这些都达到了惊人的数字。尽管这些支出占国民生产总值的一大部分,在美国,过去 10 年的平均支出为国民生产总值的将近 20%,但它们的重要性并不能完全从这个比率上得到反映。当认识到这些支出所吸收的经济剩余比它更大时,其重要性会更明显。

---

① 但是,一个特殊的例子是英国,在英国,对外贸易和投资构成了国民收入的主要来源。

这种经济剩余的利用方式对发达资本主义国家收入与就业水平的影响远远超过对外经济活动本身的收入与就业创造效应。与前者相比,后者实际上只具有偶然意义——一块游石能使一块巨大的岩石运转。

帝国主义政策的工具几乎使其原来的全部目标黯然失色,这一事实有其深刻含义。帝国主义政策上的资金支出为过剩的经济剩余提供广大的出路,它成为政府的"耗尽的支出"(*exhaustive* 247
expenditures)的主要形式,成为为达到充分就业而进行政府干预的核心。确实,这种形式的政府支出是一种完全为垄断资本可接受的形式。它支持大规模的企业,在不干预其正常市场的情况下为其产出提供追加的需求;它没有其他各种政府支出所固有的缺陷,同时,它还保证高的利润水平和必要的就业水平。因而,帝国主义政策及与其相联系的军备费用的连续甚至扩展不仅得到来自其直接受益者的支持:即从受政府支持的国外交易中获得巨大利润的公司,其业务是为政府提供军事设备的公司,不急于从其丝毫不艰巨的岗位中摆脱出来的将军和元帅;在其存在归功于这些政策的各种组织中找到用武之地的知识分子和从其垄断性公司的餐桌上取得残羹剩饭的"工人贵族"。为了军事目的而进行的大规模政府支出对整个社会来说是必不可少的,对其工作和收入取决于保持高水平的商业活动的所有阶级、团体和阶层来说是至关重要的。

在这种情况下,垄断性行业为一方的利益与基础性人口为另一方的利益之间建立了一种意义深远的和谐的关系,"人民帝国主义"的统一方案——使用奥斯卡的贴切措辞——是"充分就业",把这个方案印在旗帜上,垄断性企业会不费吹灰之力地获得大众对

其独家统治的支持，获得对政府实行公开的和全面的控制，并毫无疑问地能决定其对内对外政策。这个方案对工人运动有吸引力，能满足农民的要求，能使公众满意，并把对垄断资本制度的所有反对消灭于萌芽状态。

248

6.短期的稳定

但是，经济繁荣和社会与政治的结合中闪光的一面常易使人误解。它可能使人觉得，垄断资本主义制度的生产过剩和就业不足的基本问题已得到控制，体制的稳定与运行已“大体上”使人放心。这种总是以一种或另一种方式包含在资产阶级经济学中的关于资本主义的观点，在当今凯恩斯主义充分就业理论家的手中得到最高度的系统的阐述。面对持续的过度积累和经济剩余出路的不足，掌握了短期收入决定理论的凯恩斯主义者，声称任何支出都将促进繁荣，任何剩余的利用都将提高公众福利是经济学的基本常识，并对这个深奥的见解表示满意。[①] 如果被至多只能被视为一个较小的罪恶但却被大肆宣扬为绝对的好事这样一个明显的非理性处境所困扰时——尽管对备战方面的支出这样说是完全不真实的——这些经济学家会求救于“早已准备好的主张”，强调无论

① 对马尔萨斯的评论，李嘉图注意到，马尔萨斯的观点将意味着：“为了未来的生产，非生产性劳动者像火一样必要且有用，火将在制造商仓库中消耗着那些否则就要被非生产性劳动者消费掉的物资，”并补充说“我无法用言语来表达我对在这方面提出的种种主张的惊讶”。《李嘉图全集》第2卷第421页和423页（P.斯拉法编，剑桥，1951年）。

怎样获得的收入与就业的增加都会引起总需求扩大,因而能增加消费和由于市场的逐步扩大而引致的投资。这可能是“实际才智”的发挥所能做到的荒谬事中的最好不过的一个例子了。难道指着由大量人力资源和物质资源的浪费所带来的副产品——一定量的消费增加和不定量的投资增加,就能成为证明这种浪费是正当的 249
理由吗?[①]

但是,经济学家的非理性不仅是他们正在寻求为其服务且使其不朽的社会经济制度的不合理性的反映。[②] 它是整个意识形态组织的一个重要组成部分,这些意识形态使人们适应垄断资本主义制度的要求。的确,在“任何支出都是好的”原则的庇护下,所有关于资源利用合理性的探究都变得毫无意义。无论其性质、生产能力或其对人类福利的推进如何,垄断性行业的任何支出不仅由于通过了关于盈利性的严峻考验而变得神圣化了,而且也因其对收入与就业的维持是必不可少的而变得神圣。[③] 同时,这个原则通过把政府支出合理化,如使其成为受人欢迎的能带来经济活动的必要扩张的总需求的一个补充物,使人们将政府支出的性质与

① 在出现大量过剩能力的情况下,由消费者的需求增加所导致的“引致性”投资的数量将非常小,并且主要表现在存货的增加上。

② 因此,几年前由S.E.哈里逊编辑整理的一系列由主要的凯恩斯主义者所著的关于充分就业及有关问题的文章被命名为《救救美国的资本主义》。

③ 顺便说一下,尽管凯恩斯本人基本上属于在社会科学的殿堂里理性还未完全被排除的时代,但他在这个问题上是相当含糊的。一方面,他说:“实际上并没有明确的事实表明那些于社会有益的投资政策也恰好是最有利可图的。”《就业、利息与货币通论》第157页(伦敦,1936年)。另一方面,他说“没有任何理由假设现行的体制严重误用了那些正在使用中的生产要素……现行体制只是在决定实际就业的数量上,而非其方向上垮台了。”出处同上书第379页。

目的一概置之度外。

确实，将经济剩余很大部分用于军事目的、堆积物资及加倍雇用非生产性工人等有组织的浪费，能为垄断资本主义经济提供必要的“外在动力”，能充当对萧条的直接补救办法，能止住蔓延的失
250 业所带来的疼痛。但像许多其他的麻醉剂一样，其适用性受到限制，其影响也是短暂的。更糟的是，它还经常恶化病人长期的身体状况。

一定量的政府支出能将收入与就业提高到一个新的水平，而当对政府的军备需求直接产生反应而进行一定量的私人投资时，这种增长就会加强：军械行业不断需要新的生产性设施建设，快速的技术性变化和最先进的生产工具与方法的尽快引进。[1] 随之而来的总需求的扩大反过来会使面对资本主义企业的市场扩张。原先，产出的增加会导致价格下降和利润减少，而现在可以避免这些不良影响。这刺激经济中的垄断性和竞争性部门中的投资——在前者中主要是改善机器和扩大生产能力方面的资金，在后者中主要是建立新公司。[2] 不必说，这样增加的总生产设施，同如果浪费掉的经济剩余量原先被用于合理分配的投资方面相较，无论在数量上和结构上都是不可比拟的。然而，在一个像美国这样富裕的国家中，即使这种“引致性”投资也具有重要意义。它使生产能力

① 如以前一样，军火业现在变成一个长久的“新产业”，为投资资金提供了一个广阔的出路——它拥有一种特别的优势：即政府愿意承担其初始调查，开发与试验所带来的所有风险与成本。

② 应当说明的是，经济中垄断与寡头垄断部分的产出增加几乎会自动地引起半独立企业在数量上的某种扩张，这些企业在大企业王国的边缘上竭力维持其多少得到满足的生计：汽车修理和服务站，食品杂货业和干洗业，保险经纪和小型借贷公司。

大大提高,使其远远超过没有净投资时所能达到的程度。如果原
来估计用更现代化的、效率更高的设备替代原来的机器将会使每 251
人每年的生产率提高1.5%的话,在“外在动力”的影响下,这样的
净投资将会使每人每年的平均生产率提高3%。这意味着既定数
量的产出的生产所需要的就业人数每年将缩减3%。如果考虑到
每年劳动力的自然增长在1%以上,这反过来又意味着,伴随着任
何给定的物量产出的再生产的将是每年有4%以上的劳动力失
业。很明显,以这样的速度进展的失业将会呈现更大的比例,它将
会大大超过被认为是“理想的”的产业后备军的数量。换句话说,
如果要维持“充分就业”——即使把统制利益集团认为是必要的无
论多少失业人员考虑在内——产出必须连续增加,以保持与生产
率的提高与劳动力的扩张相适应。

但是,这使我们回到开始的问题上。一旦体制已与新的收入
与就业水平相适应,则新的水平再次成为我们原先讨论的“既定局
面”的特征。总需求稳定下来了,垄断性和寡头垄断性企业再次达
到产出与价格的最优状态,而且经济中的竞争性部门也再次回到
过分拥挤和低利润的境地。然而,若政府支出的注入所引起的收
入增长足够大,不仅可以使爱冒险的小商人产生一种乐观和“自
信”的心情,而且可以使一向谨小慎微的公司管理人员以为扩张是
没有限制的。在这令人振奋的情形下,生产能力的增加会比新的
总需求水平所能保证达到的水平还要高。虽然追加投资本身会带 252
来收入的增加,但随之而来的需求的扩大并不能与生产能力的扩
张保持同步。过剩的生产能力不仅在经济中的竞争性行业,而且
在垄断性和寡头垄断行业中都变得更加明显。因而,先前经济制

度所遇到的问题，现在以扩大的和更尖刻的形式呈现。因为在新的“既定状态”下，过剩的生产能力变得更大，投资的引致力也相应较弱，而社会的经济剩余不仅在绝对数形式上更大，而且占总产出和总收入的更大份额。后者主要是由于政府支出必须融资的方法问题，这需要作一些详尽的说明。

7. 通货膨胀、税收和增大的剩余

首先应记住，目的在于达到预定的就业水平的政府的政策必须支出足够多，使其能填补由此收入水平产生的实际经济剩余和在此条件下发生的私人投资数量之间的缺口。很清楚，预定的就业水平越高，这个缺口就越大，所需的支出也就越大。筹集这笔费用的最简单而又传统的做法是通过印刷钞票或通过从企业、金融机构和个人那里借钱而引起直率的预算赤字。尽管这种方法看起来是可行的和没有问题的，但是，无论多么长一段时间，它几乎都是行不通的。如果政府支出是用于生产性投资上，那么与公众手中不断增加的现金或准现金余额相对应的将是产出数量的稳定而又迅速的增加。但是，当政府支出的大部分不是用于生产性设施的建设上，而是用于军备供给和类似的“资产”上，则政府支出的赤
253 字融资一定会不断提高公众手中的现金和准现金与现期生产的适销对路的产出间的比率。这反过来会产生不断增长的通货膨胀的威胁。在意外情况的影响下（尤其是战争及与其相伴的物资缺乏的威胁下），现金和准现金的积累余额可能在突然间会寻求向有形货物的转化——而囤积居奇的投机行为则减少其供给——并引起

经济中的挤兑性膨胀。尽管在通货膨胀的影响下,利润增加,收入分配向有利于资产阶级的方向移动,但资产阶级本身也不愿意承担由通货的购买力下降所带来的后果。削弱合理计算的可能性,耗尽公司与单个资本家的流动资产,通货膨胀——这可能是关于企业的最坏的特征——危及现代资本主义的精心制作的整个借贷结构,并对银行和金融机构造成极大的威胁。[①] 而且,由于通货膨胀引起了贷款人和借款人利益之间的分裂的加深,剥夺了新的中产阶级和**有固定收入的人**,并降低了工人的实际收入,所以,它严重削弱了政府的权威,瓦解了资本主义秩序的政治和社会之间的内聚力。不用说,通货膨胀及其后果的威胁逐渐变大,赤字药方使用得也更频繁。达摩克利斯之剑变得越来越重,其落到经济头上的风险也更令人望而生畏。因而这种手段在使用中必须极其节制,它只能被用于关键的时刻,如战争和特别严重的萧条。正是政府支出的目的——军备——使赤字预算成为一种增加战争危险性的不适当的筹资方法,这时的通货膨胀压力变为最大。

所以,作为长期政策,为维持已定的收入与就业水平所需要的
政府支出至少必须与税收收入相匹配。但这意味着,政府支出必 254
须保持在划定的范围内。因为尽管它吸收了一部分经济剩余(以公司利润和个人储蓄的形式),但是它具有的资本主义制度下通常使用的税收机制的性质,使它必定也减少了消费支出。所以形成了一个矛盾,即政府为维持理想的收入与就业水平所必须支出的

---

① 熊彼特甚至认为一个运行良好的信贷机制对资本主义制度的运作是必不可少的条件。

经济剩余量越大，它形成的剩余也越大，因为它夺取了在其他情况下可能用于消费支出的部分收入。只要税收总量是“合情合理”的，事情都好控制。如前所述，垄断和寡头垄断企业可以把其全部或一大部分税收负担转嫁给产品的购买者。因而被排挤出体制的追加性经济剩余来自于经济中没有享有这种有利地位的竞争性部门和组成大多数人口的“价格接受者”而非“价格制定者”——这里引用西托夫斯基教授的话。[①] 被允许增长的负担是多大只能通过反复实践来决定。一方面，它明显取决于其在不同收入集团间的分配；另一方面，不能忘记的是，伴随着由此而引起的一部分人的实际收入的减少，它也影响另一部分人的实际收入与就业的扩大。从总体上看，在既定的适当的政治环境中，利益平衡的结果是可以维持较长时期的高水平税收。[②]

255 若为达到预定的就业水平（更不用说真正的充分就业）所需的政府支出变得很大而且还要在预算平衡的框架内筹资，上述的情形就会有很大的变化。尽管这样一种安排在技术上不是不可能的，但实际上是完全行不通的。[③] 正因为政府支出的性质是这样，它将把总产出的很大一部分用作军备开支和类似的非生产性目的——同时，“国有化”和“重新分配”国民产出中的剩余部分。在这种情况下，垄断和寡头垄断企业的税收债务的转嫁就变得极其

① 所以这些人属于典型的极力要求降低税收的阶层。

② 那种环境的连续生产与再生产在这一方面不仅成为垄断资本主义政治上迫切需要的东西，而且也是其经济上的必需品。

③ 保罗·A.萨缪尔森在《收入决定的简单数学模型》中对这些争论作出了一个很好的概括，另外，还有在劳埃德·梅斯勒等人的著作：《收入、就业与公共政策：表彰阿尔文·H.汉森的文章》（纽约，1948年），以及在那里提到的有关文献。

困难,如果不是不可能,而竞争性企业、新的中产阶级、农民、工人和其他团体要承担的税收负担简直可以说是难以承受的。资本主义制度中,这种政策对社会稳定所产生的影响及其引致的政治危险,将比那些来自于持续的通货膨胀的影响更坏。

但是,我们还未提到一种意在提高收入与就业水平的政府行为,一种与企业和公众最为连心的行为。这就是通过减税提高总需求。由于政府支出数量不变,所以这种方法常被授予“没有支出的赤字”的称号。很明显,像其他形式的赤字融资一样,它也受到同样的反对。更为严重的是其功效有限。这是由税收增加所产生的影响与其减少所产生的影响之间的不对称引起的。在先进资本主义国家现行生活标准和现行的税率习惯等划定的范围内,前者至少在短期内一定会使经济剩余增加。因为税率提高,一些经济 256
剩余——部分利润与储蓄——被政府获得。但是,与之同时,减税所带来的额外的收入只能“转换”成经济剩余——否则,这一部分收入将用于消费支出。事实上,资本主义制度下的税收政策的本质在于把私人占用的经济剩余充公的税收份额降到最小,并同时增加构成追加经济剩余的份额。这条基本原则虽然是资本主义税收减少的基础。它们是这样计算的:使归私人占用的经济剩余的数量最大化,使经济剩余释放出来并供消费使用的数量最小化。[①]

因而,通常所采取的减少税收对市场的消费水平并不产生影响。为达到这个目的,他们将必须应用于对大部分消费者,即低收

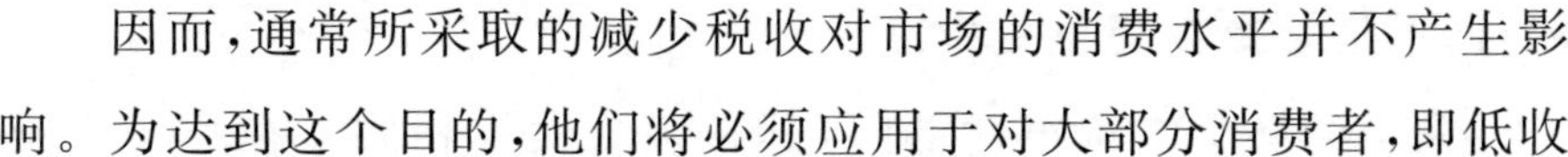

① 不等量递减的减税政策在政治上总是比不等量递减的增税政策更易侥幸成功的事实也大大促进了这一点。因为前者对任何人都没有增加新的负担,所以比后者更少被人注意。

入集团实行的纳税义务，他们将不得不采取高免税，取消大量消费品的消费税等形式。这里，几乎不需要重复说，资产阶级并不推崇这种税收政策，而且近来（和最近）一段时间所采取的减税政策并没有遵循这种方式。但是，减轻较高收入阶层的税收负担将对消费者的总支出产生很小的影响，它反而会以个人储蓄的形式增加经济剩余的数量。①

257 也没有足够的理由相信降低利润所得税和由此而来的私人占用经济剩余的提高会严重刺激私人投资。如前所述，垄断资本主义制度下的私人投资不足并不能归因于可投资资金的不充分或利润水平（税后）不令人满意。实际上，发达资本主义经济中过多的利润和可投资资金的过剩是经济中垄断和寡头垄断部门的特点。而与之相伴的是经济中竞争性部门的利润低下和资本短缺。所以，若没有总需求的全面扩张，降低利润所得税将不会刺激垄断和寡头垄断厂商的投资。他们不愿意投资，并不是由于现时剩余的贫乏或资本的短缺。在这种情况下，减税所能达到的目标或者是允许较高程度的内部融资——无论如何，这种投资是经过深思熟虑的——并因此剥夺一些个人储蓄将投资于证券发行公司的有价证券上的机会；或者规定较高的保留盈余和/或者较高的股利支付。在这两种情况下，减税都有可能增加公司与个人储蓄（联合的）而不是导致投资量更大。

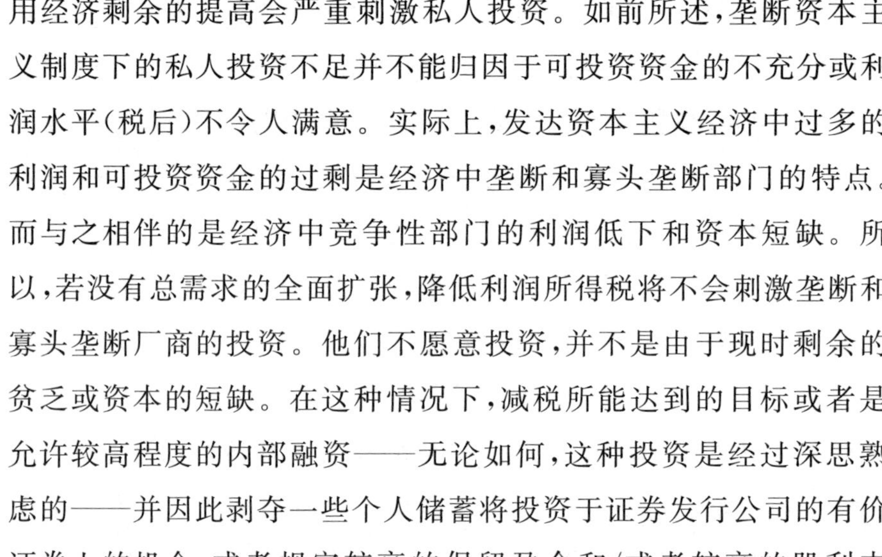

关于经济中的竞争性部门，其影响会大不相同。在竞争性部

① R.A.马思格瑞夫和M.S.本特《关于消费与储蓄的选择性税收结构的影响》见《美国经济评论》（1945年6月号）和R.A.马思格瑞夫《充分就业的选择预算政策》见《经济学季刊》（1945年6月）。

门中,如果以前的投资是为不满意的预期利润或可投资资金不足所阻碍,那么减税确实能带来投资的扩张。但是,从经济中竞争性部门相对低的资本密集程度及其长期的相对缩减的角度看,这样的扩张能否足以对整个经济产生显著影响,仍令人怀疑。意在推进向分配与服务行业等已塞满的领域及类似的竞争性活动投资的政策的合理性更令人怀疑。

绕了一个大圈子,现在我们回到问题的开始,引致初始扩张的 258
政府支出不论以何种方式筹集,其结果不仅是总产出的增加,而且,经济剩余的绝对数量及其在国民收入中所占份额都会增加。[①]因此,如果要避开下一期的失业增长,利用的经济剩余(企业的和/或政府的)不仅必须保持在一定水平上,还必须增加。但不能预期从私人投资中获得类似的必要增加。相反,如前所述,一旦收入与就业已达到一个新的高度,私人投资就趋于停滞。更糟的是,增加了的超额生产能力使体制对进一步的政府支出的刺激变得不敏感了。一旦大的军械行业建立起来了,一旦增长的需求和"自信"带来了大量的投资,进一步的"引致"投资的可能性会变得更小。同时,政府可能的支出增加,预计是建立于税收增加的基础之上。这反过来意味着将进一步降低消费,扩大经济剩余,经济的稳定将进一步依靠政府支出。[②]

① 这方面一个很好的例子是战后美国的发展。尽管从 1946 年到 1954 年间人均国民生产总值(用 1954 年价格计算)增长了约 11%,但同期内人均消费增加了约 5%,见《总统经济报告》第 138 页、139 页(1953 年 1 月)。经济剩余的实际增长一定比这个差别所表明的大一些,因为在此期间,资本家的消费可能比大众消费增长的比例大。

② 关于其有关重要性的名家分析,见《每月评论》编辑们的"经济展望"(1954 年 12 月)。

8. 帝国主义与战争

因此，垄断资本主义制度是高度不稳定的。由于无力推行能
259 带来真正的充分就业与真正的经济发展的政策，不得不放弃生产性投资和消费的有组织的扩张，垄断资本主义制度不得不主要依赖军备开支以维持繁荣与高就业，借以获取利润和公众的支持。但是，在制造"全民幸福"的幌子下，这样一个方针致使国民经济剩余不断损耗，它并没有使人民的实际收入得到任何提高。更糟的是，此方针不能无限期地贯彻。一个普通人被雇佣且努力工作，但却看不到生活条件的提高时，一定会对为维持军事机构纳税而厌倦，军事机构的必要性也愈加让人怀疑。尽管在一段时间内，在高就业条件下，他能顺从这种安排，但从长期看，这种顺从一定会变得更加困难。更加急切需要的是有组织的对公众的意识形态进行"加工处理"，以保证其对垄断资本主义制度的忠诚。为获得对军备计划的普遍接受，政府必须有组织地向人们脑子中灌输外部危险的存在。不间断的且由政府和大企业赞助的官方和半官方的宣传运动意在取得对重大问题的几乎完全一致的意见。一个有经济和社会重压的复杂的体制形成了，其目的在于平息独立的思想和消灭一切"不受欢迎"的科学、技术或文学表达。一个腐败的蛛网正在资本主义国家的整个政治和文化生活中形成，并把原则、诚
260 实、仁慈和勇气从政治生活中驱逐出来。[1] 庸俗的经验主义的冷

① 阿道夫·A.小贝利，在美国政治与社会科学学会第59届年会上发言，他说：

嘲热讽摧毁了道德素质、对智慧的尊敬和在广大人民阶层中辨别真伪的能力。对原始实用主义的强调和对控制与操纵的“科学”的强调消灭了任何带有人类活动目的与目标的偏见,它以提高效率本身为目标而不管“有效”的目的是什么。不遵从或不附和垄断资本主义制度的“文化”只会导致失业,社会排斥和无休止的来自上级的折磨。

如果当宣传、灌输和社会与行政的压力不能使人民与帝国主义制度的要求相调和时,就会发生政治性事故,为制造恐惧奠定了基础,并为有组织的维持歇斯底里提供依据。这种事故很容易发生,由于周边都是殖民地和非独立的国家,不发达、处于饥饿状态和此起彼伏的动乱,因而帝国主义列强的权威及统治地位不断地受到挑衅。潜伏的事变层出不穷,大的、小的警察行动的机会不断出现。这些警察行动制造和重造着战争的威胁,点燃和重燃着大众歇斯底里的沸水锅下面的火花。

过去,帝国主义内部的紧张和失望可以在战争中得到灾难性的释放。尽管今天帝国主义想通过战争的方法逃脱绝境的倾向与过去一样强烈,但是在分析当今形势时必须考虑许多新的因素。一个帝国主义国家凌驾于其他所有帝国主义国家之上的优势使得它们之间爆发战争越来越困难。甚至以前得意一时的帝国主义强国,在今天也屈降为占统治地位的帝国主义国家的卫星国的地位,而后者在帝国主义阵营内越来越多地担任着最高仲裁者的角色。

“一系列影响正在加强,它们日益倾向驱逐出那些其意识习惯、诚实调查、推测或艺术表现有与现行做法相冲突的人,或与当今商业意识相抵触的人。”见《纽约时报》1955年4月2日。

尽管小的帝国主义之间或帝国主义国家联合体之间仍有可能发生战争，但这种可能性极小。

同时，另外一种战争的危险在不断增加，这就是所有或一些帝
261 国主义国家可能会寻求重建帝国主义对当今世界上构成社会主义阵营的那些国家的统治，但这种可能性可能比我们经常假设的要小得多。不仅世界上的社会主义阵营——居住着人类的1/3——不断地变得更为强大；而且，这种战争很有可能会导致帝国主义体系的全部瓦解。很少亚洲、非洲和其他地方的殖民地和非独立国家会认为这样一种冲突不是民族和社会革命的信号。正是这样一种考虑与国内明显的社会与政治和不稳定一起解释了帝国主义国家大臣官邸内明显的对新军事冒险的热情不高的缘由。[①]

但是，对过度"好战"的最重要的制止物可能是新产生的并不断完善的热核武器所具有的前所未有的破坏力。帝国主义阵营没有完全垄断这些毁灭性武器的事实使其使用这些武器成为一种禁止性的冒险活动。对原子武器的报复的预期，能使帝国主义国家中最具尚武精神的委员会也冷静下来，并且，即使仅仅由于纯经济的理由大大削弱战争的吸引力。因为如果说在早期的战争中分工的结果是普通人进行战斗并死亡，统治阶级则从事政治方面的、行政方面的和经济方面的工作的话，在原子武器的战争中，几乎没有能作出如此安排的余地。不仅资产阶级的生命而且其财产也很少有可能完全逃脱原子弹和氢弹的破坏力。在有些残忍的如果不是

① 不必说，这绝不可能消除事故的威胁，而这些"有意的冒险"会带来意外的后果。

故意的幽默中,两位商业经济学家最近对目前原子时代的战争作出了正确的评价。“以 1945 年 8 月原子能的利用为代表的,科学与发明的发展,强调资本资产正处于被扔进垃圾堆的途中,在能动 262
的资本主义制度下,正在发生的有创造性的破坏力开辟了广大的投资机会。”[①]这个在其他方面都正确的分析所带来的严重的麻烦是像 1945 年 8 月发生在广岛和长崎市这样的原子能的利用,如果有第二次,它不仅把资本资产送到垃圾堆,而且也会把投资者送往墓地。

对与原子武器战争相联系的无限破坏力的预期不仅对垄断资本的领导者产生影响,而且引起人们对其政治方面的可行性的严重怀疑。在高就业与心理战争的庇护下动员公众对资本主义政策和军备的普遍支持是一回事,而面临原子武器的报复保证普遍的合作是另一回事。对二次世界大战的实践所作的种种研究表明,不能完全依靠人民的精神来抵挡这种大灾难。在这种情况下,人们更加怀疑这种游戏是否真正值得,全面战争——远远没有解决即使只是暂时地垄断资本主义制度存在的问题——是否是在实际中不会破坏我们的整体文明。

因而,在世界事务中,控制帝国主义国家的命运的垄断资本的领导者试着推行它已在商业事务中形成的一些谨慎周到的做法,

① “美国历史上正在第一次形成一个专职的,全国规模的军事工业,其中的大部分公司都把军工产量当作其业务的一个永久性部分。”见 1952 年 9 月 27 日《商业周报》。1955 年 3 月号《引力杂志》给出了一个具有“专职的、全国规模的军工业”的例子,这里说:“几年前有五家康采恩制造军火,今天这些公司被两家公司吸收——特拉华州威尔明顿的杜邦公司和在伊利诺伊州东阿尔顿的俄林—马赛逊化学公司。这两家巨型公司完全控制着美国的军火及其所有组成部分。”

这看来不是不可能的。把鼓吹先发制人的战争留给其政治随从中的过分热情者和军事侍从中的过分冒险者，垄断资本的负责任的政治家看来愈加倾向于宁愿选择“冷”战而不愿选择“热”战，宁愿选择较小的警察行动而不愿选择全面战争，宁愿选择危险的气氛而不愿选择危险本身。这样一种安排使他们对两个领域中较好的一部分感到放心：即建立在大规模军备开支基础上的持续繁荣，对
263 恐惧的人民和政治上顺从的人民的持续统治，与之同时又能避免将要把资本主义秩序葬于瓦砾之下的原子冲突。

很清楚，这种可能性远不是必然要发生的事情。资本主义政治制度有其自身的动力学，一度脱离的利益与意识形态趋于获得动力，十足依附的傀儡突然间变成独立的政治因素，一度被认为是完全受操纵和控制的事物突然间因获自然力而爆发。一度召唤来的幽灵不是轻易就能遣走的，像德国许多大企业巨头在30年代发现的痛心遭遇。更糟的是，既非战争又非和平的安排，濒临深渊的不稳定状态并没有为垄断资本主义制度的根本矛盾提供长期的解决方法。大量军备支出的刺激仍不足以维持持续的繁荣和高就业。这个推动力必须不断加强，支出必须保持增长：如果想要留在原地，制度必须加快运转。但是，军事机构越大和越持久，武器的贮存越大和越复杂，生产军事供应的既得利益集团就会更强大。[①]并且，军事机构越大和越持久，“以实力作交涉”的引诱越大——这意味着给较小和较弱的国家下最后通牒并且如果需要的话，就用武力支持它们。因而，战争之火自动点燃的危险和意外爆发战争

① E.W.斯旺森和E.P.施密特：《经济停滞或发展》第197页（纽约，1946年）。

的威胁会长久存在。“但如果一个国家能学会通过其国内政策保持充分就业的话……那么将不会有什么重要的经济力量使一国的 264
利益侵犯其邻国利益。”①凯恩斯的这个深奥的见解包含了问题的一半，对他来说完全模糊的问题的另一半被他的一个最出色的学生清楚地看透了：“当今，任何一个既有力量又有意愿去弥补资本主义制度重要缺陷的政府，将会拥有把资本主义制度完全消灭的意愿和力量，而有力量保留制度的政府却缺少弥补其缺陷的意愿。”②

① 凯恩斯：《就业、利息和货币通论》第 382 页(伦敦，1936 年)。

② 琼·罗宾逊《经济杂志期刊》第 693 页(1936 年 12 月)。

265

第五章　论落后的根源

1. 资本主义发达和不发达的一般历史根源

直到现在，我们只研究了有着大量经济剩余而未能合理利用的高度发达的资本主义社会，这只不过是当代资本主义全景的一角，与此同等重要的组成全景的另一角，通常指的是“自由世界”的不发达地区。不发达地区不同类型国家之间犹如发达地区的美、日、德、法、英、瑞士之间的情况一样，在经济、社会、政治、文化上各具特色而差异甚大。如尼日利亚与希腊、巴西与泰国、埃及与西班牙等都属于落后地区一类。

然而为了掌握资本主义世界先进地区与落后地区各自的发展变化规律，我们有可能同时也必须抛开个别事例的特殊性，而集中研究其共同的本质属性。事实上，任何科学研究都无不采用这种抽象分析法。不管是马克思的“纯资本主义制度”，马歇尔的“代表性企业”，还是韦伯的“理想模型”，都是舍弃掉一种现象的次要属性，集中研究其根本属性，这是进行任何研究分析的主要方法。[①] 不

① 这并不是说对于什么是某一现象根本特性的了解是由上帝给定，这种了解只能

管研究什么问题，它所得出的“模型”，对于某一特定事例来说，并 266
不能完全吻合，并不能包罗其全部特征或具体情况，但这并不重要，也并不能构成对研究方法本身或直接结果的否定。如果模型吻合它的目标，如果它成功地掌握了实际过程中起支配作用的特征，则它比拥有无论多么大量的详细资料和特定数据更有助于对现实过程的理解。尤为重要的是，只有借助于这一模型，借助于思维中清晰的“理想典型”，才能给有组织的研究所不断收集到的资料和数据赋予实际意义，这些研究常常更作为对真知灼见的替代物，而不是对之有所帮助。

这一研究方法有助于研究不发达国家的普遍现状和理解它们所面临的问题，这一点已为一份联合国近期报告所肯定，它称：“……虽然在工业化的道路上，没有哪两个国家会遭遇完全相同的困境，这种说法是正确的，但同样正确的是处在相似的发展阶段上的国家面临大致同样性质的困难，并由于受制于大致相同的经济压力，往往会发现彼此的处境十分相似。”[①] 我们在下面并不想描绘任何**特定**不发达资本主义国家的真实画面，也不想分析在**特定**地理区域的资本主义制度下工业化过程的困难所在。本章和以下几章的目的倒在于指出我认为这一问题的基本因素所在，并将它

是通过对事物进行详细调查分析得出的结果，并以这种分析研究作为在理论模式中该取舍什么的基础。在这个意义上，社会科学传播的是积累起来的知识这一点并不逊于其他科学；并不是每一个调查研究人员都需要从零开始，对于什么是社会——经济发展过程的基本要素，现在有着现成的完全可用的指路标。正像所有的科学研究工作一样，这些可用的指路标无不是通过实践，也就是把他们的理论和实践应用到具体历史材料上去而建立起来的。

① 《不发达国家工业化的进程及存在的问题》第 6 页及以后(1955 年)。

们作为问题的梗概进行归纳，而不考虑这一概况在任何个别例子中所处的具体背景和形式。

267 持有这种有保留的观点，我们可以分析一些共同的贫困。所有不发达国家的共同特点以及它们之所以沦为不发达国家的原因正是它们人均国民生产极端低下，虽然将国民收入数字进行国际对比时常为许多难题所困扰，但下表仍充分地提供了不发达国家现状的基本概况：

表 3　1949 年世界收入分配①

	占世界收入(%)	占世界人口(%)	人均收入
高收入国家	67	18	915 美元
中收入国家	18	15	310 美元
低收入国家	15	67	54 美元

从上表可以看出，大约 2/3 的世界人口年人均收入为 50—60 美元。毋需解释，这个数字所涉及的几乎全部地区都标志着长期的饥饿、贫穷以及疾病蔓延。在过去的 1—2 个世纪中这种情况几乎没有什么改变；有些不发达国家在近百年来情况甚至更加恶化。由于在这一时期内发达国家的生活水平有了显著的提高，这样："世界各国之间的人均收入分配已变得更加不平等。"②

立即引起的问题是为什么落后的资本主义国家没有沿着其他
268 资本主义国家的历史所常见的资本主义发展道路前进，以及为什么它们一直没有什么进展或进展缓慢？对这个问题的正确回答是

① 拉格纳・纳克斯：《不发达国家资本积累问题》第 63 页（牛津，1953 年）。在那儿指明数字来源。

② E.S.梅森：《促进经济发展》第 16 页（加利福尼亚，克莱尔蒙特，1955 年）。

极其重要的。人们要了解是什么阻力阻碍了不发达国家目前的社会、经济发展，以及要了解它们未来的大致发展方向及其形式的话，对这个问题作出正确的回答是绝对必要的。

对这个问题的研究，最好从回顾当代发达世界以及不发达世界的资本主义所脱胎出来的具体状况入手。这些具体状况就是存在于世界各处的通常称之为封建制度的生产方式及其社会、政治制度。并不是所有各地的封建结构都是相同的。恰恰相反，正如“人们不讲单一的资本主义的历史及其一般的形态，而讲集合在一起的资本主义历史及其大致相同的形态，但各自的主要发展阶段的时间又各不相同，这是对的。”[①]所以我们必须牢记世界各地的封建制度历史之间存在着巨大差异性。的确，在中国的前资本主义结构、印度的建立在村社基础上的社会结构以及欧洲前资本主义社会特征之一的农奴制社会制度之间的这种极大差异，使得许多历史学家对“封建主义”一词的普遍适用性提出质疑。我们可以不去陷入这场争论，而立足在这样的基本上为大家所接受的前提下，即无论在欧洲还是在亚洲的前资本主义制度，都在一定的发展阶段进入了一个解体和衰落时期。尽管在不同国家，这种解体过程的暴烈程度不一，衰退时期有长有短，但各地的总的历史发展方向却是一致的。下面一些明显的而且密切联系起来的过程，可以 269
认为是它的显著特点，尽管有可能说得过分简单化。首先是农业生产缓慢但又有明显的增长，伴随之以封建主对农业人口的加重压榨以及越来越多的农民被大规模驱走和他们的反抗，导致潜在

① 莫里斯·多布:《资本主义发展研究》第 21 页(伦敦,1946 年)。

工业劳动力的出现。其次是出现了意义深远和普遍的劳动分工以及商人、手工业工人阶层的成长和“城镇”的诞生。再次，在不断壮大和上升的商人和富裕的农民阶层手中有着或多或少的大量资本积累。

正是上述三个过程和许多其他方面的次要的发展因素的汇合，形成了资本主义制度得以产生的前提条件。马克思说过：“要使货币财富有可能化为资本，一方面就要能找到自由的工人，另一方面，就要能找到这种生活资料和原材料等东西，这些生活资料和材料原先在这种或那种形式下是那些现已丧失自己客观生存条件的人们的财产。”[①]第三，正如资本主义这一名词所显示的那样，资本原始积累无疑地具有重要战略意义。诚然商人资本积累本身并不能导致资本主义制度的发展。[②] 它之所以值得突出出来予以特别注意，是由于两方面的考虑。第一，是在封建制度的内部压力下，促使封建制度向资本主义制度转化的其他决定条件几乎在世界各地都在成熟，即使成熟的时间和速度有所不同。第二是商业
270 资本积累的规模和速度以及新兴商人阶级地位的上升，这在瓦解封建社会，创造其最终消亡的条件中起了主要作用。正如马克思所言：

“这是资本的本质所决定的……资本是以货币，从而以货币形式存在的财富为起点的。这里还包含着这样的意思：资本是从流通中来的，是作为流通的产物出现的。因此资本的形成不是来自

① 《政治经济学批判》，《马克思恩格斯全集》第46卷上第508页。

② 正如多布所指出：“新兴的商人资本家一个既普遍又令人震惊的特征就是这个阶级一旦取得了特权就会和封建社会迅速妥协。”（上引书第120页）

土地财产（在这种场合，至多来自作为农产品商人的租地农民），也不是来自行会（虽然在这种场合有这种可能性），而来自商人和高利贷的财富。”[1]

在西欧，商人资本积累数量特别多，而且具有相当重要性的一点是高度集中，这主要是由于西欧国家所处的地理位置为早期航海事业的发展和随之而来的海上及沿岸贸易的迅速扩张提供了可能性。其次十分反常的是由于西欧国家自然资源比较贫乏，而且当时它的经济发展在许多方面落后于而不是比较先进于它进行商业渗透的世界其他地区，从而发生了竭力攫取他们在邻近地区所得不到的各种热带产品如香料、茶叶、象牙、靛青等，并尽力进口一些珍贵的东方手工艺品如高质量的布匹、装饰品、陶器等，最后出现了野蛮地掠夺国内奇缺的贵金属和宝石。随之而来的远距离贸易，伴之以海盗行为，非法抢劫，贩运奴隶，以及金矿的发现，导致了巨大财富迅速集结到西方欧洲商人手中。[2]

这种财富具有通常的滚雪球的趋向。航海事业的需要给了科 271
学发明和技术进步以巨大的推动力。造船、海外征战的装备，制造他们所需要的，为保护自己和为与外国贸易伙伴进行“谈判”用的武装和其他供给品——所有这一切都为资本主义企业的发展提供了有力的刺激。连锁反应的原则得到充分发挥，各种外部经济越来越多地得以实现，经济也得以进一步加速发展。这里我们毋需

① 《政治经济学批判》，《马克思恩格斯全集》第46卷上第507—508页。

② 参见多布，前引书第207页及后，关于奴隶制和贩奴运动在资本原始积累中的作用，参见埃里克·威廉姆斯：《资本主义和奴隶制度》（北卡罗来纳州查帕尔山，1944年）。

详尽追溯积累起来的财富逐渐转向工业目标的各种方式。富有的商人参加制造业以保证他们获得稳定和价廉的供应品。变得富裕的手工业者，或与有钱的贸易商人合伙，扩展他们的经营规模。经常还出现有钱的地主也参与工业（特别是采矿业），从而奠定了更大的资本主义企业的基础。但是重要的一点是国家（更牢固地置于资本主义利益集团的控制之下）日益积极地帮助和推进萌芽中的企业家。他们“都利用国家权力，也就是利用集中的有组织的社会力，来大大促进从封建生产方式向资本主义生产方式的转变过程，缩短过渡时间”。[①]

272 西欧国家的飞跃发展，并不一定会阻碍其他国家的经济增长。虽然其他国家没有可能来缩小（不要说消除）它们与西欧先驱者之间的差距，但它们仍可以进入自己的增长进程，或多或少达到先进的生产率和产出水平。实际上，与科学技术先进的主要西欧国家更多地接触预期可加快这些和西欧接触的国家向前发展。在17世纪后期和18世纪现代资本主义开始时期，事实也确实如此：当时出现在许多现为发展中国家的这种事态充分证明了这一预期的合理性。初期的资本积累发展很快，手工业和制造业扩大了，农民阶级的日益高涨的起义和各地资产阶级的崛起动摇了前资本主义制度的基础。不管我们研究俄国、东欧、东南欧的早期资本主义

---

① 马克思：《资本论》第1卷（《马克思恩格斯全集》第23卷第879页）。关于资本主义统治的国家在资本主义早期发展中的作用，即使在一般所说的政府几乎不参与经济事务的国家里，梅森教授也讲了一段很有益的评述：“大多数美国人都很少注意到联邦政府和各州政府通过提供建筑运河、内河开发、公路、铁路、港口设施等社会资本对于促进美国早期经济发展的作用。政府提供这类公共工程，当然对于扩大私人投资是十分必要的。”《促进经济发展》第47页（加利福尼亚，克莱尔蒙特，1955年）。

史，或追溯印度、近东甚至中国的资本主义初期状况，都是如此。这并不是说，所有这些或其他国家都一定走着和英、荷、德、法等国相同的道路。不仅在经济发展的自然条件上，地理位置和气候上的不同，而且在政治、文化、宗教背景上的不同，都必然会在生产率增长水平和速度上产生差异。同样，这些不同之处必然会使各国资产阶级手中的资本积累数量出现很大的区别，也使得各国前资本主义的政治和社会制度的内聚力和回复力程度出现巨大差异。但不管速度和前进的曲折如何，落后国家和先进国家的历史发展的总方向似乎是一致的。“工业较发达的国家向工业较不发达的国家所显示的，只是后者未来的景象。”[①]

事实上，事物并未这样发展，西欧把世界其他地方远远抛在后面，这并非偶然，也不是不同民族的种族特点所使然。实际上这是西欧发展的本质所决定的。因为西欧资本主义对外部世界的渗透影响非常复杂，这些影响取决于这种渗透的本质，也同样取决于这些向外国开放的社会所达到的发展程度。因此人们不能对西欧进入北美、澳大利亚、新西兰的影响为一方和西欧对亚、非或东欧的开发为另一方明确地加以区分开来。西欧人进入北美多少像进入社会真空地带，并永久性定居下来。不管这是否是他们来到北美的原意，不管他们是一批掠夺暴利回国的商业冒险家和逃避政治和宗教迫害的避难者，或者是到澳洲去的各类流放者；也不管他们携带某些资本而去或者只带去野心、技术和谋略——这都无关紧要。他们是带着“深入骨髓的资本主义”来到新的土地上的，并没

① 马克思：《资本论》第 1 卷（《马克思恩格斯全集》第 23 卷第 8 页）。

有遇到什么反抗——尽管戴维·克罗克特的殖民经历有所不同，他们短期内就在基本上的处女地（也特别肥沃）上成功地建立了自己的土生土长的社会。这个社会从一开始就是资本主义的结构，不为封建主义的桎梏和阻力所阻碍，得以全心全意地致力于生产资源的开发。其社会和政治潜力既未为反对封建主义的斗争所耗竭，也未为克服封建时期的各种传统势力所削弱。对他们的积累和资本主义扩展的唯一阻力来自外国的统治。而且，虽然并非没有相当强烈的内部矛盾和冲突——本尼迪克特·阿诺德——这些
274 新兴的资产阶级社会在早期是紧密团结和强大的，足以推翻这种外国统治，建立起有助于资本主义发展的政治制度来。

这同发生在世界其他地方的情况，有着很大的不同。决定性的一点并非是打进印度、中国、东南亚、近东和非洲各国的西欧企业家在许多方面不同于打入北美的企业家。他们同样都是西方资本主义发展的产物，浸透了自我追求的理想，从事掠夺成性的活动。最主要的不同是他们在进入亚洲、非洲时所发现的情况，那里是一个与在美洲、澳洲所遭到的迥然不同的世界。

在那里气候和自然环境也许很吸引西欧殖民者，但他们面临的是有着丰富和古老的文化，仍处于前资本主义或资本主义初期的有组织的社会。那里当时的社会组织是原始的和部落性的，但各方面的条件特别是气候条件排除了西欧人大规模定居的可能性。结果，在上述两种情况下西欧来的人迅速确定在亚、非两洲的东道主国家榨取尽可能多的实益，并把掠夺品运回本国。这样他们从事肆无忌惮的掠夺，或者以贸易稍作掩盖的掠夺，从渗入的土地上取得和运走了大量财富。“在这种贪得无厌的榨取中，17 和

18 世纪的殖民政策和前几个世纪的十字军和意大利城市武装商人劫掠地中海东部的拜占庭领土的方法没有什么两样。”[①]这种“在欧洲以外直接掠夺、奴役和杀人越货而夺得的财富，源源流入宗主国，在这里转化为资本”。[②]

这种把财富从非欧洲国家“单向转移”到西欧国家的重要意 275
义，通常由于把注意力集中在以占财富增加国或被劫走国总产值的数量比例来衡量而被模糊了。不单是即使按照这一标准，其数量也很大，而且还因为它们对于西欧发展和对于现在不发达国家所具有的重要意义是在于它们的性质，也就是说这种资源的经济地位。确实，不管他们从海外掠夺中所增加的西欧国民收入占什么分量，它们毕竟使它得以自由支配的**经济剩余成倍增长**。更有甚者，所增加的经济剩余迅速集中在一起，并大部分落入资本家之手，而得以用之于投资目的。这一来自外界的对资本积累所产生的对西欧发展的巨大促进力是不会言过其实的。[③]

这种输送本身，特别是它所采取的方法也许对不情愿的“施舍”国有着更巨大的影响。它们严重打乱了这些国家的整个发展，并且急剧影响了其后的发展进程。它们以巨大的爆炸力冲击了这些国家古老社会的缓慢变化，并且大大加速了这些国家前资本主义结构的解体过程。西欧资本主义通过冲破这些国家悠久的农业

① 多布：《资本主义发展研究》第 208 页（伦敦，1946 年）。

② 马克思：《资本论》第 1 卷（《马克思恩格斯全集》第 23 卷第 822 页）。

③ 这并不说对这些“受益的”国家的总的影响是一种纯粹的福利。西欧社会政治生活的腐朽，沙文主义和种族主义的诞生，帝国主义和侵略主义的最终发展，都在很大程度上渊源于伴随着西方资本主义早期发展而来的对非欧洲人民的疯狂掠夺。

经济模式，使之转向出口经济作物的生产，把受它们入侵的所有国家的前资本主义社会的基础——自给自足的农业社会——摧毁无遗，并且迅速扩大和加深了商品流通的范围。由于外国企业肆无忌惮——在许多国家是大规模地——占有农民赖以生存的土地用
276 作种植园和其他目的，并使农民的手工业产品置于与西欧工业出口品的绝望竞争之下，西欧国家创造了一支巨大的贫困劳动力队伍。[①] 这样就扩展了资本主义活动的范畴，它推进了适合于市场经济需要的法律和财产关系的变革，并建立了为实施这些变革所需要的行政机构。只是为了扩大和加紧对控制地区的经济和政治统治，它强制它们把经济剩余的一部分用于改进通信系统、建造铁路、港口和公路，从而为有利的资本投资提供必需的便利条件。

但这只是总账的一部分，西方资本主义对于现在不发达国家的入侵，以不可抗拒的力量使某些作为发展资本主义制度的前提条件加速成熟，又以同样的力量阻碍了其他一些方面的发展。把这些受害国家以前积累的和现时产生的剩余的一大部分掠走，不可能不对这些国家的资本积累造成严重阻碍。把这些国家置于毁灭性的外来竞争中，不可能不窒息他们的幼稚工业。虽然商品流通的扩展，大批农民和手工业者的贫困化，与西方技术的接触，为他们的资本主义发展提供了强有力的推动力，但这种发展极大地偏离了正常的轨道，被扭曲和削弱，以适应西方帝国主义的目的。

因此，处于西方资本主义扩展势力范围内的这些国家的人民

① 参见 W.E.穆尔：《工业化与劳工》第 52 页（伊萨尔，纽约，1951 年）。

发现自己生活于封建主义黄昏和资本主义黎明的昏暗时期之中，经受着两个世界的最恶劣的命运和帝国主义强行征服的苦难。他们在饱受本国封建地主的无情的受传统约束的压迫之外，又遭受外国和本国资本家的冷酷的、行业上最大限度的统治。他们从封 277
建主义历史所继承下来的蒙昧主义、暴力行为和资本主义现在的理性和精于算计的贪婪性结合在一起。他们加倍地劳动，但其果实并未能增加他们的生产性财富；这些果实流向国外或用来维持国内寄生的资产阶级。他们生活于无底的苦难之中，而看不到光明的明天。他们生活在资本主义制度中，而得不到资本积累。他们失去了历史悠久的求生之道，他们的艺术品、手工业，而没有现代工业来提供新的替代物。他们虽广泛地与先进的西方科学相接触，却仍摆脱不了最绝望的落后处境。

2. 案例之一：印度的不发达

这方面的事例最具有代表性的是印度。东印度公司建立以来，有关印度的记录是众所周知的，不需要再做详细地解释。具有不同信念的学者们在西方资本主义入侵后给印度带来什么这一问题上的看法的一致性，在其他历史问题上是很少见的。一位并不带有反英偏见的学者概述了她的研究成果：

“……直到18世纪，印度的经济情况仍相当先进。在生产方法、商业组织等方面，印度可以和当时世界上任何一个地方相媲美……一个在英国的祖先们尚过着极度原始的生活时，已经能够制造和出口最好的细纱、精美的纤维原料和成品的国家，却没有能加入为那些野蛮人的后代所发起的工业革命。”[①]

278 印度的落伍既不是偶然的，也不能归咎于印度“种族”的某种特有的缺陷。[②] 根本原因在于从英国开始统治起，其资本对印度彻底的、野蛮的、有计划的掠夺，其掠夺范围之广，数量之大十分罕见，连当时的印度总督塞里斯布瑞侯爵也于1875年发出警告说：“即使要榨取印度，这种榨取也要明智些。”[③]就我所知，对于从印度运到英国以及纳入英国资本积累的数量，人们从未进行过充分估计。迪格比认为，“据估计从‘普拉赛’到‘滑铁卢’时代，这个英国资本主义发展的最重要阶段，英国从印度大约掠夺了5亿到10亿英镑的财富。以之与19世纪初，在印度的全部股份公司的总资本为3600万英镑相比，这笔财富之巨可想而知。”印度的权威统计学家K.T.沙和K.J.堪姆伯特计算出：本世纪初的几十年中，英国每年以这种或那种名义占用的财产占印度国民总收入的10%。[④]我们可以肯定地认为20世纪的这种占取，比之18、19世纪来说还

① 维拉·安斯蒂：《印度的经济发展》第5页（1929年伦敦、纽约，多伦多。引自1952年第4版）。

② 一个早期的印度观察家曾记载：“印度人民有着很大的工业能量，完全适合于积累资本。他们有很好的数学头脑和从事计算以及精密科学研究的才能，其智力很优秀。”见马克思：“印度的英国统治的未来”，马克思和恩格斯的著作《论英国》第390页（莫斯科，1953年）（着重处是原有的）。与此同时，许多印度问题的学者证明，英国制定和监督的教育制度千方百计阻止印度人民的科学和工业技术能力的增长。维拉·安斯蒂写道：“难道我们不应该问一下英国所引入的教育制度在多大程度上有助于培养科学精神和传播科学知识吗？难道我们没发现，他们不去教人们了解周围的世界，如何控制和利用自然，而让人民在16—17世纪英国作品的陈言腐语中做批注，死记硬背一个在很久以前的外国统治者的个人历史吗？”同上书，第4页。

③ 威廉姆·迪格比：《“兴盛”的英属印度》第12页（伦敦，1901年）。

④ R.伯姆·杜德：《今日印度》（孟买1949年版）第32页，这一比率应当根据它在像印度那样的穷国的预期能构成经济剩余的国民收入中所占的份额加以考查。

是小的。我们还可以确信，这一比率缩小了英国对印度资源掠夺 279
的范围，因为它仅指直接的财富转移，并不包括英国强加于印度的不利的贸易条件所带来的损失。

让我们看一下这对英国意味着什么，布鲁克斯·亚当斯描绘的一个生动的画面，值得我们在这里引用其中一大段。

有关对印度掠夺的记录，麦考利最具有权威性，他在加尔各答曾任高级官员……并且他不像追随他的任何一个作家那样充当政府的代言人。他讲了在“普拉赛”之后，大量“财富”如何随之涌来，并描绘了克莱夫自己的财富所得，“我们可以充分肯定任何一个开始时没有多少财产，从事任何职业的英国人，能在34岁这样一个年龄发这样大的财，但克莱夫无论为他自己还是为政府所掠夺的财富，和他离印之后的大肆掠夺相比都是微不足道的。那时，孟加拉成为大批贪婪官员可悲的猎获物。这些官员专横跋扈、不负责任、贪婪成性，囊括了所有的私人财物。他们唯一的想法是尽可能快地榨取成千上万的英镑返回国内，以炫耀其财富。巨额的财富就这样很快地在加尔各答积累起来，而3000万人被置于十分悲惨的境地之中。英国人的无法无天达到这样的程度，使它们与社会的生存完全不相容。罗马总督把一二年中从一个省榨取的财富在坎帕尼亚海滨建造起了大理石宫殿、浴室。饮着琥珀器皿盛的美酒，听着鸟儿的欢唱，观赏着角斗士的行列与成群的长颈鹿；在墨
西哥和利马（秘鲁首都）的、臭名昭著的西班牙总督，进马德里时驾 280
着一长列镂金的马车，马身上饰着银器，马脚上裹着银蹄，但是，他们与今日的英国掠夺者已不能相比……”①普拉赛抢劫不久，从孟

① 上文引自麦考利的《克莱夫勋爵》。

加拉得来的掠获物开始运到伦敦。瞬间就产生了巨大影响，因为所有的权威都认为的“工业革命”把 19 世纪和以前的时代区分开来，工业革命始于 1760 年。在 1760 年以前，兰开夏郡使用的纺织机几乎和印度使用的一样简陋。而 1750 年，英国的冶铁业正处于全面衰落之中……现代文明把现时作为生活的一部分的蒸汽机归功于资本家，而不是发明家。[①]

关于疯狂的资本原始积累加之于印度经济的影响的详尽分析见之于罗梅西·杜德的著作《印度经济史》[②]。我们现在将他的论述节录如下：

“一个很不幸的事实是，在英国统治下，印度国民财富的来源在很多方面锐减了。18 世纪印度不仅是农业大国，而且是工业大国，印度的纺织品行销亚洲和欧洲。令人痛心的是，东印度公司和英国政府奉行了一百年前的自私的商业政策，在英国早期统治时期压制印度的制造业，为的是促进英国制造业的发展。在 18 世纪末的几十年和 19 世纪初的几十年中，他们推行的既定政策是使印度成为英国的工业附属。让印度人民只生产农产品和原料，供应大英帝国纺织和制造业的需要。这一政策被坚定地执行下去，并取得了绝对的成功，他们还发出命令，强迫印度工匠到东印度公司

281 做工；商人在法律上被授予管理印度纺织工场和村庄的广泛权力；英国的保护关税将印度的丝棉织品拒之于英国之外，而英国货物

① 《文明与衰落的规律——历史论文》第 294 页及后（纽约，1896 年，引自 1943 年重印本）。

② 伦敦 1901 年出版；引自 1950 年第 7 版第 8 页及后。作者曾任英国政府高级文官和伦敦大学印度史教授。务必不要把他和有关印度的重要著作《今日印度》（伦敦 1940 年版，孟买 1949 年第二版）的作者 R.伯姆·杜德相混淆。

则免税或只交少量的消费税进入印度……欧洲动力织布机的发明宣告了印度工业的彻底衰落；当近几年印度也建立起动力织布机时，英国再一次抱着忌妒之心，不公正地对待印度。他们对印度的棉织品强征货物税……窒息了印度的新蒸汽动力织布工厂。这时的印度，农业已成为其国民收入的唯一来源……但是，英国政府……当时所征收的土地税有时几乎接近于经济租金的全部……这……就瘫痪了农业……，堵塞了积累，使耕地农民陷于一种贫困、负债累累的境地……在印度的（英）政府事实上阻碍了印度的来自土地的财富积累，截留了农民的收入所得……使得种植者永久贫困……在印度，政府既不给人民培育新工业，也不给人民恢复旧工业……通过极高的征税把能从印度掠夺的一切，以这种或那种形式流向欧洲……事实上印度的甘霖只赐福和滋润了别国的土地。”

英国资本主义的侵略带给印度的这场灾难，达到了令人震惊的地步。从封建主义转向资本主义过渡的进程和作为其中一个组成部分的把资金转向资本积累的过程，在凡是它采取不可抗拒的进程的地方，都造成了大量的灾难、痛苦、穷困。社会经济剩余不仅改变了用途和带来了社会骚动、斗争和苦难，而且，其大部分来自对营养不良，衣不遮体、流离失所和劳累过度的劳苦大众的榨取。这种经济剩余——尽管只是其中不完全的一部分——还被用之生产性投资，为最终的生产率和产业的发展奠定了基础，事实
上，没有人会怀疑，如果把英国从印度榨取的大量经济剩余投资于 282
印度，那么印度的经济发展就会与目前的这种暗淡景象大相径庭。现在来探究如果那样，印度经济发展是否会达到与其丰富的自然资源和国民的发展潜能所允许的程度是毫无意义的。但是无论如

何印度的后几代人的命运绝不会与前两个世纪他们所遭受的苦难有任何共同之处。

可是，印度人民所遭受巨大的、也许持续更久的危害，比之经济潜力所受到的损失，更有过之无不及。

“内战、外侮、政变、被征服、闹饥荒——所有这一切接连不断的灾难，不管它们对印度斯坦的影响显得多么复杂、猛烈和带有毁灭性，只不过触动它的表面。而英国则破坏了印度社会的整个结构，而且至今还没有重新改建印度社会的意思。印度失掉了他的旧世界而没有获得一个新世界，这就使它的居民现在所遭受的灾难具有了一种特殊的悲惨的色彩，并且使不列颠统治下的印度斯坦同自己的全部古代传统、同自己的全部历史，割断了联系。”①

英国女作家麦考利曾绘声绘色描绘了英国所采取的以某些印度暴君的所作所为为模式的对印政策：

“当他们畏惧某些知名人士所具有的能量和精神力量，但是还不想冒险去干掉他的时候，……给他天天服一剂名叫‘波利塔’的鸦片制品，其结果是几个月内摧毁了这个可怜人的机体和意志力，使他变成一个无可救药的白痴。这种凶恶的手段比谋杀本身更可怕，但对于给药者来说，是有价值的。”②

就这样，驻印的英国政府机构有计划地破坏了印度社会的所
283 有组织和基础：它的土地和税收政策，毁坏了印度的农村经济，而代之以寄生地主和放贷者。它的商业政策摧毁了印度的手工业，

① 马克思《不列颠在印度的统治》(引自《马克思恩格斯选集》第 2 卷。人民出版社，1972 年版)。——译者

② 麦考利《演讲集》，引自迪格比：《“兴盛”的英属印度》第 63 页(伦敦，1901 年)。

产生了印度城市中一些臭名远扬的贫民窟，那里拥挤着成百万饥饿病弱的穷人。它的经济政策摧毁了任何真正工业建设的萌芽，促进了各种投机商、小商人、代理人和各式各样的食利者队伍的扩大，这些人在日益腐败的社会夹缝中，勉强地挣扎着。

“像这样，英国培养出许多新阶层和既得利益集团来维护它的统治。这些新阶层和既得利益集团是与英国的统治联系在一起的，他们的特权也是以它的继续统治为基础的。此外，还有许多地主和邦主，以及从村长以上到在各种各样的政府部门充当低级服务人员的人们。除应用所有这些方法外，在整个英国统治时期贯串着在印度人民中间制造分裂并鼓励一种人牺牲另一种人的精心策划的政策。”[①]

在教育方面也有人提到过英国的政策。就在上面一段文字的出处，尼赫鲁所著的一书中，有着从凯叶的《福田赳夫的一生》摘录的原话：

“对知识自由传播的恐惧已成为一种慢性病。这种病一直以各种各样的多疑的白日梦和夜里的梦魇困扰着政府官员们。他们一看到印刷机和圣经，就会精神紧张、恐惧至极。在那些日子里，我们的政策就是要使印度人长期处于一种最深重的未开化的状态和黑暗中，任何在人民中间传播知识与光明的企图，无论是我们自己的还是各独立邦的，都遭到猛烈的反对和切齿的痛恨。”

尼赫鲁所说的下面一段话是对西方资本主义两个世纪在印度统治的后果所作的公正评价和对印度至今贫困落后的原因的正确分析。他说：“我们今天主要的难题都是产生于英国统治时期，并 284

① 贾瓦哈拉尔·尼赫鲁《印度的发现》第 304 页及后(纽约，1946 年)。

且是英国政策的直接结果；邦主问题，少数民族问题；各种外国的和印度的既得利益集团问题；没有工业和忽视农业的问题；极其落后的社会服务事业问题。尤其重要的是人民的极度贫困。”[①]

无须说明，上面所叙述的并不是要将印度的前英国统治时期加以理想化以及将它浪漫地美化成失去的乐园。正像早先马克思论述印度的一篇文章中的十分精彩的一段所强调的那样：

“……我们不应该忘记：这些田园风味的农村公社不管初看起来怎样无害于人，却始终是东方专制制度的牢固基础；它们使人的头脑局限在极小的范围内，成为迷信的驯服工具，成为传统规则的奴隶，表现不出任何伟大和任何历史首创精神。我们不应该忘记那种不开化的人的利己性，他们把自己的全部注意力集中一块小得可怜的土地上，静静地看着整个帝国的崩溃、各种难以形容的残暴行为和大城市居民的被屠杀，就像观看自然现象那样无动于衷；至于他们自己，只要某个肯来照顾他们一下，他们就成为这个侵略的无可奈何的俘虏。我们不应该忘记：这种失掉尊严的、停滞的、苟安的生活，这种消极的生活方式，在另一方面反而产生了野性的、盲目的、放纵的破坏力量，甚至使惨杀在印度斯坦成了宗教仪式。我们不应该忘记：这些小小的公社身上带着种姓划分和奴隶制度的标记；它们使人屈服于环境，而不是把人提升为环境的主宰，它们把自动发展的社会状况变成了一成不变的由自然预定的命运，因而造成野蛮的崇拜自然的迷信。”[②]

同时，我们不应忽视，假若让印度自己选择道路的话，它可能

---

① 贾瓦哈拉尔·尼赫鲁《印度的发现》第306页。

② 《不列颠在印度的统治》(见《马克思恩格斯选集》第2卷第67—68页，人民出版社，1972年版)。——译者

在这段时间内会摸索到一条短一点的不那么苦难的进入较好的、较为富裕的社会的道路。在这条道路上，它不得不经历一场资产
阶级革命的暂时痛苦，走一段漫长的资本主义发展阶段，这是它为 285
了争取进步所必需付出的代价。这一点是毋庸置疑的。但是，假如印度能够像其他一些更幸运的国家一样，让它以自己的方式掌握自己的命运，为了自身的利益去开发自己的资源，为了本国人民的进步去运用它的能量和智慧，那么，将会出现的是一个完全不同的印度（世界也将是另外一个样子）。

3. 案例之二：日本的发达

确实，上述的设想是一种推测，但它也是合理的推测。因为不同于西方资本主义强加给现在不发达国家的大规模地掠走他们积累起来的财富和当年的产出、残酷地抑制和扭曲他们固有的经济增长，全面系统地破坏他们的社会、政治和文化生活的另一种选择并非是纯粹的空想。[①]

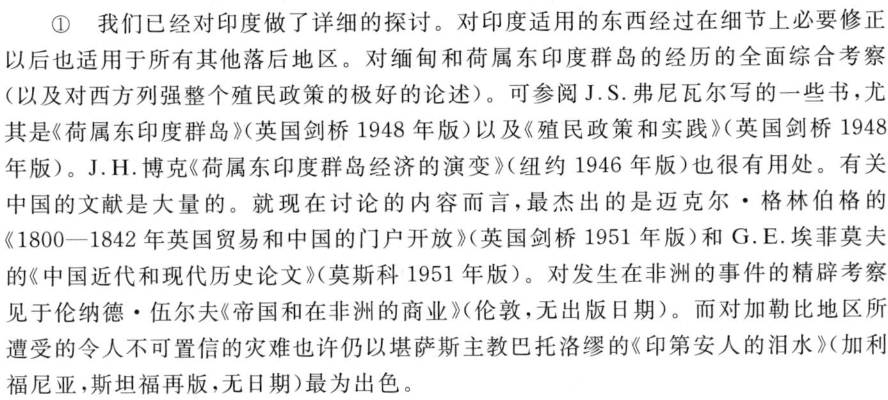

① 我们已经对印度做了详细的探讨。对印度适用的东西经过在细节上必要修正以后也适用于所有其他落后地区。对缅甸和荷属东印度群岛的经历的全面综合考察（以及对西方列强整个殖民政策的极好的论述）。可参阅 J.S.弗尼瓦尔写的一些书，尤其是《荷属东印度群岛》（英国剑桥 1948 年版）以及《殖民政策和实践》（英国剑桥 1948 年版）。J.H.博克《荷属东印度群岛经济的演变》（纽约 1946 年版）也很有用处。有关中国的文献是大量的。就现在讨论的内容而言，最杰出的是迈克尔·格林伯格的《1800—1842 年英国贸易和中国的门户开放》（英国剑桥 1951 年版）和 G.E.埃菲莫夫的《中国近代和现代历史论文》（莫斯科 1951 年版）。对发生在非洲的事件的精辟考察见于伦纳德·伍尔夫《帝国和在非洲的商业》（伦敦，无出版日期）。而对加勒比地区所遭受的令人不可置信的灾难也许仍以堪萨斯主教巴托洛缪的《印第安人的泪水》（加利福尼亚，斯坦福再版，无日期）最为出色。

这种情形可以在亚洲唯一成功逃脱邻国命运并在经济上获得
286 较大进步的国家的历史中看到。在我们考察的那个时期中，即西方资本主义毁灭了印度、控制了非洲、征服了拉丁美洲和打开了中国大门的时期，日本的状况和亚洲其他地方一样，也有利于经济发展，或者更恰当地说同样不利于经济发展。确实，日本“具有它单纯的封建土地财产体制和它发达的小农经济”（马克思语），同时又为封建社会内部的紧张关系和冲突所折磨，也许比任何其他前资本主义国家更牢固地被束缚在封建主义的强迫和限制的紧身衣中。

“200 多年来，百般抑制增长和变化……社会僵化成在法律上不可改变的阶级社会……武士阶层的供养不断地掠取社会经济剩余，几乎没有经济剩余留作投资之用……封闭的阶级体系窒息了创造力，并往往把劳动力和有才能的人冻结在传统的职业上。要扫除这些工业发展的障碍是不可想象的。”[①]

与此同时，在僵硬的封建统治下，城乡商人手中却迅速积累了大量的资本。[②] 当时兴旺起来的资产阶级所集结的财富数量，可以从下面一段描述中衡量出来：“1876 年，幕府从大商业公会成员

① 托马斯·C.史密斯：《日本的政治变化和工业发展：政府企业，1868—1880》第二章（加利福尼亚，斯坦福，1955 年）。史密斯教授让我们目睹了这一专题材料的校样。对此我深为感激。

② 有必要注意：早在 18 世纪，强的封建家庭，尤其是南九州、萨摩的封建家族，已从事广泛的商业活动并积累了大量的资本。见 E.赫勃特·诺曼：《日本作为现代国家的崛起》第 15 页（纽约，1964 年）。早期某些封建领主从事商业的倾向可能与这一事实有很大的关系：这些从属于 86 个德川幕府统治集团排除在组织政府之外的封建领主，被迫在其他方面寻找发挥他们能力的出路。

'借'钱多达 1781000 兆，即相当于政府一年的总开支。"[①]由于这
种"借款"经常是不偿还的，这个数字不仅表明了商人阶级的富裕， 287
而且也表明政府对商人强取豪夺范围之广。这种强取豪夺还不仅
仅限于金钱方面。[②]

"政府……采取多种限制束缚（商人阶级）；对他们的衣服样式，穿用的鞋袜、伞具，所有这些和其他大量细节都在法律上作了规定。政府甚至不允许商人取像大名这样的名字，也不允许他们住在武士区。事实上，没有哪个封建贵族比德川幕府时代理学家和立法者对赚钱和赚钱者表现出更强烈厌恶。"[③]

虽然，对于不同阶级在推翻幕府统治的"功绩"中所起的作用，
似乎在日本历史学家中间有着某种不同的看法，但毫无疑问，迅速
发展起来反对封建秩序阻碍的资本主义生产关系是导致明治维新
的根本力量。这既没有贬低下层武士不断增长的反抗力量和在
19 世纪前半期动摇幕府体制基础的不断壮大的农民起义浪潮的
政治意义，也没有夸大商人阶级在建立新秩序中所起的政治作
用。[④] 像所有的革命一样，这是各种互不相同的社会集团的联合 288

① G.B.桑塞姆：《西方世界和日本》第 240 页（纽约，1950 年）。

② 桑塞姆的上述引文对此作了较详细的描述。

③ E.赫勃特·诺曼：《日本作为现代国家的崛起》第 17 页（纽约，1964 年）。

④ 一般而言，阶级背景对于参加革命运动的个人具有多大的重要性是相当值得怀疑的。要研究历史运动的阶级内容和该运动的参加者和领导者的阶级根源之间的密切关系，这中间有着太多的、影响不同阶级成员个人决策和行为的随机因素在起作用。大量的贵族参加资产阶级革命，并不有损于革命的资产阶级性质。这些贵族，正由于他们的背景和所受的教育，可以超越他们本阶级的利益观点，占据进步运动中的领导地位，由于相似的原因，无产阶级革命也不因为它的领导集团容纳了资产阶级和具有贵族背景的许多个人而有损于其无产阶级性质。因此我不怎么重视托马斯·C.史

推翻了**旧体制**。尽管他们之中最积极，最显要的因素是失去地位的武士、灰心丧气的知识分子、被德川幕府排除在统治集团之外而有怨言的封建地主和不满的朝廷大臣，但正是上升的资产阶级决定了运动的方向和结局，也正是资产阶级摘取了革命的政治和经济果实。

“大町人，尤其是大阪的财政支持，虽不如武士的政治军事功绩那样惹人注意，但在完成推翻幕府和稳定新体制中所起的作用最为显著。据称那里集中有全国70%的财富；……为维新而战斗的决定性战役……就是在町人提供资金的支持下进行和取得胜利的。”①

289 描绘明治维新给日本带来的具体变化会把我们拉得太远，对于我们当前的目的也没有必要。只这样说一下就够了，即明治维新成功地创造了资本主义发展所不可缺少的政治经济结构。明治维新产生的政权提供了一个极好的例子，说明像“如亨利七世、亨

密斯(上述所引用的书中第二章)所提到的关于维新领导人的阶级根源的材料，这些人死后，可能为了表彰他们在维新中所起的作用，被授予了宫廷爵位。商人阶级中获得这种荣誉的人数极少，似乎表明商人在革命中只起了很小的作用。但这一印象实际上是很大的误解。在传统上，资产阶级作为个人并没有积极参与革命政治策略的制定。确实这可能是资产阶级的显著特征之一，并且与他们的经济和意识形态的习惯密切相关，即习惯地不是直接通过自己的成员，而是通过他们的追随者、代理人和同盟者在政治领域中起作用，尤其是在大动荡时期。确实在封建传统占统治地位的政治环境里和有着大量饥饿的、焦急的武士和浪人存在的日本，江户和大阪的商人立刻发现更明智的策略，即用金钱代替自身来参加为自由而战的斗争。“江户和大阪富裕的店主的后代在1868年推翻幕府时代的将军统治的运动中起着不可缺少的重要作用，因为没有他们的财政支持，这个运动是不可能成功的。”G. B. 桑塞姆上述所引用书中第189页。

① E. 赫伯特·诺曼：前引书第49页。

利八世等的政府是作为历史上解体过程的条件而出现的，是作为资本存在条件的创造者而出现的。”[1]它急剧地改变了国民经济发展的方向，并为尚不完善的资本原始积累和从纯粹的商业资本向工业资本转变提供了巨大的动力。

就前者而言，政府不遗余力地从深受压迫之苦的直接生产者那里榨取尽可能多的东西。当时的农业在经济中占主导地位。70%—75%的人口从事农业生产，经济剩余的大部分不得不来自农民。[2] 这可以从日本发展的显著特征中得到证实。日本发展的显著特征是农业的封建关系和强大的、集中的资本主义占统治地位的国家相结合，通过各种手段加快资本主义事业的成长。[3] 实际上，重建的现代化国家和占统治地位的新“资产阶级性质”的地主阶级结合起来，导致农民的负担明显加重。如果说 19 世纪前半期农业直接生产者留存的农业产出份额还有 39%，那么，在明治 290
政府推行的土地改革以后，这个份额下降到 32%，直到 1933—1935 年才达到 42%。[4] 因此可以毫不夸张地说，日本资本原始积累的主要来源是农村，农村在日本整个现代化的历史进程中扮演

---

① 马克思：《政治经济学批判》（《马克思恩格斯全集》第 46 卷上第 510 页）。——译者

② “日本商人……没有像 16、17 世纪欧洲商人那种通过贸易和掠夺进行资本积累的机会”见诺曼前引书，第 51 页。

③ “明治革命非但没有压制他们，而是使他们纳入新的日本资本主义社会之中并在法律上把基本的封建财产关系神圣化。”H. 格哈海洛 · 塔加哈辛：《明治维新在日本土地史中的地位》《历史评论》第 248 页（1953 年 10—11 月）。

④ 同上书，第 262 页。其中说明数据来自日本著名的统计学家和历史学家山田的著作。

了国内殖民地的角色。[①]

除了残酷地直接榨取农民的传统政策外，还有许多其他措施被用于使总经济剩余最大化。非农业工人的工资被压到最低程度——这在充满农业过剩人口的劳动力市场上是很容易实现的。更为重要的是，明治政府系统地推行的通货膨胀政策，其结果不仅使收入再分配更有利于资本积累，而且，通过使先前未加利用的资源得到利用，进一步扩大了经济剩余。[②] 但是，对资本原始积累做出最主要贡献的是：发行政府债券以补偿交出土地的封建地主，并由政府承担其债务。"封建地主不再是从农民身上榨取收入的地方权贵，相反，通过转换他们的年金变成了把财富投资在银行、股票、产业或地产的金融权贵，并因此加入了少数金融寡头。"[③]同样，政府应允武士们所提出的由政府定期支给的俸给的要求发给
291 有息证券，这进一步膨胀了可以利用的资本量。这种资本被迅速成长的银行业集中并加以利用，成为大规模信用扩张的基础。还有，政府直接从银行借款这种方式，实际上几乎是财政部和当时三井、岛田、安田以及其他主要银行的完全合并，和后者在这种合作中赚取的大量利润，进一步促使资本在少数几家金融机构中大量

① 佩夫斯纳：《日本的垄断资本》第 11 页（莫斯科，1950 年）。

② 托马斯·史密斯：《日本的政治变化和产业发展：政府企业，1868—1880》，第二章研究了这种赤字融资的规模和方法。

③ 诺曼，前引书第 95 页。高桥提供了另一重要见解："维新政府采取的这些措施，一方面减轻了大名权贵们早期的高利贷债务，另一方面把借贷资本家——在封建统治下经常被强制把钱借给权贵——变成为可由国家赎回的债券持有者。昨天没有价值的纸券现在变成了具有现代功能的资本。"上述所引书第 252 页。

集中起来。[①]

然而，尽管通过这种方式最大限度地增加资产阶级的财产，创造大量新的财富，并为已有的和潜在的商业阶级提供更多的可供使用的资本，但这种努力本身并未能触发资本投资于工业的浪潮。就像在德川幕府统治的最后阶段一样，明治维新以后，单靠大量财富集中于商人手中，甚至伴之以大量廉价劳动力的存在，并不足以促使企业家们的行为从商业转到工业上来。“许多……商人家族，尤其是三井……确实在工业发展中起了很显著的带头作用，但在明治统治时期的头几年……商人们几乎结成一团，坚持从事传统
的经营活动——商品投机、贸易和放债。”[②]资本原始积累远还没 292
有完成；日本仍然处在商业资本主义阶段。

前面已经强调过，商业资产阶级自身不能完成向工业资本主义的转变。商业资本主义向工业资本主义转变总是需要政府强有力的、慷慨的、但又为上升的资产阶级所控制的支持。明治革命建立的现代化资本主义国家确实提供了这样一种使日本经济从停滞状态走出来，走上工业资本主义道路的动力。马克思认为的工业资本主义产生的一般条件，正好精确地描绘了明治维新时期的日本的状况。

① 从 1875 年到 1880 年银行总资本从 245 万日元扩张到 4304 万日元。“银行总资本的增加很大程度上是 1876 年发行武士和大名养老金债券的结果。这种债券能在财政部兑换成银行债券作为组建国民银行之用。”托马斯·史密斯前引书第四章。参见佩夫斯纳前引书第 20 页。

② 托马斯·史密斯，前引书第四章。

"单个的货币所有者要蛹化为资本家而必须握有的最低限度价值额，在资本主义生产的不同发展阶段上是不同的，而在一定的发展阶段上，在不同的生产部门内，也由于它们的特殊技术条件而各不相同。还在资本主义生产初期，某些生产部门所需要的最低限额的资本就不是在单个人手中所能找到的。这种情况一方面引起国家对私人的补助，如柯尔培尔时代的法国和直到目前的德意志若干邦就是这样。另一方面，促使对某些工商业部门的经营享有合法垄断权的公司的形成。"①

明治政府走得更远，它在铁路建设、造船、通信系统、基础产业和机器制造等方面进行了大量的投资。日本早期工业化的过程已
293 讲得很多了：日本政府在加速工业资本主义发展中扮演着重要角色，像一根红线一样贯穿着整个工业化过程。这种政府政策如何贯彻是相对不重要的。某些政府投资直接从不再要付给武士的俸给中获得资金——这笔俸给在早些时期几乎汲干政府平时的收入。其他的投资则由于政府给投资者以广泛的担保而得以实现。另一些投资则是受到政府允诺购买新建企业许多年的产品的鼓励。不论采取何种途径，其结果都是工业资本的力量的极大增强。三井、三菱、住友、大藏和其他未来的"财阀"通过与政府订立合同所赚取的巨额利润简直令人难以相信。也许只有政府最终的重新私有化政策所给予这些企业的利益可能超过它。"毫无疑问，这种政策大大增强了金融寡头的力量，尤其是鉴于政府以极低的价格

① 《资本论》第1卷(《马克思恩格斯全集》第23卷第343页)。很巧这段文字的第一部分与我们上述的垄断资本主义极有关系。参阅前引书第194页。

把它的模范工厂卖给了它们这样的事实。”[1]

因此，在日本早期工业发展史中（像其他早期国家一样）没有看到多少像我们现代历史重写者描绘成所有经济进步的最初创造者和推动者那样的勇敢而创新的企业家。[2] 这当中的理由是不言自明的，确实，如果要说这方面有什么明显的事实的话，那么就是，政府为引导资本从它最有利的投机和高利贷活动中转移到生产性 294
企业方面所提供大量保护和利诱。

这就把我们带回到目前讨论中最先提出并且属于核心地位的问题，即什么力量使得日本能够走上一条与现在不发达世界所有国家完全不同的道路？或者换句话说，是什么历史事件使得日本能够发生资产阶级革命，继而又建立资产阶级统治体制？这种体制从一开始就起到了坚定地推动日本资本主义发展的强有力引擎作用。

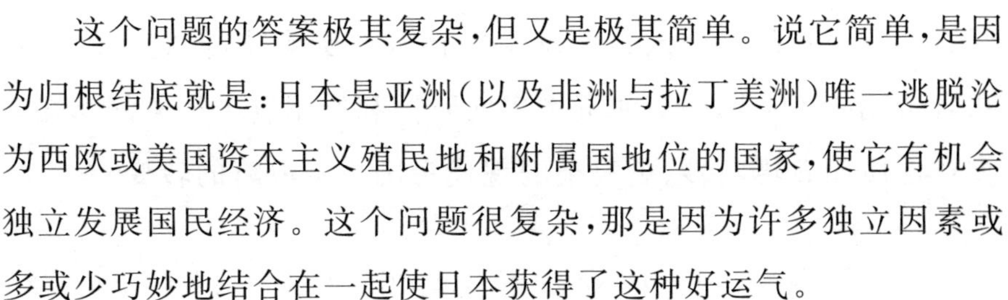

这个问题的答案极其复杂，但又是极其简单。说它简单，是因为归根结底就是：日本是亚洲（以及非洲与拉丁美洲）唯一逃脱沦为西欧或美国资本主义殖民地和附属国地位的国家，使它有机会独立发展国民经济。这个问题很复杂，那是因为许多独立因素或多或少巧妙地结合在一起使日本获得了这种好运气。

[1] 诺曼：《日本作为现代国家的崛起》第131页（纽约，1946年）。“通常，这些工厂只是以政府购置时成本的15%到30%的价格卖掉，而且买主可以在很长时期内，有时甚至长达20到30年内支付价款。”佩夫斯纳前引书第23页。

[2] 据目前得到许多公司和知名基金会资助的“企业家历史”研究材料。这些研究的目的就是颂扬掠夺成性的大商人。参阅利奥·休伯曼：“‘新的’历史还是给财神加冕”《每月评论》（1952年8月）。并阅赫伯特·阿普特克：《帝国主义桂冠得主》（纽约，1954年）。

在这些独立的因素中，最根本的是——联想起西欧特别是英国的反差论——日本人民的贫穷落后和他们自然资源的贫乏。[①]“日本没有什么东西可以提供出来作为外国产品市场或作为西方工业的原料基地。”[②]这样，日本对西欧资本主义和政府的吸引力
295 远不能同其他地方相比，如拉丁美洲的金矿、非洲的动植物资源以及矿产资源，印度神话般的富饶或中国想象中的庞大市场。

同样重要的事实是：在19世纪中叶，西方对亚洲的侵略已达到高潮，主要西方国家的精力已经被其他事务缠住。尤其是英国这一世界主要殖民列强已经深深地为欧洲、近东、印度和中国的事务所缠住，无法再卷入军事上最没有利益可沾的征服日本的行动。英国扩张主义力量的这种紧张状态加速了19世纪中叶英国的殖民政策性质和方向发生意义深远的变化。尽管这种变化像是被一场“与假想对手做拳击练习”的政治争论——其结果是保守党完全同意帕默斯顿的对外政策的基本精神——所掩盖，但它实际上意味着殖民政策从旧的商业资本主义阶段和原始资本积累的海盗式掠夺性质向着更巧妙、更复杂的现代帝国主义战略的转变。[③]

---

① 即使是现在，经过一百年精心勘探，日本查明的自然财富也无法和其他工业化国家相比。日本没有石油、铝土矿、有色金属，只有很少的煤和铁。丰富的水力发电容量是它唯一可资补偿的资源。F.E.W.齐默尔曼：《世界资源和工业》（纽约1951年修订版），特别是其中第456、525和718页。

② 诺曼前引书第46页。

③ “旧的帝国主义强索贡物，新帝国主义有息放债”引自H.N.布雷斯福德：《钢和金的战争》第65页（伦敦，1914年）。商业资本重要性的衰落，工业和金融资本利益的上升，导致对于投入更多力量来征服极不确定的远东市场之热情显著下降，这一点反映在所谓中国通们势力的不断下降上。参阅N.A.佩尔科维茨：《中国通和外交部》（纽约，1948年）中的精彩论述。

但是决定性地影响日本地位的因素是现代帝国主义的另一特
征：已经建成的帝国主义列强之间日益加剧的斗争和新的帝国主
义大国美国的走上世界舞台。正是这种斗争以及随之而来的国际
间强权政治的相互牵制和平衡，在很大程度上防止了英国把它对
印度所施加的全部惩罚强加给中国；也正是这种国际间的猜忌使
任何一个帝国主义列强不可能企图征服日本。[1] 就日本而言，尽 296
管是美国最先打开日本大门并把不平等条约强加给日本，但是不
论是美国资本主义所达到的发展阶段还美国的国际地位都不可能
让美国试图建立对日本的独占控制。“日本靠近中国使它在战略
上具有极端的重要性，把不平等条约强加给日本的各列强带着猜
忌互相注视着，唯恐任何一个国家在日本占有特别突出的势力，更
不必说要把日本变成它的殖民地，进而成为进一步深入中国的军
事跳板了。”[2]

摆脱西方威胁的可能性和必要性给日本随后的发展速度和方向带来很大的影响。它不仅使得日本得以把它的经济剩余投资于自己的经济，而且日本没有受到西方“猎财者”、士兵、水手和传教士的大规模入侵，从而使日本没有树立起对外国的极端恐惧和憎恨。而这种对外国的极端恐惧和憎恨，大大地延缓了西方科学在亚洲其他国家的传播，西方作家经常提到并高度称赞的日本对西

① “从 1850 年一直到美国内战结束，普法战争爆发以及英法对日本的阴谋陷于对峙时为止的国际形势的特殊复杂性，给日本带来了一个至关重要的喘息机会，使日本得以摆脱使国家在经济上衰落并置于外国商业和军事统治危险之下的封建主义桎梏”诺曼前引书第 46 页。

② K. 艾达斯：《从一次大战到二次大战期间的日本》第 4 页（莫斯科，1964 年）。

方知识的超乎一般的接受能力，在很大程度上是由于这种幸运的境遇，即西方文化不是在枪炮的威胁下带入日本的，西方思想和西方技术也不是像在中国、印度和其他现在不发达国家那样，直接和掠夺、放火以及屠杀结合在一起传入日本的。这就使日本保留了
297 一种社会心理“气候”，使它对输入西方技术人员，派遣青年到西方留学来吸收西方科学不抱敌意。

另一方面，西方入侵的威胁一直作为日本经济发展的刺激因素在起作用。到德川幕府时期的末期，它似乎已形成实质上的军事危险，当时的封建统治者也相应地采取了对策。他们进行了巨大的努力建立如铸铁、军火和造船等战略性产业。[①] 然而，这些强加在封建落后的社会上的现代工业飞地，没有相应的社会经济结构基础作为倚托，始终成为一个前资本主义、前工业化经济中的不起什么作用的异体。

60 年代事态发生了完全不同的转变。外国威胁不再仅仅是对日本国家独立的威胁，不平等条约使日本市场毫无保护，大量外国商品充斥日本市场。日本刚刚兴起的资本主义正处于深重的危机之中。明治革命建立起来的政府采取了与它所代表的经济集团利益相适应的符合它所解决的问题的性质的政策。只建造少数军工厂或储存武器是不可能阻止外国的竞争和入侵的，迫切需要的是迅速发展能够支持现代战争和对付外国竞争冲击的完整的工业经济。

---

① 托马斯·C.史密斯：《日本的政治变化和工业发展：政府企业，1868—1880》第一章（加利福尼亚，斯坦福，1955 年）。

日本资本主义的根本利益和为民族生存所提出的军事上的需要的这种密切结合在决定日本明治革命后的经济和政治发展速度方面具有重大的意义。它通过对基础产业、造船、通讯和产业，而不是仅仅对军火工业的直接投资，大大地加速了日本经济的发展。同时它使新生的资产阶级政府能够把没落的武士阶层的爱国尚武 298
精神纳入建设现代经济的轨道去。不到半个世纪，集中的、垄断控制的工业就为强大的军事潜力提供了坚实的基础，这种强大的军事潜力和有意识培育起来的武士阶层及其子孙后代的沙文主义结合起来，使日本从帝国主义列强的侵略对象变成西方帝国主义最成功的年青伙伴。用列宁的话说“欧洲人对亚洲国家的殖民掠夺在这些国家中锻炼出一个日本，使它获得了保证自己的独立的民族发展的伟大军事胜利”。[①]

4. 发展的羁绊

很明显，现在不可能去猜测如果没有西方的入侵和剥削，目前这些落后国家走日本道路，自主地引发资本主义发展和经济成长的速度将会如何。确实，日本向资本主义工业化国家转变之快在很大程度上应归因为来自西方的军事和经济威胁。然而不管这种向前发展的速度和特定环境可能会是怎样，在所有这些国家的历史中有足够的证据表明他们总的发展趋势的性质。不管他们的民族特点如何，前资本主义制度无论在西欧和日本，在俄罗斯和亚

① 见《列宁全集》第17卷第159页，人民出版社1988年版。——译者

洲，都在不同的时间，以不同的方式走上他们共同的历史命运。[①]到18世纪和19世纪，他们普遍处于瓦解和衰落的状态之中。农民的反抗和资产阶级的兴起，在各个地方粉碎了前资本主义的基础。资产阶级革命和资本主义发展，在这些地方或多或少地受到
299 了抵制和延缓，这取决于具体的历史条件和状况，它们前资本主义社会制度的内在力量和反封建压力的强烈程度。但没有哪个地方资产阶级革命和资本主义发展会被无限期地阻遏。确实，如果最先进国家和落后国家的交往联系不是像过去那样，不是充满了压迫和剥削而是真诚的合作和帮助，那么现在不发达国家的历史发展就会在无法比拟的较少拖延、较少摩擦、较少的人类牺牲和痛苦中进行，西方文化，科学和技术向不发达国家的和平移植就会在各个地方成为经济进步的强有力的促进剂。但西方资本主义残暴地、破坏性地和掠夺性地打开了落后国家的大门，不可估量地扭曲了落后国家的经济发展。比较一下英国科学技术对美国的发展所起的作用和英国的鸦片对中国的发展所起的作用，就充分体现了这种差别。

① “中国封建社会内部的商品经济的发展，已经孕育着资本主义的萌芽，如果没有外国资本主义的影响，中国也将缓慢地发展到资本主义社会。”(《毛泽东选集》一卷本第598页。)——译者

第六章　论落后的结构形态(一) 300

1. 不发达国家剩余的规模和效用；农业革命和反革命以及土地改革的幻想

要讨论不发达资本主义国家的现状，我们必须先再汇集——即使不可避免地会重复——上面已经略述过的某些历史发展事态，以便突出地说明其历史发展的直接的和自然的结果是什么。实际上，决定着落后国家命运的力量仍然对现在的状况有着重大的影响。今天，它们的形式虽有变化，强度也不尽相同，但它们产生的原因与趋向并未改变。它们曾经控制了不发达资本主义国家的命运，现在仍然如此，而且，以什么样的速度和办法战胜这些力量，决定着这些国家未来的经济和社会的发展。

资本主义闯入现在不发达国家历史发展的方式使得我们称之为传统的发展环境没有能出现。关于这种传统环境，第一项必要条件已不需多加说明。正如“不发达”一词所表明的那样，不发达国家的产出很低，它们的人力和物质资源远未充分利用，或者说完全未被利用。在这些国家中，资本主义制度象征着一种经济停滞、技术陈旧、社会落后的体制，根本没有成为经济发展、技术进步和

社会变革的动力。这样，从经济剩余取决于总产出和收入这一点
301 来说，落后资本主义国家的经济剩余必然很少。这并不指经济剩余在总收入中所占份额很小。恰恰相反，对于我们所说的第二项必要条件，它是完全具备的，即生产性人口的消费已经降到了最低可能的水平（这里所说的“最低可能”水平相当于糊口的最低限度，在许多不发达国家甚至显著地低于这一限度）。这样，较之发达资本主义国家，落后国家的经济剩余尽管在绝对值上很小，但在总产出中却占了很大的**份额**——即使不比发达资本主义国家的份额更大，也至少与之相仿。

因此，这并不是无稽之谈，可以从中发现不发达国家所面临的情况与经济增长标准模式之间的差异。当论及第三和第四项必要条件，即与经济剩余**利用模式**相关的条件时，这方面的差异就特别突出，实际上具有决定性意义。这里需要作一番详细的探讨。

落后国家人口的大部分依赖于农业，而且农业在这些国家的总产出中占很大的份额，这是经济落后的一个典型特点，如果不是经常当作经济落后的同义词的话。尽管，这个比率在各国间并不相同，然而，几乎在每一个地方，农业产出的相当大部分是由只能糊口的农民生产的。就是这些农民构成了农业人口的主体。总的来说，他们拥有的土地很少，生产率（每人和每亩土地）极其低下。实际上，在绝大多数不发达国家，农民的边际生产率是如此之低，就是有相当大的一部分农业人口离开农业，也不会导致农业总产出的下降。[①] 即使农民耕种的土地都是他们自有的财产，他们劳

---

① 对这种结构性失业或称之为“隐性失业”的深入讨论，可参见 B. 达塔：《工业化经济学》第五章（加尔各答，1952 年），该文也述及一些与之有关的著作。

动所得的产出也只勉强为农民家庭提供了糊口所需要的最低水平，而且，在许多国家内，甚至还不能达到这个最低水平。然而，事 302
实上，几乎在所有的不发达国家，那些小块土地的大部分并不属于农民所有，其中绝大部分是从地主那里租来，有些则租自国家。但无论是自有的或租来的，这些小块土地不仅要维持农民家庭的生计，而且要支付地租或税收(或是两者都要付)。此外，在许多情况下，这些土地还必须承担偿付债务的利息，这些债务或者是为了当初获得土地，或者是在歉收年份或发生意外事件时为了维持生计而承受下来的。在所有不发达国家糊口农民所承担的租金、税收和利息都是很高的。它们通常吸取了农民菲薄的净产品的一半以上。另一吸取农民可支配收入的口子是他们被迫面对的不利的贸易条件。他们被各式各样的中间商剥削，把仅有的很少的农产品以低价出售，而按高价购买他们所要买的少量工业品。就这样，地主、高利贷者、商人，在较小程度上还加上国家，[①]都把农民的农业经济剩余榨取光了。

在并不以小块土地出租，而是由招来雇农经营的庄园组成的农业经济中，其产出(按每亩计)通常高于小农户。种植园主以利润方式获得的经济剩余也更大，尤其是鉴于他们的贸易条件通常优于小农户。[②]

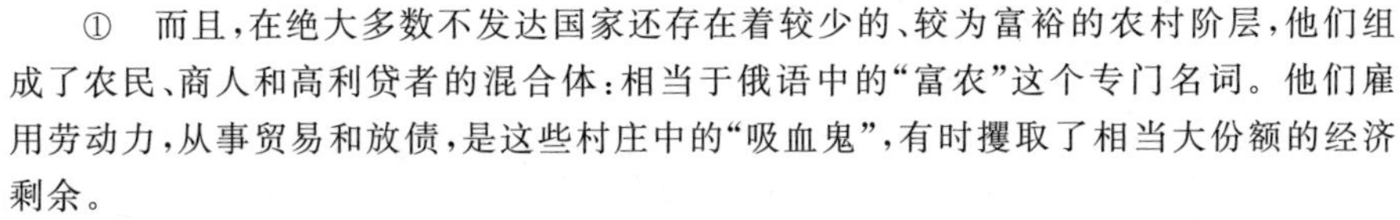

① 而且，在绝大多数不发达国家还存在着较少的、较为富裕的农村阶层，他们组成了农民、商人和高利贷者的混合体：相当于俄语中的“富农”这个专门名词。他们雇用劳动力，从事贸易和放债，是这些村庄中的“吸血鬼”，有时攫取了相当大份额的经济剩余。

② 上述许多信息在联合国编的《土地改革》(1951 年)一书中作了极好的概括。

303 就农业整体而言，不发达国家的农业经济剩余可能要占到总产出的一半，在许多不发达国家甚至超过一半。显然，国民产值中这一重要部分的使用对不发达国家的经济发展是至关重要的。同样明显的是，在所有不发达国家，这一经济剩余的大部分并不是用于扩大和改进它们的生产性工厂和设备。被地主阶级榨取的经济剩余中的相当部分被过度消费所消耗掉了。曾经激起亚当·斯密、李嘉图和其他古典经济学家愤怒的这种过度消费仍充斥于落后国家。豪华住宅、奢侈生活、攫取作为财富和地位象征的奇珍异宝、仆从如云、玩乐无度、游山玩水，这些方面占了土地贵族的收入和支出的主要部分。[1] 对土地贵族来讲，把收入用于改良土地或购买先进农业工具是毫无吸引力的。这种态度在某种程度上是非理性的，是由传统、生活习惯和地主阶级特有的社会习俗所造成的。然而，它在极大程度上是适应于当时的客观经济条件的。

如果土地以大庄园方式经营，则昂贵的农业机械——通常是进口的——与廉价的农业劳动力妨碍投资于大庄园农业。而且，投资于农业的资本报酬回收很慢，因而不发达国家盛行的高利率
304 极大地阻碍了把资金投之于农业改良上面。同时，农产品价格剧烈波动还使得这种投资有很大的风险。在这种情况下，土地所有者完全有理由不为因承担固定债务责任而套住，而贷款人也完全有理由不对农业作长期贷款。

① 诚然，某些分散了的经济剩余仍回流为大众所消费。正像中世纪的教会和封建主的情况那样，土地所有者的预算中很重要的一部分是各种施舍、资助亲属、年老仆从和形形色色的门徒。自不待言，经济剩余的这种使用方式，虽则基于人道主义理由，有其合理性，但并不比地主自己全部挥霍掉更有助于经济增长。

如果土地为小佃户所经营，情况将变得更糟。绝大多数应用现代技术的农业改良措施都只能在大规模耕作条件下实现。无论是拖拉机还是收割机械都不能在小块土地上充分发挥效用。而且，即使在不论地块大小，都可以进行农业改良的情况下，例如，整个地区的灌溉设施，土地所有者进行必要投资的动力也很微弱。因为在租金高昂和佃农生活水平极低的条件下，他会发现在经过改良的土地上提高租金，即使不是不可能，也将是非常困难的。这种投资在出租土地上所能获得的生产率的提高，将会增加佃农的收入，但很难指望能使土地所有者的投资得到报偿。

上面并不是说土地所有者可用于投资的剩余为数很大。相反，他们为了维持适合他们社会地位的生活方式的需要，消耗了收入中的大部分，并且迫使许多人——尤其是在歉收年份——陷入毁灭性的债务困境之中，不得不抵押，有时甚至丧失他们的庄园。那些节俭的幸运的土地所有者手中所剩的收益也不用之于改良土地，他们被贷款的高利率所吸引，直接地或通过中间人把资金用于放债，或是用之于购买那些破产农民和其他土地所有者抛售在市场上的土地。

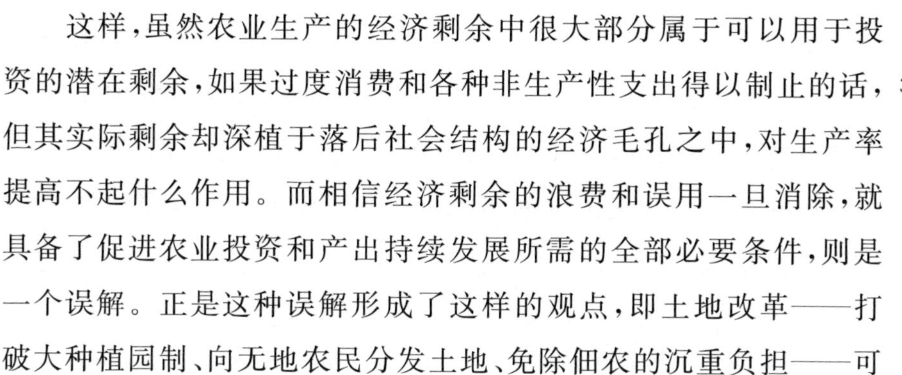

这样，虽然农业生产的经济剩余中很大部分属于可以用于投资的潜在剩余，如果过度消费和各种非生产性支出得以制止的话， 305
但其实际剩余却深植于落后社会结构的经济毛孔之中，对生产率提高不起什么作用。而相信经济剩余的浪费和误用一旦消除，就具备了促进农业投资和产出持续发展所需的全部必要条件，则是一个误解。正是这种误解形成了这样的观点，即土地改革——打破大种植园制、向无地农民分发土地、免除佃农的沉重负担——可

以结束落后国家农业停滞不前的局面。毋庸置疑，那些措施的即时效应会或多或少地显著增加农民的可支配收入。然而，收入水平如此低下，即使在大片种植园被分割为众多小块土地并且在租金已经彻底取消之后，其收入增额中如果还有什么可以节余的话，也将是极少的。进一步说，这样取得的农民生活水平的任何提高都必定是短暂的。人口的增加必然会使土地进一步分割，并使人均收入回复到先前水平或是更低水平，从而使生活水平的提高迅速化为乌有。更为糟糕的是，土地分割会降低落后国家农业的首要任务，即实现总产出的迅速大幅度增加的可能性。因为一个以小农为基础的农业经济极少有提高生产率的可能性。诚然，它也可以通过改良种子，增施化肥等方法提高一些生产率。然而，正如前面所述，生产率和产出的大幅度提高有赖于专业化，应用现代化机械设备和动力，而这只能在大规模耕作条件下才能出现。

这里指出了大多数不发达国家所面临的，也许是最令人困惑
306 不解的难题。土地改革如果发生在一般的落后国家中，只会阻止而不是推进一国的经济发展。虽则，它短暂地改善了农民的生活，但它却会降低总产出，并使原来可用于农业生产目的的少量经济剩余也消耗殆尽。[①] 更为严重的是，原有和新增的糊口农民消费的增加和生产商业性作物大种植园的分小，将会大大减少以前可以供给城市的那部分农业产出：粮食、工业原料或出口农产品。

在发达资本主义国家的历史上，这个问题是通过多种方法解决的。首先，资本主义发展席卷了农业，并且兴起了一场土地的逆

① 参见 W.E.穆尔《东欧和南欧经济人口统计学》第 55—98 页（日内瓦，1954 年）。

向革命,来取消原先由它起决定性作用的地位。资本主义的发展从而使农业发展到新的水平,导致了农业“资本化”,出现了生产在资本主义农场主手中集中的新局面,并促使糊口农民分解为农业工人和面向市场的农业企业家。其次,通过提供工业就业岗位的诱饵,但主要靠使用棍棒政策,把大量农业人口转化为工业劳动力,从而减轻了农业家庭的人口压力,同时提高了其余农业人口的人均收入。再次,通过扩大工业,它能向农业生产者出售制成品,购买其农产品,既保证了不断增长的城市人口粮食供应,又向农业提供了生产工具、化肥等,从而又提高了农业生产率。

因此,在资本主义条件下,为了成功地使经济全面发展而不陷入产生更多农业贫民区的困境,土地改革不仅必须要与资本积累一起进行,而且需要伴之以工业资本主义的快速发展。工业资本主义的迅速发展则有赖于,并且会导致土地革命和我们刚才提到的土地逆向革命。只有通过土地革命才能推翻封建制度,并使国家服从于资本主义发展的需要。如果要使向工业资本主义的过渡迅速地进行,那么,建立一个愿意直接和间接地创造条件以利于工业企业发展的资产阶级统治的国家是至关重要的。[①] 同时,也只有通过土地逆向革命,日益壮大的工业资本主义才能获得必不可少的农业物资供应地,以确保其劳动力、粮食和工业原料的充分

① 当考虑到沙皇俄国时代斯托雷平推行的土地改革,二次大战前东欧和南欧的土地改革,或者当今在拉美、东南亚和近东一些国家正在推行(或讨论)的土地改革时,必须记住这一点。这些“有秩序地”进行的土地改革是主要由土地所有者利益集团控制的政府所作的施舍,用于抚慰骚乱的农民的,并且通常伴有对封建地主的巨额补偿。它们通常并不有助于打破,而是相反加强封建统治。因此,他们往往强化土地改革的所有消极影响,而不是导致工业发展和由此引发的农业经济的改组和合理化。

供应。

必须补充的是，以上的论述不能看成是说，在不发达国家，土地改革是多余之举或者是方向不正确的。它的目的只是为了对目前广泛持有的认为土地改革是医治经济和社会落后百病的灵丹妙药这种“自由主义”见解提出告诫。这远非灵丹妙药！土地改革的历史作用是很难肯定的，完全取决于它产生的条件和推动它的力量。如果土地改革是由受封建买办势力支配的政府所推动，它可
308 以充当经济、社会、政治秩序的暂时稳定器，而它的本质是敌视向前发展的。如果就长期而言可以得到发展，则短期内将或多或少严重延缓它。另一方面，如果土地改革是由农民施加强大的压力不顾封建买办政府的阻挠而取得的结果，换句话说即如果土地改革具有土地革命的性质——那才是前进路上的一大进展。实际上，为了消灭寄生的地主阶级并打破它对不发达国家前途的束缚，土地改革是不可缺少的。为了实现农民的合理愿望和确保经济和社会全面发展的最重要前提，这就是使被几个世纪以来的压迫和奴役所抑制和扼杀的农民群众创造力和能量完全解放出来，土地改革也是必不可缺的。而且，还因为只有通过土地在劳动农民中间的分配，才有可能建立起合理解决土地问题的政治和心理条件：建设由自由、平等的生产者合作经营的技术先进的农场，从这方面考虑，土地改革也是必不可少的。

2. 非农业部门(1)：商人和放债者

一位德国作家曾经说过，厨房里是否有肉从来也不是在厨房

里决定的。资本主义制度下,农业的命运也从来不是在农业领域中决定的。发生在农业以外的经济、社会和政治活动,尤其是资本积累和资产阶级的成长,随着资本主义的兴起而成为历史发展的原动力,尽管这些活动最初主要是由农业发展的进程所规范的。在主要是农业国的不发达资本主义国家里,这一现象也许并不像发达国家那样明显;但不管怎样,这一现象同样存在。

甚至在落后的资本主义国家,非农业部门也占去了一国经济
总剩余的一大部分。它给予了四类不同的、却密切联系着的受益 309
者。首先,是商人、放债者和各类中间商,其中一些人虽生活在农村,但从他们活动来看,不属于农业人口。这个社会经济层最惊人的特点是它的规模之大。凡到过旧中国、东南亚、近东或战前东欧的人就不会不注意到庞大众多的商人、商贩、售货亭主和挤满了城市街道、广场和咖啡铺子的难以名状的人群。在某种程度上,这些活动在所有资本主义国家是司空见惯的,也许,在不发达国家比之在那些通过通讯和电话进行同样活动的发达国家要更明显一些;就大部分而言,这些交易活动的性质是资本主义发展初期所普遍存在的特点。

我们已提到过对农业生产者极为不利的贸易条件。个体农民或小地主的无知、狭隘和贫困,只有少量农业品可供出售,使得他们成为商业剥削的理想对象。处于资金短缺的困境之中,尤其是在歉收和跌价年份或者遇到出乎意料的事件,他们就不得不乞求预付货款,支付这类贷款的高利息,并接受买主提出的任何价格。在收获年度结束时,只获得极少的现金,他就只得再借,签订对他极不利的契约,再从购买他的农产品的商人那儿购买他还能买得

起的制成品，这样他就完全依赖于“他的”商人和放款者。自不必说后者获得了巨额的利润。

巨额商业利润并不只来自同农业生产者的农产品交易。在不
310 发达国家中那样处于无组织、孤立状态的市场上，这些商业利润可以通过众多的途径获取。不动产交易、利用某些商品的暂时短缺、投机、套利、在买卖双方之间赚取的居间佣金都为从事这些交易的老奸巨猾者提供了可观的收入。在绝大多数不发达国家，或重或轻的通货膨胀所引起的外汇、黄金和其他贵重品的黑市，为到处钻营的商业进一步提供了有利可图的机会，而一直存在的从政府那里获得各种特许利益的机会，不断地吸引着有背景的富商们的财力、精力和才智。

从其活动性质来看，这个处于流通领域的商人队伍是人人得以参加进来的，结果新人员大量涌现。他们是现有商人和贵族的后代、落魄绅士、有胆识的农民、在竞争中失败的手工艺者、各种受过教育却无处施展才华的人，等等。他们之间的竞争是激烈的，因而平均收入较低。然而，他们所能获得的利润总量却是相当大的。① 这个阶层对社会产出并无贡献，相当于农村中的结构性失业人口，只是生活在城市中而已。但从经济发展角度看，他们所起的作用却并不一样，而是非常重要的。农业结构性失业人口的消费来源于农民大众赖以维生的生活资料。只是在他们提高了农民

① 墨西哥主要经济学家之一的李嘉图·托里斯·盖坦说：“这是难以接受的，商业产生的收入要大于农业，而更不能接受的是商业赚取的收入竟高于农业的两倍还要多”。引自 A.斯特姆森：“墨西哥的经济发展，收入分配和资本形成”，《政治经济学杂志》第 198 页（1955 年 6 月）。

最低生活费的意义上,他们也挤占了经济剩余。这也就减少了地 311
主可能榨取的经济租金。当然,从大量商业人口的生活资料也来自对农民的直接剥削而言,两者来源并无二致。但从更广的意义来看,它是建立在别的阶级:地主、外国企业家和国内工业主的剩余转移基础上的。为维持寄生阶级而分掉的这部分经济剩余转移,实为资本积累的一大损耗。①

重要的是,商人阶级中的**游民资产阶级**消耗了整个阶级所获得经济剩余中的很大部分。更让人吃惊的事实是:这个阶级富裕成员的资本积累通常并未转化为非农经济的第二类别:工业生产。这些资本绝大多数零散分布,却得以在流通领域内找到有利可图的机会,在那里很少的资本可到处钻营,各笔交易都收益甚丰,资金周转极快。而持有大量资金的商人从事购买土地收取地租②、
为西方国家企业承担辅助性工作经营、进口、出口、货币贷放和投 312

① 这个团体,吸收他们社会中最有能力及最精力充沛的一些个体,同时浪费、腐化并摧毁大量也许是所有资源中最稀的一种:有创造力的人类才能。虽然这与在发达的资本主义国家所发生的并非很不相同,然而在一个发展中国家内"第三级"的职业兴盛不可与在发达的经济和社会条件下的扩张相混淆。正如肥胖可能成为富裕或是卑下的象征一样,大量的人忙于流通的领域(与服务)既能证明经济进步也能证明经济倒退。这一点在B.达塔所著的《工业化的经济学》(加尔各答,1952年)第六章中就清楚地说明了,尽管看来似乎有关资源浪费的重要性被估计不足。这个错误与往常一样源于把此种浪费视为与总收入而非与经济剩余有关。

② 值得注意的是,对于买地的款项是否为经济剩余转移或是否从剩余积累中用于消费目的的部分扣除下来,则不能预先加以肯定。若土地出售者是破产地主或是为债务所迫的农民——尽管债务本身可能源于消费——那么前一种情况也许得以成立:售地的收入将被用于偿还债务,因此壮大了放债人的资本。如果售地者是为了支付目前的开支或突发事件之所需而被迫卖掉财产的农民或地主,则后一种情况得以成立。无论哪一种情况,售地收入通常不能用于工业投资。

机买卖则有更好的赚钱机会。从而，虽然存在着把资本和经营实力从商业转向工业的可能性，但其代价是十分高昂的。

诚然，现在这些不发达国家的这种情况和西欧和日本资本主义发展初期有其共同之处。在那些资本主义国家，也同样有着强大的势力阻止资本流出流通领域，但尽管如此，资本从商业到工业的转移最终还是实现了。然而，不发达国家与先进资本主义国家发展初期的重大差异是它们存在着阻碍商业资本积累进入工业生产领域的难以克服的障碍。

3. 非农业部门(2)：工业；独立的资本主义工业化的失败

资本主义制度下的工业扩张主要依靠自身力量的聚积。“资本迅速为自己创造国内市场，是借助于消灭所有的农村副业，从而为一切人纺织，为一切人供应衣服等，一句话，使以前作为直接使用价值生产的商品具有交换价值的形式，这是一个由于劳动者与土地以及与生产条件的所有权(即使是依附者的所有权)相分离而自然产生的过程。”[①]这并不是说，绝大多数当代不发达国家并未
313 发生过前资本主义经济的解体和自给自足的自然经济的瓦解。相反，正如前文所提及，凡在西方势力渗透的地区，商品农业在相当大程度上取代了传统的自给农业，工业制成品侵占了本地手工艺人和工匠的市场。然而，正如阿林·扬所提出的那样，“分工的发

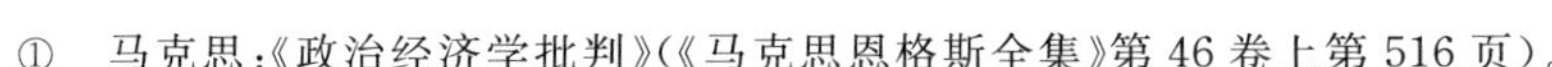

① 马克思：《政治经济学批判》(《马克思恩格斯全集》第46卷上第516页)。

展在很大程度上依赖于最初的分工状况”,[1]这一顺序目前在落后地区则并未“按预期”那样出现。它的发展过程颇不相同:由最初分工繁衍出来的这种分工类似骑手和马匹之间职能的不同。在殖民地和附属国内出现的各种制成品市场都未能成为这些国家的“内部市场”。这些市场被殖民者和不平等条约突然轰开,成了西方资本主义“内部市场”的附属物。

事态的这种变化,大大刺激了西方工业的增长,但却熄灭了当今不发达国家工业发展的火苗,没有这种火苗,这些国家就谈不上有工业发展。这些国家在处于即使是最坚定的自由贸易拥护者也会建议保护幼年工业的历史关键时刻,即最需要建立这种保护的时刻,但却被迫经历一种可称之为扼杀幼年工业的社会体制,从而影响了随后的事态发展。由于他们对制成品需求十分有限,而进口商品大量拥入(且廉价供应),这些国家面向国内市场的工业就再无有利可图的投资机会。而且,没有这类投资,也就不会有进一步投资的可能。因为投资是由投资来推动的:一项投资行为激发另一项,而第二项投资行为又为第三项提供了基础。事实上,正是这种投资的集结,它们的同步发生,才能发起向工业资本主义进化 314
的连锁反应。但是,正如投资的自我推进一样,缺乏投资就只能长此以往缺乏下去。

没有投资的促进作用,最初狭小的市场仍然必定是狭小的。[2]在这样的环境下,标志着资本主义从商业向工业阶段转移的小型

① “收益的增长和经济的进步”,《经济杂志》第533页(1928年12月)。

② 西方资本家也沮丧地发现了这一点,他们曾经预期自己具有向受西方商业渗透的人口稠密地区出口制造品的无限能力。

工厂就无以滋生。而后，当由于必要的关税的建立或由于政府的特许，出现了从事某些工业生产的可能性时，这些企业则时而由外国人所创办(通常与国内利益集团相联合)，他们把自身的经验与“技术”运用于新事业上。他们建立各种大规模现代化工厂，生产出质量上与设计上都与先前从国外进口相似的商品，其产量甚至足以满足当时的市场需要。尽管这种企业通常需用大量资本，但花在不发达国家的部分却很少。大部分支出则用在国外购买外国制造的机器、外国专利等方面。因而这类投资对整个经济的刺激效应是相当微弱的。而且，一旦工业中出现这种大规模的企业，由于有限的需求和所要求的巨额投资，就大大减少或完全消除了另一个企业进入同一领域的机会。要打破垄断企业的特权地位所需的大量资本，以及不可避免的竞争所包含的风险，再加上已建立的大企业所能用来骚扰和排斥闯入者的巨大力量——都会扼杀商业
315 资本向工业转移的动力。狭小的市场被垄断，垄断则成了阻碍市场扩大的又一因素。

这并不是说，落后国家的这种工业发展，相对于它们的工业品市场完全被舶来品控制来说，不是一个巨大进步。来自外国的舶来品毁灭了民族手工业，窒息了受害国家幼弱的小工业，却没有向被挤掉的手工业者在工业中提供任何其他职业。相应的工业扩张发生在西方。就这点而言，新建立的企业不失是一种矫正。它们至少使原先分工中的某些加工过程回归国内，至少在国内吸收了某些工业投资，至少为国内劳动者提供了某些就业机会和收入。然而，这样的矫正是不够的。它不仅没有能完全补偿先前造成的损害；它所采取的办法也无异于滋长癌性肿瘤，其危险程度并不逊

于它在最初部分地治愈的恶疾。

当这些新企业迅速达到了对其市场的独家控制,并通过保护关税和(或)政府各种让步保卫自己的利益时,就阻碍了工业的进一步增长,而垄断价格和生产政策又缩小了企业本身的扩张。它们在迅速完成了在经济体系中起进步作用转向起倒退作用的整个历程之后,很快就成了经济发展的障碍,其影响极类似于不发达国家中大量存在的半封建地主所有制。它们不仅未能促进进一步的分工和生产率的增长,倒是引起了相反的作用。垄断工业一方面通过阻碍资本和劳动力从流通领域转向工业生产领域,延长了商业资本主义阶段。另一方面,垄断工业既没有向农产品提供市场,又没有为农业剩余劳动力提供出路也没有向农业供应廉价的工业消费品和农用工具,却强行使农业恢复到自给自足的境地,使结构 316
性失业一直存在下去,并使小商人、家庭手工业等像雨后春笋般涌现出来。①

① 这种回归到农村自给自足的"欢乐"状况和乡村工业的十足倒退的本质,甚至不屑一提,如果西方国家不是正在越来越鼓励和唆使这种回归的话。例如,美国政府在第四点计划中,还有福特基金会已经耗费了相当数目的资金用于向不发达国家政府"出售"这个计划,同时经济学家也在近来关于经济发展的著作中为它鼓吹。例如,参见 W.H.尼科尔斯:"不发达国的农业投资",《美国经济评论》(1955 年 5 月),或 H.G.奥布里:"经济发展中的小型工业",《社会调查》(1951 年 9 月)。我们只能重复半个多世纪前由卡尔·考茨基提出的关于"帮助"落后国家农民的这种方法的精彩论述:"在受资本家剥削的民族工业中,我们看到了最长、最耗尽体力的工作日,最可怜的劳动报酬,最大量的使用女工和童工事件,最悲惨的生活区和劳动区。一句话,在我们的生产模式下所能找到的最不能容忍的状况。这是最无耻的资本家剥削制度,也是最无耻的使农民无产阶级化的方式。所有各种试图通过培育民族工业来帮助再不能靠纯粹农业劳动维持生计的小农人口的尝试,只能在经历短暂而值得怀疑的改善之后,带来最深刻最绝望的贫困。"《土地问题》第 180 页及后(斯图加特,1899 年)。

这样，在绝大多数不发达国家中，资本主义走过了一段特别的发展过程。在经历了孩提时代的艰难与挫折之后，并没有出现年轻时代的健壮与富有生气的风貌，却过早地显示了衰老、颓废的可悲症状。这就在前工业社会停滞不前的基础上又加上了垄断资本主义的制约影响。落后国家中被垄断企业所攫取的巨额经济剩余并未用于生产目的，既未再投资于本企业，又未用于发展其他事业。就它未被外国股东老板携出境外那部分经济剩余而言，它的
317 使用方式与土地贵族极其相似。它供养了受益者的奢侈生活，用于建造城市和乡村的豪华住宅，花在雇佣大批奴仆，尽情享受等上面。余下的部分则用于购买能获取地租的土地，用于为各种商业活动的融资，高利贷和投机方面。最后但并非最不重要的去路是把数目可观的钱财转移到国外，作为防止国内通货贬值的筹码，或者作为确保自己在国内发生社会和政治动乱时作为一种退路的储备金。

4. 非农业部门(3)：外国企业(采矿业)

我们现在讨论不发达国家经济结构中非农业部门的第三个分支：即外国企业。[①] 这些面向不发达国家的国内市场的部分或全部由外资组建的企业也有同样的问题。[②] 上面关于整个不发达国

① 至于商业活动，绝大部分集结于农村地区，在自然意义上与农业相关，然而，它的经济地位，对农业本身来说是没有什么关系的。

② “典型的面向国内市场的制造业似乎并不吸引外资”。见国际联盟：《工业化和对外贸易》第 66 页(1945 年)。

家工业的论述，同样适用于这些外国企业。虽然，这些外国企业的一部分经济剩余直接在不发达国家消费掉（如支付当地高级管理人员的高工资），但大部分盈利（包括高级管理人员的个人积蓄）被转移到境外。这就使得它们对不发达国家的资本形成所作的贡献比之本国工业还要小。

更复杂，也是更重要的，是生产出口商品的外资企业在不发达国家所起的作用。这些企业不仅仅占了在落后地区的外资的很大部分，并有着大量投资，而且在东道国和整个世界的这类产品中也具有举足轻重的地位。为了了解这些外国企业对所在的不发达国 318
家经济造成的影响，我们有必要对它们活动分别进行考察：(1)外国企业投资的重要性；(2)外国企业经营活动对当时不发达国家的直接影响；(3)外国企业对不发达国家作为一个整体的更广泛的影响。

先从第一方面开始，应该看到，这些从事生产出口产品的外国企业一般都是以很少的投资创建的（石油业例外）。因为它们是依靠暴力剥夺当地居民或以最低价向统治当地的君主、领主或部落酋长购买的方式取得对自然资源（主要是种植园和采矿的土地）的控制权。所以，外国企业开发不发达国家自然资源给不发达国家带来的资本是很少的。即使到以后，当不发达国家中的这类企业的业务显著上升后，实际上从发达国家转移到不发达国家的资本也比人们通常估计的要少得多。当这些制造出口产品的外国企业要发展其业务时，它们也能轻易地从极高的营业利润中进行融资。阿瑟·索尔特用英国发展史作引证：“在到1870年后不久为止的前一阶段内，它对海外投资的资金来源于出口超出进口的余额。

从1870—1913年期内,整个海外投资由10亿英镑上升到40亿英镑,其中新增投资只占这段时间里投资收益的40%”。[①] 荷兰、法国以及以后的美国在海外投资的增长状况也与此极为相似:主要都是来源于海外投资利润的反馈。[②] 这样西方在不发达国家资产
319 的增加只有一部分是来自资本输出,就这个词的严格意义而言,它本质上是把在海外获得的某些投资利润再投资于海外。[③]

鉴于有些人对于西方资本家在某些不发达国家的神圣财产权遭到践踏时所表现的愤慨之情,了解上面的情况是重要的。[④] 本文主要讨论外国企业在不发达国家所取得的经济剩余和再投资,是否对那些国家的经济发展作出了显著贡献。即使对事实作最乐观的解释,这样的说法也是难于成立的。投资中的一部分是为取得所需要的自然资源产权所支付的价格。正如上述,其价格往往是极低的,通常不会高于用于贿赂官员和当权者的费用。根据我们了解到的收入支配方式,它们肯定不会有助于不发达国家生产

① 《对外投资》第11页(普林斯顿,1951年)。

② 关于战后美国的海外投资,一份最近的官方刊物宣称:“其中的绝大部分是海外分支机构盈利的再投资,而不是美国国内招集来的新资本,”《关于对外经济政策给总统的报告》(格雷报告)第61页(华盛顿,1950年)。近如1954年,美国私人海外投资增加了近30亿美元。而前此的投资收益约达到28亿美元。见S.皮泽和F.卡特勒:“国际投资和盈利”《当代商业概览》(1955年8月)。

③ 也可参看埃里奇·希夫:“直接投资,贸易条件和国际收支”《经济学季刊》(1942年2月)。

④ 不需多说,上面指的是就全球的净余额而言,而今天所涉及的许多个人和公司,也许是并且常是与那些在早期就获得利润的个人与公司不同,因而问题要复杂得多。

性财富的增长。[1]

更大的一部分投资,事实上为其主体,是所谓“实物投资”。即 320
企业在将利润用于扩大生产或建立分支机构时,把很大一部分投资用之于购置本国生产的设备。事实上也只有这样,因为所需要的机器东道主国不生产,同时投资的企业及其人员对本国制造的设备更有所偏爱。结果,随着投资物品的订单飞向先进国家的产业,外国企业在不发达国家增建工厂或扩产所引起的这种投资行为以及日后的设备置换,实际上只能是发达国家国内市场的扩大,而不是不发达国家内市场的发展。不可否认,就这方面有必要在东道主国进行一些建筑以及有必要利用当地的材料和人力以建造公路、矿井、办公楼、外国职员公寓、当地劳工工房等而言,一部分投资要花在不发达国家,从而导致它们总收入和总需求的相应增加。但这个数目经常小得可怜,因为即使这方面的投资计划也倚重于进口建筑材料、运输设备、办公和家庭用品,同时工程技术人员以及工头也从国外请来,以监督建筑计划的执行。

既然外资的出口主导型企业建立分支机构或扩充业务所进行的投资给不发达国家带来的利益并不多,那么我们现在可以来考
察外国企业的生产活动对**当时**产生的影响。这些生产活动包括生 321
产农产品或矿产品、石油等原料,然后把它们运往境外。我们很有必要来探讨外国企业对这些资金的利用方式。先从劳动报酬开

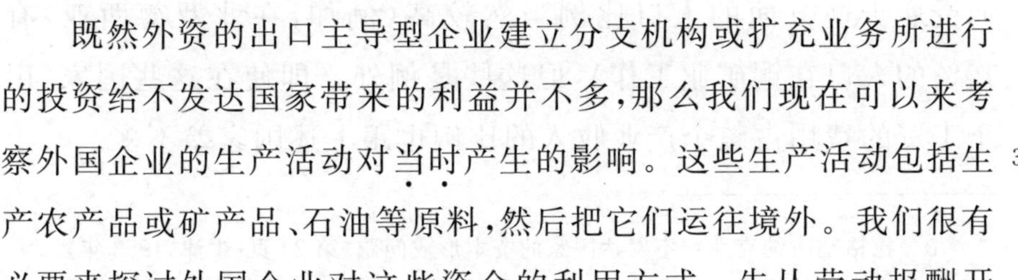

① 在目前,不那么“富于浪漫色彩”的状况下,西方资本家为在许多不发达国家取得自然资源所支付的款项,采取了向当地政府缴纳较为可观的矿场使用费及按当年产值计算税款的方式。有时候也提供给它们赠款或贷款,使它们在以后的谈判中更为顺从。这一点将在下面提到。

始。由于给当地工人极低的工资，又在某些行业采用较高程度的机械化只雇用很少的工人，所以公司收益中用于工资这一部分一般是不大的。在委内瑞拉，石油占全国出口值的90%（并在国民总值中占很大比重），但石油业仅仅雇佣全国2%的劳动力，[①]而用本国货币支出的费用（不包括对政府应缴纳的费用）不超过石油出口总值的20%，[②]其中约7/8用来支付工资，其余用于在国内采购。在智利，“在第一次世界大战前，有8%的劳动力在矿业或相关加工行业工作，但这个比例已持续下降。”[③]根据世界货币基金组织一份未发表的报告，该产业产值中用在当地的支出也只占20%左右（其中工资和物耗费用的具体比例不详）。在玻利维亚，5%的工人在锡矿业工作；据测算40年代后半期，总收入中大约
322 25%用于支付工资，这个比例无疑估计过高，因为是按官方的低汇率来计算美元销货额用以与玻利维亚工资相比较的。[④] 在中东，0.34%的居民受雇于石油工业，[⑤]但只有5%还不到的石油收入用之于支付工资。有些国家，由于人口少，而原料工业规模较大，因而受雇于这方面的人口比例当然较高（例如，在北罗德西亚，有10%的人口在铜矿业工作），但这些是例外。即使在这些国家，用于工资的费用占整个产业收入的比例也跟上述国家差不多。

---

① 拉格纳·纳克斯：《不发达国家的资本形成问题》第23页（牛津，1953年）。

② 委内瑞拉银行：《纪事录》第36页（1950年），引自C.E.罗林斯：“矿产开发和经济增长”，《社会研究》（1956年秋），我深深地感谢罗林斯博士，他将这篇精彩论文的手稿交由我摘录，从中我引用了许多在别处提到的参考资料。

③ 联合国：《亚洲和远东矿产资源的发展》第39页（1953年）。

④ 见上述罗林斯著作，他称这一论述来源于M.D.波尔纳：“玻利维亚国民收入结算问题”（纽约大学的硕士论文，1952年）。

⑤ 联合国：《中东经济状况评论》第63页（1951年）。

如果认为不发达国家通过其在原料开发所得的这一小部分收入能全部用于扩大其国内市场，那是错误的。首先，劳动力中也包括外国的管理人员和准管理人员，他们的工资当然相当高。他们尽管过着一种高水准的生活，但仍能从收入中节余一大笔钱。事实上，他们受聘的一个重要吸引力，就是能在较短的时间内积累数目可观的储蓄。自不待言，这些储蓄或者当时就汇到国外，或者当他们离职时带回本国。[①] 即使用于消费的支出也并非全部购买当地产品。虽然在不发达国家的外国人，都雇佣大量的当地奴仆，虽然很多消费品购自当地，但很大一部分消费支出是用于购买他们惯用的国外进口品的。所以外国雇员用在当地产品和劳务上的消 323
费(它使不发达国家的总需求有所增加)是很少的。

至于本地工人，情况有所不同。由于他们的劳动几乎不需要什么技术，他们的工资极低，常常仅足以勉强糊口。即使工资高一点，可以过上稍好一点的生活，也极难有储蓄的余地。这样，当地工人的工资可看作全部用于消费。[②] 但是，工人消费中的某些部分是公司提供的：尤其是住房，更有甚者，很多工人住处设于这样的地区即与其到遥远的当地产品市场购买消费品，还不如直接进口这些消费品更为方便、便宜。[③]

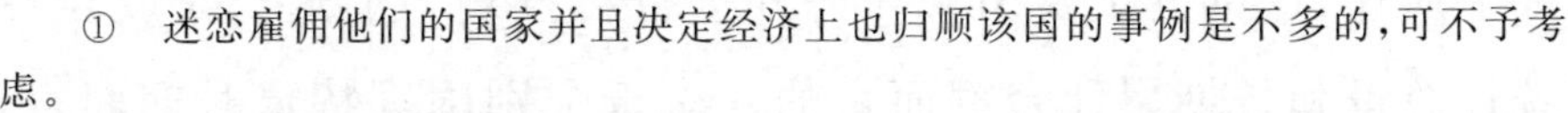

① 迷恋雇佣他们的国家并且决定经济上也归顺该国的事例是不多的，可不予考虑。

② 在缅甸等一些国家，半移民性质的劳动力为了养活他们在原生国的家而流出的资金是一个相当重要的问题。

③ 玻利维亚锡公司的例子是很值得注意的："多年来，公司的商店出售主要从国外运来的商品……"罗林斯上引书。自不待说，在许多情况下，其主要原因并不是进口物的价格低，而是出于一种所谓以物易物的动机，就出口主导型公司来说，从西方船运货物的廉价也是个很重要的因素，它鼓励了在公司的商店里出售的货物的进口。

总之，东道主国从出口主导型外国企业所得到的收入（主要是付给少数工资劳动者的工资），在各个地方，都是很少的。由于世界对上述原料产品的需求的变化，主要影响着商品的价格而非产量——基于技术和经济原因，本文将不展开讨论——当地的就业水平往往就变动不大。而由于他们的工资也相对不大变动，故而其总收入的**绝对值就整体而言**也是相当固定的。显然它们在总产值中所占的**份额**常有变动，这取决于产品销售时价格水平的高低。
324 如把好坏年份一并计算，则其比例约在15%左右，其中某些地区和年份可以高达25%，有的也可以低到只有5%。虽则增加这么一小点收入对于不发展国家贫困至极的人民来说也极其珍贵，但我们在分析它对东道主国家经济发展的作用时，必须充分认识到工资获得者的性质。这些收入大部分支付给低工资者，用于购买农产品、手工业品或进口消费品等基本生活用品的，因而不可能形成一个促进本国工业发展的市场。[①]

出口主导型外国企业产品销售所得的节余部分可分为两大类；大部分为公司毛利（除付税及矿场使用费后），包括折旧和资源损耗费用；另一部分是向当地政府支付的税金和矿场使用费等。下面我们将讨论后者。至于前者，其利用方式则时常变化很大。如上所述，这部分主要用于在海外进行再投资。但这只是就全球统计总量和长期累计余额而言的。对于个别国家特定时期而言，抽走利润和海外投资常有剧烈变动，并存在巨大差别。在一些国家有的时候抽走的资金多于投入，而在另一些国家和别的时期恰

① 它产生了商业利润，然而这些利润在不发达国家是并不难以获取的。

恰与之相反。某些外国企业把全部或大部分利润汇回本国,而另外一些企业则用于增加在其他国家的投资。跨国公司就常常把在东道国的利润转移到投资机会较好的别处去。但这并不能说在一个不发达国家赚取的利润,如果不在该国再投资,就会投入另外一 325
个不发达国家。事实恰恰相反:在不发达国家所赚取的利润有很大一部分作为投资流向了高度发达国家。这样虽然外国投资者把从不发达国家取得的利润在东道国进行再投资或抽走的情况千差万别,但就整体而言,不发达国家一直把很大部分经济剩余以利息与红利的名目输往更发达的国家。①

5. 外国投资的直接影响:假定的利益 a. 和 b.

然而,就不发达国家经济发展来说最糟糕的是,很难说外国资本取走其经济剩余或外国企业在东道国进行再投资两者的害处孰大孰小。之所以产生这样的窘境不仅仅是因为不发达国家从外国投资中直接获得的利益很少,如果考虑一下国外企业对不发达国家发展的全面影响,那么问题就更清楚了。

但多少带有官方性质的西方著作对此问题的看法却与此不同。例如,上面所引的刊登在美国商业部的《当代企业调查》的一篇文章的作者们直率地认为:"(美国公司)投资所形成的国外生产设备的迅速扩展对海外经济状况的改善极为重要。"②梅森教授虽

① 参看雅可布·维纳:"美国的援助和欠发达国家的进步",《欠发达地区的进步》第 182 页及后,B.F.赫西里茨编(芝加哥,1952 年)。

② S.皮泽和 F.卡特勒:"国际投资与收益"第 10 页(1955 年 8 月)。

326 然并不那么肯定，仍认为："矿业生产的发展总体上不仅与不发达地区经济增长齐头并进，也许还大大地促进了这些地区的工业化"。[①] 纳克斯教授也同样肯定地宣称："那种传统的国外投资方式的问题不在于这些投资有害，也不是说它不有助于促进经济的发展，它是有帮助的，尽管是不均衡的和间接的。问题完全在于它的规模还不大。"[②]

这种论断，就其实质来说是基于以下的认识，首先，对外国投资的收益向海外转移并不认为是对不发达国家经济剩余的侵占，因为如果没有外国投资，也就很明显不存在这种转移。而因为没有这种转移，就不会有外国投资，这些转移本身就意味着转移出去的国家并没有实际支出什么。因此，不能认为对它的经济发展起了不利的影响；[③]其次，据认为外国企业的经营，通过把它产值的一部分提供给当地人民以回报他们的服务，在某种程度上增加了其总收入；第三，他们指出不论外国企业对不发达国家人民的福利有哪些直接贡献，它通过传授给那儿的资本家和工人以发达国家的经营管理技巧和技能，同时，通过刺激建造公路、铁路、动力站等设施，间接地作出了贡献；最后，他们强调，通过缴税和支付矿区使用费，西方企业交给了资源国政府一大笔资金，使它们可以应用于自己的国民经济发展上。

327 这就像基于"实用知识"的大多数资产阶级经济推理中的诡辩

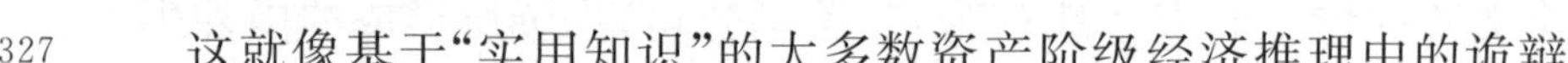

① "原材料、重新装备和经济发展"，《经济学学刊》第 336 页（1952 年 8 月）。

② 见前引书第 29 页。

③ 参看 S. 赫伯特 · 弗兰克：《对不发达社会的经济影响》第 104 页（牛津，1953 年）。

那样，只有表面上的明智和迷惑性。但是它论述的仅仅是现实的一个方面，而且不是用历史的方法，而是用现在很时尚的或可称为“动态静力学”的方法来分析，它表达的思想既具有片面性，又会引起误解。现在让我们依次来分析这些论点。

如果不发达国家的自然资源不被开发的话，就不会有产出，也就不会发生利润向海外转移，这一点无疑是正确的。但这恰恰推翻了前面第一个论点的根据。因为我们绝不能理所当然地认为现在的不发达国家在独立发展的前提下，就不会在某一时期依靠自身的力量和按照比从外国投资者那里得到的有利得多的条件，开发利用其自然资源。如果外国投资和不发达国家的发展进程是彼此独立的，那么这个问题就可以不必考虑。然而，正如我们在前面看到的，为日本所令人信服地证明那样，并且还可以从下面看得更清楚，这种独立发展是不可能设想的。事实上，作这样的假定等于是取消问题，并且从一开始就预先框定其结论。但是，问题还有它的另一方面。就某些农业产品而言，由于它们是可以再生产的作物，而且出口是它们的唯一出路，因而可能认为它们的生产和运往海外对资源国并不构成什么损失。但这是可悲的、却又被广泛地接受的谬误。事实远非如此。姑且不说这些出口主导型公司传统地对它们控制下的种植园土地进行最掠夺性的开发，这些种植园的建立与扩展已经给所在国的大部分人民带来了系统性的贫穷化，在许多场合更是对当地大部分人口的灭绝。这样的例子举不胜举，引用其中几个就足以证明。

巴西东北部单一作物蔗糖的种植便是个好例子。那儿曾经是 328
少数土壤肥沃的热带地区之一。气候适于农业生产，该地区原先覆

盖着茂密的森林，盛产水果。而现在囊括一切的自我破坏性的蔗糖工业已经剥光了所有的有利用价值的土地，全部覆盖以甘蔗，其结果便是这个地区变为这块大陆上受饥挨饿的地区之一。这块本来可以生产多种多样丰富和充足食物的地区，现在不能种植果树、绿色植物和蔬菜，也不能放牧牛羊，已产生了极其严重的粮食问题。[①]

在拉丁美洲的大部分地区，促使决定性地摧毁当地人民的一个因素是几乎随处可见的致力于单一开发方式，有的地区发展矿业，另一些地区则从事咖啡种植，或者种植烟草，还有种植可可豆。这种专业化形成了畸形经济，在萨尔瓦多仍然可以看到，它除了咖啡以外实际上什么也不生产，洪都拉斯也一样，除了香蕉之外，没有别的可供出口。

在埃及，“大部分可灌溉土地被专门用于生产可换得现款的出口作物……尤其是棉花和糖，这就更进一步加剧了农民的营养不良”。

在非洲，破坏当地食物习惯的欧洲第一个改革是大规模地生产可出口换现金的作物，比如：可可、咖啡、糖和花生，我们已经知道一种植园体系是如何运行的……英国在西非的殖民地赞比亚便是个很好的例子，在那儿，为了集中生产花生，已彻底地放弃了供当地消费的粮食作物生产。这种单一作物产生的结果……是殖民地的营养状况已坏得不能再坏了。

---

① 约瑟·德·卡斯特罗：《饥饿地理学》第97页（波士顿，1952年）。本文引用的以下三段见该杰作的第105、215、221页。德·卡斯特罗教授附带指出，“虽然土壤侵蚀和耗竭是整个殖民地世界的痼疾，但专家们断言，从所有实用目的看，在日本却没有此类侵蚀发生。”（第192页）

长期以来,作为美国资本主义国内殖民地的南方各州在糖业, 329
尤其是棉花生产上也产生了类似的后果。

美国种植棉花的各州是全国收入最低的地区,棉花种植与贫困之间相互关系的统计数字是触目惊心的。棉花种植对土壤有两大害处:(1)耗竭土壤肥力;(2)由于冲刷所引起的破坏,……所有这些,现在已很清楚了,但是在19世纪却不认识并不为人所重视——那个世纪是在牺牲持久性财富的基础上,用美元来衡量成果的。[①]

为了避免误解,上面所说的不是用来反对劳动的分工、国家内部与国家之间的专业化生产以及由此而来的生产率的提高的,然而,它清楚地表明,当国家内部和国家之间的专业化是如此这般,即一方专门受饥挨饿,而另一方白人尽取其利,这绝不能被认为是为大多数人谋最大幸福的令人满意的办法。

当出口主导型外国企业的产品不是再生的农作物,而是矿物、石油等矿产品时,“没有作出牺牲”的说法就显得更难令人信服了。虽然,在这种情况下,产地国人口的流离失所和传统生活基础的破坏与大种植园农业所引起的后果相比,也许程度要轻一些,但绝不是微不足道,而这种原材料开发方式的长期后果也同样惊人。的确,没有理由认为不发达国家原材料资源是一种取之不
尽的、不需付钱的物品。即使就全世界而言,原材料的耗竭这一恶 330
魔的到来可以暂不考虑,但就某个国家和特定的原材料来看,其危

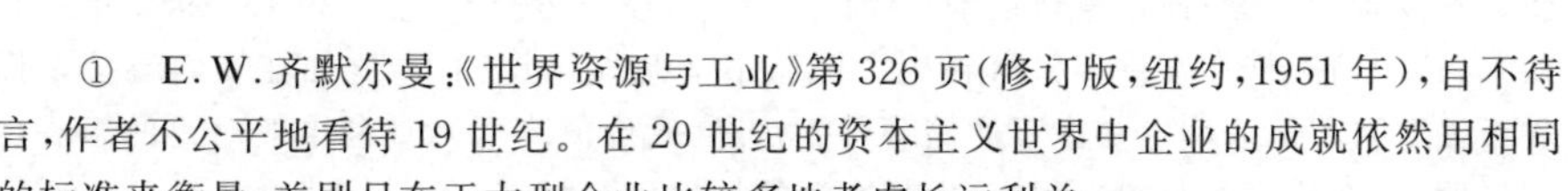

① E.W.齐默尔曼:《世界资源与工业》第326页(修订版,纽约,1951年),自不待言,作者不公平地看待19世纪。在20世纪的资本主义世界中企业的成就依然用相同的标准来衡量,差别只在于大型企业比较多地考虑长远利益。

险远非次要。[1] 这样，对于目前许多不发达国家来说，它们目前所可以从天赋的原材料产品中获得的菲薄收入无异是在被迫出卖他们与生俱来的美好前途，以换取一点糊口之粮而已。

上面已经看到，这点口粮并不多，质量也差劲。这一日益被受害国家的人民所意识到的事实，已为外国企业正日益受到敌视并且日益需要使用诈骗和强制手段迫使当地工人为西方企业工作的事例所证明。所谓当地人民不肯为不能维持基本生活需要的工资而努力工作，是由于“文化滞后”和对与己有利的事物缺乏远见的说法，也许也有些道理，但在很多情况下他们的反抗完全是由于这样简单的事实所引起，即他们的传统的生活方式要比外国资本正在强加于他们的生活方式好得多。

自从奴隶制作为使用劳动力的一种方式衰落以来，长期的契约成为招募和保留当地劳动力的最常用方式，伴之以对不履行契约的给予刑罚。这种关系是名义上的合同关系。……对不识字的
331 工人来说，合同只具有形式上的保护意义，而不是实际上的保护意义，而且对不是合同内容的招工者所许下的诺言常常没有有效的监督手段。一旦工人签了合同，并远离他出生的乡土，他对谎骗的

① 梅森教授有关美国所观察到的也或早或晚会在或大或小程度上适用于其他国家：“有关开采石油和其他各种矿物的证据相当清楚地表明了发现矿藏实际费用的上涨，而且，我们知道，几十年来在提取铜、铅、锌等金属矿时，趋向是等级愈来愈低。最后，应该指出的是，至少30年以来，我们在某些最重要的金属中，没有什么真正重要的新矿藏发现”。“原材料、重新装备与经济发展”，《经济学季刊》第329页（1952年8月版）。这一情况现在在许多原材料生产国已很清楚地认识到了，比如在委内瑞拉，“播种石油”的口号，表明它焦虑石油储藏可能枯竭（或价值降低），玻利维亚对锡的担心也同样明显，在许多木材出口国家，木材富源的枯竭已在眼前。

诺言就没有什么追索权,也没有有效的办法来解除这种合同关系……,因此,不论"合同"的签订是迫于暴力和欺骗,还是为贫困所驱使,它的实行包含了大量强制因素。在荷属东印度群岛,尤其在外围省份,为强制雇佣合同的实施的刑罚一直到 1940 年还在实行。在非洲尤其是对矿工,现在仍在广泛地实行……在东南亚和太平洋地区的殖民地和托管地,由于种植园、矿场、工厂缺乏当地工人或他们不愿干活,为广泛使用合同提供了依据。……在拉丁美洲,为了得到种植园、矿区甚至工厂的劳动力,采用了各种较少强制的独特方式。这些方式,从普通的债务劳役制到类似于在许多殖民地使用的长期契约合同。[1]

因此,如果帝国主义的辩护士坚持认为"一定要证明纯粹地理上的投资,实际上有害于接受投资国(即其结果是使得该国居民的实际收入比未接受投资前更低)",[2]那么这样的证据是很容易提供的,如果撇开不发达国家中一小撮唯一能从外国原材料企业的经营中得到大量好处的买办的活。

6. 外国投资的间接影响:假定的利益 c. 332

这就把我们带到了第三个问题——即上面列举的第三个论

[1] W.E.穆尔:《工业化和劳动力》第 60—62 页(伊萨卡和纽约,1951 年)。参见有关几页所述及的文献,尤其是 B.拉斯克的最有启发的书《东南亚的人力奴役》(夏普尔·希尔,北卡罗来纳,1950 年)。

[2] A.N.麦克劳德:"不发达地区的贸易与投资评述",《美国经济评论》第 411 页(1951 年 6 月)。"纯粹地理性投资"一词来自 H.W.辛格,意指:"外国投资在地理上投放于不发达国家,但从没成为它们经济的一部分,而仍然是投资国经济的一部分"。

点，关于外国出口导向企业对不发达国家经济发展所产生的间接影响。在许多地区，外国企业的建立和经营，必然需要在许多设施上进行投资，这些设施对于原材料的生产和出口来说虽不是其组成部分，但却是必不可少的。这里面包括铁路、港口、道路、机场、电话、电报、运河和电站。一般来说，任何不发达国家能得到这些设施是件好事。即使他们的建设本身并不对落后地区内部市场的开拓有多大好处——因为绝大多数相关的投资，往往是“实物投资”，主要为进口设备——但当这些工程一旦完成通常被认为对于增加地方投资的可能性，会产生积极的影响。这种影响叫作“外部经济”，即当某一企业的生产经营，为另一企业的建立或经营造成便利条件时所产生的影响。因而，为某一制造厂或矿场建设的一处发电站，可能免去另一家制造厂或矿场建设自己发电厂的费用，这就使它能获得比自己建设发电站更为廉价的能源。同样，为满足一家工厂的需要而创办一所锯木厂，可能降低在同一地区建设另一家工厂的费用。

把通过这种方式来改善经济扩张所需的条件，同可称之为“投资滚雪球效应”即上面讲到的由于别的企业投资所引起的市场扩大，使得对另一家企业进行投资成为可能，这两者区分开来是很重要的。强调两者之间的区别的必要性，是由于在大多数有关经济发展的论著里往往被混淆，造成思想上的混乱并导致严重的错误。
333 因为“投资滚雪球效应”几乎等同于经济发展，必然意味着“外部经济”的存在，而能够带来外部经济的建筑设施，则不一定能导致更多的投资和总体上经济增长。换句话说：同时进行国内投资项目，表示进一步的分工，引起内部市场不断扩大，就能产生一种副产品即“外部经济”，它反过来又有助于促使进一步的分工和进一步的投资。但要使投资条件的改善确实带来更多的投资，就必须使经济和社会发展到有可能过渡到工业资本主义的那样的水平。否则，出现在经济体制中的外部经济条件，将只能增强现行经济模式内支持固有经济和社会结构的力量，或者永远只是一种可能性——可能却未被利用——并和未被利用的其他生产力积聚在一起，对整个国民经济的发展几乎不产生什么作用。

这就是说外部经济在促进投资中所起的作用，和降低厂商成本的任何因素，例如降低利息率所起的作用完全一样。正如上面已经看到的那样，以为在一定的收入水平和有效需求水平上仅仅降低利息率就会增加投资那只是一种误解，那种认为仅仅有外部经济的可能性，就必将产生经济扩张也同样是一种误解。这样的类比还可以引申下去。如同经济学原先坚持利息率具有决定性意义的观点绝非“天真”烂漫的设想那样——表现了自由放任主义和政府不干预经济事务的主张——目前关于向不发达国家提供能形成外部经济的建设设施（电站、道路等）的呼声，也远非仅仅是理论上的一种时尚。当问及这些设施是为谁提供外部经济时，其含义
就一目了然了。只要浏览一下官方经济学家以及各种大贸易公司 334
控制的机构的言论，就能了解像这些在不发达国家里创造出来的“外部经济”条件，将主要有助于西方国家企业对不发达国家自然资源的掠夺。更有甚者，特别强调政府必须对这些工程提供财政援助的说法，反映了由来已久的关于国家和垄断企业之间“和谐合作”的经营思想，它要求前者应承担起建设及使企业正常运行的作用而尽量少对企业的金融状况进行“干预”，后者则尽取其利，而尽

量少“干预”政府财政。

这样，纳尔逊·洛克菲勒先生和他的同行就强调：“由于原材料短缺日趋严重，加快扩展不发达国家的原材料生产具有特别重要的意义。”[1]梅森教授则指出：“如果辅助设施——铁路、公路、港口、电站等这些都有助于经济的发展——不扩充，这种生产发展是不可能的”，[2]至于应由谁来掏钱进行这些必要投资，以及在确定辅助设施的投资时以何者为主（指加快和扩大在不发达国家里原材料生产或者有助于该国经济发展两者之间），却都不置一词。著名的“格雷报告”的作者以尽可能明晰的文字回答了这两个问题。他在表述了历史性的观点：“私人投资也许对使大量新资本涌入少数几个国家的采掘业抱挑剔的态度”之后，继续解释道：“私人投资
335 是使经济发展较为理想的方式”，“私人投资的规模应当尽可能地拓宽”而“公共投资则需要作相应的调整”。[3]

事情的关键在于这些“辅助设施”的极大部分所辅助的只是从事出口原材料生产的外国企业。这部分地是由于外国企业建造的或根据它们的旨意建造的辅助设备，必然是为服务于外国企业的需要而设计和布局的。无论我们考察外国企业在印度、非洲，还是拉丁美洲承办的铁路建设，它们的整体布局都是为了原材料的输往出口港，以及为了发展为原材料出口商的需要而建设的港口；或者考察向外国采矿企业提供能源的发电厂的选址，或者考察为外

① 国际发展咨询委员会：《发展中的伙伴给总统的报告》第 8 页（华盛顿，1951 年）。

② “原材料、重整军备和经济发展”，《经济学季刊》第 336 页（1952 年 8 月）。

③ 《关于对外国经济政策给总统的报告》第 52、61 页（华盛顿，1950 年）。

国大种植园服务而设计的水利工程，其情况都一模一样。用 H. W. 辛格博士的话说:“为了从不发达国家出口而建设的生产性辅助设施，基本上是外国投资的产物，除了具有纯粹地理和物质意义之外，从来没有成为这些不发达国家国内经济结构的一部分。”①

就不发达国家的经济发展而言，外商承办的辅助设施所具有 336
的物质特性，也并非是他们不能有助于不发达国家的最主要原因。更为重要的是基于这样一种考虑:即使这些辅助设施的设计和布局完全与落后地区经济发展的技术要求相适应，但只要它们是人为地注入一种社会经济结构中的外来体，那么其积极作用仍将是零(或为负数)。因为不是铁路、道路和发电厂产生了工业资本主义，而是工业资本主义的出现才导致了铁路的修筑，道路的建设，发电厂的创办。同样的外部经济条件，如果发生在一个正经历着重商主义阶段的资本主义国家，它就会给商业资本提供外部经济。因而，英国于 19 世纪后半期在印度、埃及、拉丁美洲或其他不发达世界创办的银行，并没有变为工业信用的供给者，相反却成为与当地放贷者在利息上进行竞争的大商业票据交易所。同样，建立在许多不发达国家中与出口的繁荣有关的港口和城市，并没有成为工业活动的中心，相反却集结为向富有的买办提供“活动空间”的

① “投资和借款国间收益分配”,《美国经济评述》第 475 页(1950 年 5 月)。注意到这一点是饶有兴趣的，即在玻利维亚的联合国技术援助使团对该国采矿业经济作用的分析中得出结论，认为:“这一新的外贸经济仍在极大程度上与该国的其他经济部分相脱离”。《联合国对玻利维亚技术援助的报告》第 85 页(1951 年)，而联合国的拉丁美洲经济委员会在《委内瑞拉最近情况及其发展趋势》(1951 年)文件中也提到，委内瑞拉的石油业，可以更恰当地认为是投资公司母国经济的一部分，而不是委内瑞拉经济的一部分。

广阔市场，充斥着形形色色的小商贩、代理商和中间人。那些为满足外国企业需要而建立的铁路、公路干线，运河，也并没有演变成推动生产活动的动脉；它们仅仅加速了农村经济的解体，并为更加深入和彻底地对内地乡村进行商业剥削提供新的手段。

弗兰克尔教授说："在非洲或其他地区的这种投资的历史提供
337 了许多在错误的地方开辟铁路线、道路、港口、水利工程建筑的事例，它们不仅未能导致国民收入的增加，相反实际上还抑制了本来也许早已出现的更蓬勃的经济发展"，①在这一点上他是完全正确的。但是需要强调的是，由这些投资所造成的主要危害，并不在于它们是被引入到"错误的地方"的"错误工程"，从而分散了本应投在"正确"地方的"正确工程"的资金。外国企业对不发达国家所造成的主要危害，在于它凝固和增强了商业资本主义的地盘，在于它延缓、实际上是阻碍了从商业资本主义向工业资本主义的转变。

7. 外资、社会结构和工业化的限制

这是外国企业对不发达国家的进步所施加的真正重要的"间接影响"。它通过许多渠道渗透到经济的、社会的、政治的和文化生活的各个方面，并且决定性地规范它的整个演化过程。首先出现了一批在外国资本的势力范围内不断扩张和富裕起来的商人。不管他们是批发商（专门从小生产者那里收集各种商品，加以分档整理和使之标准化以后，再卖给外国公司），还是将当地材料提供

① 《不发达地区国际经济发展中的几个概念》第 14 页（普林斯顿，1952 年）。

给外国企业的供应商,或是满足外国企业及其雇员各种需要的服务业主。他们中许多人能积聚大量财富,爬上了这些不发达国家内资产阶级的最上层。这些本国资产阶级中的买办从外国企业的经营中获取利润,对外国企业的扩张和繁荣至感兴趣,并运用它们的巨大影响,去巩固“现状”,使之永远延续下去。

其次是本国的工业垄断者。他们在大多数情况下与国内商业资本家及外国企业互相勾结和交织在一起,完全依赖于现存经济结构的持续,而一旦工业资本主义得到发展,他们的垄断地位就将 338
完蛋。他们所关心的是阻止市场上竞争对手的出现,乐于看到资本流入流通领域,对外国出口导向型企业并不害怕。因而他们也是现存社会制度的坚决捍卫者。

上述两者的利益与已经牢固地立足于落后地区的封建地主的利益并行不悖。实际上,他们都没有理由去抱怨外国企业在他们国家里的活动。实际上这些活动给他们带来了丰厚利润,这些活动常常为种植园的农产品提供出口渠道,在许多地方它们还提高了土地价格,并经常为土地贵族们提供赚钱的美差。

其结果是出现了致力于维持现存封建——商业制度的由富有的买办、强有力的垄断者和大土地所有者结成的一种政治和社会联盟。不管以哪一种政治体制——君主专制制度、军事法西斯独裁制度,或如中国国民党的那种共和政体——来统治国家,这种联盟绝不会对工业资本主义的兴起抱什么幻想。因为工业资本主义的兴起会把它的特权和权力地位一笔勾销。阻碍着本国经济和社会的进步的这种政权,在城市或农村都没有真正的政治基础,只能在终日害怕周围贫困和难以控制的人民的惊恐中度日,唯有依靠豢养得较好的雇佣军这种"古罗马式卫队"来保持政权的稳定。

在过去几十年里，大多数不发达国家的社会和政治进步本可推翻那种政权。在大多数拉丁美洲和近东国家，在东南亚的几个"自由"国家以及欧洲几个相似的"自由"国家里，这些政权之所以能继续做生意——这是他们所唯一关心的——其原因主要在于(如果不能说完全在于)西方资本主义及其政府给予的慷慨援助和支持。因为这些政权的维持和外国企业在不发达国家的经营已变
339 得相互依存。正是帝国主义对殖民地和附属国的经济扼杀，才阻碍了其国内民族工业资本主义的发展。从而阻止了封建商业社会的被推翻，并保证了买办政府的统治。正是由于保存了这些阻碍经济和社会发展、镇压各种社会和民族解放运动的从属政府，才使得今天外国对不发达国家继续进行剥削和帝国主义统治这些国家成为可能。

外国资本及代表它的政府，至今仍牢牢占据着他们的地盘。尽管现在官方报告中承认"殖民势力曾支持过那些阻碍着原材料生产国家工业扩张的经济力量，"但强烈地感到"那些日子……已一去不复返了"。[1] 可惜的是，这是对当代历史的最大曲解。不管我们考察英国在肯尼亚、马来西亚，在印度群岛的活动也好，还是考察法国在印度支那和北非的活动也好，或是考察美国在危地马拉和菲律宾的活动也好；也不管我们研究美国在拉丁美洲及远东的更微妙的交易也好，还是研究英美在近东更为错综复杂的勾当也好，都会发觉"那些日子"的帝国主义实质远未"一去而不复返"。

① E.S.梅森："民族主义和原材料"《大西洋杂志》第 62 页(1953 年 3 月)。

当然,今天的帝国主义,不管是它本身还是它的惯用伎俩或意识形态外表,已不是 50 年或 100 年前的那种模样。正如对外国进行赤裸裸掠夺,已让位于同不发达国家进行有组织的贸易那样(在这种贸易中,掠夺已被一种无可指责的"正当的"契约关系的机制加以合理化和经常化),这种平稳地进行贸易的合理性同样也已融入现代的、也更先进、更加理性化的帝国主义剥削体系。如同其他 340
历史现象的变革那样,当前的帝国主义仍旧包含和保存着它原先的行为方式,只不过将它们提到一个新高度罢了。它的核心特征是,它现在不单旨在从它的统治对象中马上榨取大量的分散的利益,它已不满足于能在一个不太短的时间内持续地取得这些财源。今天在组织得严密和经营有方的垄断企业的推动下,它所追求的是使这些滚滚而来的财源合理化,可以长此不衰。而这就是我们这个时代帝国主义的主要任务:阻挡,如果不可能则就延缓和控制不发达国家的经济发展。

显而易见,那种经济发展对生产出口原材料的外国企业是十分不利的。当然确实存在着一种致命的将原材料生产企业国有化的威胁。这种威胁将随着落后国家中决心把自己的国家从死亡深渊中挽救出来的政府上台而俱来。但即使不存在国有化的威胁,原材料生产国家的经济发展对西方资本来说也只能预示着不祥。因为不管我们考察经济发展的哪一个方面,显然它们都不利于生产原材料公司的兴旺发达。① 因为在经济增长的条件下,其他经

① 原产地国家收入增长唯一可能的积极影响——提高本国对原材料的需求——完全可忽略不计。在经济发展的高级阶段到来之前,这种影响在任何地方都不可能很大。这样在原产地国家所吸收的国内消费,占其总产值比重最大的委内瑞拉例子中,其石油产值中,卖给国内市场的也不到 4%。

济部门的就业机会和生产能力得到扩大，工人的阶级意识和谈判能力得到提高，原材料生产部门的工资也会提高。虽则某些产品——最主要的是大种植园的产品——成本的增加可以通过采用
341 技术革新来抵销，但这样的机械化需要巨大的资本支出，而这与公司的利益是相矛盾的。而在采矿业和石油业中，即便是这种革新方法也几乎不可能。因为这些行业普遍地采用与发达国家正在使用的相同的生产方式，因而可以填补的技术差距相应极小。而对个别公司来说，他们的产品在世界市场上的价格是一个定数——起码从短期看——工资成本的上升，加上随着工会力量的壮大而俱来的工人福利的提高和其他供应品成本的增加，必然会导致企业利润的减少。如果说经济发展的长期影响只能是损害原材料出口企业的利益，那么其眼前的影响就更令人烦心。这些包括当地政府为了给它的经济发展筹集资金，通常就会对外国企业征收更高的税收及矿场使用费，实行外汇管制，以减少利润向国外的转移，增收关税使得进口外国设备更加费钱，或者提高进口工资商品的价格，以及其他——这一切都必然干预外国企业活动的自由，并侵蚀它的盈利。[①]

在这样的情况下，难怪那些大量从事原材料开发的西方大贸易公司，要想方设法阻碍不发达国家里将会推动经济发展的社会政治状况的变革。它们动用巨大的力量去支持落后地区的买办政府，瓦解或腐蚀反对他们的社会政治运动，推翻任何可能上台的争

---

① 前面一段基本上是C.E.罗林斯博士以前引用过的论文“矿业发展和经济增长”，《社会研究》(1956年秋季)中一种论点的重新表述。

取进步并拒绝服从帝国主义主子的政府。不论何时何地,当它巨大的力量还不足以控制局面,或它们的活动费用可以转移到由本国政府——或者说转移到今天的国际复兴和发展银行这样的机 342
构——去承担,帝国主义就会迅速有效地开动它所有的外交、金融,必要时,甚至它的军事机器,来帮助处于危难之中的私人企业以满足其要求。[①]

8.政府对私人资本的支持

在西方,制造政策和舆论使之与大企业为维持其在落后国家中的地位,并破坏这些国家的经济发展所作的努力互相配合,这点在官方的声明中也如同在经济学著作中那样反映出来。艾森豪威尔总统将美国的外交政策目标规定为:“我们政府将尽一切可能,大力鼓励在海外进行私人投资。这包括,作为一个重要而又明确的外交政策目标,促进外国对这些私人投资建立良好的投资环境”。[②] 对外经济政策委员会主席C.B.兰德尔先生也发表了类似的观点,他认为“必须创立一种对美国投资的新的更好的环境”,同

① 遗憾的是此处不可能对这一极为重要的命题进行更多的分析。对当前的帝国主义,至今还没有一份全面的综合研究材料,因而只能搜集零星资料来揣度全貌。除了前面章节已提到的资料外,请看哈维·欧康纳:《石油帝国》(1955年),对以石油为中心的帝国主义活动做了有趣的描述;N.凯蒂《西方对伊朗社会历史的影响》(加利福尼亚大学贝克莱分校未发表的论文,1955年),该论文作了或许可说是战后帝国主义干预活动突出例子的较为详尽的文献记述;O.E.小史密斯:《美国佬外交》(达拉斯,1953年),其中对美国在拉丁美洲的干预活动作了有价值的报道,——以上提到的仅是其中的几本而已。

② 《国情咨文》1953年。

时对这一点“令人欣慰地为人们所认识，并且像土耳其、希腊和巴拿马等国家，已在改革其公司法，为我国的投资创造必要的环境方
343 面先行一步，感到分外高兴”。[①] 欧文信托公司副总裁、也是华尔街最有影响的经济学家之一的奥古斯特·马弗里，则用人们称之为“隐蔽的残忍”方式，表述了大企业的立场。在他给美国国务院的一份特别报告中，提出要用“整体外交”来为美国的对外投资事业服务。

“采取更为直接的方式，促使友好国家改善其投资环境，应当是美国整体和持续的外交努力的目标……所有与外国经济发展有关的美国政府机构，应当对外国政府危害美国投资者利益的歧视性或其他行为保持警惕，并运用一切可能的外交压力进行防范或补救。”

他对于采取何种方法，则并不怎么介意，继续建议：“美国政府可采取另一种且很有希望的办法，来达到改善在外国投资的环境。这就是采取各种可能的援助和鼓励方式，帮助私人投资者在国外获得某种特定投资项目的特许……一旦经过官方和私人的共同努力在个别事例中取得了这种特许，就可以据此加以推广以有利于其他所有私人投资者”。[②]

由于“美国的海外私人投资主要集中在采掘业，尤其是石油业”，又由于“几乎可以确信如果没有适合美国私人资本的特殊环

① 《美国的对外经济政策》第 2 章(芝加哥，1954 年)；能列入其中特别推荐的国家名单是值得注意的，它可以引申到包括佛朗哥的西班牙、李承晚的韩国、卡斯蒂罗的危地马拉，以及“自由世界”里其他少数相似的想要发展的国家。

② 《促进对外国私人投资的计划》第 10—12 页(油印本纽约：1952 年)。

境,它们就不会到海外去冒险,除非前景非常诱人……即在 5 年左右的时期内,其利润能偿还原先的投资”,[①]这就很容易看出要确保这些投资得到所需的优待,它们要在不发达国家建立的是怎样 344
一类政府了。也不难看出,如果要在原材料丰富的落后世界为外国投资创造“合适的环境”,那么通过“整体外交”和“直接的方式”,它们要在不发达国家支持的是什么样的政权和什么样的社会政治力量了。

① 雅各布·瓦伊纳:“美国的目标和不发达国家的进步”,《不发达地区的进步》第 184 页;B.F.霍泽利茨主编(芝加哥,1952 年)。

345 第七章　论落后的结构形态(二)

1. 非农业部门(4):政府和外国投资的假定的利益 d.

我们现在要结束对不发达国家经济剩余利用模式的简略考察,与此同时讨论前面所列的有利于外国企业的最后一个论点。为此目的,我们必须扼要地考察这种农业之外的第四个索取者——国家对经济剩余所派的用途。其数量在国与国之间显然各不相同。它们小到比如说像在拉美的大多数国家或菲律宾,大到像在委内瑞拉和近东的一些产油地区。就政府收入的经济基础和它们的(与经济基础紧密联系的)征收方法来说,其差异也同样显著。在许多国家中——产油地区国家也更典型——政府收入是经济剩余中显而易见的转移;而在其他国家,政府收入则是以总支出中用于公众消费份额的相应削减构成的经济剩余增加值。在前一类国家中,政府收入大部分来自税收、出口税和主要由外国企业支付的油矿使用费;在后一类国家,其来源多种多样,主要是通过进口税和大众消费品货物税或者通过货币的通货膨胀性发行而对人

民收取的间接税。[1]

尽管个别政府使用收入的方式也有相当大的差别,但这方面的差异要小得多。事实上,这些国家可以很容易地归成三大类:第 346
一类,由帝国主义列强直接统治的广大殖民地领土(几乎包括非洲全部,亚洲的一部分和美洲的少数相对较小的地区);第二类,由具有明显买办性质的政权统治的绝大多数落后国家;第三类,少数建立有可称之为实行"新政"的政府的不发达国家——主要指印度、印度尼西亚和缅甸。[2]

就第一类而言,自"二战"以后,出现了大量的宣传认为帝国主义列强对殖民地的管理在精神、目的和结果方面与它过去所实行的有着截然的不同。确实,正如杜鲁门总统在 1949 年总统就职典礼上宣布著名的"第四点方案"中所承诺的那样,"将提供生机勃勃的力量以激励全世界人民不仅在反对他们的压迫者,而且在反对他们长期的敌人——饥饿、苦难和绝望的斗争中取得胜利。"英国、法国、比利时和葡萄牙政府也渲染着他们的殖民地发展十年计划,这种计划公开声称的目的是要促进居住在他们统治的领土上的人民的健康和福利。

其实,按"第四点方案"制定的美国的活动策略和按照殖民地发展计划制定的西欧列强的活动策略所依据的精神是相同的。在

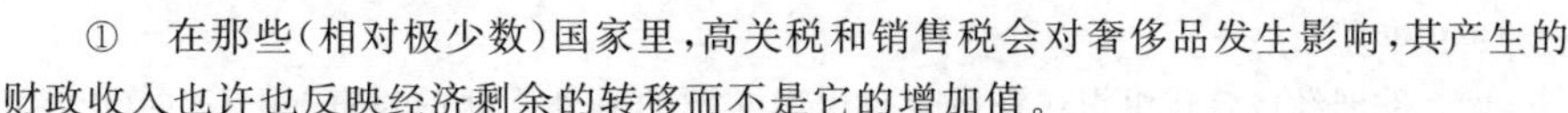

① 在那些(相对极少数)国家里,高关税和销售税会对奢侈品发生影响,其产生的财政收入也许也反映经济剩余的转移而不是它的增加值。

② 在过去,还有另外一些拉丁美洲国家属于这个范围——主要是在拉扎罗·卡德耐斯统治下的墨西哥以及危地马拉和智利。但这些"特殊情况"现在已进行了"调整",我们已完全可以把这些国家归纳到第二类中。

"第四点方案"计划中"重点是促进私人投资流量的巨大扩张"。[①]
347 同样,西欧各国政府也保证"将尽一切努力,并将继续努力鼓励私人资本的流入。希望私人投资者能充分认识到对这些地区进行投资所带来的好处"。[②] 事实上,这些好处的最大化似乎正是"第四点方案"和西欧殖民地计划的设计者们所主要考虑到的问题。显然——引用塞西尔·罗兹的一句名言——殖民地"胜利行动"的蓝图所感兴趣的是"土地,而不是黑鬼",其主要着眼点是原料的开发。这就是"第四点方案"的本意,这一点已为方案的执行机构所直言不讳:"矿物和燃料资源的勘测、开发和合理地加工是不发达国家经济发展技术合作计划的一个主要方面"——可以认为这是由于"那些将参与合作的地区的许多未开发的矿物资源对世界上高度发达的国家,包括美国在内具有十分重要的意义"。[③] 欧洲经济合作组织也证明西欧殖民地恩主们的目的并没有什么不同:"在目前的发展计划中,这些领地对于他们所属的自由世界(原文如此!)的防卫可以作出重要的贡献,特别是通过他们的原料的增产"。[④]

然而私人开发原料所企求的盈利是以建立起各种"辅助设施"为基础的:铁路、公路、码头、发电站,等等。但私人资本对它们的

---

① 美国国务院:《第四点方案,对经济不发达地区的合作援助计划》第 4 页(华盛顿,1949 年)。

② 欧洲经济合作组织:《在撒哈拉以南非洲的海外领地的投资》第 79 页(巴黎,1951 年)。

③ 美国国务院,前引书第 20 页。

④ 欧洲经济合作组织,前引文。

建设很少感兴趣。[①] 就我们所知,“自由企业”从不抱怨把这部分 348
工作交给国库去完成,因而在法国属地的所有规划支出的 3/4 被用于为原料生产企业创造这种“外部经济”来源,比利时的相应支出大致是 2/3,英国大约为 1/2。[②]

当然,其余部分被花费在所谓的“社会服务”上,即提高营养、医疗、教育水平,等等。但即使这种花费从根本上也取决于西方资本“开明的自私性”考虑,并旨在为原料企业提供更好的外部经济的人力资源。德卡斯特罗教授对这种情况的论述值得详细地加以引用:

当欧洲殖民者向黑人提供比当地村落平常能够获得的较多的食物时,只是为了吸引工人和供给他们以殖民者希望通过生产劳动再赚回来的能量。他所真正提供的并不是较好的营养,而仅仅是大量的热量。过去发生在热带美洲的养活黑奴的情形如今也同样地发生在非洲。奴隶主贪婪地想得到尽可能多的产品,通常也愿提供给奴隶……食物以使他们处于健康状态,俾得以驱使他们
参加艰苦的农业劳动。巴西和安的列斯群岛种植园主们的这一策 349
略……导致一个错误的结论,即黑奴是殖民地人口中吃得最好的

① 这是由于在不发达国家中,对公用事业的投资报酬低于对原料企业的投资,1945—1948 年四年中,美国在落后地区对公用事业的投资账面值平均年报酬率只有 3.2%,相反在包括公用事业的各类企业中则有 13.4%,而在石油企业为 26.7%。H. J. 德恩伯格:“长期国外投资展望”,《哈佛商业评论》第 44 页(1950 年 7 月),在不发达国家公用事业的收益如此之低的原因是不难发现的:这主要是由于它们不能充分发挥规模经济的作用,导致单位产出的高平均成本,而不能充分发挥规模经济的作用,则又是由于对使用公用事业服务的企业缺乏足够的同步投资。

② 参见联合国《非洲经济状况评论》第 111 页及后(1951 年)。

种群之一。这是绝对不真实的。奴隶的食物量是多的，但通常是劣质的。这种所谓的“饱腹”政策极大地恶化了赤道非洲黑人的营养状况……黑人在开始为殖民者干活以后……出现比以前更常见的食物不足的现象。……在矿区这种营养状况特别严重，在那里新鲜食物特别缺少。[①]

毫无疑问，“饱腹”政策目前仍支配着帝国主义列强殖民地政府的社会服务支出。1949 年 5 月 27 日英国殖民大臣在下院说：“社会服务的大部分支出应认为是为了提高工人效率和防止大量浪费的一种经济支出。”[②]对殖民地人民表示友好的美国人也持同样的动机，这一点可以从上面提到的梅斯尔斯·纳尔逊·洛克菲勒和他的同事的报告的下面一段话中看得出来：“在维多利亚米纳斯铁路上的旷工数字由于疟疾得到有效控制而极大地减少了。这就有可能减少三分之一的养护工，从而又削减了从多西河山谷开采和运输铁矿石及云母石的成本”。[③]

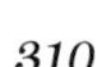

这种“再现的寻找廉价原料、新矿物资源以及从那些食不果腹
350 的国家搜集新鲜粮食的努力”[④]表明了它们全然不顾殖民地的发展要求，这一点不需要详尽阐述。这是全部历史文献所明白记载着的，也是通过外国开发不发达国家原料来求得经济和社会发展的理论中所显而易见的。上面提到的联合国报告对此作了令人钦

① 《饥荒地理学》第 223 页（波士顿，1952 年）。

② 联合国，上引文。

③ 国际发展咨询委员会：《发展中的伙伴——给总统的报告》第 54 页（华盛顿，1951 年）。

④ 巴兹尔·戴维森：《南部非洲报告》第 271 页（伦敦，1952 年）。

佩的精确的表述:“对经济中的发达部门的投资集中用于出口的初级产品生产上。……实际上,这种发展生产的资本都不得不从非洲以外进来(除南非联邦和一部分北非国家外),这些投资对于产生下期的收入和投资只起到相当小的影响。出口总收入的相当大部分以投资资本的贷款利息和股息形式被作为国外收入转移了。”[①]

2.外国投资和政府的政策——买办制度

当我们考察第二类不发达国家时,情况也没有任何好转,他们虽然不再是资本主义列强的直接殖民地,但仍受为殖民者服务的当地买办政府管理。其中最重要的是中东和拉美的石油产地,以及生产宝贵矿石和粮食的许多拉美国家。这两类国家之间的区别中与本文关系最大的是第一类——殖民地地区——原料开发到目前为止仍未达到先进阶段,而第二类国家的原料产出却已达到巨大的数量。当然,这种区别还是近期才出现的,即使在那些久已存在的地方,其对有关国家的情况也没有多大影响。除伊朗外,直到两次大战之间的时期石油生产才占到较大比重,并且直到第二次世界大战结束,这些资源国家的政府才能从大量石油收益中分得一份。[②] 351

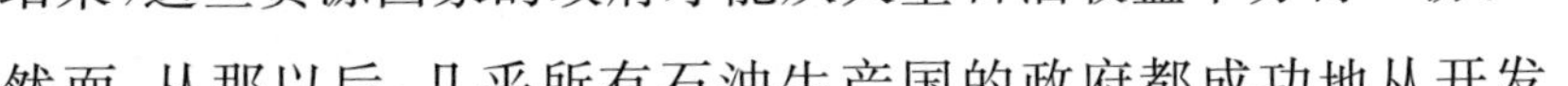
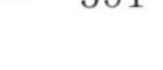

然而,从那以后,几乎所有石油生产国的政府都成功地从开发

① 《非洲经济状况评论》第 17 页(1951 年)。

② 中东石油特许权的历史图示概要,参见联合国:《中东经济状况评论》第 58、59 页(1951 年);关于早期许多当地政府和石油生产公司签订石油场地使用费协议的简短扼要的介绍见 R.F.麦克塞尔和 H.B.钱纳里的《阿拉伯石油》的第四章(查普尔·希尔,北卡罗来纳,1949 年)。该评论现已充实最新材料,改题名“石油和中东的社会变迁”,《经济学家》(1955 年 7 月 2 日)。

他们石油资源的公司那里取得了大大改善了的合同条件。[①] 虽然从有关外国公司的实际汇款并不一定和按照现行租借条款所应付与当地政府的比例相一致，[②]但是这些国家目下所获得的金额，尽管各国之间并不相同，在几乎所有产油地区为数都非常可观。确实，无论从总量上还是从人均收入上看，数量都是巨大的。

在中东，六个地区——其中有些称它为“国家”几乎是不恰当的——居住着3000万人口，拥有世界上已勘明石油资源的64%
352 和约占世界石油总产量的20%。根据1954年的产量，其排名次序是科威特、沙特阿拉伯、伊拉克、卡塔尔、伊朗和巴林。在第二次世界大战结束后的九年里，这六个地区的政府从外国石油公司的直接付款中获得了相当于30亿美元的收入。[③]

在一个短时期内将如此数量的金钱转移到这些资源国家的政府手中很可以被解释成外国企业的一项重大的“间接”贡献，它是如此巨大，以致把我们对于其有利于不发达国家经济发展的任何怀疑都化为乌有。然而，不幸的是，这几乎是最没有事实根据的无稽之谈。因为其效果完全取决于这些国家是如何使用这笔钱的，

① 这部分地是由于“二战”期间和战后对石油需求的大量增加和石油公司之间——特别是那些在美国和英国注册的公司之间——加强竞争的结果；部分是由于不发达国家中日益增长的群众压力威胁着当地政府的政治稳定，从而制约了它们对外国利益集团可能作出的屈从。

② “由于大多数特许公司受销售公司控制或合并在一起，因而在特许国内经营所获得的利润量就可加以操纵，以使这种支付降至最低限度。”麦克塞尔和钱纳里，同上书第39页。

③ 对1946—1949年的估计数是根据国际货币基金组织的数据，《国际收支年鉴》(华盛顿，1949年)，和《国际收支年鉴》(第5卷)(华盛顿，1954年)；对1950—1954年的估计数载于《经济学家》，前引文。

取决于这笔钱在促进这些国家人民的经济和社会发展进步上起到多大的作用。正如奥·斯密所惯说的:"让我们看文字记载吧!"

《经济学家》杂志写道:"在波斯湾,……各个国家和酋长国都仍是以封建制度为基础进行统治的,其国民收入和统治者的私人钱库两者之间没有什么区别。"让我们先从科威特开始依次考察这些"国家和酋长国"。这个王国,居住着不到20万的人口,仅仅一年(1954年)就得到了英美合资科威特石油公司支付的2.2亿美元的收入。对这些令人惊愕的巨大收入的利用方式我们没有获得精确的信息。但据已知的材料,毫无疑问这些收入甚至一点也没有用于提高生产率或科威特人民的生活水平。事实上,他们是处于世界上最贫困者之列——人均年收入约50美元——90%以上的人遭受着长期饥饿和结核病的折磨。与此同时,酋长国收入的1/3据报道进了酋长的私人腰包,另1/3常被投资在外国债券上,剩余部分用于公共开支。这些公共开支主要花在城市及其港口的
现代化,和建造蒸馏水工厂(避免进口来自伊拉克的沙提·阿拉伯 353
含盐水),以及"世外桃源"般的新宫殿上[1]——所有这些更多的是给酋长家族和科威特石油公司的外籍工作人员提供欢乐,而不是给科威特阿拉伯人带来福利。

虽然沙特阿拉伯王国的石油收入,按照他们600万臣民人均计算与科威特酋长国相去甚远,但其整个战后时期和现在的总收入,比科威特统治者的收入要高。例如1954年它们达到2.6亿美元。这些钱怎么使用似乎十分神秘。"在最近几年里(1947年)仅

① 哈维·欧康纳:《石油帝国》第28章(纽约,1955年)。

仅进行了一次公布政府预算的试验，遭到了惨败，以后就再也没有进行过取信于民的尝试”。[①] 这种不敢公开“不断增长的(流入)国库黄金的用途”是有很好的理由的。早在战争时期，根据“英美租借”法案，相当多的钱支付给了伊本·沙特，但“阿拉伯的反应是更变本加厉地浪费和施政不善，伴随着高层官员中间越来越多的大规模腐化堕落”：

> 石油使阿拉伯有可能用自己的资源尽情浪费，它真的也像王
> 354 侯那样挥霍。派遣了十几个王子去新世界出席联合国成立大会，并且在美国到处收购汽车和其他东西来满足生活享受。随之又派出了其他类似的出国团体，其中一个由王储带领，另一个由阿卜杜拉·苏莱曼本人带领，他们每个人都带回阿拉伯大量出访世界上那个最富裕国家的纪念品，其中一个派出人员挑选买回了一个最奇妙的四周镶有玻璃壁的水底夜总会，通过玻璃壁、周围的鱼，可以看到里面的跳舞场面。随着这些带回的美国汽车和其他工业品，包括电影摄影机和放映机、空调器和体育用具而来的是许多美国观念，甚至还有对美国食物的嗜好。我曾出席“王储”在利雅得花园中举行的室外宴会，那儿菜单上的每道菜都是用冷藏飞机从美国运来的新鲜原料做成的。[②]

---

① H.St.J.B.菲尔比：《阿拉伯的欢乐》第228页(伦敦，1952年)。值得一提的是，这本书的作者不可能被怀疑对沙特阿拉伯政权持有偏见。事实上，这本书是献给伊本·沙特的，它的题词是：“弘扬他非凡的行动；弘扬他卓越的成就。”

② 同上书第227、231页。上节中提到的阿卜杜拉·苏莱曼是沙特阿拉伯主管预算的财政大臣，该预算“除了为王室金库保管不得过问的储备和准备来自同一方面的不可预见的对国家资金的突击动用外，由财政部全权处理，它可以扣压预算中规定给任何部门的钱，也可以堂而皇之将发给低级官员的薪金扣压四个月(最少的)到八个月(最多的)。”(第228页)

《经济学家》相当简明地概括了这种状况：

(沙特阿拉伯)实际支出……尽管收入有巨额的增长，但在最近几年里仍然经常大大超过收入。从表面分析，造成这种赤字的一个原因是一大部分收入用来供王子、大臣、权力追逐者和其他皇亲国戚们满足淫逸的生活，和据有国外大量的私人不动产投资。[①]剩余部分被花在维持一个巨大的军事组织上(这几乎吞噬了总支出的 35%)和花在一个散漫的宗教事务部上。根据有资格的观察家材料，前者是维持政权的主要物质工具，而后者是同样必不可少 355
的思想支柱。[②]

对这两者的紧迫需要是显而易见的。人均收入同科威特不相上下。虽然疟疾、肺结核和性病十分猖獗，人口中大多数是文盲，但 1953—1954 年的预算只有总支出的 5.3%用于教育、保健和社会服务。[③] 在同一时期，有 80%的人口依赖于很大一部分需要进口的椰枣为生，一个在 40 年代访问过沙特阿拉伯的美国农业委员会官员曾表达了这样的信念，“仅仅通过地面水的利用，可耕地面积就至少能够增加十倍。”[④]更不用说制造业的发展有着十分巨大的潜力了。

其他中东石油国家的状况和沙特阿拉伯以及科威特十分相

① “石油和中东的变化”(1955 年 7 月 2 日)。

② 亨利·A.阿特金森等，《安全和中东，问题和它的解决办法，呈给美国总统的建议》第 81 页(纽约，1954 年)。菲尔比报告说他非常钦佩具政治才华的伊本·沙特，认为“宗教事务部在照顾人民的精神幸福上面，比其他所有部门加起来对国家的贡献还要多。”

③ 《安全和中东》第 82 页。不用说，甚至不能肯定这一分配数字真的被花在规定的用途上。

④ 同上书第 83 页。

似，人们几乎可以用某一个国家的名称来代替另一个国家。在伊拉克，有着500万人口，政府在1954年从石油公司那里收取了1.91亿多美元。尽管伊拉克的年人均收入据称要高于其他大多数阿拉伯国家（大约在90美元上下），也只利用了潜在可耕地的20%，其中只有微不足道的地区有灌溉设施。人民的健康状况极坏，大约90%的人口是文盲，而且失业广泛存在。石油收益难填受境外地主控制的腐败政权的无底洞，“他们通过把石油场地租金
356 收入用之于日常预算……从而能够削减资产阶级应交纳的税收，同时扩大了它的行政机构。这巩固了政权，但却恶化了人民生活水准”。①

虽然“伊拉克和伊朗都有广泛的可供选用的自然资源”，②因而都有经济发展的巨大潜力，但后者并不比前者发达。确实，伊朗的石油收入比伊拉克要小得多；但获取这种收入的时间更长。而石油收入的命运仍和别处一样：它们在腐败、奢侈和浪费的水沟中流失了。

因而菲尔比先生对沙特阿拉伯的结论也适用于所有中东产油国，对这一点几乎没有任何不同意见：“只要有一点节制和明智的管理就能使这些国家永远脱离贫困，并把它提高到一个永久繁荣的高水平上。”③确实，只要简单地计算一下，人们就可以得到已经失去的机会的一个概念。假设六个产油国家在战后直到1954年的九年里获得的30亿美元被用作生产性投资，再假定在中东地区

---

① 《安全和中东》第72页。

② 《经济学家》，前引文。

③ 《安全和中东》第231页。

厂房和设备的数值和用这些东西生产的产值之间的比率(无论怎样估算)是 3∶1,也就是说和美国相似。[1] 在这种情况下,居住在中东石油地区的 3000 万人民当今的收入(除开石油!)将比现在的 357
年收入高出约 10 亿美元,这意味着,大约高 50%。而且如果每年的石油收入得来后被用作生产性投资,那么在这九年期间里总收入几乎可增加 30 亿美元!而且这还没有考虑投资的"滚雪球"效应,也就是指石油收入的投资刺激其他方面投资所得到的整个收入的增加。这也不包含发生任何"颠覆性事件"的假设,即如果这些国家的石油资源是为他们自己的利益而不是为西方石油公司的利益开发的话。

将委内瑞拉可能取得的成就——一个不发达国家从外国公司对原料的开发中所获得的利益的展示窗口[2]——与政府石油收入实际上取得的成就作一比较,其令人吃惊的程度不亚于中东。委内瑞拉政府从石油公司得到的总收入在石油生产世界中遥居榜首,1954 年已经超过了 5 亿美元。它拥有 500 万人口,这些收入按人均计算仅次于科威特、卡塔尔和巴林。当然,这些巨大收入的

---

① 这样的假定并不像乍想起来那样牵强附会。虽则一方面,在工业化早期,由于劳动力的不足和由此引起的机器快速损耗,而使这个比率提高,而另一方面,有着许多力量会使不发达国家的这个比率低于发达资本主义国家。首先,不发达国家有直接引入最现代化和最有生产率的机器而不需积存大量过时设备这个优势。其次,在有计划的工业化条件下,他们可以充分利用自己的资本,而不会像在垄断资本条件下所不断出现的过剩生产能力。关于这个问题的一个有兴趣的,如果尚不全面的讨论,可参见 V.V.布德:"一些产业的资本产出比率:若干国家比较研究",载《经济学和统计学评论》第 309 页及后(1954 年 8 月)。

② 参见总统资源政策委员会:《解放资源》("佩利报告")第 1 卷第 61 页(华盛顿,1952 年)。

一部分被政府用于促进经济的发展，但是，借用《经济学家》的话来说："用石油播种的政策，其收获果实的过程十分缓慢……大致说来只是沾到国民经济资源的一点边。"[①]

358 认识下面两个现象产生的原因是很重要的，即在石油收入基础上出现的国家经济形势的某些成就和令人焦虑的进展的缓慢。就前者而言，首先要考虑的因素是委内瑞拉的社会—政治环境已经不存在像在沙特阿拉伯、伊拉克或科威特那样的专制政体。一方面，委内瑞拉即使在石油工业起步之前就比中东石油国家多少更发达些。但决定性的因素是委内瑞拉处于"大萧条"、美国的"新政"和所有拉丁美洲国家日益高涨的反抗帝国主义的浪潮下，兴起了一场强大的民主运动。

在独裁者戈麦斯统治下，不会有什么麻烦。刽子手和狱卒压制了各种批评意见。但在1935年他死后，委内瑞拉从一个世纪的内战、无政府状态和军事管制的黑暗中站起来了。……当1935年各党派形成后，新闻界变得喜欢过问各种政事，石油工人和其他工人组织了各种工会，这个国家出现了它自己真正的"新政"。1943年，各石油公司最终不得不同意和政府一起平分他们的利润。……公司的屈从是有着出现在拉丁美洲和全世界的民族主义无比高涨的背景的。仅仅几年以前，墨西哥逐出了外国石油公司并实现了石油的国有化。……这一自力更生的例子是使人振奋的。

---

① 1950年1月7日号。尽管那时起已经取得了一些进展，然而进展速度很小。参见联合国《拉丁美洲1953年经济概览》第177、223页（1954年）。

……委内瑞拉的外国石油公司为了迎合这种局面就低声下气地说，这50%对50%的分成就是他们对“睦邻”政策的贡献。[①]

相对独立的——如果曾经十分小心和摇摆过——在委内瑞拉执政了整整十多年的政府，特别是1945年上台的民主行动党政府，为保持广大公众对他们的支持，不仅提高了委内瑞拉的石油收益，而且开始把这种收益的一部分用于经济发展，并制定了使石油 359
公司和民族资本家感到厌恶的经济和社会政策。更糟的是，不能指望这个政府能抵制公众对石油工业国有化日益增长的压力。这是一件对华盛顿来讲——用米尔顿·布拉克先生的话来说——“高度敏感”的事。[②] 因而，1948年军事政务会推翻了罗慕洛·加列戈斯总统的政府——“一个明显得到绝大多数人民支持的民主选举的政府”——并且立即采取“保护和尊重外国投资的措施”。加列戈斯总统，“一个在国内外享有盛誉的开明的作家和教育家”，几天以后说：“美国石油公司和地方反动集团要对最近发生在委内瑞拉的军事政变负责。军事派系是受到石油公司和地方资本的怂恿去接管国家的。当发动军事政变时，某一大国的武官正在军队的司令部中”。[③] 这样委内瑞拉对于“民主制度而言，就变得安全了，”国有化这个可怕的梦魇被消除了，石油公司对于为他们服务的当地政府的忠诚也感到放心了。

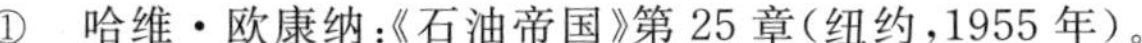

① 哈维·欧康纳：《石油帝国》第25章(纽约，1955年)。

② 《纽约时报》，1948年12月8日。

③ 《纽约时报》1948年11月25日、11月27日和12月6日。加列戈斯先生所指的武官后来被证实是美国驻加拉加斯大使馆的亚当斯上校。

这为我们原先提出的问题的第二部分提供了答案。在当前受到石油公司支持的专制统治下，花费在经济发展上的钱要大大小于它可支配的款项，而且这方面支出的目的不决定于委内瑞拉人民的最高利益，而决定于外国资本的需要。因而，除了过分高的政府收入用作维持军事系统外，只有很少部分用之于农业的改进，大
360 量支出花在公路、机场和码头等设施的建造上，花在加拉加斯城市的惊人扩展和现代化上，花在对在委内瑞拉营业的外国资本需要的类似工程上，而对建成平衡的国民经济则贡献很小。[①] 由于政府遵照它的美国支持者的指令，不侵犯为私人投资所保留的领域，它的支出就只限于向自由企业提供“外部经济”来源。但因为委内瑞拉像所有其他不发达资本主义国家一样，仍然经历着实质上的商业资本主义时期，并且由于我们先前谈到的各种理由，国内资本家就没有什么对工业投资的动力（和可能性），这种由买办政府提供外部经济所促成的工业投资基本上都是外国投资。而外国资本——即使迎合国内市场——也主要是投向生产消费品的组装车间或工厂以满足因政府大量支出而形成的不断增长的需求。这种主要为实物的投资很少能扩大东道国的国内市场，而且不能促使为发展快速持续的经济增长所必不可少的基础工业的形成。因而，除了以适应政府需要而很快发展的水泥工业外，委内瑞拉的工业发展主要涉及罐头牛奶、食用油、饼干、巧克力等日用品的生产，

① 委内瑞拉 1936—1937 年和 1950—1951 年的政府支出结构，参见联合国：《公共财政概览：委内瑞拉》第 82 页（1951 年）；其后几年的资料集中在 C.E. 罗林斯的《原料和经济发展》（未发表博士学位论文，斯坦福大学，1955 年）。

而“香烟和啤酒的生产则达到了前所未有的水平”。[①]

自不待言,消费品生产的这种增长(并为不断增加的进口所补充)反映了这个国家经济状况的改善。然而,用这种方法达到的改 361
善不仅不能形成自身的发展势头,甚至不能指望它在原始刺激——政府对石油收益的花费——消失后继续起作用。石油价格的下降,随之而来的政府收入的下降——更不用说石油资源的耗竭了——将迅速破坏人为的这种繁荣,正像战后石油景气所带来的繁荣那样突然。[②]

从外国企业获得的巨额收益使石油生产国在由买办政府统治的不发达地区中出类拔萃。其他不发达国家,那些出口矿石和各种农产品的国家,通常不能分享外国企业的利润,只能对他们的产品(或他们的收入)征税,其结果,无论根据绝对量或人均数字,他们的收益都大大低于石油国家。即使如此,智利有着大约 600 万人口,其 1951 年的收益中属外国矿业的汇款为 6000 多万美元,而大约有 400 万人口的玻利维亚,其锡的收益 1949 年超过 2000 万美元,1950 年大约为 1500 万美元。在一个相当长的时期内获得如此数量的收益,如果谨慎使用于发展国民经济,是可以至少使受

① 联合国:《拉丁美洲 1951—1952 年经济概览》第 195 页(1954 年),和《拉丁美洲 1953 年经济概览》第 224 页(1954 年)。

② 更不必说这种繁荣自身只对这个国家的一个相当小的部分(就土地和人口而言)发生影响。“对生活在有魅力的石油世界以外的 9/10 的人口来说,这只不过是奇事一桩而已。疾病盛行和受饥荒折磨,依山腰上小果园为生或住在大庄园中农民小棚屋中的人们,其今日的命运和石油被发现前基本上没有差别。至少有 20 万人已逃离农村到‘镀金’的加拉加斯去,在那里他们住在桥下,水沟边,或住在山腰上用城市垃圾建造起来的被戏称为‘小屋’的棚舍中。宣扬首都繁荣的漂亮的政府出版物自然忽视这些被遗忘的人们。”哈维·欧康纳:《石油帝国》第 267 页(纽约,1955 年)。

益国的经济发展开始起步。但实际进展极微，这一点对于任何一
362 个关心这些国家及处于相似境地国家的史实的人，都是一清二楚的。浪费，腐败，把大量钱财花费在供养庞大的官僚机构和军事组织上面（这些组织的唯一功能就在于维护买办政府的地位），是所有这些国家都具有的特征。①

到目前为止，我们已经论述了帝国主义控制下的政府对来自外国企业的收入的用途。对于他们直接从下层人民中榨取来的经济剩余问题已不需要再多作论述。这只占总收益中或多或少并不重要的部分，即使在石油国家也是如此。它的主要来源是高度递减的税收：销售税、进口税，以及主要由农民负担的人头税和土地税。虽然许多不发达国家在法典上也有累进收入税，但它在很大程度上是一纸空文。在这些地方偷税漏税真是五花八门，富裕的地主和商人有着众多的办法逃税，即使名义上的极小的一丁点儿的税。逃税对他们来说并不需要绞多少脑汁。面对为他们所支配和从上到下由他们本阶级的成员或他们无能的雇员任职的政体，
363 他们可以毫不费力地阻止繁重的税制的立法，或者，如果政治上有

① C.E.罗林斯的《原料和经济发展》（1955 年）记述了玻利维亚政府收入的用途，见前页注①。在哥伦比亚，“大量收入被花费在有争议的经济冒险事业上……位于其上的是军事上的大量花费。这些支出，政府测定其为现行预算的 18%，更可能接近 35%，是用来支撑哥伦比亚的专制统治的。……为了加强他的统治以对付公众的不满，罗哈林把许多无经验的军官安插在各类文职岗位上。贪污成风。……波哥大人天天盛传关于高职人员贪污的新笑话——总统府也不例外。”《商业周刊》第 116 页及以后。1955 年 8 月 27 日。这一类中的其他国家如何使用政府收入的问题可参见安东尼·H.加拉托利：《半路上的埃及》（开罗，1950 年），和菲律宾经济调查团：《呈美国总统报告》（华盛顿，1950 年）——这里仅列举这两者为例。

利,可以逃避付税。在不发达国家,税收的负担不落在他们的封建阶级和资本家阶级头上,而是由广大群众来承担,这在税政管理上是不成问题的。这是由他们的社会结构和他们政府的阶级特性决定的。正如梅森教授所正确指出的那样:“消除某些极高收入者的逃税,需要实行远较提高行政效率更为深远的变革。”[1]自不必说,国内征集来的经济剩余的利用模式和由外国企业转移来的剩余是无法区分的。

这个题目有着丰富的材料,在结束这个题目以前,我们必须简要地论述另两个相互密切联系的论点。一个涉及谈论得很多的事实,即在许多不发达国家的外国企业或多或少地将相当数量的花费用于改善他们从事经营的地区的人民生活条件的各种事业上。在许多地方,石油和矿业公司为他们的雇员提供了较好的住房建筑,建造了学校、医院、电影院,等等。但就当地居民的福利而言,这类公司花费的重要性被十足地夸大了。首先,这只是先前提到的为了保证得到必要的劳动力和提高其效率而实行的必不可少的饱腹政策的一个方面。[2] 其次,即使如此,这点恩赐也是有限度 364
的,这一点可以从石油和矿业企业在为获得必需的劳动力上不断

① 《促进经济发展》第 60 页(克莱尔蒙特,加利福尼亚,1955 年)。

② “对公司来说,仅仅训练工人和支付高工资是不够的。……工人必须在社会上过一种不同的生活模式,如果他不想在这进程中被毁掉的话。这也是事实,即较高生活水平对生产率所作的重要贡献之一是工人健康状况获得了改善。……因此,从工人效能的观点来看,有必要使他的货币收入的增加能为他自己和他家庭过健康生活提供较好的物质环境。”R. F. 迈克塞尔和 H. B. 钱纳里《阿拉伯石油》第 81 页及后(查普尔・希尔出版社,北卡罗来纳,1949 年)。《经济学家》也说:“对当地雇员的家长式照顾成为石油商业技巧的一部分。”《石油和中东的变迁》,1955 年 7 月 2 日。

遇到的困难中看得出来，[①]也可以从在几乎所有不发达国家的外国企业中发生的周期性猛烈大罢工中看得出来。无论如何，被称为在这些公司宽宏大量的恩赐下生活的这部分人，像我们上面所说的那样，只占国家总人口的极小部分。长期来生产超过所有竞争对手的英伊石油公司，战后初期在福利上也走在前头。甚至到现在，也没有其他公司能比得上它为1.6万户伊朗家庭提供住房的纪录。[②] 确实，这对于有1800万人口的国家来说，也是一个不小的数目，但英伊石油公司从他们身上攫取了数以十亿美元计的利润！

另一个论点与经常遇到的一种见解有关，即资源国家的政府如何运用它从外国企业中获得的收益，毕竟和关于外国企业为不发达国家的经济发展所做贡献的“纯经济的”评价无关。这个论点为资产阶级经济学教材不能揭示调查事物的本质提供了确实的例
365 子。粗暴地割裂历史现象，以一孔之见代替全面分析，从而得出即使对部分来讲有一定道理，但就整体而言是谬误的结论。因为一个历史现象是不能和它的必然后果相分离的。正像我们早就强调指出的那样，外国资本对不发达国家原料的榨取和这些国家的浪费、腐败以及反动买办制度的存在，并不是偶然的巧合，而只能认为是帝国主义总体上出现的相互紧密联系的不同现象而已。

---

① 当地的雇主，尽管经常支付较低的工资和没有像外国公司那样提供小恩小惠，“但似乎能雇到他所想要的工人，这或者是因为他工作有着每天花费较少时间于进出沙漠的好处，或者是因为他不那么强要工人们整日地辛勤劳动。”《经济学家》，同上述引文。

② 同上。

“今天已很清楚，”《经济学家》指出，“政府和公司是抱成一团的，并且在今后许多年里任何一方伙伴都离不开另一方。”[①]为了加强和巩固这种合作关系，公司的母国政府会帮助消灭落后地区可能崛起的进步运动，他们给听话的买办政府提供外交的、军事的和财政的支持，帮助和鼓励那些政权所依赖的反动的社会和政治力量。同样，为了加强和巩固这种合作关系，公司本身也试图“通过他们的第三项计划、本地人所有权计划、培训计划和其他方法……建立一个在全社会的平静生活中有既得利益的阶级。当地某演说家讲话中不说‘该公司’而说‘我们的公司’就体现了这一点”。[②] 尽管美国国务院“第四点方案”的专家们在提到居住在不发达国家的人民情况时说，“由于不能使他们实现合理的理想，他们的痛苦使他们容易接受任何一种(即使是假的)可使他们憧憬过

富裕生活的思想意识，”这无疑是对的，[③]但整个不发达世界中过 366
去十年发生的事件说明，有充分理由相信这种“我们的公司”的意识——即使在那些有理由产生这种意识的地方——都将只是一种短命的糊涂观念。

3. 外国投资和新政制度下的政府支出

在第三类不发达国家，即最近获得他们国家的主权和我们称

① 《经济学家》。这适用于中东，也同样适用于拉丁美洲国家、菲律宾和东南亚的某些部分。

② 同上。

③ 《第四点方案：经济不发达地区发展的合作援助计划》第 2 页(华盛顿，1949 年)。

之为实行"新政"的国家中,则是另一回事。那里的政府是经过以推翻殖民统治和实现民族独立为根本一致目标的广泛群众运动才掌权的。在反对帝国主义及其国内同盟者,封建—买办联盟的斗争中,民族运动具有由走工业资本主义道路的进步资产阶级,由寻求国家美好前途的知识分子,和由反抗帝国主义买办统治所带来的痛苦和压迫的城乡无产者活跃分子结成的统一战线性质。在一些国家,甚至本质上反动的封建贵族也加入了民族主义者阵营,他们主要感兴趣的是把群众运动从争取社会变革转移到反抗外国奴役上面来。①

民族主义运动的团结自始至终经受着严重的压力和紧张状态。它的右翼,害怕由于动员和组织广大群众,民族斗争可能会为社会革命创造条件,因而想方设法最大限度地缩小工人和农民在反抗帝国主义中的作用,小心地与执政的政权进行谈判和妥协,并且一再地准备背叛和接受殖民统治者的某些暂时性妥协。它的左翼,急于把民族自由和社会解放结合起来,坚持由群众广泛参与民族斗争,坚持不妥协的革命行动。只要基本目标,民族独立还没有
367 达到,在总体上说向心力就大于离心力;为民族独立的斗争掩盖和同化了谋求社会进步的斗争。

民族运动的基本目标最终实现后,所有这些就开始变化了。帝国主义列强由于在第二次世界大战中力量遭到削弱,再也顶不住殖民地民族解放的压力,被迫屈从于必不可免的命运,准许那些反帝国主义力量最强大的且他们不可能持续其殖民统治的国家以

① 莫萨德教授在伊朗的追随者们或许最能为此作证。

政治独立。用约翰·福斯特·杜勒斯的话来说:当第二次世界大战的战斗快结束的时候,唯一最大的政治问题就是殖民地问题。如果西方国家还想巩固殖民主义现状,那将使暴力革命必不可免,殖民主义的失败也将势所必然。唯一可能成功的政策是和平地给予 7 亿附属地人口中跑在前头的部分以独立。①

然而,随着民族独立问题——政治的,如果不是经济的——不能解决,一个对抗性社会的基本阶级斗争就必然变得剧烈和旗帜鲜明。虽然殖民地和附属国的许多重要的确实是关键性的经济和社会发展问题实际上和民族独立问题紧密地联系在一起,但至少有同样多的问题,其与民族问题的关系却被它弄得模糊不清。土
地贵族对农民的压迫和剥削以及垄断企业对工业化发展的扼杀都 368
不单是民族问题;它们也同样是社会问题,需要同样予以认真对待和解决。这样,民族主义运动在新成立的民族国家中获得政权后,不能不进入一个分崩离析的过程。那些在反帝斗争时期微妙地联合在一起的不同性质的社会成分,在新社会框架内或多或少地迅速分化成相互对立的阶级力量。

民族团结崩溃的速度和国内阶级斗争的升级取决于各个国家的特定历史环境。凡是先进的城市无产阶级在民族主义运动中担任重要角色,并且他们具有足够强大的力量和组织性来领导农民土地革命的地方,民族主义者阵营的分裂就快;其中的资本家,资

① 《战争还是和平》第 76 页(纽约,1950 年)。上述对于迫使西方承认殖民地独立,否则殖民地将把它们的西方统治者驱逐出去的各种因素的分析,较之杜勒斯所说的:"西方的宗教和西方经济社会思想结合在一起促使西方和平地结束了政治统治,并由当地政府取而代之"的分析要中肯得多(第 87 页)。

产阶级部分，早期就面对着社会革命的恐惧，马上迅速而坚决地转而反对它昨天的同路人，也就是它明天的死敌。事实上，它毫不犹豫地与成为它自身发展主要障碍的封建阶层站在一起，与被民族解放运动驱逐出去的帝国主义统治者站在一起，并与为外国主子的政治退却而担心的买办集团站在一起。正如阿克顿勋爵的明智评论："阶级的联系强于民族的联系。"[①]在这种情形下，刚刚获得的政治独立成了赝品，新的统治集团与旧的统治集团串通一气，为帝国主义势力所支持的有产阶级混合体便使出它的全部力量去镇压追求真正民族和社会解放的民众运动，并建立起虽不是法律上的，但是事实上的旧政权。国民党统治下的中国、巴基斯坦、菲律宾、韩国、越南都是这个过程的典型。

369 在获得民族独立之初，人民要求社会革命的压力不甚明显的地方——不管是因为工人阶级人数少和政治上软弱，还是因为农民由于长久的受奴役和根深蒂固的宗教迷信而处于消极状态所造成——民族资产阶级可能感到更安心，可能竭力去奠定本国工业资本主义基础并建立现代资本主义国家，以阻止革命运动的高涨。这种意图的成败取决于多种因素：民族资产阶级的经济和政治力量，其领导层的素质，把封建和买办阶层从他们原来的统治地赶走的决心，那些阶层对抗的强烈程度，以及使世界帝国主义列强放弃或减少给予那些阶层以支持的国际环境。

可以这样说，现在埃及的条件最有利于走上"日本式发展"道路。官员们和军队明显地支持民族资产阶级，其领导者似乎决心

① 《自由与权力论文》第224页(梅里迪安版本，纽约，1955年)。

克服封建和买办势力的反抗，而且国际形势也有利于使他们实施独立政策——所有这一切极大地增强了他们当前推动国家走工业资本主义道路的成功机会。但埃及显然是第三类不发达国家中相对较小的一员。当谈到这类国家中最重要的成员印度时，形势就非常复杂了。

那里反帝国主义力量的统一战线仍然是——如果只是勉强地——完整的，并且为民族资产阶级的政府提供了广泛的政治基础。这种民族联合的广度在为民族独立而斗争的日子里是国大党巨大力量的源泉，而如今几乎使它所支持的政府瘫痪。尽管仍得到民族中有发言权者中占压倒多数的赞成，但它在试图制定和执 370
行经济和社会复兴计划中还是遇到了许多不可克服的困难。在开始推进工业资本主义的发展时，它不敢冒犯地主的利益。在试图减少令人不能容忍的收入之间的极端不平等时，它拒绝对商人和放贷者进行干涉。在寻求改善劳动者的悲惨境遇时，它害怕引起企业界的敌意。以反帝国主义为背景，但它仍企望获得外国资本的青睐。它信奉私人财产原则，但又允诺实行国家的“社会主义社会模式”。把它自己设想超脱于对抗阶级的斗争之上，它恰恰反映了印度社会阶级斗争已进入的阶段。急于调和不可调和的要求，想协调根本性差别，在需要作出决定的问题上寻求妥协，就这样在调停内部一再发生的冲突中浪费了许多宝贵时间和精力，它的政府用小改革代替根本性的变革，用革命的语言代替革命的实际行动，这样不但危害了实现它的目标和抱负的机会，甚至危害了它的执政。由于受阻于其社会根基的不一致性和脆弱性以及从中带来的思想意识形态的限制，这个本质上是小资产阶级的政体在实现

工业化的斗争中不可能实行真正的领导，也无力动员最重要的力量：广大民众对他们国家落后、贫穷和懒散发起决定性进攻的热情和主动性。

我们在前面评述了阻碍落后国家农村和城市经济部门中，资本形成和生产性投资的力量。这些力量在印度和在不发达世界的任何地方一样强大。所以在印度像在其他不发达国家一样，只有
371 国家才能动员经济体制中潜在的经济剩余和把它用之于国家的生产设备的扩张上。如果说当前殖民地地区的政府所取得的剩余不用于发展人民利益上面，而是首先为帝国主义列强增进利益，而且如果在第二类国家中，买办政府占有的大量剩余被相似地使用或完全浪费掉，那么就印度来说，这个问题完全是另一回事。那里政府掌握的资源比潜在的经济剩余要小得多；但是同样严重的是，对它的用途，不管有多好的意图，并没有能提供非常快和平衡的经济增长。虽然，如《经济学家》写道："像红色皇后，印度必须快跑才能站稳。"[①]而折中主义和放任自流却是它政策的显著特点——尽管有许多高姿态的表态。不时地宣称国大党政策和印度计划的最终目标是社会主义。1948 年发布的工业政策的声明中确定政府要对基础产业的发展负责和对经济的全部关键部门实行控制。但直接负责印度经济发展的部长们——财政部长和商业部长——充分地意识到政府作为的有限性。……在最初的三四年里，现实主义和实用主义在某种程度上形成官方政策的基础。[②]

① 《印度——进步和计划》(1955 年 1 月 22 日)。

② 同上。

这种“现实主义和实用主义”在第一个“五年计划”的十分差劲的目标中作了表述:即使在 1952 年 12 月发表的最终计划报告中……它确定的支出规模无论从绝对值看,或者从它与国民收入之比看都是相当节制的。在 5 年期间支出 200 亿卢比,这只占国民收入的 5%多一点,并不比计划实施以前的投资率高多少。[①]

这种谨慎明智的支出也许为第一个“五年计划”结束时国家出 372
现的状况所证明。确实,当时总的经济状况已有明显的改善,可获得的食物供给量有了显著上升,工业产出也有一定的增长。但根据后阶段几年的这种“好景”,就得出印度已经走上了经济发展道路和迅速稳定的发展进程的结论是极其鲁莽的。因为,所有关心印度经济的学者都一致认为印度第一个“五年计划”后期比较成功的业绩主要是由于两次出人意料的大丰收及其对国际收支、原材料供给等方面的反弹作用。这种好运气既不能归功于第一个“五年计划”中建设灌溉工程地区的适度增产,也不能归功于到目前为止政府采取的其他措施。可以肯定地说,第一个“五年计划”真正能证明的是印度有着巨大的发展潜力。大型多功能工程的建设,许多给人留下深刻印象的灌溉计划的实施,一些新的现代化工厂的建立——所有这一切无疑表明了印度技术人员和工人的巨大能力。

但 1956—1961 年时期的第二个“五年计划”并未制定得能为他们提供必要的机会。即使到目前为止与之有关的,考虑得最长

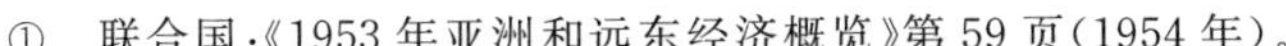

① 联合国:《1953 年亚洲和远东经济概览》第 59 页(1954 年)。

远的计划文件——P. C. 马哈兰诺比斯教授的《计划框架草案》[①]——也因未坚决与阻碍印度经济进步的主要障碍作斗争而受到损害。它以国民收入年增长5%为目标——并不算高的增长
373 速度，但与过去相比有较大的加速——将当时的投资率作为基点，希求通过把可得到的部分投资从投于生活资料工业转向投于生产资料工业来达到这个目标。由于不能期望私人资本来完成这一转向，它就要求由政府来承担对生产资料工业进行初始投资以及以后吸收他们的产出所必需的投资的责任。然而，它完全未触及政府如何获得所必需的资源的方法和手段问题。这样，它只明确地表述了如果一个社会享有确定其实际经济剩余利用模式的机缘的话，所本来可以取得的成就，但它没有能为需要实行的经济政策提供具体的蓝图。

在"现实主义的"和"实用主义的"计划委员会领导下，把《计划框架草案》修订成了最终的计划文件[②]，其中早期计划文件中的这点进步特色已没有了。如果说在最现实的工业化计划中，对生产资料工业投资的份额至少是40%，并且《计划框架草案》分配给那些工业的份额大约为总投资的20%的话，而计划委员会却将它削减到11%。并且这部分政府支出不是通过积极动用现有经济剩余来筹集，而是动用其增益部分来筹集：即通过通货膨胀和征取消费品销售税。由于印度人民的生活水平很低，从群众消费上面挤出资金的可能性显然是很有限的。除非五年时间中这方面会有大

① 印度统计学会：《第二个五年计划1956/57—1960/61，对第二个五年计划编制建议书》（加尔各答，1955年）。

② 印度政府，计划委员会：《第二个五年计划，草案纲要》（1956年）

的变化,否则第二个“五年计划”将成为第一个“五年计划”的翻版——只能达到使人均收入有微小增加的增长率。

在当前印度经济发展阶段的唯一可以认为正确的政策是从国 374
民收入中支配最大可能的份额用于投资,以此作为发展计划的基础。根据许多人各自独立的估算,毫无疑问,可以将15%的国民收入用于投资而不致减少公众的消费。为实现这个目的,要求最充分地动员当时国家经济体制所产生的潜在经济剩余。这可以从这个贫困国家为非生产阶层所据有的占国民收入25%以上的份额中找到。任何人都可以看到这就是地主用地租的方式和货币放贷者用高利贷方式从直接生产者那里榨取的农业产出所占的份额。这也能从企业的利润中找到,其中大多数不再投入生产性企业而是被其所有者消费掉。[1]

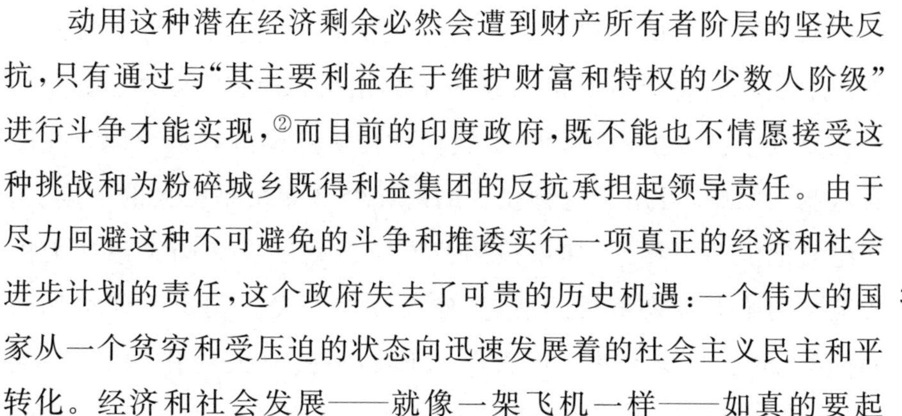

动用这种潜在经济剩余必然会遭到财产所有者阶层的坚决反抗,只有通过与“其主要利益在于维护财富和特权的少数人阶级”进行斗争才能实现,[2]而目前的印度政府,既不能也不情愿接受这种挑战和为粉碎城乡既得利益集团的反抗承担起领导责任。由于尽力回避这种不可避免的斗争和推诿实行一项真正的经济和社会
进步计划的责任,这个政府失去了可贵的历史机遇:一个伟大的国 375
家从一个贫穷和受压迫的状态向迅速发展着的社会主义民主和平转化。经济和社会发展——就像一架飞机一样——如真的要起

① 虽则该国总利润的很大份额仍归外国所有者,但剩下的利润中几乎一半也以股息形式分配掉。联合国:《1953年亚洲和远东经济概览》第63页(1954年);B.达塔:《工业化经济学》第229页(加尔各答,1952年)。根据最新获得资料所作的计算表明。利润的再投资不会超过25%—30%。

② 联合国:《不发达国家经济发展的政策措施》第37页(1951年)。

飞，就必须以很快的最低速度运行。如果不能获得增长所必要的动力，反动力量将得以再次成功地避开“灾难”并堵死——即使仅仅是暂时地——从剥削、压迫和停滞的死胡同走出去的唯一可能的出路。他们也可能会利用群众的愤怒和他们对空洞的社会主义说教的失望而发动一场法西斯夺权并实施独裁统治，使资本主义的统治在城市和农村死灰复燃。印度人民的曲折道路是否会经历一段法西斯主义时期或是否会免受那种磨难，只有历史才能证明。

4. 推论(1)：庞大的潜在剩余。贸易条款的假象

从前面的分析中可得出三个重要的推论。首先，与通常西方著作中强调的关于不发达国家的见解相反，那些国家的主要障碍是在投资于扩大生产性设备中我们称为实际经济剩余上面。在所有这些国家中，可用于这种投资的**潜在**经济剩余是巨大的。确实，在绝对值上并不算大，如果按照我们所接触的发达国家诸如美国或英国的绝对量来衡量的话，虽然有许多不发达国家即使按那样的标准，也是相当大的。但按其占他们国民收入的**比例**看，是大的，大到足以使他们获得高的——真正很高的——增长速度，即使尚不能使他们产值的绝对值有很大**增长**的话。有一点必须强调，即我们所谈论的并不是他们的计划经济剩余——记得上面曾说起过其实现通常涉及诸如资源的合理利用等因素——而只是他们的
376 潜在经济剩余，即在有目的地利用现在耗用的资源所生产出来的

国民产值条件下可用于投资的那部分经济剩余。在一篇未发表的文章中,哈里·奥斯斯曼根据可以得到的或多或少的信息对一些国家作了细心的计算,得出了下列初步结论。在马来西亚,1947 年潜在经济剩余相当于国内生产总值的 33%,而总投资占国内生产总值的 10%。锡兰(1951 年)其比例分别是 30%和 10%;菲律宾(1948 年)是 25%和 9%;印度是 15%和 5%;泰国是 32%和 6%。墨西哥从 1940 年到 1950 年,其利润与国民生产净值之比从 28.6%上升到 41.4%。[①] 在北罗得西亚(1949 年),财产收入(没有计算非公司企业的收入)上升到42.9%;智利(1948 年)上升为 26.1%;秘鲁(1947 年)上升为24.1%。[②] 关于上面早已说过的产油国潜在经济剩余大量存在——在最实际的意义上——更是无须多言了。至于东欧和东南欧国家,罗森斯坦—罗登和曼德尔鲍都估计——我们现在知道,这是低估了——这些国家的投资能力约为它们国民收入的 15%。[③]

落后国家经济迅速增长的主要障碍在于他们对潜在经济剩余的利用方式。上流社会各式各样的超额消费,[④]在国内和国外储 377

① A.斯特姆索尔,"墨西哥的经济发展,收入分配和资本形成",《政治经济学杂志》第 187 页(1955 年 6 月)。

② 联合国:《不发达国家的国民收入及其分配》第 17 页(1951 年)。

③ P.N.罗森斯坦—罗登:"东欧和东南欧的工业化",《经济学杂志》(1943 年 6—9 月);K.曼德尔鲍:《落后地区的工业化》第 34 页(牛津,1945 年)。

④ 这同纳克斯教授把"引起消费函数向上变动和阻碍储蓄的紧张、烦躁和不安定因素的增加"归因于发达国家较高生活水平"示范效应"所起的作用完全是两码事。面对落后地区大多数人民的饥荒和随时可见的资本家阶层的铺张浪费,"迟迟不在这方面进行任何阶级分析",却谈论什么"国民"消费——如纳克斯教授之所为——简直是一种愚弄。《不发达国家的资本形成问题》第 65、68、95 页(牛津,1953 年)。

存财富的增加，维持大量非生产性官僚机构和很花钱而又过分庞大的军事组织，耗尽了经济剩余。[①] 它的很大一部分份额被外国资本抽走了——对这方面的材料掌握得比其他方面多。外国利益集团在不发达国家获得的利润很高，要比国内投资收益高得多，这一点是众所周知的。最近发表的一项非常有趣的对英国企业在不发达国家得到的利润作了一次出色的调查。[②] 该调查收集了40多年中每年平均利润率在50%以上的许多厂商的大量实例，许多事实材料可概括成：(1)……其股息记录汇集在各种表格里的120多家公司中，在十年到几十年的时间里按他们的普通股面值计算没有取得10%以上平均年收益的只有10家，在最繁荣的五年中
378 未能支取相当于他们资本总股息的只有17家；(2)在他们最繁荣的五年中支取了相当于他们资本两倍多的股息的有70家……有1/4以上的公司在一年或不到一年的时间内收回他们的全部资本。(3)1945—1950年的收益表明获得丰厚股息的年份还未终结。

将(1)主要在本土经营的荷兰公司支付的股息与(2)主要通过设在荷属东印度群岛的分公司或子公司进行活动的荷兰公司支付的股息作一比较，同样发人深思。[③]

① 不发达资本主义国家政府收集和提供的统计资料的素质使得——并不出人意料——对这些数量进行评价极端困难。上面引述的奥斯曼博士的研究试图——就我所知第一次——至少为那些数据可以拼凑起来的国家部分地填补了这个空白。

② J.F.里比："第四点方案的背景：英国在不发达国家盈利性投资的实例"，《芝加哥大学商业杂志》(1953年4月)。

③ J.廷伯金和J.J.J.达尔马尔德：《对荷兰的推测》第122页(1939年8月)。引自埃里奇·希夫："直接投资、贸易条件和国际收支"，《经济学季刊》第310页(1942年2月)。

表 4　荷兰公司 1922—1937 年股息

年份	第一组股息(%)	第二组股息(%)	年份	第一组股息(%)	第二组股息(%)
1922	4.8	10.0	1930	4.9	7.1
1923	4.2	15.7	1931	2.2	3.0
1924	4.5	22.5	1932	2.1	2.5
1925	5.0	27.1	1933	2.2	2.7
1926	5.2	25.3	1934	2.1	3.3
1927	5.6	24.8	1935	2.0	3.9
1928	5.6	22.2	1936	3.3	6.7
1929	5.4	16.3	1937	4.5	10.3

同样,比利时在比属刚果的投资所产生的收益大大超过比利 379
时公司在国内获得的收益。主要在刚果进行活动的公司在1947—1951 年期间的净利润平均为股份资本和储备资本之和的16.2%,相反在比利时本土经营的公司为 7.2%。①

如果我们把在不发达国家经营的美国企业收入和那些在国内投资的企业收入相比较,也给人以同样深刻的印象。②

表 5　美国企业的收益

年份	在不发达国家的收入占账面值之比例(%)	在美国的收入占账面值之比例(%)
1945	11.5	7.7
1946	14.3	9.1
1947	18.1	12.0
1948	19.8	13.8

① 联合国:《私人资本的国际流动,1946—1952 年》第 26 页(1954 年)。

② H.J.德恩伯格:"长期外国投资的前景",《哈佛商业周刊》第 44 页(1950 年 1 月)。根据 S.皮泽和 F.卡特勒:"国际投资和收益",《当代商业概览》(1955 年 1 月)提供的资料粗略计算可得出结论,即 1949 年以来这种差距已大大扩大了。

相应地,汇给外国资本的款项占不发达国家总的国外收入相当大的一部分。1949 年的投资收入—支付款占当时国外收益的百分比,仅以几个最重要国家为例,在印度是 5.0,在印度尼西亚是 8.5,在埃及是 6.5,在墨西哥是 10.0,在巴西是 8.6,在智利是 17.1,在玻利维亚是 17.7,在北罗得西亚是 34.3,在伊朗是 53.1。①

380 英国殖民帝国的情况也同样可悲——或许只有石油生产国经济剩余被强取豪夺可与之相提并论。那些地区的人民无疑是世界上人均收入最低的。英国的"慈父般的"政府(工党和保守党一样)把这些地区变成为支持整个战后时期联合王国非常高的生活水准的收入来源。在 1945 年至 1951 年的几年里,各殖民地在数不清的借口下被迫聚集了不少于 10 亿英镑的结余。由于这些结余是殖民地来自国外的收入和它们对其他国家的支出之间的差额,这 10 亿英镑构成了殖民地资本对英国的输出!根据上述引文作者的记述,殖民地在英国的 10 亿英镑投资并不与通常所认为的不同经济发展水平国家之间合乎需要的资本流动方向相一致。有一种说法认为,英国在执行殖民主义政策中是慷慨解囊的。各殖民地的需要量是很大的,"英国的纳税人因此为他们排忧解难"。据认为,英国自上次大战以来,已提供大量的金钱帮助各殖民地。此文

---

① D.芬奇:"不发达国家的投资服务事业",国际货币基金组织:《工作文件集》第 84 页(1951 年 9 月)。应该指出,在许多国家,1949 年的这些比例要大大低于第二次世界大战前。这是由于战后外汇管制阻止了许多国家投资收入的外流。这些受到阻止的数目中有多少将被它们的所有者再投资到阻止外流的国家中去,以及一旦法规允许又有多少被汇出,显然是很难说清的。

的一个目的就是“用事实去检验理论的真实性”。[1]

如前面在一个不同的论述中所强调的那样，不发达国家付给国外的款项对于影响他们经济发展的重要性有多大是不能用这些付款占国民收入的多少比例来充分衡量的。只有得出这些不发达 381
国家**经济剩余**中有多少份额通过这种方法被取走，才能明白这种转移的至关重要的程度。并不奇怪，“许多不发达国家感到这样偿还资本价格太高”，[2]——特别是一旦意识到外国资本对东道国经济增长贡献是多么小的话。

与资本短缺是阻碍落后国家经济发展的最重要因素这种误解相关联的，是另一种相当普遍的见解，即原料生产地区贸易条件的恶化严重地妨碍了他们的经济发展。[3] 虽则这种趋势的现实性不容否认——在这方面也有着许多疑点[4]——虽则它对许多国家的重要性不容置疑，但至少可以这样说，它对不发达国家经济发展总体的重要意义是非常可疑的。这里有两点原因：第一点，对于许多不发达国家来说，“贸易条件”这一条目不具有任何意义。我们早

---

① A.D.海兹尔伍德：“战后殖民地境外融资”，《经济学研究评论》第 49 页及后（1953 年 12 月）。海兹伍尔德的第一部分引语来自官方出版物《殖民地介绍》第 58 页（1949 年）。

② 联合国：《不发达国家经济发展的措施》第 225 节（1951 年）。

③ “可能获得的综合统计数据表明，从 19 世纪下半叶到第二次世界大战前夕的大半个世纪中，初级产品价格相对于制成品价格而言呈长期向下趋势。平均而言，这时期末的一定初级出口品数量，只能够支付期初时它所能买到的制成品数量的 60%”。联合国：《不发达国家出口品和进口品的相对价格》第 7 页（1949 年）。H.W.辛格在其“投资国和借入国之间的收益分配”，《美国经济评论》（1950 年 5 月）一文中对此十分强调，特别是在第 477 页及后。

④ A.N.麦克劳德：“不发达地区的贸易和投资：评述”，《美国经济评论》（1951 年 6 月），也可参见 H.W.辛格在同一期上的“答复”。

就知道石油公司能操纵他们的利润，从而操纵他们产品的离岸价
382 格，以使缴纳给资源国政府矿地出租税减到最小。存在于石油生产企业的这种状况同样也适用于其他原料生产和出口的外国企业。许多这些企业有着庞大的规模，他们自己拥有出口品的加工和营销设施——通常设于国外——并且自己设立（或紧密地联系）经营必要运输服务的单位。在这种情况下，不发达国家出口的原料的离岸价格是根据许多复杂的因素确定的，如关于各国间税收体制的差异和与各当地政府达成的租矿费协议的差异，关于公司内部财务体制，其中某些企业得以把他们的利润自由地分配给这个或那个分支机构和子公司。从而根据某个特定时期何为最有利的原则，可以在原料生产与出口企业或加工企业，甚至在运输公司的账簿上记上高的或低的价格（并且大的或小的利润）——所有这一切都受同一业主利益集团所控制。[①]

这引起了事情的另一个更重要的方面。对大多数出口原料的不发达国家，特别对那些原料的生产和出口由外国企业操纵的大多数这类国家来讲，贸易条件的变化，就其依赖于原材料价格的变化而不是进口商品价格的变化而言，实际上没有什么影响。当然，出口原料的离岸价格提高能在某种程度上增强本国劳动者或本国农产品生产者在和生产或批发公司交易中的讨价还价力量。同样较低的离岸价格会造成企业倒闭和增加失业。但是像前面所提到
383 的那样，原料经济的性质就绝大部分而言，其供给相当缺乏弹性，

① 例如，外汇管制的存在，为低估在不发达国家所获得的利润提供了强大的推进力，其方式是通过尽可能多地把在不发达国家挣得的利润转移到有关公司的国内分公司上。不用说，这项政策会使一个国家，比如危地马拉的贸易条件发生独特的扭曲。

需求的变化主要影响价格水平和利润。然而不能过分强调这方面的利润量同生活在不发达国家人民的福利或者同他们国家经济发展的相关性,完全依赖于这些利润归谁所有和利润获得者对利润的使用。[①] 利润下降也许仅仅引起流往国外的汇款的减少,很可能会使有关公司的外国股票持有者感到沮丧,或者对国际收支受到影响的国家产生不利影响;但这对出口原料的该地区经济来说可能影响不大。相反,原料企业利润的提高,也许意味着由于股息增加而有更多的汇回支出或在原料生产扩张中增加投资——这同样地,也如我们所看到的那样,对不发达国家不会有特别的重要关系。事实上,因为原料价格的增加和原料企业利润的相应增长常常导致支付外国资本更多的款项,因而出口品价格的提高并不会增强不发达国家输入外国商品的能力,相反导致"无报酬"出口的扩大。希夫博士(就我所知他是第一个强调这一非常重要观点的人)说过:

> 出口增加从而企业毛利和净利增长的结果,更多资金正从该国被汲走这一事实,意味着外部世界只要通过增加对该国出口品的需求,就可以获得它购买增加的出口品所需要的一部分支付手段。它最终不必把相当于在该国购买增加的出口品所需交换的物品或劳务运到该国。在某种程度上这一体系是自动融资的。[②]

无须多言,如果增加的利润不是归之于外国企业而是归之于 384
本国批发商和出口商,他们如何使用这种富源对于贸易条件的改

① H.迈因特在《国际贸易的收益和落后地区》这篇重要文章中从多少有点不同的参考角度指出了这一点,《经济学研究评论》第58期第129页及后(1954—1955年)。

② 《直接投资,贸易条件和国际收支》,《经济学季刊》第310页(1952年2月)。

善在受益国家经济生活中所起的作用有着决定性的影响。[①]

5. 推论(2):企业家精神不足的谬误

第二个推论同当代论述经济发展的作品中的另一种时尚有关,其特征是:不厌其烦地用某些"永恒的力量"或者用夸大和浅薄并存的见解来解释不发达国家落后的原因。后面一种见解包括哀叹不发达国家缺乏"企业家才能",想当然地认为西方国家经济发展的一个重要原因是由于有充裕的企业家才能的存在。由于受到韦伯和熊彼特著作的鼓励——他们两人十分巧合地都和上述陈词滥调保持很大距离——持这种观点的经济学家都强调"富有创造性的企业家"在促进经济进步中的决定性作用。如耶尔·布罗曾教授认为"有效益的技术进步,即能对提高生产率和增加收入起重
385 要作用的技术的发展和使用,需要有一批适合自由市场要求的创新企业家"。[②] 摩西·阿布拉莫维茨教授也发现,"发达和不发达国家之间、发达国家之间和在任何一个国家内不同发展阶段之间投资水平差异的实质性原因,可以从企业家或商人阶级的数量、能力

① 由于沙特阿拉伯或伊朗人民能平静地对付石油价格的变化,因而有充分证据表明,战后一些拉美国家生产和出口的许多原料和食品的迅速增加对他们人民的生活或经济发展速度几乎没有影响。顺便提一下,应该记住,汇总的国民收入统计数字与之并无关联,因为出口原料价格的上升将作为国民收入的增加反映在统计数字中,而不管这种增加表现为劳动人民工资的上升或外国资本利润的增长。这就是为什么委内瑞拉——根据官方国民收入计算判断——同法国、荷兰或比利时等国家的人均收入不相上下的原因!参见联合国:《不发达国家国民收入及其分配》第 3 页(1951 年)。

② 《企业家精神和技术变化》一文,H. F. 威廉森和 J. A. 巴特里克(编):《经济发展、原理和模式》第 224 页(纽约,1954 年)。

和活动范围中找出来。”[①]亚瑟·考尔教授甚至讲得如此过分，他竟公开宣称，“研究‘企业家’人才就是研究现代经济史中的中心人物，和……经济中的中心人物。”[②]

然而围绕这个“中心人物”的理论存在的问题是，失之于同义反复，或者其含义荒谬之至。按照前者比较宽容的说法，该理论可以归结为这样一种见解，即没有工业资本主义就没有工业资本家，反之则反是——这当然是一个正确的命题，但一点也不能给人以启发。因为在世界各地和各个历史时期，都有野心勃勃的、坚定的和有魄力的人才，他们看准机会，愿意“创新”，走在众人的前头，攫取权力和行使权威。在某些时期和地方，这类精英人物成为部落首领，在另外场合则成为骑士，朝臣和教会的显要人物，而在一定历史阶段，他们就成为商业巨头、冒险家、探险者和科学先驱。最后，在历史发展的最近时期——在现代资本主义时期——产生了组织工业生产或掌握金融技巧的资本主义企业家，能够把大量资本置于他的控制之下。很明显，强调企业家人才的理论家所需要 386
说明的不在于天才人物的突然出现——这些人有史以来就和我们在一起——而在于这样一个事实，即这些人在一定历史时期把他们的“才能”用在资本积累上，并且他们找到实现这一目标的最佳方式是投资于工业企业。不这样看问题，而代之以突然出现一个救世主，就像用贫穷的存在“解释”苦难一样，使得这一具有战略重

① “经济的增长”，B.F.哈利(编)《当代经济学概览》第2卷第158页(霍姆伯特，伊利诺斯，1952年)。

② “企业家精神的一种研究方法”，F.C.莱恩和J.C.里米斯马(编)《企业和长期变化》第187页(赫姆沃特，伊利诺斯，1953年)。

要性的企业家理论完全没有意义。但现在很时髦的研究企业家历史的学者“乐于用编造神话的办法,来对一种他不知道其历史渊源的经济关系作历史哲学的说明,说什么亚当和普罗米修斯已经有了现成的想法,后来这种想法就实行了,等等。再没有比这类想入非非的陈词滥调更加枯燥乏味的了。”①

由于文献中对所谓企业家才能不足的历史学和社会学的理解并不想把经济落后状态归因于这一“生产要素”的短缺,我们不妨设想它的作者的目的,与其说是阐述经济发展的普遍理论,倒不如说是解释在不发达国家中观察到的特殊事实。这个事实大体是居住在落后地区的人们缺乏构成企业家的特殊品质,而这种缺少只能用这些不那么幸运的民族的某些生物的和心理的特点来说明。

我们没有必要浪费时间在这种说明上,这种说明的种族歧视色彩和含义,即使对于最热心鼓吹盎格鲁-撒克逊人特别有宝贵品质——敢冒风险、骁勇、富有想象力和俭朴的企业家——的辩护士

387 来说也可能是隐而不显的,其简单而充分的原因就在于,正是西方关于经济发展问题的专题论文中缺乏这种企业家的才能。因为直截了当地说,不发达国家中,有着大量这种才能,如果不能说超量的话。不管我们观察印度,还是近东、拉美或者诸如希腊和葡萄牙等落后的欧洲国家,它们都富有善于计划、谋略、冒险和精打细算的企业家人才,这些人悉心钻研把“资源进行合理组合”以达到最有利的程度,并决心在既有的机会框架内使利润最大化。不发达国家中的企业家人才问题与经济剩余问题极其相似。它并不主要在于供给的不充分,而在于如何利用现有社会和经济条件下所能

① 马克思:“导言”(《马克思恩格斯全集》第46卷上第21—22页)。

获得的人才。我们可以引一位卓越的评论家的话为例来说明:“虽然南亚并不缺少企业家阶层,可是企业界把经营重心集中在销售业、进出口业、不动产投机和货币放贷行业。”[①]这句话可以说适用于大多数不发达国家。[②]

6.推论(3):马尔萨斯人口论的三个谬误 388

正如俄罗斯谚语所说的,那仅仅是开花——而未结果。确实,资产阶级社会科学把占资本主义世界大部分国家的落后和停滞,归结于可认为同它所处的经济和社会秩序没有联系的因素上面,竭尽全力在人口理论上下功夫,这些理论在论述不发达国家的文献中随处可见。在那里失望情绪压倒一切,而且有一种对于改善不发达国家中“成千上万”的人遭遇的可能性持悲观的论调。由于卫生条件改善带来的不断提高出生率和降低死亡率所导致人口持续和可能的加速增长,被认为排除了人均收入迅速增长的可能。马尔萨斯人口论具有威胁性的沉重阴影,使居住在落后地区人民的前景变得暗淡,唯一的一线希望在于他们必须尽快地采纳某些

① E.S.梅森:《促进经济发展》第46页(克莱尔蒙特,加利福尼亚,1955年)。

② 用葡萄牙的例子最能说明这件事。那里“现在拥有大量资本的许多人显著地偏好于将资本保持流动状态或购买土地……他们中的一些人似乎只有当回击某一家更强大的葡萄牙企业进入他们早期垄断的生产领域的企图时,才能惊醒起来。”见“葡萄牙”,《经济学家》(1951年4月17日)。可以有把握地假设,一旦“惊醒起来”,他们就会施展一切曾使他们先则积累“大量资本”而后建立起他们垄断地位的企业家才能,正是在这种垄断条件以及先前论及的其他关系中,而不是在据称是落后国家资本家特征的“天生懒散”、“乐于维护家业”和“缺少企业家精神”等毫无结果的猜想中,才能找到不发达国家工业增长的缓慢和没有工业增长的解释。

或多或少的严厉措施，以抑制人口的扩张。学院式经济学家在学术著作中用含蓄的语言表达这种极度的悲观主义论调，“如果出生率不能降到与预期下降的死亡率相接近的比数，不但人均收入将不会增长，还可能会下降。”①迎合广大读者的通俗作家使用了更生动的语言。他们中最突出的一位宣称，“在历史上从未有过这么多成亿的人在这悬崖边上挣扎。”他解释说，这是由于这样的事实，即“两条曲线——人口和生存手段——已经……过了交叉点，它们正比以往任何时候都迅速地叉开。它们分离得越远，把它们重新
389 拉到一起就越困难”。② 另一个作者，其作品由朱利安·赫胥黎写了导言，严厉地警告说，“到一定时候不可避免的事将会出现，到那时世界的总人口之多将远非……生产的食品所能供养了。”③确实，如果“成百万育龄人”的“不受限制的繁衍”永无止境，那么不发达世界的现行状况就无可救药了，“除非人口增长能被制止，否则我们最好还是放弃这种斗争”。④

当然，上文中的“我们”仅仅是一种说话的方式。那些“最好还是放弃斗争”的人不是指“我们”——不管是谁——而是指在落后国家中处于饥饿、贫病、绝望中的人民。他们“还是”放弃“那种导致撰写和接受《共产党宣言》和《大西洋宪章》等书篇的思想为好。这种思想愚弄人们去对政治、经济、社会、地理、心理、遗传、生理等问题寻求政治和(或)经济的解决办法”。当这一系列导致目前状

① E.S.梅森:《促进经济发展》第53页(克莱尔蒙特，加利福尼亚，1955年)。

② W.沃格特:《生存的道路》第265、287页(纽约，1948年)。此书由于贝纳特·M.巴鲁克写了导言而助销。

③ R.C.库克:《人类生育:现代的困境》第332页(纽约，1951年)。

④ 沃格特，前引书第279页。

况的因素，也许是为了表明不发达国家人民在分析其苦难情况——更不用说解决——之前该怎样多想一想时，其真实的意思是说所有这些深思远虑都将是一无用处的。“我们必须改造我们的教育使人们认识到我们生活在完全受制于自然法则的环境里，正像一只球从手中落到地上那样”。[①]

尽管“用永恒的自然规律去解释这种人口过剩，当然比用资本主义生产的纯粹历史的自然规律去解释更便利，更符合马尔萨斯真正牧师般地崇拜的统治阶级的利益”，[②]但这种“解释”在今天与马尔萨斯那时同样缺乏科学意义，因为今天这方面的科学事实，同
新马尔萨斯主义要我们相信的东西完全不同。用“极其简短”的语 390
言概括就是：首先，可悲的生活水准、饥荒和瘟疫同密集人口或同其迅速增长并不一定是孪生兄弟。伦德菲特教授编制了下面的表格，反映了(四舍五入的数字)一些“贫穷的”(落后的)和“富裕的”(发达的)国家的人口密度。

表6　人口密度

“贫穷的”		“富裕的”	
苏里南(荷管西印第斯)	4	比利时	800
玻利维亚	10	英格兰和威尔士	750
刚果(比)	13	英国	500
哥伦比亚	26	荷兰	610
伊朗、伊拉克	30	意大利	400
菲律宾	175	法国	200
印度	250	苏格兰	170
马提尼克(法管西印第斯)	615	西班牙	140

① R.C.库克：《人类生育：现代的困境》第53、286页。

② 马克思：《资本论》第1卷(《马克思恩格斯全集》第23卷第578页及以后)。

“这些数字”，他认为，表明一系列事实：(A)“贫穷”国家之所以贫穷，与他们的人口密度无关，而且不管是否拥有丰富的农业或(和)矿产资源。(B)殖民地也许比他们的“母国”有更小的人口密度和更富裕的资源(例如，苏里南和刚果[比])，但仍很贫穷。(C)“富裕”国家的人口密度和生活水平之间没有相互联系，按后者次序排列如下：英格兰、苏格兰、法国、低地国家、意大利和(远远落在后面的)人口最少的西班牙。(D)但在上述排列的生活水平和工业化之间有直接的相关关系……(E)所有“贫穷”国家也有一个共同点：它们的工业是不发达的，且它们的资源为(资本主义)世界市场的需要而开采。[①]

391 最后两个结论——指出工业化的程度而非人口密度，是人均收入的决定性因素——为一国所消费的动力和国民生产之间的十分密切的联系所完全证实。[②]

列表如下：

表 7　能量消费和国民收入

国家	人均能量消费(百万吨标准煤)	人均国民收入(美元)	国家	人均能量消费(百万吨标准煤)	人均国民收入(美元)
美　国	16100	1810	比利时	7770	582
加拿大	15600	970	瑞　典	7175	780

① “马尔萨斯主义”，《每月评论》第 251 页(1951 年 12 月)。

② 这些指 1950 年的数字，是从 J.F.迪赫特等著的《美国的需要和资源》第 1099 页(纽约，1955 年)，以及 M.吉尔贝特和 I.B.克拉维斯著《国民产值和货币购买力的国际比较》(巴黎，无出版日期)第 30 页中所载数据计算的。不用说，其人均收入数字并不完全可靠。英国、法国、德国和意大利的数字是基于相对价格的一项研究而提出的。其余数字则以他们本国货币根据官方汇率换算成美元。尽管如此，它们至少近似地表明了各国的相对地位。

(续表)

国家	人均能量消费(百万吨标准煤)	人均国民收入(美元)	国家	人均能量消费(百万吨标准煤)	人均国民收入(美元)
英 国	9500	954	西 德	5785	604
法 国	4755	764	意大利	1385	394
瑞 士	4685	849	葡萄牙	570	250
波 兰	4600	300	土耳其	570	125
匈牙利	2155	269	印 度	155	57
日 本	1670	100	缅 甸	45	36

但如果人口的压力造成国家贫困完全是杜撰的话,那么把归因于“自然界”不可能给增长的人口提供足够食物也就同样是无稽
之谈。[①] 这个观点的荒谬是相当明显的,无论我们从时间尺度上 392
来看这个问题或是注意预言家在科幻小说中关于 2100 年或 2200 年末日来临的预言。就前者而言,联合国粮农组织统计署负责人托伊伯博士的一篇优秀论文作了回答。下面是这个领域的研究学者得出的结论:

把热带地区大约十亿英亩的土地和热带地区以外 300 百万英亩左右的土地用之于生产是可行的。热带地区设想可达到的平均每英亩产量可相当于菲律宾已经达到的水平,而非热带土地的平均英亩产量可相当于芬兰所已达到的水平。将在这样条件下所设想的产量,加上现有作物土地所可达到的产量,将足够提供所需食

① 洛克菲勒基金会发表的一份报告(《远东的公共健康和人口统计学》,1950 年)宣称,“迟早人们在生活资料上压力的增加将导致死亡威胁的卷土重来,不管是通过人们的普遍衰弱,还是通过饥荒和瘟疫的方式而来。”而 R.C.库克先生危言耸听问道,“即使科学能够找到一种从海水中合成面包和牛排的方法,这就能养活这么多人吗?”《人类的繁衍:现代的困境》第 323 页(纽约,1951 年)。

物而有余，就谷物、根茎和块茎、糖和脂肪及以及油料来说，“可达到的总产量”将超过这样计算的目标的一倍。[①]

科林·克拉克甚至走得更远。他认为，除开垦可用于耕作的新土地外，通过对已经使用的土地的科学管理，就足够生产所需要的粮食了。

世界人口将会以每年1%的速度增长，而农业技术的改善，可望以人均每年1.5%（有些国家或者能达到每年2%）增长。任何
393 奥秘的马尔萨斯主义者悲观论调是完全不足信的——单单科学进步就能满足世界人口增长的需要。[②]

关于朱尔斯·维恩的新马尔萨斯主义的计算数据，斯坦福大学的食物研究所主任M.K.贝纳特教授的通俗易懂的专题文章非常精辟地概括了我们的看法：

人们不应当为土地—人口比率的计算法，在算术上完美无瑕的算法所表明的，假使世界人口以现在每年大约1%的速度增长，那么可以算出到那一天地球表面上每个人只能使用一平方英寸土地的答案而操心。这纯粹是算术演算，它也是一种得不出结果来的演算。……我们可以相信社会能得出算术所无法得出的结果来；社会有力量这样做。算术本身不具有预报的因素，也没有制约因素，计算地球表面的食物能最终养活多少人也同样得不出结果来，并且也无聊透顶。……认真对待的学者现在倾向于研究世界

① “农业中人力资源的利用”，《米尔班克纪念基金季刊》第74页（1950年1月）。

② “全世界满足衣食所需的能力”，《前进的道路》第2卷第2号（海牙，1949年），引自乔苏·卡斯特罗：《饥荒地理学》第286页（波士顿，1952年）。

的各个部分而不是笼统的全部;更多地研究历史和观察到的趋势而不是预言;研究今后几十年的前景而不是未来几个世纪或千年万世的前景。[1]

还有一个英国学者在一项很有启发性的"人们生产能力调查材料"的结尾声称"这个行星不是无限的,但它足够维持所有将会生活在上面的人。也许更中肯的是说到,人类已达到了这样一个技术发展阶段,即他们可以用能得到的资源生产不仅够维持生存而且还极为丰富的产品。"[2]

因而——这是新老马尔萨斯主义的第三个基本谬误——泛泛 394
而谈"过度人口"是毫无意义的。为了使"过度人口"这个概念具有实际意义,必须明确阐明相对于什么标准人口才能认为是过度的。而一旦明确下来,人们将认识到几乎没有什么地方真正可以说人口相对于自然资源而言是过度了。当然更不能夸大地说成这是整个世界的情况。在历史发展的当前阶段所存在的这种过度人口,不是相对于自然资源而言过度了,而是相对于生产性的设备和装备而言。用恩格斯的深刻的话来说,"人口的压力不是在生活资料上,而是在于就业手段上"。[3]

但必要的"就业手段"的供给,不是一个自然的已知数,而是一

① 《人口、粮食和经济发展》,稻米研究所的小册子第 58 页(1952 年 7 月)。

② R.布里顿:《面包会有的》第 223 页(纽约,1952 年)。约翰·博伊德奥在这本迷人的著作所写的导言中说,"这本书提供了我所看到过的最完整的关于现代科学在建立一个丰裕世界中能做些什么的材料。"任何一个对新马尔萨斯主义并非具有完全免疫力的人都应该读一读。

③ 致《弗·阿·朗·兰格的信》,1865 年 3 月 29 日(见《马克思恩格斯书信选集》第 198 页,人民出版社,1962 年)。——译者

种只能被理解并按照理解而采取行动的社会现象。正如上面所述，投资于发展人类生产性财富的实际经济剩余和一个合理组织起来的社会中能用于此目的的潜在经济剩余之间的差异是如此巨大——在发达和不发达国家都如此——以致生产性设备的大大增加是能够在相当短的时序中实现的。① 正如托伊伯博士所指出，
395 “根据那种理解，问题……仍然是，经济、社会和政治制度是否能进行必要的改革，以取得这种可以办得到的进展。”②

因而，“经常所说的‘人口和食物供给之间的竞赛’也许更宜看成——如果确实有些竞赛——人口和经济发展之间的竞赛”。③因为经济发展，而且只有经济发展可以解决所谓过度人口问题的两个方面。它在增加食物供给的同时，又降低人口增长率。再次引用贝纳特教授的话，“就总体来讲，我认为可以有把握地说，随着消费水平的提高，长期趋势是出生率下降——结婚在某种程度上推迟了，家庭规模通过慎重考虑和避孕方法受到限制；当消费水平达到足够高度时，出生率就会稳定下来。”④不仅如此，通过改善医疗设施和扩大预防性治疗，经济增长会大大降低死亡率——这是

① 应该指出，即使资产阶级经济学中那些在资本主义竞争初期（即资本主义制度比以前的封建制度仍然进步的时期）是有益的类目，如“资源稀缺”和“资本短缺”，到了垄断资本主义和帝国主义阶段也变得虚有其表了。它们就像处在失业和浪费的条件下，“资源最优配置”概念那样空洞，只起到散布思想意识上迷雾的作用，在这种为迷雾中，“过度人口”、落后状态和贫困被说成是永恒的自然法则、“经济关系”的不可避免的结果，而不是资本主义和帝国主义不合理经济社会制度的不可避免的结果。

② 上引书第 83 页。

③ 贝纳特，上引书第 27 页。

④ 同上书第 54 页。

各地特别是落后国家最有益和最紧迫需要的社会发展。因为死亡率的下降不仅意味着人民的健康、活动能力和生产效率的提高，而且——这是尤为重要的——意味着儿童死亡率的下降。如果认识到像印度国民收入的 22.5%用来养护那些未达到 15 岁就死亡，因而没有机会过生产性生活的儿童，这一点在纯经济方面的重要意义就不言而喻了。①

确实，不能否认，也许可以设想，在创造了迅速和合理的经济发展条件以后，在其对出生率和死亡率的影响发生作用以后，
和在对地球上所有资源的科学利用达到充分程度以后，仍然有 396

可能发生人类生存所必不可少的食物或其他产品的短缺。但在历史发展的现阶段，显然这是在扯些不相干的东西来分散谈话的中心以至于人们会完全赞同贝纳特教授的话，“承认对此完全不感兴趣”。正如前面引用的恩格斯致 F.A.兰格的信中所指出的，如果“科学……将……最终像被大规模地和连贯地用在工业中那样应用于农业，”并且如果所有未利用的和未充分利用的“地区都被开垦出来以后，再出现匮乏现象，那才是到了该说应该警惕的时候了”。

同时，也确实需要极其紧迫地敲起警钟——这不是因为永恒的自然法则使得不可能养活地球上的人口。必须敲起警钟是因为资本主义和帝国主义的经济和社会制度把不可数计的人推入贫困、堕落和过早死亡的深渊。必须敲起警钟还因为资本主义和帝

① D.戈希:《印度的人口压力和经济效率》第 22 页(新德里，1946 年)。引自 J.J.斯彭格勒:“经济增益的人口障碍”〔《美国经济评论》第 351 页(1951 年 5 月)〕。

国主义的经济和社会制度阻遏了迫切需要的潜在经济剩余的充分利用以及本来在其支援下所可能达到的经济发展速度。如我们前面所言，在大多数不发达国家中的潜在经济剩余约占（或高于）国民收入的20%左右。无论合理设定的资本——产出率是什么，其生产性投资可使收入年均增长7%—8%（通常更多）[①]。而现在的
397 这种增长率，在有这种增长率的地方，却仅仅只能跟上1%—2%的人口成长率，或者略有超过。

毫无疑问，这是“人口和经济发展之间的竞赛”——这一竞赛因为帝国主义者论述不发达国家人口问题文章中充满厌世和冷酷的神情而更加引人注目。这里重要的并不是说“人道主义不是全国人民所关心的大事；而是说政府不根据这种崇高的思想准则采取实际行动。”[②]重要的是系统地宣传一种蔑视人类幸福和鄙弃人类生活的意识——如果这种幸福和生活涉及的是“菲律宾人”、“黑鬼”和其他“劣等民族”的话。因为没有其他的意义可赋予下面的见解：“现代医学界仍然把它的道德规范建立在生活在2000多年前的一个无知者的含糊论述上——按照现代眼光来看是无知的——继续相信它有责任救活尽可能多的人。”[③]医学界将会从以下的发现中得到更多的指示，即“世界将几乎不能摆脱今后几年将在中国发生的广泛饥荒的恐怖。但从世界眼光来看，这种饥荒也

① 很明显，这里未把如果发达国家能够慷慨和无私地援助落后地区，后者经济增长大大加速的可能性考虑进去。但不必说，这种援助不可能在资本主义制度下发生。

② E.S.梅森：《促进经济发展》第13页（克莱尔蒙特，加利福尼亚，1955年）。

③ W.沃格特：《生存的道路》第48页（纽约，1948年），下面的引言来自第238页。

许不仅是需要的,而且是必不可少的。继续以几何级数增加的中国人口只可能是全球性灾难。”在这方面医学界至少有一些人已开始“建立他们的道德规范”以更适应“现代世界潮流”,这从下面的论点可以看得出来,“很明显,保健计划的第一个目标肯定不能是简单地、自然地抢救生命:相反,它必须是研究各种办法,以促使中国人能够降低人口出生率。”①

诺伯特·威纳教授充分意识到这些新野蛮主义的含义: 398 

如果这种有意识地或者即使没有目的地不给予医疗帮助的主张得以实现,并且这种事情发生在今天的英国人和美国人所乐于认为自己归属的那类英国人和美国人中间的话,这将是对所有向往高道德水准目标的唾弃,那简直是不能容忍的。也许白人地位的丧失将更能被人们所接受。②

威纳教授显然还没有根据“现代世界”的要求“建立他的道德规范”。居住在不发达国家的我们的“现代”朋友完全理解这些“要求”。“在没有足够食物的人口中消灭各种传染性疾病,并且把新生儿浪潮带进一个甚至不能养活已有人口的经济中,等于引来灾难。”其中最坏的部分将是“接受西方世界1600年以来的思想的和文化模式(原文如此)的地球人口的持续下降”。更令人诅咒的是,除非实行这样一个计划“……即(通过)提高有能力的和有天赋的人的出生率来增强未来几代人的天生质量……否则人口出生率的

① G.F.温菲尔德:《中国:土地和人口》第344页(纽约,1948年)。应该指出,作者是一个受美国基督教长老会国外布道团派遣去中国的医生。

② 《人类资源的合乎人性的利用》第52页(波士顿,1950年)。

不利分布将导致……我们生物的和文化传统的加速腐蚀”。[①] 这
399 一点——沃格特先生担心——将意味着“在控制人口过胜的欧洲和亚洲方面付出高代价”。[②]

也可以这样加以反驳,即虽然“信奉这种以维护白人至上主义为目的的思想只能意味着同意所有人都卷入一场混乱”,[③]但所幸这种思想只不过是我们社会中少数“极端分子”的特征而已。然而——可悲的是——事实不是这样。巴鲁克先生赞同沃格特先生的书和朱丽安·赫胥黎先生赞扬库克先生的书,他们都并不是生活于我们社会知识界圈子之外的人。也不能认为把这些(他们一旦认识到其含义后就会毫不犹豫地否认的)观点加之于这样的知名人士是不公正的。因为问题不在于个人的主观愿望是好或是坏——虽然,如J.S.弗尼瓦尔明智地指出,“在政策中,正像在法律中,人们必须被看作是怀有产生他们行动效果的动机的”——问题完全在于他们所反映并不断升级的心理状态在客观世界中所起的作用。这是一种被它自己的严重缺陷所困住,并且顽固地阻碍

① R.C.库克:《人类的繁衍:现代的困境》第282、295、255、315页(纽约,1951年)。虽则显然没有理由怀疑库克先生剽窃的可能性,但令人感兴趣的是注意到“不同思想家”在相似的社会——经济和思想形态的前提下是如何独立地得出相似的结论的。“因为劣等民族总是在数量上超过优等民族,这些劣等民族将会如此快速地繁衍自己——处在同样的生存和繁衍机会下——以致优等民族必然将被推到不重要的地位。因而必须采取有利于优等民族的纠正措施。自然界采取的办法是使劣等民族处于困难的生活条件下,使他们自身减少其数量。最后,不允许其他人无区别地生育,而是要依据力量和体质状况进行无情的挑选。”阿道夫·希特勒:《我的奋斗》第313页(慕尼黑,1934年)。

② 上引书第79页。

③ 威纳,上引书第53页。

了人类生存和进步的社会经济制度的心理状态。

经济发展是当前绝大多数人的最紧迫的、最生命攸关的需要。每失去一年意味着成百万的人失去生命。每一个无所作为的一年意味着落后国家人民生活的进一步削弱、进一步恶化。约翰·福斯特·杜勒斯曾经一针见血地说,“我们能口若悬河地谈论解放和自由、人权和基本自由、人的尊严和价值,但我们的大多数辞藻来源于我们社会尚处于个人主义时期。因此,它对于那些生活在个 400
人主义就是过早死亡的环境下的人来说没有什么意义。”[①]事实上,那些环境,不是一个个人主义社会的环境,而是垄断资本主义和帝国主义的环境。

“这种社会的这种状况一天比一天显得愈加荒谬和愈加不需要了。它应当被消除,而且能够被取消。一个新的社会制度是可能实现的,在这个制度下,现代的阶级差别将消失,而且在这个制度下——也许要在经过一个短暂的、有些艰苦的,但无论如何在道义上很有益的过渡时期以后——通过有计划地利用和进一步发展现有的巨大生产力,在人人都必须劳动的条件下,生活资料、享乐资料、发展和表现一切体力和智力所需资料都将同等地愈益充分地交归社会全体成员支配。”[②]

“这种社会形态”在1891年,即恩格斯发表著作的那个时候是“不合需要的”,在我们时代更是如此。当时“已经存在的巨大生产力”到现在已经达到了惊人的地步。经济不发达,过度人口、贫困

① 《战争或和平》第257页(纽约,1950年)。

② 恩格斯:《马克思〈雇佣劳动与资本〉的导言》第1卷第348—349页(《马克思恩格斯选集》,人民出版社,1972年)。——译者

和疾病问题现在可以通过全球性协调一致的有计划的努力在一代人的时期内获得解决。然而，不能就此得出结论说，这就是历史的发展过程。列宁指出，“这是一种误解”，即认为：

“当社会经济发展的状况使得变革的需要完全成熟时革命阶级始终具有足的力量来完成这样的变革。不，对于进步力量来说，人类社会并不是那样理性地和‘容易地’组织起来的。变革的需要也许成熟了，但作为变革发动者的革命力量也许会显得不够强大
401 去完成这一任务。在这种情况下，社会会腐朽下去，这种腐朽有时将持续整整几十年。”①

当前世界很大部分地区正经历着这种腐朽的时期。正如沃格特先生在他书中的结论那样，“人类正陷于这样一种僵死的局面，就像穿着两只都小了两个尺码的鞋子。”正是这种情况。那两只鞋就是垄断资本主义和帝国主义。大多数人今天面临的困境是，要么从那双鞋中解放出来，要么削足适履。

① 索契宁耶：《社会主义》（著作集）第9卷第338页（莫斯科，1947年）。

第八章　陡直的腾飞 402

1. 必要的社会革命遭遇到帝国主义的敌视

正是在不发达世界中，我们这个时代主要的，起支配作用的事实才清晰地呈现在眼前。曾经是经济发展强大动力的资本主义制度，已经令人震惊地成为人类进步的可怕障碍。阿历克斯·德·托克维尔关于政治制度的下述论述，适用于比他可能设想的更宽的范围："一个政府的面貌在它的殖民地里可以最好地判断，因为在那里，它的特性都突出了，变得更加清晰。当我要研究路易十四的政绩时，我就得去加拿大。在那里，它的劣绩就像通过显微镜观察似地明晰可辨。"[①]确实，在发达国家中，社会拥有的生产力所能获得的成就和实际获得的成就两者之间存在着差距，这种差距比其在落后地区中要大得无法比拟。[②] 然而，在发达国家中这种差距为在资本主义时代已经达到的很高的实际生产水平和产值所掩

---

① S.赫伯特·弗兰克尔：《对于不发达社会的经济影响》第 17 页引文(牛津，1953 年)。

② 在那个意义上，梅森教授的下述说法无疑是正确的："可能不发达地区是美国而非中东"《促进经济发展》第 9 页(克莱尔蒙特，加利福尼亚，1955 年)。

蔽，而在不发达国家中这两者之间的差距却十分显著，其影响也更具灾难性。在不发达国家中这种差距与发达国家不同，并不意味着发展程度的高或低两者之间，也不意味着存在于现实可以实现
403 的最终解决贫困问题与继续干苦活，贫穷、文化堕落两者之间。在那里，这种差距表现在无边的苦难与过得去的生活之间，在绝望的痛苦与获得改善的欣喜之间，在亿万人民的生与死之间。因此，即使资产阶级作家们也偶尔承认，在不发达国家，向一个理性的经济和社会体制的转变是极端迫切的，而又同时认为发达国家“仍然能够”在垄断资本主义和帝国主义的统治下存在下去。[①] 然而，再没有比这更加错误的了。因为，正如我们所看到的，发达国家垄断资本主义和帝国主义的统治和不发达国家经济社会的落后是紧密联系着的，只不过反映了现实生活中一个全球性问题的两个不同方面。发达西方国家的社会主义转变不仅将为它的人民开辟一条通向经济、社会和文化空前发展的道路，而且也同时可以使得不发达国家的人民能够迅速克服现在的贫穷、停滞状态。这将不仅会结束对落后国家的剥削；而且西方巨大的生产资源的合理组织和充分利用，将很容易使发达国家得以偿还，至少是部分偿还它们向落后国家人民欠下的历史债务，并在他们致力于迅速增加极端缺乏的“就业出路”时，向他们提供慷慨无私的帮助。

但是，由于前文所提及的原因[②]以及由于超出我们现在讨论

① 因此，前文所引联合国报告：《不发达国家经济发展措施》（1951 年）的作者们，对下述观点表示怀疑：“许多发展中国家……要等到社会变革对收入和权力分配产生影响之后，才有较快的经济发展前景。”（第 37 段）

② 同上书第 273 页。

范围去作进一步分析的原因，历史并不是这样发展的。落后国家 404
远未得到发达国家的帮助，它们向一个能保证其持续发展的经济和社会制度的转变是在和帝国主义强国的残酷压制的斗争中发生的。列宁在 1913 年关于欧洲国家的论述完全适用于今天整个发达的西方："技术十分发达、文化丰富、宪法完备的文明先进的欧洲，已经到了这样一个历史时期，这时当权的资产阶级由于惧怕日益成长壮大的无产阶级而支持一切落后的、垂死的、中世纪的东西，衰老的资产阶级与一切衰败了的和已在衰败的势力联合起来，以求保存陷于动摇状态的雇佣奴隶制。"①

这种"支持"一切落后的、垂死的、中世纪的东西的现象随处可见，不管是在中国和东南亚，近东和拉丁美洲，东欧和东南欧，还是在意大利、西班牙和葡萄牙，都是这样。它的目的是阻止任何地方可能发生的社会革命，并且不论什么地方发生了这样的革命，都力图破坏社会主义社会的稳定和进步。

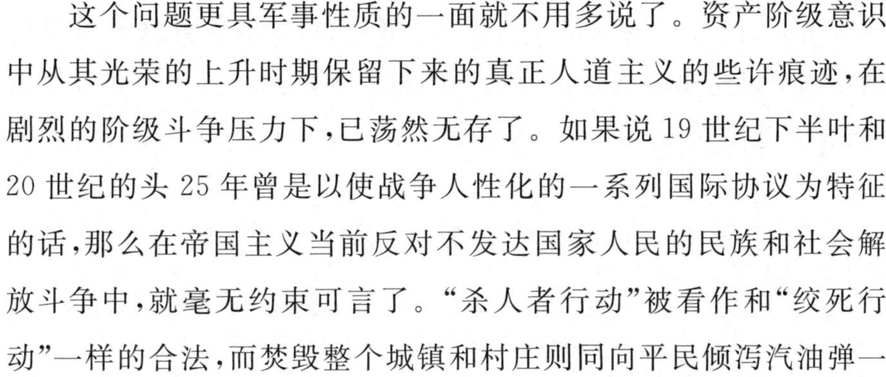

这个问题更具军事性质的一面就不用多说了。资产阶级意识中从其光荣的上升时期保留下来的真正人道主义的些许痕迹，在剧烈的阶级斗争压力下，已荡然无存了。如果说 19 世纪下半叶和 20 世纪的头 25 年曾是以使战争人性化的一系列国际协议为特征的话，那么在帝国主义当前反对不发达国家人民的民族和社会解放斗争中，就毫无约束可言了。"杀人者行动"被看作和"绞死行动"一样的合法，而焚毁整个城镇和村庄则同向平民倾泻汽油弹一

① "落后的欧洲和先进的亚洲"（见《列宁选集》第 2 卷第 449 页，人民出版社，1972 年版）。——译者

405 样地无可非议，这集中地体现在艾森豪威尔总统的一则言论里："原子弹的使用将从这样的基础上考虑，它对我有利还是不利。如果我认为利在我方，我将立即使用。"[①]不必再多说什么了。这样的行为方式并不是反映某些个人的异乎寻常的残暴，而是反映了一个日益腐朽的社会制度的道德沦丧。[②]

但是，由于实力是否在帝国主义阵营一方并不肯定，因此，必须以最大的小心来处理最终发动战争的问题，并且只有在资本主义和帝国主义本身的生存受到威胁时才使用战争手段。与此同时，战争以外的一切办法都被用来破坏社会主义国家的发展。这并不是说，他们看不到采用社会主义计划体制的国家正在取得并且还可能取得巨大的成就。实际上，联合国《不发达国家经济发展措施》的作者们正确地阐述道："如果领导者们赢得了国民的信任，并且证明他们自己致力于取消特权和根除极端不平等，那么他们就能鼓起群众要求进步而冲破一切阻力的热情的……"[③]约翰·福斯特·杜勒斯也承认："苏联共产党人……能够并且也确在执行标有'伟大的苏维埃共产主义实验'旗号的政策，凭着这种旗号他们在这个世纪里吸引了世界人民的想象力，正如我们在19世纪用'伟大的美国实验'旗号所做的那样，"[④]人们普遍认为，不发达国

① 海伦·林德的杰出论文："危机时期的现实主义和知识分子"《美国学者》第26页引文(1951年冬—1952年)。

② 正如马克思在评述巴黎公社时所说的："这只是证明现代资产者自认是从前的封建主们的合法继承人；从前的封建主们认为自己有权使用各种武器对付平民，而平民手里有任何武器都是犯罪。"《法兰西内战》，《马克思恩格斯集》第2卷第397页(1972年)。

③ 第38段。

④ 《战争或和平》第256页(纽约，1950年)。

家首先和最需要的是迅速增加他们的国民收入，梅森教授也证明 406
“共产主义能带来巨大的优越性促进经济的发展，……在长时期内，在投资和使用新的资本资源上能发挥某种管理效能的条件下，国民收入是很可能以极其迅速的速度增长的。”①

人们也许会指望，在这样的环境下，那些最终能摆脱长期停滞状态的落后国家，将会受到那些号称深切关心它们进步的国家的祝贺与鼓励(如果不是某种更实在的形式的话)。但是，这种指望反映了对于现状的极端天真的想法，正如列宁所质问的：“除了在甜甜蜜蜜的改良主义者的幻想里，哪里还有能够关怀民众的处境而不夺取殖民地的托拉斯呢?”②实际上不发达国家通过社会主义计划工作所取得的进展正极大地使得西方的官方舆论感到为难。尽管杜勒斯先生注意到共产党“在中国已在激发社会主义责任感和把加强它的支持者的纪律性方面取得了一些成就”——这很显然是在争取经济发展的斗争中向前迈出的重要一步，——但是，他却确实希望这种进展将由于中国人的“国民性”而落空。杜勒斯以某种赞赏的心情，把这种国民性描述为：“由于宗教的和传统的思维习惯，中国人已成为具有明显个人主义色彩的民族。家庭是最高的价值观念单位，个人的忠诚是献给祖先和子孙们的。对于同伴或某些社会或阶级集团或国家则只有极少的笼统的忠诚可言。”③这样的“国民性”对帝国主义者来说，无疑是一天赐之物，因

① 《促进经济发展》第 6 页(克莱尔蒙特，加利福尼亚，1955 年)。

② 《帝国主义是资本主义的最高阶段》(见《列宁选集》第 2 卷第 803 页，人民出版社，1972 年版)。——译者

③ 同上书第 245 页。——译者

407 为他们唯一关心的就是去统治具有这种国民性的人民。因此，杜勒斯先生觉得：“东方的宗教根基深厚，具有可贵的价值。他们的精神信念，不能同共产主义的无神论和唯物主义相协调。这就在我们之间建立了一种共同的纽带，而我们的任务就是去发现它并发展它。”[①]这种观点得到了梅森教授的应和，他指望宗教成为社会主义国家发展道路上的重大障碍，并认为：“在南亚，像在其他地方一样，宗教是对抗共产主义的坚强堡垒。”[②]不足为奇，不发达国家中“一切落后的、垂死的和中世纪的东西”与它们在西方的朋友和保护者具有完全一致的看法。不发达国家的统治阶级最关心的，是让它控制下的人民形成这样“一个精神社会，其中的各个人都爱上帝……把勤奋工作作为一种责任和为了获得自我满足……对他们来说，生活不仅是肉体上的成长和享受，而且也是智力和精神的开发。”[③]因而这些统治阶级不遗余力地，并在获得美国大量支持下，加强宗教迷信对其饥民的思想统治。他们或者帝国主义者会关心这些迷信是进步道路上的主要拦路石吗？他们及其西方的同谋者们，会关心保持宗教糊涂观念的代价是增加饥饿和成倍的死亡吗？正如白洛克博士在其印度之行所见到的那样：

“富有阶层所鼓励的宗教复兴，阻止了实施改良牲畜的合理政策。印度有 2 亿头牛，其中许多可以说是无用的，仅靠极少的食物而活着，而在许多地方法律禁止宰牛，实际上，在大多数地区，宰牛已停止了。甚至猴子也是极其神圣的，尽管它们每年要毁坏或吃

① 《帝国主义是资本主义的最高阶段》(见《列宁选集》第 2 卷第 229 页)。——译者

② 同上书第 29 页。——译者

③ 杜勒斯，前引书第 260 页。

掉估计为 125 万吨的粮食。”[1]

正如封建时代末期的贵族一样，垄断资本主义和帝国主义后 408
期的保守的实业界巨头们，他们本身并不受这种蒙昧主义的影响，但他们认为，让国内外干苦活者接受这种影响是有益无害的。[2]约翰·福斯特·杜勒斯简明地指出：“我们别无其他好的政策，因为我们不能给他们物质方面的东西。”[3]

确实，资本主义制度不可能“给他们物质方面的东西”，使其成为争取经济和社会发展的基础结构，这就迫使它的辩护士和政客们使用小恩小惠而非面包，使用意识形态上的美妙言辞而非理性以求得稳定。因此，把今天为了维持资本主义制度所作的努力，比以前更卖力地宣传成为了一次争取民主和自由的十字军进军。在早期反对封建主义的斗争中，在资本主义还是很有力量的进步体制，并且把启蒙和理性写在新兴的资产阶级举着的旗帜上的时候，这种要求至少具有部分的历史合理性。但到 19 世纪的下半期，当资产阶级统治日益受到风起云涌的社会主义运动的威胁，并且“更加看清楚所谓自由就是指在现今资产阶级生产条件下的贸易自由，买卖自由时”[4]这种合理性就没有了。到帝国主义时代，当失去了对全球 1/3 土地的控制的资本主义正为其自身生存而挣扎时，这种要求已完全成为一种虚伪的摆设。正如恩格斯天才地预

① “印度有多强大”，《国家》第 216 页（1955 年 3 月 12 日）。

② 因此，在美国，洛克菲勒基金会把愈来愈多的钱用来促进神学院和其他宗教事业，而福特基金会则一直大量资助不发达国家中的穆斯林、佛教徒和类似的组织。

③ 前引书第 254 页。

④ 马克思和恩格斯：《共产党宣言》（见《马克思恩格斯选集》第 1 卷第 266—267 页，人民出版社，1972 年版）。——译者

见到“在危机发生的时刻和危机之后……聚集在纯粹民主派周围
409 的整个反动势力……”[①]这种“整个反动势力”以及他们声称为之奋斗的“纯粹民主”，只不过是纯粹剥削的自由，这可以从所谓的“自由世界”成员册中一目了然。西班牙和葡萄牙、希腊和土耳其、韩国和越南、泰国、巴基斯坦和中东的酋长国、拉丁美洲的军事独裁体制以及南非联邦——所有这些国家都被帝国主义的斗士们晋升为“民主国家”之列。在前引文中未加引用的梅森教授的一段话中，对社会主义社会能够获得国民收入“异常迅速的增长率”持反对态度，如果只是因为它依赖极权体制，“使用……并且……降低生活水平……”[②]等民主国家都不可能使用的恐怖手段，那么他就是未注意到这样一个事实：即在社会革命中所发生的这些恐怖——经常是过分的，痛苦和悲惨的——体现着一个新社会降生时的阵痛，而且发生的生活水平下降，也主要影响到统治阶级，他们的过度消费，对资源的滥用及资本的外逃，是为经济发展所作出的必要“牺牲”。而资产阶级经济学对买办和殖民政权为了维护其主子的财富和利润，并延续它们国家和地区——为台湾地区或希腊、马来西亚或肯尼亚、马达加斯加或阿尔及尔、菲律宾或危地马拉——的危难与停滞，从来没有说成是“使用其恐怖手段（并且）……降低生活水平”。

那些把自由等同于资本自由，把过着寄生生活的少数人的利益等同于人民大众的需求，把帝国主义等同于民主主义的拙劣的

① 1884 年 12 月 11 日给倍贝尔的信（见《马克思和恩格斯书信选集》第 425 页，人民出版社 1962 年版）。——译者

② 前引书第 6 页。

辩护，如果不是因为它们与未来发展问题直接相关的两方面考虑，410
是不会引起人们注意的。第一方面是这种意识形态及其历史背景对它所依赖的帝国主义国家社会、政治、文化进展所产生的深刻影响，这种影响集中地体现在马克思和恩格斯的犀利的论述中："压迫别的国家的国家，不会有自由"；不论我们浏览那些"压迫者国家"的早期历史或其近期情况，也不论考虑西欧还是沙皇俄国，亚洲还是美洲，这种影响的极为重要的意义是显而易见的，但是，我们在这里只能几笔带过，若把它展开，将离题太远。[①]

2. 社会革命；帝国主义对外政策的直接结果：战争、冷战和社会主义国家的代价

第二方面是同我们现在讨论的问题更加直接相关，这就是为"新侵略主义"所体现并鼓励的帝国主义行为对不发达国家的直接影响。这种影响是最有力的，它的巨大力量可以具体地加以考察。就仍属"自由世界"的不发达国家而言，它呈现两种基本形式。首先，它们之中一直受到帝国主义列强支持的买办统治阶级，现在得到了更加积极、更加系统、更加公开的支持。他们不仅获得津贴以促进宗教活动，策划政治活动，而且在他们对付日益难以控制的人民的斗争中，还得到直接的军事援助。在不断增多的这类国家中，建立在反动势力上的政体，完全是由于得到帝国主义西方的帮助

① 参阅本书第258—259页(指原书。——译者)。

才得以生存的。[1]

其次，这些政府的大多数——如果不是全部的话——不仅仅
411 得到武器援助，它们还被迫将自己国家国民收入的相当大部分用于建立和维持庞大的军事机构。花费在军事目的上费用占国民收入的比例，在巴基斯坦是5%强，土耳其与其相近，泰国为3%强，而在菲律宾、希腊和其他一些国家和地区则要多得多——更不要说越南、韩国和台湾地区了。在这些地方，其比例更大。应该注意，这一负担之沉重只有当它不是按占国民收入总量之比，而是按占经济剩余之比来看待时，才能充分地认识到。的确，在大多数(如果不是全部)这些国家中，军事开支等于或超过其生产性投资总值。这种对本可用作大量增加"就业出路"基础的资源的大规模浪费，被西方帝国主义者及其在不发达国家中的代理人以臆想中的苏联侵略危险而使之名正言顺，但是，一些大声叫嚷苏联侵略的人士本身也并不真正相信他们自己的宣传。他们完全明白苏联并没有进攻资本主义国家的意图。这种判断的正确性，已为许多不被怀疑为社会主义制度同情者的研究苏联政策的学者所证实。美国一位重要苏联问题专家对此没有丝毫怀疑：

"资本主义制度最终必然灭亡的理论，有着一个可喜的含义，即不必操之过急。进步力量可以从容地为最终的和平转变作准备……克里姆林宫……没有权力为了将来的憧憬而甘冒丧失现在的革命成果的危险。没有迹象表明，在苏联人民的心理感觉中……

---

① 这一点适用于菲律宾、韩国也适用于伊朗，适用于危地马拉也适用于西班牙。

这一目标必须在某一预定的时间内实现。”[1]

对这一问题显然最为关切的人——美国国防部长查理·E.威尔逊先生——基本上持相同观点，他“告诉美国参议院某拨款小组委员会……苏联致力于战斗机的生产，说明它意图建立一支基 412
本上是防御性的空军，美国人民应该因此而感到放心。”[2]无数美国和西欧的观察家，也表达了他们确信致力于国内建设的社会主义阵营，根本不可能发动战争。[3]

因此，“苏联侵略”的危险实际上只不过是所谓“颠覆”的危险——对社会革命的时髦称呼。约翰·福斯特·杜勒斯明白地表示：“把共产主义的俄国和它的中国盟友的政治制度强加于东南亚，**不论采取何种形式**，都将是对整个自由社会的严重威胁。美国认为，不应被动地接受这种可能性，而应采取联合行动去对付它。”[4]但是，这要么是对历史的最愚昧的误解，要么就是有意曲解，即把各个国家中的社会革命看作是“外部颠覆”的结果，或是由于国外阴谋诡计“强加”于它的结果。实际上，正如一个英国杰出的苏联历史学家所述：“1917年革命，本身是1914年世界大战的产物，它是世界历史的一个转折点，其重要性可与1¼世纪前的法

① 乔治·T.凯南：《1900—1950年的美国外交》第116、118页（芝加哥，1951年）。

② 《纽约时报》1953年5月20日。

③ 这种确实无疑的观点部分地说明了存在于西欧和印度的那种显著的倾向——即使在对苏联最不满的人当中——谴责美国的对外政策人为地制造战争危机气氛。

④ 1954年3月29日对海外新闻俱乐部的演讲，转引自《每月评论》第2页（1954年5月）。

国革命相比，并可能有过之而无不及。”[①]难道这一“世界历史的转折点”是有步骤有组织的“颠覆”的结果？或者说，难道中国革命这另一具有巨大历史意义的事件，是由苏联的“颠覆”专家们所操纵？对于这一问题，美国国务院以及长期以来是其中重要一员的凯南先生都作了回答：

413 “一个不幸然而不可避免的事实是中国内战不祥的结局远非美国政府所能控制。美国所做的一切或者在其能力的合理范围内所能做的一切都不能改变这一结局，我国任何未做的事情都不是导致这一结果的原因，它是中国国内力量的产物，这种力量美国曾试图加以影响，但都未能奏效。”[②]

凯南先生也轻描淡写地声称：“把近年来发生在中国的革命主要归因于苏联的宣传和怂恿至少极大地低估了其他许多极其重要的因素。”[③]对于这一问题，列宁在其论述中作了贴切的总结：

“资本主义的统治遭到破坏并不是由于谁想夺取政权。”夺取“政权是没有意义的。如果各个资本主义国家的整个经济发展没有导致其统治的结束，那就不可结束资本主义的统治。战争加速了这个进程，并使得资本主义不可能再存在下去。要是历史不冲垮和摧毁资本主义，那么任何力量也消灭不了它。”[④]

必然的结论是，不发达国家花在庞大军事机构上的巨大资源浪费并不是由一种外在危险的存在所决定的，这种危险的气氛仅

① E.H.卡尔：《革命研究》第 226 页(伦敦，1950 年)。

② 美国国务院：《美国对华关系》第 16 页(华盛顿，1949 年)。

③ 前引书第 152 页。

④ 见《列宁选集》第 30 卷第 97 页人民出版社，1985 年。——译者

仅是为了便于这些国家中的买办政权的存在而被创造和再创造出来，它所维持的武装力量，如果不是唯一地，那也主要地是为了镇压国内那些争取国家和社会解放的人民运动。这种局势具有希腊戏剧般的悲剧性。在希特勒的集中营里，受害者们在被纳粹残杀以前被迫挖掘他们自己的坟墓。在“自由世界”的不发达国家中，人们被迫把那些可使他们摆脱今天贫穷和疾病现况的资源的大部分，用来维持外国雇佣兵，而这些雇佣兵的职能则是为帝国主义主 414
子们提供炮灰，并用来维持那种使贫穷与疾病状态永久存在的政权。①

反革命的征伐不仅危害着帝国主义控制下的不发达地区，而且这种影响在属于社会主义阵营的国家中亦可强烈地感受到。其中最重要的就是不可避免地要把国家资源的相当大部分用于维持军事机构。但是，在社会主义国家中，这些机构都是防御性的。面对着资产阶级极端的仇恨，并受到“解放”纲领以及“先发制人的战争”的威胁，社会主义国家不断地为帝国主义列强的进攻而担忧。大卫·萨尔诺夫，美国的垄断巨头之一，对澄清这一问题很有帮助。他写道：“虽然苏联并不比我们更想要一场核战争，但是他们在推进他们的政治攻势中是甘冒这一危险的。我们也不能回避这一风险。”（杜勒斯先生最近说：“为了获得自由的福祉而放弃和平，

① 美国驻朝鲜军事顾问团的指挥官 W. L. 罗伯茨准将在 1950 年 6 月 5 日对《纽约先驱论坛报》记者说：“朝鲜军事顾问团生动地证明了明智而集中地投入 500 名身经百战的美国官兵是怎样把 100000 人训练成你的枪手的……在朝鲜，美国的纳税人有一支充当他们在该国投资的极好的看门狗的军队以及一支能以最小代价获得最大效果的力量。”转引自根瑟斯坦：《美元建造的世界》第 253 页（伦敦，1952 年）。

也许是必要的”!)[①]但是,同高层次的反社会主义宣传家们形成鲜
415 明对比的是,萨尔诺夫深刻地懂得这样一点:“我们必须认识到世界共产主义并不是俄国手中的工具——俄国才是世界共产主义事业手中的工具——为了世界革命的需要,莫斯科一再牺牲其国家利益。”因此,很明显,萨尔诺夫将军所关心的“政治攻势”同“俄国帝国主义”的荒唐概念毫无联系,它只不过是社会革命的延伸。确实,“必须明确地看到这种挑战是全球性的,缅甸的红色游击队,法国或美国的共产党,菲律宾的新人民军,中美洲的红色代理人——这些和克里姆林宫本身同样,都是‘我们的敌人’”。但是,正如我们前面所看到的,不能认为社会革命是诡计多端的代理人所炮制,或者必须归因于“苏联的宣传或怂恿”。它们是资本主义社会中阶级斗争的产物,没有人能阻止或推迟它。由此可知,当今资本主义国家中的社会主义革命可能使得帝国主义者们“放弃和平”,使世界陷入一场核战争。更进一步我们得知,社会主义阵营在任何时候都可能面对一场大灾难。因为它既不能制约社会革命使之不要不适当地激怒“自由福祉”的帝国主义恩赐者,又不能确切地预见到,帝国主义会以哪一次社会革命为借口,作为其发动一场全面大屠杀的信号。

当然,这并不意味着一场全球大战“随时”都会发生,世界正处于一个火山口上,并且将来的发展完全不可预卜。而是意味着在

① “击败共产主义的新计划”,《美国新闻及世界报道》第139页(1955年5月27日)。附带地应该注意,当时作为美国广播公司董事长的萨尔诺夫将军的这些观点,并不能看作是一个离谱的人的观点。因为《美国新闻及世界报道》的编辑在他们的导言中谈到这些观点是同艾森豪威尔总统充分讨论过的,是总统定下这次基调的。

我们现在所处的帝国主义和社会革命时代，战争的危险是一直存在的，社会主义国家除了牺牲其相当部分的资源用于维持足够的防卫外，别无选择。[①] 它所造成的前进步伐的放慢，以及随之而来 416
的对生活水平的压力，就是帝国主义加之于社会主义国家人民的主要代价。而帝国主义阵营针对他们而发动的宣传战的影响，还引来了另外一种压力。这些影响被用于创造“一种反叛精神，使得克里姆林宫失去平衡，加深现在的裂缝，使得经济和政治控制的问题尖锐化”，并且经常还包括一些“精神方面或宗教性质的策划……来传播宗教信仰和对共产主义无神论的憎恶与反叛。”[②]他们还的确向社会主义国家中昔日统治阶级的残渣余孽提供援助，强化迷信观念对于落后农民和工人的思想控制，加剧在教育和组织人民通过集体努力去克服贫穷这一过程中所遇到的困难。这样，他们恶化了这些国家的国内状况，增加了那些对西方意图极其疑惑的人的实力，从而阻止了这些国家走向民主和社会主义的进程。但是，采纳萨尔诺夫将军的建议，把“美国之音”更改为“自由与和平的美国之音”，并不会起什么变化的。“事实总是事实，”约翰·福斯特·杜勒斯精确地指出了这一点：“除非我们能比以往说得更有说服力，否则，即使有更多和更响亮的美国之音都是徒然的。”[③]

① 正是发达资本主义国家中那种反对帝国主义的政治和意识形态领域的斗争，从而抑制了它们发动战争的意图，同不发达国家（不论是资本主义还是社会主义的）中加速和促进经济和社会发展的努力直接地联系在一起。

② 萨尔诺夫，前引书第138、140页。

③ 《战争或和平》第261页（纽约，1950年）。

3. 社会革命的经济任务和问题：关于计划的经济剩余

建立社会主义计划经济是不发达国家经济和社会进步的基本的、不可缺少的条件。然而，正如列宁所说：

“对于从封建制度中生长起来的资产阶级革命来说，还在旧制度内部，新的经济组织就逐渐形成起来，逐渐改变着封建社会的一
417 切方面。资产阶级革命面前有一个任务就是扫除、摒弃、破坏旧社会的一切桎梏。任何资产阶级革命，完成了这个任务，也就是完成它所应做的一切，即加强了资本主义的发展。”①

落后国家社会主义革命的任务要复杂得多，它不仅要使该国的生产力取得很大的进展，而且——为了达到这个目的——要同时建立新的社会主义经济和社会秩序，“资产阶级革命通常是以夺取政权来完成的，对于无产阶级革命，夺取政权却只是革命的开始，并且政权是用作改造旧经济和组织新经济的杠杆。”②

在“改造旧经济和建立新经济”中，使用该国潜在经济剩余是首先要采取的，从很多方面来说，也是决定性的一步。从某种程度上说，这还比较简单。剥夺外国和本国资本家和地主的财产，从而杜绝因过度消费、资本外流等原因对当时国民收入的消耗，就可以使得实际经济剩余立即增长。在这方面带来的唯一经济问题是由

---

① 见《列宁选集》第34卷第3页，人民出版社，1985年。——译者

② 《斯大林全集》第8卷第21—22页。

此解放出来的可用于其他用途的资源的物质内容。它们中的绝大部分实际上是以能立即转用于生产上的形式存在的。无论它们是用于建造住宅或是用于为上层阶级生产奢侈品的劳动力和材料，也无论它们是以前供非必要进口或转移到国外而现在可自由处置的外汇，这部分潜在经济剩余立即就能转而用之于生产。[①]

各种以非生产性劳动力形式存在的潜在经济剩余的利用要更 418
为复杂。当支持商人、股票经纪人、贷款人等的经济和社会结构消失后，以及随之而来的相应所有夜总会、旅馆、货栈和其他适应他们需要的设施被迫停业时，受此影响的人们不一定能立刻转移到其他岗位上去。虽然在较长一段时间里，这些人的重新分配会能自行解决，但在转变过程中的困难和个人所承受的痛苦将会相当大。如果像某些国家那样，其中的一部分人移民至别国，这个问题就会在一定程度上明显缓和。如果他们留在国内，他们或者成为亲属的累赘，或者成为大众的负担，要不就是他们找到一份生产性工作而且通常——基于慈善原因——得到超过他们对社会实际贡献的工资。毋庸讳言，对年老者困难更是严重；重新适应一种新的生存方式问题，对年轻人来说相对容易一些。但无论如何，非生产阶级的消费总量是显著地减少了。

① 显然在资本主义世界对一个社会主义国家进行经济封锁时，对上述论点应作重要的修正。在那种情况下，出口的正常销售也许不可能了，对被封锁国所产生的后果会是不幸的。虽然在这种情况下，社会主义是不存在问题的，伊朗将英朗公司所属企业暂时国有化后，资本主义国家对伊朗石油的抵制是一个很好的例子。总的来说，这种抵制无法持续很长时间，其出口产品购买者之间的竞争会达到十分尖锐的程度足以在较短时间内打破其封锁，这特别适用于那些有着广泛世界市场的原料和粮食出口国家。

然而非生产性消费的下降并不能指望它导致实际经济剩余的
相应增长。在相当程度上它必然导致大众消费的扩张。如果说工
419 矿企业、铁路、大型原料企业等被没收后,一般地能将其产生的经
济剩余的控权转移为社会所有,但土地革命——在大多数不发达
国家中成为社会革命的一部分——分配掉大宗地产,取消了农民
交付的地租以及消灭贸易商、高利贷者,终止了商人资本对人民的
剥削,所有这些都不会将经济剩余从私人手中转移为公共所有。
他们通过破坏其社会基础,使这部分经济剩余一笔勾销,只相应地
提高了农村人口的实际收入。①

这并不是说革命后实际经济剩余会立即出现这种增长。由于
伴随着革命危机而来的骚扰和混乱最可能造成总产值下降,不仅
会阻止投资的增加和生活水平的改善而且还会使这两者或多或少
地急剧下降。确实,不仅经济剩余会消失,而且维持基本的消费,
尤其在城市地区也会陷入严重困境。不用说,对这样一种衰退的
延续时间和深度作出一般的推断是不可能的。它取决于与革命转
420 变相联系的政治斗争的强烈程度,取决于统治阶级对新的革命政
权抵制的广度等。它也同样取决于人民的热情、良知和自律,以及
掌权的社会主义力量的成熟度和他们制定正确政策和迅速建立新

① 在第一次世界大战前俄国的地主和富农生产的谷物占总产量的50%,其上市量分别占其产量的47%和34%。而中小农民的产量占另50%,上市量占其产量的14%—17%。1926年至1927年,富农的产量占谷物总产量的13%,将其20%投入市场,而这时中小农民的产量占总产量的85%,只上市其生产品的11%—12%,结果城市只获得革命前上市谷物的一半左右。类似情况也同样发生在革命后的中国。见之于M.格果利有趣的研究材料“土地改革后中国农业的改造”,《印度经济评论》(1953年8月),以及多琳·瓦里纳指出的革命后东欧和东南欧也存在相同情况。参见她的《东欧的革命》(伦敦,1950年)。

政权机构的能力。

“社会主义革命和资产阶级革命的区别就在于：在资产阶级革命时已经存在资本主义关系的现成形式；而苏维埃政权，即无产阶级政权，却没有这样的现成关系……组织计算，监督各大企业，把全部国家经济机构变成一架大机器，变成一个使亿万人都遵照一个计划工作的经济机体——这就是落在我们肩上的巨大的组织任务。”[①]

在这一方面，正如在许多其他方面一样，每一个新的社会主义政府面临的任务较之先于它而在另一个国家掌权的社会主义政府要简单得多。历史经验对于那些懂得它的人是会越积越多的，黑格尔的名言：“人民与政府从来不会从历史中学到什么东西”，已成为被历史本身的进程所抛弃的一般概念。将来在不同国家掌权的社会主义政党将有可能从苏联所积累的正反两方面经验财富中获益，并得到免除，至少部分地免除，人类历史上第一个社会主义国家所遭遇的每走一步都要费心摸索的重负。

但是这种经验的借鉴或者社会主义阵营中的新成员将能从老
的成员那里获得的技术帮助与物质帮助，都不能指望可以完全免
除最初时期所必然出现的挫折和困难，这些挫折和困难还多多少
少由于外国军事、经济、政治的干涉而大大加剧，造成了资产阶级 421
文章中所大加指责的“生活水平下降”。然而正如列宁所强调的那
样：“无产阶级为了……革命的胜利，绝不能因为生产暂时下降而
裹足不前，就像奴隶占有制的敌人——北美资产阶级没有因为

① 《列宁全集》第34卷第4—5页。

1863—1865 年内战所引起的棉花生产的下降而裹足不前一样。”①

十分重要的是这种不可避免地会发生的生产、消费、投资下降的革命挫折，只不过是一种暂时的现象，其持续时间却经常为反革命的宣传所大大夸大。俄国由于第一次世界大战的原因和同样重要的由于随后的革命与国内战争的原因所造成的经济崩溃，只用了几年时间便恢复了战前的农业生产水平，用了 8 年左右重新达到了战前的工业水平。在中国，正和绝大多数东欧和东南欧的社会主义国家一样，在那里战争引起的破坏也极大地损害了生产能力，但革命后只花了二三年时间，就超出了战前的生产水平。②

一旦革命危机成为过去，革命前的生产水平得到恢复，并且新的政治管理体制获得了稳定，经济的发展是绝不会以低于革命前的群众消费水平为基础的。然而，它的起步所必需依赖的条件是：在一切土地革命伴随着社会革命进行的国家里，重新获得现在大
422 部分为农民消费的增加所吸收掉的那部分潜在经济剩余。这个问题的重要性在各国之间明显不同，它取决于一国革命前的经济结构如何。在一些国家——例如，产油的中东，或矿产丰富的非洲、拉丁美洲——社会革命导致提供给全社会的经济剩余是如此之大，以至于动用其中一部分用之于眼前的群众消费的增长后，仍会积余足够多的数量，使政府得以开始雄心勃勃地生产性投资计划。在

① 《列宁选集》第 39 卷第 174 页(人民出版社，1986 年。——译者)(时间 1863—1865 年，是列宁著作的原文)。

② 在大多数东欧及东南欧的计划经济中，1949 年就达到了战前的产出水平：参见联合国：《1949 年欧洲经济概览》(1950 年)。在中国，1952 年，即中华人民共和国建国三年后的总产出，就已超出中国历史上的任何年份；参见联合国：《亚洲与远东经济公报》(1953 年 11 月)。

其他地区，当大部分生产（从而经济剩余）来源于农业，革命后又是中小农民所赖以为生的时候，动员这部分剩余就成了发展经济的不可缺少的条件。

然而正是这些地区，动员经济剩余是不可避免的，而动员中遇到的困难又是最艰巨的。农业革命带来了大众消费的增长，吸收掉总的潜在剩余一大部分，但就人均而言只有相对较小的增长，并不能使农民的生活水平得到质的改变。它使农民减轻了饥饿的程度，却不能结束他们极端贫穷的处境。在这种情况下政府要获取他们实际收入的这部分增长值用之于投资，就会遇到激烈的反抗。

20 年代苏联在这方面的经验是说明农民革命后情况的典型。虽然征收所得税似乎是解决问题的一个简单办法，但在一种弱小的农民经济结构中，这种办法是毫无用处的。无论对于那时成倍增加的糊口农民的收入进行评估或者征税，[①]都是一项难以胜任的任务。财政税务当局就此会和刚从革命前的租税重负中解放出来的农民发生强烈的对抗，而更重要的是，维持生计的农产品的性 423
质使得付税几乎不可能。农产品品种繁多，而只有极少部分投入市场，这就使得农民现款收入很少。而征收实物是政府所无法进行的。同样无法的是另一种可以想象的“抽取”一部分农业产值的方法：所谓利用“剪刀差”，即提高固有工业产品相对价格的转移法。这种策略也因糊口农民的贫穷而显得无效，这些农民的半自然经济，使得他们只有极少的农产品可用之于交换最必需的制造业商品（煤油、盐、火柴等）。另一方面，一些富有的农民——富

① 战前苏联有 1500—1600 万农户，1927 年有 2400—2500 万农户。

农——手中占有一些可投放于市场交换的农产品，往往会提高自身的消费或用他们的剩余从另一些农民（或城市居民）那里购买家畜或其他资产，而不愿按他们所认为的低于“公平”比率的价格条件同政府交易，同时，接受了分配和信用职能的国营和合作社企业也不可能从事旧商人或贷款者那种敲诈勒索的活动。

这样，革命前资本主义社会结构中潜在经济剩余的动用就成为社会主义政府如果要实行有计划经济发展的话所必需解决的第一个也是最重要的问题。事实上，只要这样的动用不可能，计划经济的规模，在一个主要方面，即在总产值中的目前消费和经济剩余的分配方面仍将是十分有限的。因为这里存在着资本主义和社会主义的一个根本性区别。在资本主义制度下，总产值的结构，它在大众消费和经济剩余之间的分配，以及经济剩余本身花在资本家
424 的消费和各种类型的投资之间的分配，是由现行生产关系决定的，是由资本家阶级对于利润最大化的追求决定的，也是由生产资料和收入的现行分配状况所决定的。而在社会主义计划经济中，社会产值的组成和它的应用两者是受社会主义社会的自觉和合理的决策支配的。作为人类环境的生存条件，以前主宰着人类，到了这个时刻，却为人类所主宰和支配，人类现在第一次成为自然界真正的自觉的主人，这是因为他们自己已经成为自己的社会组织的主人了。人类自己的社会活动规律，以前作为外部的决定性的自然法则那样危害着人类，那时将被人们熟练地运用并制约。[①]

---

① 恩格斯：《反杜林论》（见《马克思恩格斯选集》第3卷第323页，人民出版社，1972年）。——译者

然而，只要国家产值中一个很大的、重要的部分，即农业仍不能纳入社会主义国家的计划之中，这种情况就不会出现。唯一能将它纳入一国国民经济总体之中的方法是改变作为农民生产主要形式的糊口农业，将之转换成一种专业化的、分工的、市场导向的产业，在这种产业中其产出结构，以及其在农业工人们消费与归诸社会的剩余之间的分配，都将由计划部门来决定，正如其他产业一样。在社会主义条件下这种转换只有通过农民的生产合作化，通过农业劳动的集体化，才能取得成功(我们后面将进一步讨论)。虽然我们不能过分地强调了事情的这一方面而漠视其他重要方面，但我们必须强调这样一点，即如果没有其他重要理由要求实现农业集体化的话，那么仅要求动用农业中产生的经济剩余之紧迫性这一点本身就足以说明集体化最终是不可缺少的一步。通过把对农业产值的支配从单个农民转到政府监督下的集体农庄管理部

门，集体化就消除了农民对抗“抽取”经济剩余的基础。在集体化 425
的体制下，农庄消费的农产品所占农业产出份额，可以通过对集体农庄成员的直接分配来确定，而农庄消费的非农产品，则可以通过由政府规定付给投入市场那部分农产品的价格，并由国营经济部门制定向农业人口提供工业品的价格进行调整。

社会主义国家的政府得以决定总产值中不消费掉的份额，以用之于投资目的(与或由集体利用)其本身并不包含这项决定的任何内容。尽管在社会主义条件下的经济计划目标，在斯大林的模式中，是“用在高度技术基础上使社会主义生产不断增长和不断完善的办法，来保证最大限度地满足整个社会经常增长的物质与文

化需要”。[①] 但在物质和文化需要之间的资源分配，以及社会主义生产增长和完善的速度，必须按该国历史发展某一特定时期的具体条件来决定。这样，一个经济发达的社会主义国家在它发展的某一阶段也许会认为不必要去争取人均物质生产特别迅速的增长。他也许认为消除资本主义制度的不合理和浪费属性，以及随之而来的重新组织社会生产，是保证满足社会物质需要的唯一必要条件。在先进的技术基础上，置换损耗的生产设备，再加上以实际产值中较小部分进行生产性投资，也许已足以达到这样一种增
426 长率，即不仅能为日益增加的人口提供适当的生活水平，而且还得以向较不发达的国家提供慷慨的援助和明显地缩短劳动时间。文化需求的增长需要较小的投资，也许主要的需要是有更多的休闲时间，在这种情况下计划部门就可以使实际经济剩余保持在很小的幅度内。而另一方面，经济上落后的社会主义国家，如被敌对的西方资本主义势力包围着的苏联却面临着一种完全不同的情况。在那里，物质生产的最高速度是必要的，不仅仅取决于迅速提高十分低下的人均食物、衣服、住房等供给量的需要，而且还取决于尽快建立一支足以遏制外国侵略者军事力量的迫切需要。[②] 在这种背景下，很明显，计划部门将力求合理分配可能的物质总产出，以提供最大可能的投资，这是社会进步所必不可少的基础。同样，某

① “苏联社会主义经济问题”，《斯大林文选》(下)第 602 页(1963 年)。

② “我们比先进国家落后了 50 以至 100 年，我们应当在 10 年以内跑完这个距离。或者是我们能做到这一点，或者就是我们会被人打翻。”斯大林著作集第 13 卷(莫斯科)1951 年第 39 页(中文版《列宁主义问题》第 443 页。——译者)，注意到这一点是很有意义的，即这一声明发表于 1931 年 7 月 4 日，约在德国入侵苏联前 10 年。

些刚参加社会主义阵营的国家，鉴于他们所处的地理位置与其他方面的考虑，也许认为把资源大量分配于防务并不必要，而认为迅速建设交通设施却具有最大的紧迫性。而在另一国家中，则也许有必要把教育置于其他目标之上。在所有这些情况下，总产出中应抽出不等的份额用之于投资。

因此，无法对社会主义社会一旦达到某种发展水平后所需要争取的物质生产规模，作出概括性的规定，也无法对总产值在消费
与投资之间的分配比例规定抽象的原则。更重要的是当追求最大 427
增长率（如具体环境需要这样做）等于使当前消费最小化（反过来说也就是使经济剩余最大化）时，如果认为这样为争取最大化增长率而使消费最小化，就可以把消费降到最低水平，那是错误的。鉴于消费水平和人民得以和乐于工作的意愿之间存在的明显关系，与最大产出和增长相适应的最小的消费量，将会而且在最不发达的国家都会，要求现有消费水平有或多或少较大的提高。处于初期产量很小，从而这种增长的可能性很有限的条件下，消费的提高必须分别对待，使刺激效果预期最大的地方提高得最快。相应地虽则初看起来，要达到最大增长率会要求把当前投资所产生的产值增加值全部再投资于经济，但事实上把这部分增值分解开来，使得投资与消费两者都有增长也许是达到最大可能的生产增长之更有效甚至是唯一可能的途径。

这个问题在有名的苏联共产党第十五次全国大会决议，《关于编制经济发展五年计划的指示》中已经给予充分的注意：就积累对消费的关系而论，有必要牢记，不可能抱着使两者同时都达到最大程度的观点来处理……因为这是一个不可能这样解决的问题，既

不能在一定时间内片面追求积累，也不可能片面追求消费来解决。注意到这些因素之间的相互矛盾和相互作用、相互依存两个方面，并考虑到两者在长期发展中的一致性，有必要把这个问题作为两
428 者的最佳组合来处理。关于发展速度，也有必要牢记这个任务是极端复杂的。这里必须注意不是为求得明年和其后几年的最大积累速度，而是为求得国民经济各个组成部分的协调配合，以确保今后一个很长阶段的最快发展。①

这样，在社会主义条件下总产值中成为实际经济剩余的份额，是按照特定社会主义国家、特定历史发展阶段所具有具体的可能性、需求和任务来决定的。它的规模、它的产生过程以及它的用途，都同资本主义的实际经济剩余毫无共同之处。作为有计划的经济剩余，它被限定在适应全社会所需要的范围内；作为有计划的经济剩余，它为全体人民所平均负担；作为有计划的经济剩余，它的使用是为了取得全社会的人力和物质资源的长期最佳发展。

4. 社会主义经济建设的中心议题(1)：工业和农业的关系

特定时期内经济剩余中用之于投资的量由此决定后，它的最有效分配成了社会主义社会计划部门的中心任务。由于我们不想在这里讨论毗邻的有关经济计划的理论，下面我们仅就涉及的中

① 《苏联共产党代表大会，代表会议和中央委员会全体会议的决议和决定》第二部分第 236 页(莫斯科，1941 年)。

心问题，作一些简明的概述。

首要问题是：经济发展是否只能通过工业化才能达到，或者说，是否能够通过提高农业生产率来实现，这在西方著作中引起了广泛的注意。作为一个普遍原则，它确实十分棘手。但如果我们 429
进行具体的分析，那么这一问题所包含的困境也就消失，或者说，答案不言自明。我们可以考察资本主义阵营中不发达国家的具体情况，并设想我们寻求的答案是计划当局所应采取的最满意的政策——不然的话，问题就没有意义——最好的研究方法是把农业分为两个主要类别：一类是大规模的种植园农场，另一类是糊口农业。就前者而言，上面已讲得很清楚了。为出口而生产的种植农场的机械化和生产率的增长，几乎不能改善上述国家的境况，事实上，其影响可能是完全有害的，因为更多的机器将取代当地的许多农场工人，剥夺他们先前赖以生存的一点微薄的生活来源。由于用于农场机械化的器械通常是进口货，它们的制造就不会提供得以补偿的就业机会。同时，遗留下来的工人劳动生产率的提高并不能期望会导致较高的工资率；因为过多的劳动力供给将使任何这类增益根本不能实现。可能发生的变化将是增加外国和国内农场主的利润，结果所增加的利润流往国外，并像以前那样用掉。就农场有了更多利润可能会刺激其扩展而言，其结果也远不是有利的。更多的种植园农场将会导致更多糊口农民的被替代，更多的农业人口贫困化，并更加剧不发达国家经济发展的不平衡状况。

谈到以耕作为生的小农户，问题就更为复杂。毫无疑问，对于不发达国家的小户农民，有许多有益的事可以做。无论是通过提供更优良的种子和牲畜，还是提供农艺方面的建议或低息贷款，都

430 有可能提高他们的实际收入。然而，用这种方法所能取得的改善程度太小了，以致人口的增加很可能使人均产值任何明显的增加化为乌有。肯定不可能指望会增加经济剩余。如果所有这些改良性的措施不产生剩余，就成为一种准慈善行为，就像注射兴奋剂一样，其本身没有什么动力，不能赖以有什么发展可图。确实，农业生产率的较大增长赖于使用现代农业技术，如牵引机械，复杂的设备和化学品。但这些大多只能应用于大规模的农业生产。落后地区（或就此而言，包括其他地方）的小户农民，既没有获取必要设备工具的资力，也无法在他们那么小块土地上加以应用，后者甚至更为重要。

当然，在资本主义发展过程中，是能够出现大规模农场的。事实上，在一些发达国家也确实出现了。这就是我们在前面称之为“反土地革命”的结果。是资本主义在农业中大规模渗透的结果。是农村人口意义重大的分化的结果以及是随之产生农业资本家和农业无产阶级的结果。除了这一过程十分痛苦，伴随着它的是圈地和对农户的大规模破坏之外，这样的发展，只有在从资本主义商品阶段转入工业阶段的基础上才有可能。因为只有这一转变，才导致资本主义闯入农业，导致农业技术革命，同时为大规模农场企业的生产品提供了市场，至少为被替代下来和被剥夺的大量农业人口提供了部分出路。因此很清楚，即使对于那些现在鼓吹落后国家走这条发展道路的人来说，也只有通过这些国家的工业化，农业生产率才能获得较大的提高。然而，资产阶级在这个主题上却
431 充满着许多著作，发出反对“过分重视”工业化、反对“疯狂的民族主义导致工业化过分仓促的发展”等的警告。确实，在西方的官方

言论中，重视农业的优先发展——同时也默许发展某些消费品工业——已经成为“慎重的”或“政治家式的”对待不发达国家经济发展问题的特征。虽则对于一些资本主义不发达国家来说这种见解也可能有某种可取之处，它们或多或少进行着孤立的工业项目建设，但既没有充分计划，又没有和其他经济政策相协调。从根本上看，并不反映它对不发达国家人民利益的关注，而是关心西方垄断资本的利益。这一点在上面引证过的一份政府文件中作了毫无掩饰的表述，这里引用一段有关的段落：

“不发达国家的潜在实力和存在的问题，以及我们在它的经济发展中利益的性质，表明我们应当支持的发展计划的特点……对于那些具有拥有可开发出来以适应世界需求的资源的各国，这可以是最有效地获取更多商品的途径……在大多数情况下，主要是使农业生产得以发展。这样的发展，必需与工业生产设备的扩大相协调。开始时，特别要扩大生产消费品的轻工业……美国对原材料，尤其是矿产品的需求将不断增加，因为国内的资源正在逐渐耗竭。”①

非常明显的是，一个不发达国家的社会主义政府与这种“发展”政策没有任何共同之处，其意图是使不发达国家继续作为帝国主义西方的原料供应地，从而使它们永远处于经济、社会和政治上
的落后状态。在社会主义社会中，这个难题——工业化或促进农 432
业——已完全没有意义，因为两者的进步是不可分割的，保持这两个部门之间协调是取得迅速和健康发展的极端重要的条件之一。

---

① 《致总统的对外经济政策报告》(格雷报告)第 59 页(华盛顿，1950 年)。

由于不发达国家的社会革命不可能也不会“等到资本主义生产在各部分都得到充分发展时，等到最后一个小手工业者和最后一个小农都变成资本主义大生产的猎获物时才进行”。[①] 因此，大多数国家中普遍存在的落后状况和差不多处于中世纪状态的农业，就成了资本主义制度遗留下来，有待社会主义去克服的最大一份遗产。完成这项工作的方法已为恩格斯所指明，“为了使小农免受资本主义模式改造农业过程中所遭受的离乡别井和无产阶级化的那种必然而具破坏力的遭遇，应该给他们以不是为了资本家的利益，而是为了他们自己的共同利益”，而自身采用大规模生产方式的机会，并且，还应该使农民能够实现“把他们的私人生产和私有占有变为社会化生产和占有”。[②]

列宁已使这一计划在苏联得到发展并使之具体化和专门化。1918 年，他对此作了最明确的阐述：

“像个体小农经济那样浪费人力和劳动的现象也不能再持续下去了。只要从这种分散的小经济过渡到公共经济，劳动生产率就会增长一两倍，农业和人类生产活动中人的劳动就会节省一半到 2/3……我们的义务和职责是利用（各种科技力——作者概括，译者）……把最落后的农业生产纳入新的轨道，对它进行改造，使
433 它从按照陈旧的方式盲目经营的农业变成建立在科学和技术成就基础上的农业。”[③]

---

① 恩格斯：“法德农民问题”（见《马克思恩格斯选集》第 4 卷第 312 页，人民出版社，1972 年）。——译者

② 同上书第 310、311 页。——译者

③ 《列宁全集》第 35 卷第 353—354 页，人民出版社，1988 年。——译者

我们可以很容易地回想起，这种对农业发展的紧迫性的认识，完全不同于那种认为农业应优先于工业，或者认为农业的改进应看作不发达国家的“首要任务”的观点。列宁在很多场合强调过工业化的无比重要，“要挽救俄国，单靠农业丰收还是不够的，而且单靠供给农民消费品的轻工业情况良好也还不够，我们还必须有重工业。而要使重工业情况变好，就需要好多年的工作。”①他又从更长远、更全面的观点出发，强调“如果俄国布满了由发电站和强大的技术设备组成的密网，那么，我们的共产主义经济建设就会成为未来的社会主义的欧洲和亚洲的榜样”。② 因为，实际上农业的现代化和大规模的工业化是像双胞胎一样密切联系着的。正是工业的增长能为农业提供它的发展所需的技术设备，并为农村人口提供所需的工业消费品，而正是农业的扩张能为日益增加的工业劳动力提供食物，和为不断增长的工业生产提供原材料。更重要的是“……这种劳动的节省正是大规模农业经营的主要优势之一”。③ 是工业化不可或缺的先决条件，而现代工业的出现，又为扩大的农业生产提供了市场。

当然，认识到这种相互依赖关系似乎并不直接表明了掌握解 434
决这整个任务的中心点。可资利用的经济剩余应首先用于农业投资呢，还是应投资于工业建设？前者将碰到我们刚才提到过的这样一个事实，即在农民“细碎经济”的条件下，既没有很多进行有成效投资的场所，而且即使进行这些投资，也不能指望在短时间内产

① 《列宁全集》第 43 卷第 282 页，人民出版社，1987 年。——译者

② 《列宁全集》第 40 卷第 158 页，人民出版社，1984 年。——译者

③ 《马克思恩格斯选集》第 4 卷第 310 页。

生可观的剩余用之于工业发展。然而，与此同时，合作化农场作为一种能实现双重目的，实现农业产值的大幅增加和农业剩余的利用的社会经济结构，它的诞生有赖于获得农业设备和其他资源，以装备新建立的大农场。正如马克思、恩格斯所提出：集体经济的建立，是以机器的发展，自然资源和许多其他生产力的利用为基础的……没有这些条件，集体经济本身将不代表新的生产力，将缺少全部物质基础，而仅仅停留在理论基础上，这意味着，它将无异于是一种幻想。[①]

确实，没有这些条件，集体化也有利用农业中经济剩余的可能，但它不会提高农业生产率水平，因而就不能把农业转变为“一种以科学和技术成就为基础的生产活动”。集体农庄可能变成为由受饥挨饿的农民耕作的大农场，而不是能为提高成员生活标准及为整个社会提供大量农业剩余产品的繁荣昌盛的农业企业。更
435 有甚者，在这种情况下，农民们怎么会被引导加入(并留在)生产合作社并致力于(并留在)集体农业生产呢？因为很明显，取得农民对集体化的支持以及激起他们建设现代农业的热情的可能性，在于使他们“明白地看到，这是为了他们自己的利益，这也是他们摆脱困境的唯一途径”。“这不能强迫去完成，而只能通过示范和为此目的提供的社会援助。”[②]而没有发达工业，要建立一定数目的、足以给人以深刻印象的示范性大农场，以及提供足够的社会帮助，都是不可能的。更为糟糕的是，即使为说服农民而作出了“通过示

① “马克思和恩格斯论费尔巴哈”《马克思恩格斯档案》(法兰克福，无日期)第一卷第284页。

② 两者皆引自恩格斯前引书，第310、311页。

范”和大规模帮助的巨大努力，也很可能会遭到农民的怀疑和反对。然而，要克服这些阻力，“就必须在农民中树立这样一种文化素质，没有一次彻底的文化革命，这是不可能做到的。”而进行文化革命，“又充满着文化方面（因为我国的文盲很多）和物质方面（因为要有文化，我们必须使物质生产资料达到一定的水平，我们必须有相当的物质基础）的无数困难。”[①]

这就表明，正确的政策是从工业开始的，应当给予工业以一切可能的支持，而农业的社会、技术和文化革命必须推迟，直到社会积聚了足够的工业力量来为农业改造建立起了物质基础才进行。但是，这样一个计划的可能性，有赖于能否获得工业较快发展所需要的资源，换句话说，就是有赖于农业提供足够多的剩余产品以支持工业建设的能力。

看起来我们面对的是一个恶性循环。没有工业化就没有农业 436
的现代化；而没有农业的产出和剩余的增长就没有工业化。然而在社会和经济联系群体中常有这样一种情况，即各因素之间的交叉是这样的紧凑，而且事物的循环又是这样的无可怀疑，但这只在抽象的思考中，或马克思称之为“纯理论推测中”是这样的。在具体的历史环境中，有许多因素进入这个进程，并在一片阴暗的“理论”毫无出路之处打开突破口。在资本主义的早期历史中，这个问题的解决，一是通过从国外大规模输入经济剩余（通过掠夺殖民地或有组织地引入资本）；一是通过对城乡人民生活水平的挤压。如梅森教授所言：“在调节所谓的‘产权’和所谓的‘人权’之间的平衡

① 《列宁选集》第 4 卷第 188 页，人民出版社，1972 年版。——译者

方面，产权当然不会受到损害。”[①]结果是“我们现在享用的很大的资本总量都来自我们父辈被剥夺的工资。”[②]

社会主义俄国必须寻求另一种解决这一难题的出路。它不仅无法依赖剥削殖民地或国外的贷款，而且还必须将微薄的资源一大部分花在维持不可缺少的防备设施上，尽管如此，它通过建设强大的工业，同时为农业的现代化和集体化提供技术设备，解决了这一难题。这项巨大任务的完成花费了惊人高的代价，如斯大林所说：“必须甘愿承受牺牲，在各方面实行极端节约，必须节约粮食、节约教育经费、节约制造业产品，以积累为创立工业所必需的资
437 金。我们当时没有其他什么办法用来解决技术设备十分缺乏的问题。”[③]为之付出的代价也不仅是经济方面的。农民加入集体农庄的自愿原则经常遭到反对。虽然官方声明强调集体化运用是自愿性质，以期有助于获得所期望的结果，但实际上强制和恐吓在实现这一深刻的革命转变中是起决定性作用的。这一转变是从旧的本质到新的本质的飞跃，与 1917 年十月革命相比。[④]

毫无疑问，这样一种同几个世纪来古老俄国农村的落后状态决裂的革命是不可能在非理性的、没有文化的、无知的农民的赞同下进行的。正如当社会进步的客观要求同个人对这些要求的评价发生矛盾时，后者虽可能会使历史进程受到阻碍和延缓，但无法永

① 《促进经济发展》第 44 页（克莱尔蒙特，加利福尼亚，1955 年）。

② 安奈林·比万：《民主的价值》，《费边文集》第 282 期第 12 页（伦敦，1950 年）。

③ 见《列宁主义问题》第 634 页，人民出版社，1964 年。——译者

④ 见《苏联共产党（布）历史简明教程》第 404 页，人民出版社，1956 年。——译者

远使它停止不前。而且,个人对于任何特定事件的态度,远远不是不可改变和不可影响的,最后或快或慢总是会同客观事物变化相协调。决定这种协调是否会适时地发生的重要条件是,这些变化是否符合社会客观存在的和可预知的需要。虽然集体化过程的初期很痛苦,但俄国的农业集体化是使得它走上经济、社会和文化进步的唯一可能的道路。这就保证它能最终获得成功。在推进农业的革命转变中,有必要使用强制手段,“并不意味着”如奥斯卡·兰
格所言:“苏联政府不关心取得人民对于那些目标和达到目标的方 438
法的同意。这方面的同意是通过全国共产党的宣传和教育事后得到的。”①更重要的是,这方面的同意是通过向越来越多的人民展示集体化带来的物质成就,表明它的确是朝向经济和社会进步的重要的,不可缺少的一步的强大事实而得到的。显然,“农业集体化在第一个五年计划的那些艰苦的岁月里,对工业化的主要贡献是它大大增加了可投放市场的农产品剩余。”②但在随后四年里由于集体化运动所加于农业生产上的大部分不利影响就得以克服。到第二个五年计划的最后一年,谷物的丰收达到了历史最高水平,同时那些称之为技术作物的产量(亚麻、棉花、甜菜)比 1928 年增加一倍多。③

从而,不仅集体化的农村和迅速发展的城市的粮食问题得到

① 《苏联经济的运行原则》第 7 页(纽约,1943 年)。

② 莫里斯·多布:《1917 年以来苏联经济的发展》(伦敦,1948 年),第 274 页内载:“1932—1933 收获年度谷物和土豆几乎是 6 年前的两倍,棉花、亚麻和羊毛比两倍还多。”

③ 参见 A.贝可夫:《苏联经济制度的发展》第 325 页(剑桥和纽约,1947 年)。

了解决，而且消费品工业也获得了在其发展中所必不可少的原料基地，政府也有条件积存大量的粮食储备，以应付可能出现的紧急情况。那些粮食储备在其后五年的战争时期所起的作用是众所周知的。然而事实还远远不止这些。同样重要的是伴随着农业产品的增长使得2000多万人脱离了农业——为工业增长提供了不可缺少的由农村至城市的大量的移民。这反映了30年代末农业人口劳动生产中比1928年增加了60%。[①] 而这又是社会对农业提
439 供了“大量援助”的结果。在第一个五年计划中，苏联农业获得了约25万台拖拉机，到第二个五年计划末期，又获得了前者的两倍。“曾是世界上最落后的农业之一……(已能够)在几年里积累起大量的生产资本——农业机械和建筑——并能够使主要耕作劳动的机械化远远超过其他国家在很长一个历史时期才达到的程度”。[②] 总起来说，借用一位对苏联持严峻态度的作者在一篇卓越的研究苏联农业的文章中的话来说：“苏联农业社会主义化运动在很大程度上实现了它充当工业化运动基础这一主要经济目的，而这也是它所达到的全部……”[③]

确实，这是“全部”！苏联工业化的故事已讲过多次，没有必要再去重复它。只要了解以下情况就足够了，即从工业化运动开始后，工业产值的年增长率(去掉二次大战中的几年)，高于18%，总产值年增长率近16%，“这样的增长率表明每五年产量增加一倍；

---

① 《1917年以来苏联经济的发展》第253、285页。

② 《苏联经济制度的发展》第323页。

③ 瑙姆·贾斯尼：《苏联的社会化农业》第33页(斯坦福，加利福尼亚，1949年)。

这相当于资本主义国家特别繁荣时期如19世纪80年代后半期的美国(8%—6%);19世纪90年代的俄国(8%);1907年至1913年的日本(8%—6%)增长速度的近2倍。相比之下,1898年至1929年美国制造业产值年增长率为5%,1885年至1913年英国制造业年增仅3%。"①

巩固了苏联社会主义制度和标志着实行全面的社会主义计划 440

① 莫里斯·多布:"苏联经济:事实和想象",《科学和社会》(1954年春)受冷战的需要和社会主义计划工作这一成就对于不发达国家的显著意义所"驱使",许多,特别是美国的苏联问题专家,力图贬低这些前所未有的成就。但即使是他们中最偏激的贾斯尼先生,也不得不承认自1928至1937年有8%—9%的国民收入年增长率。见《计划时代的苏联经济》(斯坦福,加利福尼亚,1951年)第85页。其他研究者虽然打算"修正"苏联统计数字,却反而使它们更得到确证。D.R.霍奇曼教授在由A.伯格森编的《苏联经济增长》(纽约,1953年)一书中,提出了一项工业生产指数,表明1927—1928年至1937年期间年增长率约15%—16%,1946至1950年期间年增长率超过20%。另一方面,亚历山大·格森克隆教授通过辛勤的编纂证实:苏联统计系列数中:"不存在有比其他统计数字更多的值得怀疑其拔高倾向的地方"。虽然他指出:"1926—1927年数字的偏差的具体程度(如此难于捉摸),仍是个推测的问题,"〔《1927—1928年至1937年苏联机器产量的美元指数》(兰德公司,1951年)第58页〕但他并不认为应当从他自己的研究中得出结论去否定对苏联统计中的偏差的明显带有倾向性的反复质疑。以前我也认为这种拔高倾向会损害苏联国民收入统计的可靠性(参见我的"苏联1940年国民收入和产值",《经济统计评论》1947年11月)然而,我通过进一步的研究和思考得出结论,即在一定程度上,这样一种夸大确实存在,这是所有指数的时间比较的常见的错误,而且,从另一方面说,从非总计的物质产出的数字,充分证实了由苏联总统计数字所传递的总的印象。无论如何,对苏联统计信息的流行偏见,以及默斯尔斯、贾尼斯、杰斯钱科朗(Gerschenkron)、舒尔茨和其他人等的努力只不过是"纯科学"的演习。他们是对社会主义计划的更普遍的诋毁运动的组成部分。而社会主义计划的历史成就是这些毫无意义的吹毛求疵所无法比拟的。用P.J.D.威尔斯先生的话说,"我们愿意怎样缩减就怎样缩减,但这些(苏联)统计数字继续显示的工业产出增长率,却比任何'资本主义'国家曾经达到的都更持久更大。我还没有见到任何一位专家,无论多么怀疑和政治对立,能证明相反的事实。"1953年9月19日写给《经济学家》的信(原文中黑体)。

441 真正开始的“从上面发动的革命”导致了经济情况的急剧恶化，农产品（和消费品）正常生产的严重紊乱，并使得生活水平日益下降。这和历史上大多数革命变革相似。然而虽然它引起的病情是剧烈和痛苦的，但很明显这是成长中的阵痛，它很快地达到顶点，然后不消几年就逐渐康复。第一个五年计划结束时，对消费者最沉重的“挤压”已经过去，到 1935 年配给制也被取消了。1937 年的生活水平也许比 1928 年第一个五年计划开始年份以来的任何年份都高，按照某种指标，也许还比以前的年份要高。[①] 虽然生活水平的提高受到战争威胁的影响，特别是受到战争本身的影响，但是战后十年就有了迅速和持续的上升。到 1954 年年底生活水平较战争开始前一年提高了约 75%。[②]

从上面可以得出两个重要的结论：(1)在社会主义计划条件下经济发展走工业化还是走提高农业生产的道路，并不是一个问题。它只可能通过在两方面“同时”努力才能达到。可以肯定它所包含的困难是巨大的，虽然在历史发展过程中，其性质和强度也在不时地变化。它们呈现不同的形式——外国势力对社会主义国家安全的威胁，受过去资本主义意识形态影响的人民中所在的非理性，资源的全面缺乏，它们紧密地联系在一起，所以不能孤立地克服。正
442 如贫穷、文盲和疾病会带来神话、宗教迷信和蒙昧主义那样，模糊

① A. 伯格森：《1937 年苏联国民收入和产值》第 10 页（纽约，1953 年）。同一页的注释中，伯格森教授指出，即使按贾斯尼先生的计算，1937 年的生活水平也比 1928 年高出约 10%。

② 参见马林科夫 1952 年 10 月 5 日在第十九届苏共代表大会上的报告以及 1954 年经济计划完成报告（《真理报》，1955 年 1 月 21 日）。

的认识也会阻止生产力的发展。正如资本主义侵略的危险会使资源无法得到合理的使用一样，落后和随之而来军事力量的弱小也会刺激帝国主义的胃口。但是如果这种相互作用的力量使得社会主义国家的政府在其社会发展早期阶段的任务特别艰巨的话，如果它使得必须在无数领域中同时作战的话，那么正是这些决定了某一特定时期进步的可能性的因素的聚合，加速了以后每一个阶段所取得的成就的到来。(2)苏联和其他社会主义国家的经验清楚地表明，实际经济剩余不需要使之最大化，以保证投资和经济扩张的特别高的速度。这些高速度是和人民生活水平持续和较大的提高完全相适应的。[①] 在对可用于生产性投资的经济剩余进行正确的分配和理性的使用的条件下它们是可能的。正确的分配必须服从于长期经济增长的需要，而不是消费性生产的立刻的迅速增长，而理性的使用则是对所有生产资本的最大程度的开发。因此，投资政策必须把重点放在工业发展上同时发展农业使之支持工业发展——以使工业最终能够转而以更多的工业生产资料给予农业以巨大的推动力。从而，通过最充分地利用工业、运输和农业部门的设备，使资本产出比率达到最有利的水平。[②]

① 这一点不止一次地被莫里斯·多布强调过。参见他的《苏联1917年以来的经济发展》(伦敦，1948年)，特别是其中第十章，也见《经济发展的若干方面》第37页(德里，1951年)和其他各处。

② 据测算，苏联的资本产出比率大约是西方国家的一半。鉴于苏联工人在许多经济部门中技术较低，这表明生产性资产的利用强度为西方国家的两倍多。苏联科学院经济研究所:《政治经济学教科书》第470页(莫斯科，1954年)。

5. 社会主义经济建设的中心议题(2):
443 生产资料和消费资料

与经济剩余的最佳分配有关的第二个问题是:经济发展应当通过生产资料(重)工业的扩展,还是应通过消费资料(轻)工业的扩展。这个问题实质上涉及国民收入中消费和经济剩余的分配问题,或者说(基本上同一意义)也就是在涉及的计划时期内要达到的增长程度。马克思在分析扩大再生产时,清楚地提出了经济成长的基本条件:期内第一部类(生产资料工业)的总产量必须超过前期内第一部类和第二部类(消费资料工业)对于重置生产的需求。[①] 或者,如列宁所说:"为了扩大生产……必须首先生产生产资料,而要做到这一点,就必须扩大制造生产资料的社会生产部门。"[②]很清楚,某一特定年份所必需生产的新增加的生产资料取决于以后几年所期望达到的总产值增长程度。

新兴的生产资料工业在其发挥效用的时期将生产出投资品,这些投资品只有在该时期的投资规模能吸收其产品时才能被充分
444 地利用。换句话说,那时的经济剩余必须要和增长中的投资品工业的实际产出相适应。相反,如果新建立的工业是生产**消费资料**的,那么它们只有在消费扩大(剩余相应缩小)到能为其产品提供足够大的市场的情况下才会得到充分利用。这样,经济成长的速

① 《资本论》第2卷第21章。

② 《列宁全集》第2卷第125页,人民出版社,1984年版。——译者

度不仅决定了组成经济剩余的那部分国民收入，而且也决定了所需投资的物质内容。对生产资料工业的大量投资意味着整个计划时期经济的高增长率，相应地，一项通过消费品工业的发展而达到经济增长的计划不仅自动地意味着较小的初期投资，而且意味着随后更低的经济增长率。[①] 这不是说，投资可以投向某一目标而排除其他目标。第一部类的扩张有赖于给予生产资料工业雇佣的工人以更多的消费资料供应；对第二部类的投资需要增加生产资料的供应，以装备生产消费资料的工厂。[②] 为了求得平衡发展，需要保持两者之间的适当比例，这就是计划部门的主要工作所在。在这上面发生差错，特别是在保持消费资料生产的足够增长这方面发生差错，可能导致严重的经济和政治压力，并对发展计划的实现构成危险。[③]

如上所述，一个社会主义国家，当其达到一定发展阶段，即达到使进一步净投资不再认为是必需的时候，它就会使目前占用的经济剩余减少到足以提供某些集体开支，行政经费等项目即止的程度，并依靠采用技术上更先进的设备，代替过时机器来满足人口 445

① 参见莫里斯·多布的精彩论文："五年计划中的经济增长速度"，《苏联研究》(1953 年 4 月)，重印于他的《经济理论和社会主义》(伦敦，1955 年)。

② 参加对外贸易不会改变这一论点的实质。在那种情况下，出口工业就成为生产资料工业，不管产品的物质内容是什么，因为它们的产品——外汇——可转换为资本商品。这样一种发展过程是否值得采纳，取决于该国的自然资源状况，取决于生产资料工业和其他为出口服务的工业的生产增长的相对可能性，同样取决于发展中国家出口扩展后预期将面临的贸易条件。

③ 苏联和东欧、东南欧的一些社会主义国家都曾犯过这样的错误，并在供应城市消费品方面产生很多困难。参见一份有趣的研究："1950 至 1954 年的匈牙利经济"联合国：《欧洲经济公报》(1955 年 8 月)。

增长对产值增长的需要。在这种情况下，第一部类必须压缩到限于满足重置设备的需求水平，而这种压缩部分地通过将现存工厂转向消费资料生产来完成，而当这种办法不可能时，则通过停止对设备的重置来完成。不用说，今天所有计划经济国家都还没有接近这个境界，而这些国家仍不断地把重点放在对发展重工业的投资上，反映了这样一个严峻的但不容否认的事实，即在未来相当长的一段时间内，总产值的迅速增长仍将会保持下去。

6. 社会主义经济建设的中心议题(3)：资金密集型生产或劳动密集型生产

和这些论题密切相关并且必须简要地提到的是经济发展计划的第三个问题。这就是不发达国家的发展计划应该选择资本密集型还是劳动密集型的生产方式的老问题。在这一主题的传统文献中，其答案据认为是早已有定论了。例如，纳克斯教授写道：在不发达国家里，“不需要，也不允许采用经济发达国家那样的资本密集。”[①]
446 这个观点通常建立在这样一个事实基础上，即大多数不发达国家有着大量过剩农村人口，把他们从“隐蔽性失业”转移到某些其他职业会使总产出增加。姑且不去考虑这个牵强的建议——很明显它并不要求人们认真地对待——“投入的工人在开始建设——固定资本项目，例如修路之前，总是可以先坐下来自己动手

① 《不发达国家资本构成问题》第45页(牛津，1953年)，下一段话引自同书第44页。

制造出一些最简单的工具来，如果必要的话，会从零开始”，一位从农村来的劳动者要转到工业岗位上总必须给予一定数量的生产性设备，至少要使他得以依靠生产能维持自己的生计。除非能做到这一点，否则，他从农村转出来，就需要给这位新工人发一笔消费补助金，而这就将减少社会用于投资目的的那部分经济剩余。不仅如此，一个“隐蔽性失业”者从农村转移到工业中心来，还需要一笔相当数目的，用于住房、社会服务、医疗、教育等上面的费用，按人均计算，其所需费用会相当于多安置一个工业工人所花费的2倍。如果考虑这笔支出，劳动密集型方法，每单位产值所花的资本支出，也许会比资本密集型方法更大。①

同样重要的还有另一点。新的工业工人必须付给现行的工业 447
工资，即必须保证该国社会必要生活水平所包含的食物、衣物等含量。这除了从农村获得所需食物这个困难外——因为对于农村“隐蔽性失业”人口而言，一个极重要的事实是他不带来自己的口粮——为新投资项目雇佣的工人提供消费品的需要也意味着，如果选择劳动密集型方法，比之选择资本密集型方法第一部类的发展需要第二部类有更大的增长。这样，劳动密集型方法意味着发

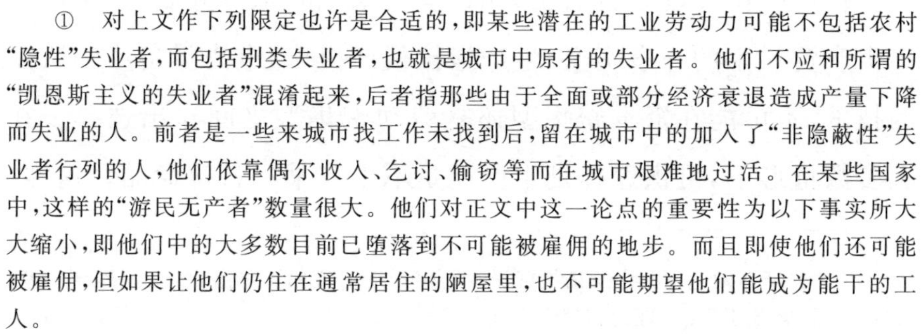

① 对上文作下列限定也许是合适的，即某些潜在的工业劳动力可能不包括农村“隐性”失业者，而包括别类失业者，也就是城市中原有的失业者。他们不应和所谓的“凯恩斯主义的失业者”混淆起来，后者指那些由于全面或部分经济衰退造成产量下降而失业的人。前者是一些来城市找工作未找到后，留在城市中的加入了“非隐蔽性”失业者行列的人，他们依靠偶尔收入、乞讨、偷窃等而在城市艰难地过活。在某些国家中，这样的“游民无产者”数量很大。他们对正文中这一论点的重要性为以下事实所大大缩小，即他们中的大多数目前已堕落到不可能被雇佣的地步。而且即使他们还可能被雇佣，但如果让他们仍住在通常居住的陋屋里，也不可能期望他们能成为能干的工人。

展过程的放慢，也就是经济增长速度的降低。莫里斯·道布曾对此作了很好的论述，我们现在引用他的原话来说明他的结论：

“选择较高水平的或较低水平的资本密集型投资方式和现有的要素比例并不相关……它不依存于现有的劳动对资本（作为存量）的比例，而是像选择高的还是低的投资速度那样基于同样的考虑……也就是把重点放在提高眼前消费上面或是放在特定的投资率和投资方式将会提供的较长期的潜在消费增长上面。换句话说，那些证明高投资率有理的理由……将同样能证明在投资方式上，选择高资本密集程度有理，反过来也一样。”[①]

更进一步来说，计划部门在决定使用资本密集型方法还是劳动密集型方法时，必须记住目前可以获得的大量而“廉价”的劳动力，很可能只不过是该发展计划某一特定阶段实现之前的暂时起
448 主要作用的条件。意识到实现自己的计划所需要的劳动力总量，计划部门就必须考虑随后不久，在安置设备的生命周期内，劳动力可能由相对充足变为相对稀缺的要素，特别涉及熟练劳动力时，更是这样。

不仅如此，如我们所见，经济发展有赖于生产资料工业的扩展。任何一位投资项目的工人靠“坐下来”和“从零开始”是生产不出生产资料来的。事实上，生产拖拉机或机床，电力设备或铝所需的技术，不可能在资本密集型还是劳动密集型之间作出选择。在大多数情形下，可供选择是生产还是不生产某一特定商品。这样，

---

① “关于不发达国家中所谓投资资本密集程度的说明”，《经济短文》（巴黎，1954年）第3号，转载于《经济理论和社会主义》（伦敦，1955年），上文引自后者（第149页）。

不发达国家要么发展工业化，并且在这样做的时候充分利用历史发展所给予他们的唯一有利条件——从更发达的国家获取科学或技术成果的能力——要么放弃工业化，满足于从技术进步的盛宴中获取一些残羹剩饭，即从工业化国家进口一些二手设备，以爬行的速度来提高他们的“福利”。所以这些经济学家奉劝在制订经济发展计划时采用劳动密集型方法，就绝不是一个乍看起来“无害的”理论上的谬误。它代表了当前风行的宣传说教中的一个重要的环节，即“科学地”证明落后国家应该“慢慢进行”（最好根本不进行）工业化和经济发展。

7. 社会主义国家经济的对外经济关系

以上整个讨论中都不言自明地假设：一个制订经济发展计划的社会主义国家，是在敌对的资本主义包围中的一种封闭经济。但即使是在俄国，这一假设也是相当不现实的；因为虽然十月革命之
后，俄国的对外经济联系并不非常紧密，但是与资本主义世界的经 449
济交往在俄国的工业化过程中，特别是在第一个五年计划中仍起着重要的作用。那时这种联系不仅使俄国能从受到大萧条沉重打击，并急于找到出口商品出路的资本主义国家获得大量短期信用投资贷款，而且它对俄国的经济发展作出了更大的贡献，因为使得俄国得以从国外获得大量在其本国中不可能生产的工业设备。[①]

① 要了解苏联对外经济关系的概述和简明分析，参见我的“世界经济中的苏联”，《美国对外经济政策》（S.E.哈里斯编）（剑桥，马萨诸塞，1948年）。

如果不能进口这种工业设备，工业化过程的困难就会更大，相应地牺牲可能会更加旷日持久和难以忍受。直到第一个五年计划完成之后，俄国和外国的经济联系才显著削弱了，它在经济和技术上几乎达到了完全自给自足。[①]

450 然而在这方面，俄国的处境不是很典型的：今日世界上几乎没有别的国家能够适用列宁的这个说法，即它们完全依靠自己就能拥有“建设一个社会主义社会一切必要和充分的条件。”在大多数其他国家里，特别是在不发达国家里，经济结构和自然资源的状况使得他们同外部世界的经济联系不仅是减轻（否则将是不可克服的）严重困难的有效办法，而且实际上也是得以生存下去的一项条件。即使对于中国这样一个地大物博的国家，如果不进口绝大多数的工业（和农业）主要设备，也难于奠定工业经济的基础。对中国适用的**这一情况**，对其他自给自足率低得多的国家更不必说了。

不用说，一个不发达的社会主义国家能从对外借款中获得的利益，它们可以大大减少工业化过程最初阶段动用全部可获得经济剩余的必要性，从而减轻这一经济发展阶段不可避免的压力和

① 一个不言而喻，但却由于常见的混淆和曲解而必须强调的论点是：从来没有发生过那种“自给自足哲学”或非理性概念所指使的离开资本主义世界而达到经济独立的事情。它完全是由于感受到不断存在的外国经济和军事侵略的危险以及把俄国的经济发展从变化莫测的国际市场中摆脱出来的必要而采取的。如果说前者的正确性已为十月革命后的西方的军事干预所充分证明，那么后者也已完全为原材料出口国贸易条件的演变所验证。早在1927年苏联共产党中央委员会决议在规定第一个五年计划应遵循的编制原则中明确指出：“考虑到资本主义国家对历史上第一个无产阶级国家发动军事侵略的可能性，制订五年计划时对国民经济的这些部门，特别是一些在战争期间在保证国家防务和经济稳定中有主要作用的工业给予最大的注意。”《苏联共产党中央委员会代表大会会议全体会议的决议和决定》第二部分第20页（莫斯科，1941年）。

负担。它们能有利于克服工业和农业交叉发展所造成的困难，并且通过进口农业机械、工业设备或食品使某些过渡时期的问题得以解决。它们甚至可以使受益国家不必仓促地对小农实行集体化，让他们"做一切可以做的事情，使他们的生活较为过得去一些，如果他们下决心参加合作社的话，可以使他们易于实现过渡，如果他们还不能下决心，那也可以使他们得以有一段较长的时间，让他们在自己的小块土地考虑考虑这个问题"。[①] 然而也很清楚，虽则 451
发达资本主义国家能马上提供此类借款，但也不能指望它们会大规模地提供。他们或是在贷款时附加社会主义国家所无法接受的政治和经济条件，或只是在经济萧条时期，当扩大销路的需要胜过对于帮助社会主义国家的厌恶时，才提供一些短期贷款。事实上，只有社会主义国家才会对其他社会主义国家提供合适的贷款，但由于即使最发达的社会主义国家，或者说，最不落后的社会主义国家的贫穷状态，这种贷款的可能性仍是很有限的。

但是获得外国贷款的机会只是与外国经济联系中获得的许多有利之处之一，而这也绝不是最重要者。对于许多国家而言，具有更重要意义的——事实上是决定性的——是把或多或少的大量国内产品与国外交易的机会，以便获得为消费和工农业投资所需的品种齐全的有形货物。可以肯定，世界上即使不是全部，也是大多数国家都能够调整其生产资源而成为自给自足的经济，而在战争或政治和经济包围中采取这样的政策甚至也是不可避免的。但是

① 恩格斯："法德农民问题"(《马克思恩格斯选集》第 2 卷第 311 页，人民出版社，1972 年)。——译者

这并不意味着——上述紧急情况除外。社会主义国家把它们产品的多样化扩展到包罗所有为经济建设和人民生活所需要的各门各类，会对它们有利。在有些国家这种产品多样化，在技术上是不可能的；在其他国家其代价之高足以大大降低生产率和总产量。虽
452 然这种生产率和产量的下降不一定会降低不发达国家人民的生活水平——在许多情况下，甚至会适得其反，国民收入中只有利润会下降——但是它将大大减少（如果不是完全吸光）能够用于经济发展的潜在经济剩余。只需想一想产油的中东国家或委内瑞拉，生产橡胶的马来亚和生产食糖的古巴，就可以看到自给经济对于潜在经济剩余的影响。所以所有社会主义国家——无论大或小，比较发达或不发达——都有兴趣于保持与外国（社会主义的和资本主义的都一样）的贸易联系。但是事实上，在所有社会主义国家的历史上，和资本主义国家保持和发展这种贸易联系都遇到了相当大的困难。除了由于社会主义国家工业化的实施不可避免地减少了它们继续出口为工业国家经常购买的食品和原材料的能力以外，政治上对于贸易所设置的障碍具有极大的重要性。第二次世界大战结束后，东欧和东南欧以及中国这些社会主义国家，受到资本主义国家所强加的实际上的经济封锁，从而剥夺了这些国家获得工业化所最需要的物资的机会。在联合国欧洲经济委员会最近发表的一份公报中无可怀疑地正确指出："一个能源和物质资源贫乏的小国，除非它准备充分利用国际劳动分工，否则其经济发展的代价将会增加，增长将会减缓。"[①]但采纳这样的好意见远非一个

① 《欧洲经济公报》（1955 年 8 月），第 94 页。

小国所能自己做主的。事实上，如果不是由于能与别的社会主义
国家贸易，自给自足政策将会由于西方大国的敌对行为而被强加
给社会主义国家。在那种情况下，小的社会主义国家和那些目前
国内资源贫乏或高度专业化的国家，实际上也许会无法生存下去， 453
并屈从于经济上的依赖和政治上的压力。

然而，随着能建立经济合作和互助关系的一大批社会主义国家的出现和工业化情报发生了相当剧烈的变化，这不仅使它们之间在需要时能相互提供信用贷款，而且使它们的贸易联系能建立在稳固的长期协议的基础上，使得协议各方得以避免受出口和进口产品数量和价格不稳定的风险。这种情况更导致它们具有深远意义的经济发展计划之间的相互协调，保证它们能从规模经济中获得充分利益，避免不必要的重复生产和设备，并相互交换技术情况等。正如奥斯卡·兰格所指出：只有在社会主义国家之间的国际合作框架中，国际劳动分工和比较利益原则才显示其原来意义，并从掩盖强国剥削弱国的意识形态术语转变为阐释经济活动的法则。①

最重要的是，按照不同国家之间比较利益条件进行国际劳动分工和资源分配的原则正经历着剧烈的变化。这些准则指导在不同社会主义国家之间的经济交往上，已不再解释为要冻结不同国家之间“现有”的劳动分工和专业化水平。相反，社会主义阵营内制定国内和国际经济计划的目标是为了把不发达国家尽快从通常

① 《政治经济学问题》(华沙，1953 年)，第 127 页及后，亦见：D. 格拉尼克：“东欧对外贸易模式和它与经济发展政策的联系”，《经济学季刊》(1954 年 8 月)。

454 仅依赖一项或两项出口商品的经济结构中摆脱出来，这种摆脱而转向多样化生产的行为不仅是迫切需要的，而且也是必不可少的。没有它就既不可能有长期的经济增长，也不可能消灭社会和文化的落后状态，不可能结束马克思所说的“农村生活的极端愚蠢行为”。①

但是不发达国家为了达到生产的多样化和总产值的迅速增长而进行强制性的经济改造，并不需要仓促地进行生产资源的重新配置，也不需要不加区别地建立新的生产行业。在决定这一转变的速度和内容时，必须考虑很多经济、地理和技术因素，所有这些因素决定着可供选择的各种方案的可取之处。综合起来，它们可以得出一张不同投资方式比较优势一览表，当然这种一览表各国不同。它不能建立在特定时候起主导作用的条件基础上，而必须包括预期在计划期内计划国和外国将会发生的变化。② 很清楚的
455 是，在制定此表时越是能够得到其他国家的最大的支持，了解它们计划发展的内容和速度，越能使随后的资源配置合理化，与帝国主

① 所以这是逐步缩小所有资本主义国家中城乡之间经济和文化显著差别的一个特别重要的条件。

② 当论及介于生产一种新产品的费用和以不发达国家的现有产品换取新产品所需费用之间的差别时，更宜于把它称作“比较劣势表”。在一些情况下，这种差别可能是很大的；在另一些情况下，当时讲这种差别为数可观，但随着国内新产品的上升和（或）其他经济部门的发展，差别将会减少；还有一种情况，它仅仅因为目前缺少熟练的工人所造成，在经过一些年的训练和积累经验后，差别将会完全消失。这一差别的总量，（基于对计划期产品的预期产量，该时期内国内和国外相应产品成本可能发生的变化所作的计算）必须加入各工厂直接投资的成本中去。在其他条件相等时，那些花费最小的建设项目优于那些要求大量资金的项目。很明显，在大多数的情况下，“其他条件”不大会相等。一家印刷厂的建立要比建立一座酒厂花更多的钱。然而，上表所认可的是作出选择中所花费的费用多少，而不管作出上述选择时基于怎么样的考虑。

义国家和不发达国家之间的国际经济联系结构相比,社会主义国家之间的这种相互协调是划时代的一种进步。在前一种结构中,先期的霸权地位使得帝国主义国家能决定殖民地贸易的方向和内容,而这样建立的贸易联系又显著增强了帝国主义国家原先的霸权地位。[①] 然而这种相互协调只是朝向世界经济完全合理布局迈进的第一步。它目前的尚未“充分发展”的性质之所以成为必要,不仅因为它还只影响一小部分国家,而且因为这些国家仍或多或少处于经济落后的状态。前者所加的限制大大减少了可能从全球性分工和专业化获得的好处,而后者则缩小了各个国家可能提供的相互帮助的规模。

在一个发达的社会主义联邦体中,各个组成成员之间的协调
会发展得十分广泛,事实上会具有新的品质。随着资本主义时代
逐渐退居为“人类以前的历史”,它最明显的遗产之一将会促使它
离开历史舞台。国家这个政治和经济产物将会慢慢地但是肯定地
随着它赖以产生和成熟的经济和社会制度的消亡而消亡。因为资
本主义在诞生时建立并发展了有着一切先进的和野蛮的特性的国
家实体,同时也具备了它最后崩溃和灭亡的条件。资本主义虽则 456
“使一切国家的生产和消费都具有一切世界性”,以各国之间的各
个方面的交往和相互依存取代“旧的地方和民族孤立与自给自
足”,[②]但这种“世界性”和“相互依存”是通过一种对抗的和具有内
在爆发性的方式来达到的。“资本主义是通过强国征服弱国,通过

① A.O.赫希曼:《国家实力和对外贸易结构》第13页(伯克利和洛杉矶,1945年)。

② 《共产党宣言》(见《马克思恩格斯选集》第1卷第254—255页,人民出版社,1972年)。——译者

帝国主义、殖民主义和剥削而实现世界性”和“相互依存”的。资本主义在把资产阶级民主观念运用到国际关系中，宣布“世界社会”由平等的主权国家组成——通过这种强调帝国主义国家和它的附属领地、大国和小国、统治国和被统治国的平等地位和平等权利，确认了生活在发达国家和不发达国家的人民的深刻不平等。马克思关于资本主义社会中各个个人的论述同样也适用于帝国主义体系中的各个国家：“平等的权利，对于不平等的劳动来说就是不平等的权利。它不承认阶级差别，因为每个人都像其他人一样只是劳动者；但是它承认各个人天赋不平等，因而也就默认不平等的工作能力是天赋的。所以就它的内容来讲，它像其他权利一样，是一种不平等的权利。”[①]

正是在这样的不平等中，人类的大部分在持续的痛苦中灭亡，而很小一部分，却把自己的先进地位建立在这种痛苦上面并袖手旁观。正是这种所有国家权利平等的状态使得反帝国主义和殖民
457 主义，争取国家、社会解放的强大群众运动风起云涌。虽然这一运动已经部分地获得成功，并且最终将完全成功地推翻帝国主义的统治，结束一国统治另一国的局面，但是它只能创造消除各国之间的不平等的不可缺少的条件，而不能消灭这种不平等本身。正如社会革命引向消灭阶级，但并不就是实现阶级的消灭那样，民族革命也只是引向消灭民族国家，但并不就是实现其消灭。为了实现这两方面的革命，深远的发展必须完全改变社会存在的结构和内容。经济成长必需大步前进，使得生产力的发展能够使社会主义

① 《哥达纲领批判》，(《马克思恩格斯选集》第3卷第11—12页)。——译者

世界的所有地方和国家，而不是少数“特选的”国家的人民生活和健康达到像样的水平。而且这些标准必须实质上平等的——自然要把不同地区的文化和气候的独特性考虑进去。毫无疑问这就要求由于有幸拥有更肥沃的土地，更丰富的矿产资源或更悠久的工业生产历史而享有“不同的经济租金”的国家给某些地区一些“贴补”。对这种“贴补”完全无可非议，正如由某国的一个地区补贴另一个地区，或者一个家庭内不考虑各成员对家庭总收入的贡献而给各成员分配食物、衣服和住房那样无可非议。换句话说，这需要抛弃资本主义条件下主宰着存在的各个方面的关系、准则关系、价值规律。无需多言，这不是革命本身所能达到的。要达到这样唯一符合人类尊严和潜力的境界，需要几十年——在这几十年中，未来的几代人将作为社会主义合作大家庭的成员进行教育，而不是作为资本主义市场上互相厮杀的狼群。这是，而且将会是一场艰难的斗争，因为通过买和卖的“文化”，通过一个又一个世纪的统治
和被统治，通过一个年代又一个年代的剥削和被剥削，人类的思维 458
和反应方式已植根很深。一国要克服这种传统，遇到的困难将是巨大的；而在国际范围内困难将会更大。“一个国家愈是落后，这个国家的小农业生产、宗法性和闭塞性就愈加厉害，也就必然使最深的小资产阶级偏见，即民族利己主义和民族狭隘性的偏见表现得特别厉害和顽固。既然这些偏见只有在各先进国家内的帝国主义和资本主义消灭以后，只有在落后国家的经济生活全部基础急剧改变以后才能消逝，那么这些偏见的消逝，就不能不是极其缓慢的。”①

① 《列宁全集》第 39 卷第 165—166 页，人民出版社，1986 年。——译者

斯大林曾正确地提出为争取朝这个更遥远的目标取得决定性进步所必须具备的一些条件:“必须把社会文化发展到这样的水平,即足以保证全社会成员的体力和智力得到全面发展。为了做到这一点,首先需要把每天的劳动时间至少缩短到6小时,然后再缩短到5小时。这是为使社会成员有充分的业余时间接受全面教育所必需的……同样需要的是根本改善居住条件,把工人和职员的实际工资至少提高一倍,如果不能获得更高的话。”[①]因为只在文化革命大幅度提高教育水平的基础上,在迷信、无知和对现实主义、理智和科学的困惑“无条件地投降”的基础上,阶级的废除和社会主义共同体的建立才会在一国之内实现。而且,只有在一个高水平的生活标准上,在丰富的物质供给基础上,国际的平等才能产生,其中的各个社会部分都能对整个社会的进步做出贡献,其中的“富有的”都能和愿意帮助“贫穷者”,正像“贫穷者”乐于逐步不再需要“富有者”帮助那样。怀疑论者和愤世嫉俗者会认为这充其量
459 是“未来的交响曲”。的确它是。但它是这样一部交响曲,其第一乐章已能为所有从各种巧妙的资本主义意识形态宣传系统、有纲领、有目的地灌输的精神和心理麻木中解放出来的人所听到。

要建立这样一种社会制度,即人们通过日益合理地主宰无穷无尽的自然力,从而可以使经济和文化得以发展,是一次其规模和艰巨在历史上前所未有的宏伟任务。如马克思所言,如果人类的财富基本上是人类的能力和抱负的总和,那么人类的贫困就是无知和胆怯。以理智代替迷信,以对人类的信心代替对残酷现实的

① “苏联社会主义经济问题”,《斯大林文选》下册第625—626页。

顺从一直是一项艰苦和危险的工作。它不仅会遇到所有“私人财产狂热分子”的激烈抵抗，而且还会直接撞上如陀思妥耶夫斯基的隐身人，他唾弃理性并问道：“当我因为这个或那个原因不喜欢这些法则和二乘二等于四这样的事理时，为什么我要关心自然和数学的法则？”这位隐身人是资本主义文明的整部机器所造就出来的。经济学家们作出的贡献是把资本主义制度说成基本上是唯一可能的，真正“自然的”经济活动模式，只是也许还需要有所改进。心理学家们插进来说不可知是昏暗的无底的深渊，它使所有进一步继续探究理性的落空；他们同时又把可以观察到的非理性状态产生的原因归结为长期的生物力量，而不是归结为一个野蛮社会长期制造而又制造出来的挫折和忧虑。[①] 而像奥尔德斯·赫胥黎、奥韦尔·凯斯特勒（这样的文化人）则把他们所认为的理性社 460
会描绘成超现实的画卷，用这种方法意图在一大批不能识别漫画和现实的差别的人们中挑起一场厌恶理性的反感。[②] 另外一些人，像海明威——对历史不按照他们的意愿那样“行事”感到失望——则宣扬无目的、无希望和痛苦的情绪。艺术家们则尽力制造逃避现实的作品，混淆和歪曲真实的世界；为了把真实世界掩盖起来，电影、新闻、广播和电视则提供使人们麻木的娱乐，并有步骤地，无情地破坏年轻人和老年人、无知的人和受过教育的人的理

① 这是弗罗伊德的主要弱点，使他特别是在以后的著作中陷入近乎神秘主义的危险境地。

② T.W.阿道诺曾在他的权威著作“清醒的愿望”《新观察》（第2版，1951年）中作了深入的分析，该著作重印入他的《三棱镜，文化批判与社会》（柏林和法兰克福，1955年）。

智，在先进国家和落后国家都是如此。

隐身人是在资本主义文化框架中塑造和培养出来的，不会在社会革命之后立刻消失。他长期赖以生存的社会基础的毁灭大大削弱了他的抵抗力；但他不会一夜之间消失。克服这种将被视之
461 为人类黑暗年代结束的历史残迹将需要几代人的长期奋斗。正如黑格尔所清楚认识的那样，理性并不是沿直线上升的，它总是受尽折磨和阻碍——被审判和关进集中营，被投入死刑毒气室和政治迫害。理性曾有过辉煌的胜利，也有过悲惨的失败。它经历过令人振奋的进步，但又有令人沮丧的退却。阻碍理性前进的这些障碍不只是紧紧附在现实生活中的仇恨的顽固力量，以及处于他们控制下的人们的愚昧。这些障碍也包括那些为理性的胜利而战斗的人们所常犯的令人烦恼的缺陷和错误。这些过失会使许多也许甘于冒为资本主义社会的惩罚和排斥危险而联合起来奋斗的人感到寒心。然而机会主义者们则常常乘机抓住在向理性前进道路上的错误，借此放弃这一目标，而落入不可知论的被动状态。

然而，错误在所有人类事业中是无法避免的；事实上，它们的出现成为走向理性的前进道路上的一个方面，也就是在前进道路上出现错误和得到改正的。在思想上的各种失误中没有比不能区别非理性和错误更具危险性和破坏性的了。这种区别是同一个精神病患者的语无伦次与一个心智健全的人的错误言论之间的区别一样的。前者来自一种严重的疾病，而后者来自知识和洞察力不足。以全社会而言，正像一个人那样，除非消除造成的原因，否则两者都无法消灭。作为一种社会现象，只要其基础资本主义制度存在，非理性就无法克服。而且，正如精神病患者无法被说理和诱

导所打动一样，一种以非理性为组织原则的社会秩序，也不会因为科学和教育的进步而变得理性化。事实上，一个非理性地组成的社会获得的知识愈多，只可能会增强和加大死亡和破坏的力量。

在一个理性成为社会关系指导原则的社会里，情况就完全不同了。这个社会的出现，将是一个漫长而痛苦的过程。“我们这里所指的是这样的共产主义社会，它不是在它自身基础上发展来的，恰恰相反，而是从资本主义社会中形成的，因为它在经济道德和精神各方面带着脱胎出来的那个旧社会的痕迹。”[①]确实，在相当长 462 
的一段时间里，非理性和错误都会损害社会主义秩序，还会有犯罪，还会有侵权行为，也不可避免地会有残暴和不公正。不能指望在管理全部社会事务时不犯错误，制订计划中会犯错误，资源会被浪费，桥梁会架在无此需要的地方，在应该多种小麦的地方，却建造起工厂来。但是重要的是，非理性从此不再是——在资本主义制度下它是——社会结构所固有的属性。它不再是那种建立在剥削、民族偏见和不断制造迷信基础上的社会制度里不可避免的衍生物。它将成为历史遗留下来的一种残余，一种已失去了它的社会经济基础的残余，一种因为没有了阶级，没有了人对人剥削，而不能继续存在的残余。随着社会主义社会的成熟，随着它开始在“自己的基础上”发展起来，它将逐渐从资本主义社会过去的遗产中把自己解脱出来。社会主义社会机能上的失调和错误是基于理性人们的错误判断上，这些错误判断则是由于他们智力和心理素

① 马克思：《哥达纲领批判》(《马克思恩格斯选集》第3卷第10页，人民出版社，1972年)。——译者

质的欠缺或由于现有知识水平的不足所造成。如何解决它们，如何提高人们在控制自然和增进人们相互之间关系的能力，就此成为一切科学研究的重大和值得骄傲的重任。随着知识逐渐成为人类进步的有力武器，它将成为各种岗位上的所有男性和女性的共同关注。通过从所有自由人的无穷尽的智力中汲取巨大的力量，就不仅能永久地克服饥饿疾病和蒙昧，而且在它的胜利前进中也将会从根本上重新创造出人类的智力和心理素质。

为促成一个以发展代替停滞，以成长代替衰退，以文明结束野
463 蛮的社会的出现而做出贡献，实在应成为智力研究的最高尚的而且唯一真实的职能。理性战胜神话、生命战胜死亡的需要是不能用逻辑推理来证明的，正如一位伟大的物理学家曾说过的那样："逻辑本身不能使任何人超越自身认识的范畴，它甚至不能使他认识他人的存在。"[①]这种需要必须建立在人类要求生活、要求发展、要求幸福的前提之上，无须有任何论证。它随着这个前提而存在和消失，但是这一前提是它唯一的无须证明和无须辩驳的立足点。

① 马克斯·普兰克:《新物理的世界》第 9 页(莱比锡,1929 年)。

索　　引

（请参照本书正文中的边码使用）

图书在版编目(CIP)数据

增长的政治经济学/(美)保罗·巴兰著;蔡中兴,杨宇光译.—北京:商务印书馆,2017
(汉译世界学术名著丛书:120年纪念版:珍藏本)
ISBN 978-7-100-14179-6

Ⅰ.①增… Ⅱ.①保… ②蔡… ③杨… Ⅲ.①经济增长理论 Ⅳ.①F061.2

中国版本图书馆CIP数据核字(2017)第137581号

汉译世界学术名著丛书
(120年纪念版·珍藏本)
增长的政治经济学
〔美〕保罗·巴兰 著
蔡中兴 杨宇光 译
王广森 校

商务印书馆出版
(北京王府井大街36号 邮政编码100710)
商务印书馆发行
南京爱德印刷有限公司印刷
ISBN 978-7-100-14179-6

2017年12月第1版 开本710×1000 1/16
2017年12月第1次印刷 印张28¼
定价:138.00元